A CONSTRUÇÃO DO SABER

L412c Laville, Christian
A construção do saber: manual de metodologia da pesquisa em ciências humanas / Christian Laville e Jean Dionne; tradução Heloísa Monteiro e Francisco Settineri. — Porto Alegre : Artmed ; Belo Horizonte : Editora UFMG, 1999.

ISBN 978-85-7307-489-5

1. Educação – Ciências humanas – Metodologia – Pesquisa – Manual. I. Dionne, Jean. II. Título.

CDU 37.012: 167.822

Catalogação na publicação: Mônica Ballejo Canto – CRB 10/1023

A CONSTRUÇÃO DO SABER

Manual de metodologia da pesquisa em ciências humanas

Christian Laville
Jean Dionne

Revisão técnica e adaptação da obra:
Lana Mara Siman
Professora da Faculdade de Educação da
Universidade Federal de Minas Gerais. Doutora
em Didática da História pela Université Laval.

EDITORA UFMG

Reimpressão 2007

artmed®

1999

Obra originalmente publicada sob o título
La construction des savoirs: manuel de méthodologie en sciences

copyright © 1997 by Chenelière/McGraw-Hill, Montréal, Canada
ISBN 2-89461-025-4

Capa: Mário Röhnelt

Revisão de provas: Maria Aparecida Ribeiro da Silva, Sandro Waldez Andretta

Supervisão editorial
Projeto gráfico
Editoração eletrônica

artmed®
EDITOGRÁFICA

Universidade Federal de Minas Gerais
Reitor: Francisco César de Sá Barreto
Vice-reitora: Ana Lúcia Almeida Gazzola

EDITORA UFMG
Av. Antônio Carlos, 6627 – Biblioteca Central, sala 405 – Campus Pampulha
31270-901 Belo Horizonte, MG
Fone (031) 499-4650 – Fax (031) 499-4768
e-mail: Editora@bu.ufmg.br
http: //www.editoras.com/ufmg

Reservados todos os direitos de publicação, em língua portuguesa, à
ARTMED® EDITORA S.A.
Av. Jerônimo de Ornelas, 670 - Santana
90040-340 Porto Alegre RS
Fone (51) 3027-7000 Fax (51) 3027-7070

É proibida a duplicação ou reprodução deste volume, no todo ou em parte,
sob quaisquer formas ou por quaisquer meios (eletrônico, mecânico, gravação,
fotocópia, distribuição na Web e outros), sem permissão expressa da Editora.

SÃO PAULO
Av. Angélica, 1091 - Higienópolis
01227-100 São Paulo SP
Fone (11) 3665-1100 Fax (11) 3667-1333

SAC 0800 703-3444

IMPRESSO NO BRASIL
PRINTED IN BRAZIL

Sumário

INTRODUÇÃO

O método 11
A teoria e a prática 13

PARTE I — A PESQUISA EM CIÊNCIAS HUMANAS

CAPÍTULO 1 — O NASCIMENTO DO SABER CIENTÍFICO 17
Os saberes espontâneos 17
    A intuição 18
    A tradição 19
    A autoridade 20
O saber racional 22
    O reino dos filósofos 22
    A ciência triunfante 24
    As ciências humanas e o positivismo 25
        Empirismo 27
        Objetividade 27
        Experimentação 27
        Validade 28
        Leis e previsão 28
PRÁTICA: Assegurar seus conhecimentos
antes de prosseguir 29

CAPÍTULO 2 — A PESQUISA CIENTÍFICA HOJE 31
O enfraquecimento do positivismo 31
    Ciências naturais e ciências humanas 32
        A complexidade dos fatos humanos 32
        O pesquisador é um ator 33
        A medida do verdadeiro 35
    Revisões em ciências naturais 36
        O empirismo difícil 36
        A teoria 36
        Teoria, lei e previsão 37
        Objetividade e subjetividade 39
O realinhamento da ciência 40
    Compreender 41
    Objetividade e objetivação 42

Multidisciplinaridade 44
Em resumo: O método 45
PRÁTICA: Perspectivas científicas na pesquisa
em desenvolvimento 48

CAPÍTULO 3 **CIÊNCIAS HUMANAS E SOCIEDADE** 51
A função social do saber 51
    As duas revoluções 52
        A industrialização 52
        A democratização 53
    Ciências humanas e sociedade brasileira 54
Ciências humanas e responsabilidade 56
    A influência das ciências humanas 57
    Influência e responsabilidade 60
    Responsabilidade e indivíduos 62
O que procuram as ciências humanas? 64
    História e geografia 65
    A ciência política 69
    Economia e administração 74
    Sociologia, antropologia, ciências da religião 74
    Psicologia 78
PRÁTICA: Os objetos de pesquisa em
ciências humanas: olhar sobre a pesquisa em
desenvolvimento 81

PARTE II **DO PROBLEMA À HIPÓTESE**

CAPÍTULO 4 **PROBLEMA E PROBLEMÁTICA** 85
O problema de pesquisa 85
    Problemas: motivações e escalas diversas 85
    O "verdadeiro" problema 87
    As interrogações iniciais 89
    Conhecimentos 89
        As generalizações 90
        Os conceitos 91
        As teorias 93
    Valores 94
        As cores do saber 95
        Os valores metodológicos 96
    A problemática sentida 97
PRÁTICA: Primeira etapa de trabalho de
pesquisa (I): A conscientização de um problema 100

CAPÍTULO 5 **O PERCURSO
PROBLEMA-PERGUNTA-HIPÓTESE** 103
O "bom" problema, a "boa" pergunta 103
    Escolher seu ângulo de abordagem 104
    Perguntas orientadas 105
    A "boa" pergunta 106
        Significativa 106
        Clara 108

        Exeqüível 111
        Revisão da literatura 111
        Guias bibliográficos 113
            Bibliografias gerais de referência 113
            Bibliografias gerais em ciências humanas 113
            Bibliografias gerais por disciplina 115
            Bibliografias temáticas 115
        Dicionários e enciclopédias 115
        Index e inventários 115
            Artigos 116
            Resenhas 116
            Teses 118
            Jornais 118
            Outros index e inventários 118
        Bancos de dados informatizados 118
        Periódicos 121
            Revistas 122
            Balanços de pesquisas e anuários 122
    A problemática racional 123
        A problemática racional enunciada 123
        A hipótese 124
    PRÁTICA: Primeira etapa do trabalho de
pesquisa (II): A problemática racional e a hipótese . 126

PARTE III — DA HIPÓTESE À CONCLUSÃO

CAPÍTULO 6 — AS ESTRATÉGIAS DE VERIFICAÇÃO 131
Hipóteses diversas, necessidades diferentes 131
    Dados criados, dados existentes 133
    Os dados são criados 134
        Isolar a causa da modificação 135
        Equivalência dos grupos 137
        Noção de variável 137
    Os dados são existentes 138
        Uma verificação com exigências reduzidas . 140
        O processo de verificação 140
Diversidade da pesquisa com dados criados 143
    Abandono do caráter aleatório dos grupos 144
    Supressão da medida preliminar 145
    Ausência do grupo-testemunha 146
Diversas estratégias de pesquisa com dados
existentes 148
    Pesquisa de opinião 148
    Enquete 150
    Abordagem antropológica 153
    Estudo de caso 155
    História de vida 157
PRÁTICA: Segunda etapa do trabalho de
pesquisa (I): Preparação de sua estratégia 161

CAPÍTULO 7 — EM BUSCA DE INFORMAÇÕES 165
Fontes de informações 166

Pesquisas com base documental 166
População e amostra 168
    Amostras não-probabilistas 170
    Amostras probabilistas 170
Quadro operacional da pesquisa 172
Técnicas e instrumentos de coleta de dados 175
    Observação 176
        Observação estruturada 177
        Observação pouco ou não-estruturada 178
    Técnicas intermediárias de observação 182
    Testemunhos 183
        Questionários 183
        Entrevistas 186
    Espaço à imaginação 190
        Testes 191
        Técnicas e instrumentos originais 193
PRÁTICA: Segunda etapa do trabalho de
pesquisa (II): Preparação da coleta dos dados 196

CAPÍTULO 8   **DAS INFORMAÇÕES À CONCLUSÃO** 197
Instrumentos e métodos de análise estatística 198
    Preparação dos dados 199
        Codificação dos dados 199
        Transferência dos dados 202
        Verificação 202
    Análise estatística dos dados 204
        Caracterização dos dados 206
        Testes estatísticos 208
        Interpretação dos resultados estatísticos 213
Análise de conteúdo 214
    Reestruturação dos conteúdos 215
        Recorte dos conteúdos 216
        Definição das categorias analíticas 219
        Categorização final das unidades de
        análise 223
    Modalidades de análise e de interpretação 223
        Números ou letras 224
        Análises estatísticas de conteúdo 226
        Análises qualitativas de conteúdo 226
    Conclusão da pesquisa 228
    Fechar o círculo, abrir novos horizontes 229
    Algumas observações para concluir sobre
    o método 230
PRÁTICA: Segunda etapa do trabalho de pesquisa
(III): Coletar e analisar dados. Concluir 231

PARTE IV   **O RELATÓRIO DE PESQUISA**

CAPÍTULO 9   **A COMUNICAÇÃO CIENTÍFICA** 237
A pesquisa deve ser comunicada 237
    Objetivação e transparência 238

Transparência e avaliação 239
O relatório: uma demonstração 240
  A regra de eficácia 241
  As matérias essenciais 242
    O problema 242
  A verificação 244
  A conclusão 245
Diferentes públicos 246
  A apresentação verbal 246
  O artigo 247
  A monografia 247
  A vulgarização científica 248
PRÁTICA: O relatório de pesquisa (I):
Uma versão vulgarizada 250

CAPÍTULO 10 **A APRESENTAÇÃO** 253
O plano do relatório 254
  Fazer seu plano 254
  O plano: suas partes 255
O relatório: algumas partes 257
  Páginas preliminares 257
    O título 257
    O prefácio 258
    O sumário e as listas 259
  Citações e referências 259
    As citações 263
    As notas e as referências 264
    A referência bibliográfica 267
  Tabelas e gráficos 267
  Bibliografia, apêndice e índice remissivo 269
    A bibliografia de base 269
    A bibliografia comentada 270
    Os apêndices ou anexos 270
    O índice remissivo 271
PRÁTICA: O relatório de pesquisa (II):
Assegurar a versão final 272

CONCLUSÃO
Fazer pesquisa 275
Consumir pesquisa 276

APÊNDICES
A. Fontes documentais em ciências humanas 281
B. Elementos de análise estatística 299

GLOSSÁRIO 331

FONTE DAS ILUSTRAÇÕES 339

Introdução

Não se pode dizer que a pesquisa nas ciências humanas, como, aliás, a pesquisa em geral, seja muito complicada. De fato, o pesquisador é alguém que, percebendo um *problema* em seu meio, pensa que a situação poderia ser melhor compreendida ou resolvida, caso fossem encontradas explicações ou soluções para a mesma. Pensando dessa forma, já dispõe, em geral, de uma pequena idéia a respeito das explicações ou soluções plausíveis: algumas *hipóteses*. Mas resta confirmar se essas hipóteses são válidas, *verificá-la*s na realidade, tirar as *conclusões* apropriadas de suas observações. A grosso modo, a pesquisa nas ciências humanas, como, aliás, a pesquisa em geral, é isto: *perceber um problema teórico ou prático a ser resolvido, formular uma hipótese, testá-la e tirar conclusões*.

> Chegar a possíveis explicações ou soluções para um problema pode significar não apenas aquisição de novos conhecimentos, mas, também, favorecer uma determinada intervenção. Um problema é sempre uma falta de conhecimentos.

O Método

É imprescindível trabalhar com rigor, com método, para assegurar a si e aos demais que os resultados da pesquisa serão confiáveis, válidos.

A preocupação com a utilização de um método para produzir novos conhecimentos é antiga. O matemático e filósofo René Descartes, por exemplo, há mais de três séculos, escrevia a esse respeito:

> *O método são regras precisas e fáceis, a partir da observação exata das quais se terá certeza de nunca tomar um erro por uma verdade, e, sem aí desperdiçar inutilmente as forças de sua mente, mas ampliando seu saber por meio de um contínuo progresso, chegar ao conhecimento verdadeiro de tudo do que se é capaz.*

Esta definição de método permanece, fundamentalmente, válida até os dias de hoje. Trata-se, ainda, pela pesquisa, de aumentar o saber, de chegar ao conhecimento verdadeiro (embora o conceito de verdadeiro tenha sido retomado mais tarde – nós voltaremos a isso) dentro dos limites de nossas capacidades e das condições da pesquisa. Para isso, o *método* indica regras, propõe um procedimento que orienta a pesquisa e auxilia a realizá-la com eficácia. Constitui-se em "regras precisas e fáceis", como escreveu Descartes, "para não desperdiçar as forças de sua mente".

> MÉTODO é derivado do grego *methodos*, formado por *meta*, "para", e *hodos*, "caminho". Poder-se-ia, então, traduzir a palavra por "caminho para" ou, então, "prosseguimento", "pesquisa".

AMÉRICA

Está mudando o conceito de trabalhador eficien[te]

GILBERTO DIMENSTEIN

O funcionário que leva [trabalho] para casa, inclu[sive nos fi]nais de semana, é premiado pela eficiê[n]cia, certo?

Descobertas feitas p[or enti]dades de administraç[ão nos] EUA sobre como empr[esas or]ganizam o tempo mostra[m que] a resposta não é [...]

cia.

questionável qualidade, hoje [j]á merece a desconfiança de ser trabalhador trocar dinheiro apenas por mais tempo livre.
Virou tendência, em particu-

Cientistas cobram política do governo FHC para o setor
O TEMPO

8 dinheiro domingo, 2 de novembro de 1997

[ROTE]IRO DE INVESTIMENTOS

FOLHA DE S.PAULO

Entenda a globalização e seus efeitos

CLÓVIS ROSSI
do Conselho Editorial

A crise das Bolsas na semana passada se tornou um exemplo definitivo da globalização. Não como fenô-

meno teórico, que já produziu livros, ensaios e incompreensão, mas como fato da vida real. Em segundos, a queda em Hong Kong atingiu o mundo como um raio.

A **Folha** traz hoje caderno especial que explica causas e efeitos da interdependência crescente entre países e mercados, que afeta até mesmo os 57% dos brasileiros que

jamais ouviram falar da globalização. Em entrevista exclusiva, Fernando Henrique Cardoso afirma que o fenômeno limita o seu poder político. **Globalização.**

MERCADO TENSO Avaliação é de Gardi[mam]

Desempreg[o] cresce, diz economista

LUIZ CINTRA
da Reportagem Local

O primeiro subproduto do aumento brutal dos juros patrocinado pelo governo será o desemprego, consequência da redução do ritmo de atividade da economia, prevê Dalton Gardimam, economista-chefe do Deutsche Morgan Greenfell.

acreditar que em 98 a taxa [fique em torno] de 3% que deve ser registr[ada neste] ano, na verdade nada exce[pcional e] ainda vai deixar saudades, [do Pro]duto Interno Bruto deve [ficar] entre 1% e 2%, estima.

A questão é que, difere[nte das] restrições de 95, o alvo desta[vez é a] saída de dólares do país. O [governo] é recompor as rese[rvas e frear] o consumo

Processo amplia a desigualdade social

JOSÉ ROBERTO DE TOLEDO
da Reportagem Local

Desde 1960, quando os ricos ganhavam 30 vezes mais do que os pobres, a concentração de renda mundial mais que

dobrou. Em 1994, os 20% mais ricos detinham 86% da produção. É o lado menos conhecido da globalização: ricos ficam mais ricos, e pobres, mais pobres. **Pág. Esp. 12**

Mundialização é mais do que capital

FRANÇOIS CHESNAIS
especial para a Folha

A mundialização é bem mais do que uma fase do processo de internacionalização do capital. Estamos frente a

um novo modo de funcionamento do capitalismo. Por trás do termo mundialização encontra-se o "regime mundializado sob égide f[i]nanceira". **Pág. Esp. 4**

As variedades do "científico"

O sociól[ogo] **Bruno Latour**
analisa [os sen]tidos que
o adj[etivo...]

BRUNO L[ATOUR]
especial

O q[ue é] "cien[tífico"] dé[...] dif[...]

Globalização aumenta o [risco] de país sofrer com crise ext[erna]

Instabilidade que levou ao pacote começou em julho, na Tailâ[ndia]

da Redação

Os primeiros sinais do vendaval que assola os mercados financeiros de todo o mundo apareceram em julho, quando países asiáticos, a partir da Tailândia, entraram em crise. Logo chegou às Filipinas, Malásia e Indonésia.

Economias vistas antes como sólidas se mostraram frágeis. Vinham se endividando muito - principalmente na área imobiliária - e acumulando déficits em suas contas com o exterior. Ou seja, gastavam mais [...] (com exporta[ções]) do que [...]

lorizar sua moeda, aumentou os juros para evitar a fuga de di[n]heiro de estrangeiros.

Mercado globalizado

A queda dos preços das ações em Hong Kong levou fundos e investidores internacionais a perder dinheiro naquele mercado. Para compensar essas perdas, venderam ações onde ainda tinham lucro. Um desse[s mercados] era justamente o [brasileiro...]

ros. Pior: o endividame[nto dos] dólares no país é gigantes[co...]

A alternativa escolhida [pelo] governo foi o aumento dos j[uros]. Na ponta das aplicações, pe[nali]zaram mais elevadas que [chegaram a] 3% ao mês. Subiram as [...] estão no mês [...]

Fora do neoliberalismo há salvação

OPINIÃO ECONÔMICA
FOLHA DE S.PAULO

FREI BETTO

O avanço tecnológico atual, como expressão da riqueza, evidencia a distância entre a minoria privilegiada e a maioria da população que, no Brasil, não dispõe de rede de esgoto, instalações sanitárias, assistência à saúde e educação qualific[a]da.

Pesquisa do governo federal [divu]lgada neste mês revela [que da escola, cerca de] entre 7 e

A TEORIA E A PRÁTICA

Este livro tratará das operações mentais e práticas próprias para facilitar, pela pesquisa, a construção de um saber original ou novo. Pois o saber, suspeita-se, não cai do céu: são os seres humanos que o elaboram, *o constroem* com sua mente. Daí o título dado ao volume: *A construção do saber*.

Dois objetivos principais serão perseguidos neste manual. De um lado, tornarmo-nos mais aptos a aproveitar os frutos da pesquisa, desses saberes que, em nossas vidas, nos são oferecidos de múltiplas maneiras, em nossos estudos e, especialmente, pela mídia, pois, sabendo como foram construídos, poderemos melhor julgar seu valor. De outro, para nos tornarmos mais capazes de construir nossos saberes pessoais, conhecendo as premissas e os procedimentos que, para tanto, auxiliam. Daí a preocupação de aprendizagem prática presente, constantemente, neste livro.

É o que explica o plano da obra. Retornemos ao sumário para examiná-lo mais de perto.

Comecemos pela segunda e terceira partes: são centrais. Vejamos seus títulos: Parte II, "Do problema à hipótese"; e Parte III, "Da hipótese à conclusão". Aqui estão os dois principais movimentos do procedimento científico evocado anteriormente, o que leva da percepção de um problema às conclusões que são elaboradas no final da pesquisa.

Nessas duas partes, as aprendizagens teóricas são acompanhadas de sua contrapartida prática, pois se aprende melhor fazendo. Tais práticas são apresentadas no final de cada capítulo. Nas partes II e III, intitulam-se respectivamente "Primeira etapa do trabalho de pesquisa" e "Segunda etapa do trabalho de pesquisa", trazendo, a cada vez, um subtítulo que mostra mais precisamente o desenvolvimento do trabalho e sua graduação. São momentos de aplicação privilegiados, oportunidades, por excelência, de traduzir praticamente o saber adquirido a cada capítulo.

É, portanto, nas partes I e II que se encontra o essencial do *exercício de método* que, em pesquisa, conduz à construção do novo saber. Mas esse saber corre o risco de ter pouco interesse se não for conhecido. Daí a preocupação em divulgá-lo, em fazer o relatório de pesquisa, do que trata a quarta e última parte do livro, que considera os princípios e os usos que se aplicam a esse relatório. Aqui, também, práticas são previstas no final de cada um dos dois capítulos, com os títulos "O relatório de pesquisa (I): uma versão vulgarizada" e "O relatório de pesquisa (II): garantia da versão final".

Mas, antes, teremos encontrado no manual uma primeira parte intitulada "A pesquisa em ciências humanas". Seu objetivo é situar a pesquisa hoje, lembrar, em linhas gerais, como é concebida e praticada, como se chegou a isso. Propõe-se, essencialmente, uma reflexão sobre a natureza da pesquisa científica e o modo como o saber é construído em ciências humanas, o que, com freqüência, se chama *epistemologia*. Propõe-se, igualmente, uma reflexão sobre o método, suas variedades, suas práticas e seus efeitos, o que se denomina *metodologia*. As reflexões metodológicas serão freqüentemente, neste manual, acompanhadas de

---

EPISTEMOLOGIA
Estudo da natureza e dos fundamentos do saber, particularmente de sua validade, de seus limites, de suas condições de produção.

METODOLOGIA Estudo dos princípios e dos métodos de pesquisa.

considerações epistemológicas. A primeira parte trata também, em seu terceiro capítulo, do que as diversas ciências humanas pesquisam em sua vontade de desenvolver o conhecimento científico.

Os três capítulos que integram "A pesquisa em ciências humanas", como os demais no livro, são seguidos por exercícios que visam a melhor explicar e integrar as aprendizagens sucessivamente. Como nas outras partes, isso é freqüentemente feito contando com a descoberta e a construção pessoais do saber. Vejamos, por exemplo, a prática intitulada "Assegurar seus conhecimentos antes de prosseguir", no final do capítulo 1. Ao invés de começar apresentando uma lista das características de uma pesquisa, o volume convida a ir constatá-las por si só em obras de pesquisa. O que se pretende é mais a aplicação e a construção pessoais do saber, que servirão na continuação das aprendizagens, do que a simples lembrança daquilo que acaba de ser visto. Está aqui o princípio que sustenta essas propostas de aprendizagens práticas de final de capítulos.

No corpo do livro encontraremos um texto contínuo, é claro: ele é o percurso principal da aprendizagem. Numerosos quadros estão por ele espalhados (textos, desenhos, gráficos, fotos, etc.) objetivando chamar a atenção sobre uma determinada questão, destacar um fato particular, propor uma reflexão suplementar, ilustrar com um exemplo... Na margem, observações salientam um elemento particular ou apresentam uma definição; por vezes, palavras em itálico no texto têm o mesmo objetivo, como é o caso nesta introdução. Quando se trata de uma definição de conceito, a encontramos repetida em um glossário no final do volume.

Finalmente, nas últimas páginas do livro, encontram-se dois apêndices. O primeiro, intitulado "Fontes documentais em ciências humanas", apresenta, como o nome indica, as principais fontes disponíveis para a pesquisa em ciências humanas. O segundo, "Elementos de análise estatística", vem completar a parte de análise estatística dos dados constantes do capítulo 8, apresentando os principais instrumentos matemáticos necessários a tais análises.

A Pesquisa em Ciências Humanas

PARTE I

Como hoje concebemos as ciências humanas e a pesquisa em ciências humanas? Sobretudo, qual é seu aporte e como a pesquisa em ciências humanas contribui para fazer de nossa sociedade o que ela é? Estas são as principais questões colocadas nesta parte. Os capítulos 1 e 2 referem-se mais à primeira; o capítulo 3, à segunda.

Nos dois primeiros capítulos, a concepção atual das ciências humanas e da pesquisa em ciências humanas é traçada sobre um breve relato histórico visando a uma boa compreensão desta última, estabelecendo uma comparação entre o que se tornou e o que foi (do mesmo modo que para bem apreender a natureza particular de um objeto, como uma árvore, preferimos proceder por comparação com outros objetos da mesma ordem, mas diferentes, outras árvores, por exemplo).

O capítulo 1, "O nascimento do saber científico", tratará, portanto, primeiro, do modo como a necessidade de conhecer metodicamente impôs-se à humanidade; depois nos deteremos nas circunstâncias e nas modalidades que levaram as ciências humanas a surgirem sob uma forma científica, há somente um século; bem como no modo como concebemos então seu método, inspirado no que se impôs às ciências da natureza.

Essa concepção das ciências humanas no seu nascimento não desapareceu inteiramente. Com efeito, continua servindo de referência principal na descrição do modo como as concebemos habitualmente hoje. O capítulo 2, "A pesquisa científica hoje", terá como objeto não apenas a lembrança dos fatores que conduziram as ciências humanas, mas também as ciências em geral, a se distanciarem de vários dos princípios que as viram nascer e se realinhar em torno de novos princípios comuns. Tal evolução das ciências humanas para o que são na atualidade se inscreve na evolução da sociedade como um todo. Ela daí deriva e aí contribui, ao mesmo tempo: é do que trata o capítulo 3, "Ciências humanas e sociedade". Mostramos como as ciências humanas extraem sua função das necessidades sociais, e como o pesquisador considera essas necessidades sociais, sublinhando seu aporte e suas responsabilidades. Aproveitamos para lembrar a variedade dos objetos de estudo e de pesquisa das ciências humanas. Para tanto, o capítulo termina com a apresentação das principais disciplinas que formam o campo das ciências humanas e de algumas de suas preocupações de pesquisa.

Nesta primeira parte do livro, portanto, trata-se principalmente de adquirir ou de se relembrar conhecimentos sobre a natureza das ciências humanas e da pesquisa em ciências humanas, com o fim de se preparar para considerar, em seguida, a metodologia, propriamente dita, das ciências humanas de hoje.

Com o título "Prática", cada um dos capítulos da parte é acompanhado de sugestões de aprendizagens complementares. No capítulo 1, trata-se de reforçar as aprendizagens fatuais e conceituais apresentadas no texto. As duas outras práticas conduzem, de imediato, ao terreno da pesquisa que se faz, por meio de alguns de seus frutos: trata-se de encontrar em artigos de revistas científicas certas características da pesquisa em ciências humanas (capítulo 2), depois as preocupações e as perspectivas das ciências humanas específicas (capítulo 3).

O Nascimento do Saber Científico

CAPÍTULO 1

Apesar de todos os nossos conhecimentos, concordemos que o mundo não é simples, e não é fácil viver nele. Imaginemos, então, o homem da Pré-História lutando com os elementos, confrontado com as forças desta natureza hostil que deve dominar para viver, para sobreviver... Tomemos o exemplo do fogo: um dia, após uma tempestade, o homem pré-histórico descobre que um raio queimou o mato; que um animal, nele preso, cozinhou e ficou delicioso; e que o fogo dá, além disso, o calor. Que maravilha é o fogo! Mas o que é o fogo? Como produzi-lo, conservá-lo, transportá-lo?

Para sobreviver e facilitar sua existência, o ser humano confrontou-se permanentemente com a necessidade de dispor do saber, inclusive de construí-lo por si só.

Ele o fez de diversas maneiras antes de chegar ao que hoje é julgado como o mais eficaz: a pesquisa científica. Os antigos meios de conhecer, entretanto, não desapareceram e ainda coexistem com o método científico. Neste capítulo, apresentaremos esses modos de aquisição do saber, mas dando especial atenção ao aparecimento do modo científico, no contexto do advento da ciência moderna, mais precisamente, das ciências humanas modernas.

OS SABERES ESPONTÂNEOS

O homem pré-histórico elaborava seu saber a partir de sua experiência e de suas observações pessoais. Quando constatou que o choque de dois sílices, ou da rápida fricção de duas hastes secas, podia provocar uma faísca ou uma pequena chama capaz de queimar folhas secas, havia construído um novo saber: como acender o fogo. Esse saber podia ser reutilizado para facilitar sua vida. Pois aqui está o objetivo principal da pesquisa do saber: conhecer o funcionamento das coisas, para melhor controlá-las, e fazer previsões melhores a partir daí.

Mitos e explicações do mundo

As religiões e as mitologias responderam, com freqüência, às primeiras inquietudes do homem sobre o mundo e seu funcionamento, seu próprio lugar nesse mundo e seu futuro. O que não se pode explicar pela razão e pelo saber disponível é compensado pelos mitos ou pelo sobrenatural. Assim, esta lenda kayapó-gorotire é uma das versões a respeito da origem das plantas cultivadas, no caso o milho, de grande importância na alimentação dos ameríndios brasileiros.

Origem das plantas cultivadas

No tempo em que os índios comiam apenas orelha-de-pau (urupê) e farelo de árvores podres, uma mulher que tomava banho soube por um ratinho da existência do milho, que crescia numa árvore enorme, onde as araras e os macacos brigavam pelos grãos. O tronco era tão grosso que foi preciso ir à aldeia pegar mais um machado. No caminho, os meninos mataram e comeram uma mucura e se transformaram em velhos. Os feiticeiros se esforçaram por devolver-lhes a juventude, mas não conseguiram. Desde então, a carne de mucura é absolutamente proibida. Graças ao milho, os índios passaram a viver na abundância. À medida que se multiplicavam, foram aparecendo tribos de diferentes línguas e costumes.

Segundo relato registrado no livro LÉVI-STRAUSS, Claude. *O cru e o cozido*. Trad. Beatriz Perrone-Moisés. São Paulo: Brasiliense, 1991. p. 166.

Inúmeros conhecimentos são assim adquiridos a partir da *experiência* pessoal. A criança que se queima ao tocar o fogão aceso, aprende que é quente. Se o toca uma segunda vez, depois uma terceira, constata que é sempre quente. Daí infere uma generalização: o fogão é quente, queima! E uma conseqüência para seus comportamentos futuros: o fogão, é melhor não tocá-lo.

A intuição

INTUIÇÃO percepção imediata sem necessidade de intervenção do raciocínio (*Aurélio*) É, por excelência, o tipo do saber espontâneo.

Um saber desse modo construído é aceito assim que uma primeira compreensão vem à mente. Assim, da observação que o Sol nasce todos os dias de um lado da Terra e se põe do outro, o homem pensou, por muito tempo, que o Sol girava em torno da Terra. Essa compreensão do fenômeno pareceu satisfatória durante séculos, sem mais provas do que a simples observação.

Em nossa linguagem de hoje, chamam-se tais explicações espontâneas de "senso comum", às vezes de "simples bom-senso". Ora, o senso comum é, com freqüência, enganador. Acreditar que o Sol gira em torno da Terra é uma ilustração patente disso. O bom-senso faz-nos dizer muitas outras desse gênero. Quem, por exemplo, não ouviu a declaração de que os diplomados são "desempregados instruídos", ao passo que a taxa de desemprego é inversamente proporcional ao nível de escolaridade; ou que os segurados sociais "são preguiçosos", a despeito da consideração das condições reais do emprego; ou que as mulheres são menos capazes de raciocinar matematicamente que os homens, enquanto que, feitas as verificações, não é nada disso. Poder-se-ia multiplicar os exemplos dessas compreensões rápidas vindas do senso comum, ou seja, dos saberes originários de observações imediatas e sumárias da realidade.

O senso comum não deixa de produzir saberes que, como os demais, servem para a compreensão de nosso mundo e de nossa sociedade, e para nela viver com o auxílio de explicações simples e cômodas. Mas deve-se desconfiar dessas explicações, uma vez que podem ser um obstáculo à construção do saber adequado, pois seu caráter aparente de evidência reduz a vontade de verificá-lo. É, aliás, provavelmente o que lhes permite, muitas vezes, serem aceitas apesar de suas lacunas. Desse modo, em nossa sociedade, não se aceitam igualmente os ditados "Diga-me com quem andas e te direi quem és" e "Os opostos se atraem", ou até "Tal pai, tal filho" e "Pai avarento, filho pródigo", mesmo se tais ditados se contradigam?

A tradição

Resta que, quando tais explicações parecem suficientes, deseja-se divulgá-las, compartilhá-las. É desse modo que se elabora a tradição, princípio de transmissão de tal saber.

Na família, na comunidade em diversas escalas, a tradição lega saber que parece útil a todos e que se julga adequado conhecer para conduzir sua vida. Esse saber é mantido por ser presumidamente verdadeiro hoje em dia, e o é hoje porque o era no passado e deveria assim permanecer, pensa-se, no futuro. A tradição dita o que se deve conhecer, compreender, e indica, por conseqüência, como se comportar. Diz, por exemplo, qual é o melhor momento para semear o campo, para lançar sua rede; ensina quais são as regras básicas de convivência, como curar tal ou tal doença; pode chegar a desaconselhar a ingestão de leite com manga, como em algumas regiões do Brasil, ou afirmar que um dente de alho acaba com a gripe...

Os saberes que a tradição transmite parecem, às vezes, não se basearem em qualquer dado de experiência racionalizada. Assim, transmite-se, em uma sociedade como a nossa, a superstição de que o número 13 traz azar — a ponto de, em certos hotéis ou edifícios públicos, não ser contado o décimo terceiro andar! Mas, em relação a outras crenças do gênero, pode-se suspeitar da validade da experiência. Assim, acreditar que passar sob uma escada dá azar vem provavelmente de infelizes experiências reais (pode-se imaginá-las facilmente!). Do mesmo modo, bem antes de se dispor dos conhecimentos trazidos pela ciência moderna sobre as conseqüências do incesto e dos casamentos consangüíneos, a tradição proibia essas práticas na maioria das sociedades: pode-se supor que a observação de suas conseqüências teria oportunizado um saber espontâneo.

Crença e experiência

Ritual da Chuva – Índios Maxakalis, Minas Gerais, 1993
© Hilton Viotti

Preparo do Curare – Índios da Amazônia. LÉVI-STRAUSS, Claude. *Tristes tropiques*. Paris: Libraire Plon, 1995.

O ritual da chuva e o Curare são, ambos, elementos integrantes das tradições culturais dos indígenas brasileiros. No caso do Curare – veneno usado nas flechas para paralisar os animais – pode-se deduzir que esse saber provém da sua experiência como caçadores. Já para o ritual da chuva não podemos dizer a mesma coisa.

A autoridade

Com freqüência, sem provas metodicamente elaboradas, autoridades se encarregam da transmissão da tradição. Desse modo, a Igreja Católica decidiu, muito cedo, regras para o casamento (uniões proibidas entre primos, proclamas, declarações de impedimentos conhecidos) tendo como objetivo prevenir as uniões incestuosas e inclusive consangüíneas. Impõe sua autoridade aos fiéis por meio dos preceitos ensinados pelo clero. Todas as religiões transmitem, portanto, sua autoridade através de saberes que guiam a vida de seus fiéis sem que seu sentido ou origem sejam sempre evidentes. Não deixam de ter um sentido ou uma origem. Assim, por exemplo, a proibição de comer carne de porco entre os muçulmanos provém provavelmente do desejo de se proteger da triquinose, doença provocada por um parasita que se encontra, muitas vezes, no suíno e da qual não se sabia exatamente como se preservar em determinada época. Mas, atualmente, o crente que respeita o preceito conhece sua origem? Tal saber, do qual se encarregam as autoridades, guarda, assim, para aqueles que o recebem, seu caráter de saber espontâneo.

Sua força deve-se ao fato de que nem todos podem construir um saber espontâneo sobretudo o que seria útil conhecer. Daí a comodidade, para conduzir sua vida, de um repertório de saber pronto. Daí também, em contrapartida, o peso que possuem as autoridades (padres, médicos, bruxos, dirigentes, pais, professores, etc.) que o transmitem e as instituições (igrejas, escolas, etc.) que servem de quadro à transmis-

Autoridade e credibilidade

Entre 17 e 22 de setembro de 1997, o IBOPE realizou 2000 entrevistas para verificar o grau de influência que exercem os principais agentes de socialização sobre a educação dos adolescentes.

O resumo dos resultados foi publicado pela revista *Veja* n.º 42, de 22/10/97

	Família	Escola	Amizades	Igreja
Muita influência	82%	78%	61%	63%
Pouca influência	11%	14%	20%	18%
Alguma influência	4%	6%	10%	10%
Nenhuma influência	2%	2%	7%	7%
Não sabe	1%		2%	

De quem você acha que esses adolescentes estariam mais propensos a receber conselhos? Essa tendência prevaleceria para qualquer assunto?

Uma pesquisa de opinião oferece um retrato estatístico médio de uma população escolhida, representativa, em princípio, do conjunto da população com as mesmas características. Uma população com outras características — idade, ocupação, nível econômico ou social, etc. — nela não se reconheceria. Nem mesmo indivíduos específicos supostamente representados pela amostragem. Você, por exemplo, o que teria respondido a essa pesquisa?

A escola, a tradição e a autoridade

O principal modo de transmissão do saber, na instituição escolar, assemelha-se, ao mesmo tempo, ao da tradição e ao da autoridade. Autoridades escolheram o saber que parece útil ou necessário a transmitir aos membros da sociedade; saber já construído oferecido aos estudantes, sem que esses sejam convidados a determinar o sentido e os limites de cada um deles. Desse modo, por exemplo, a escola ensina habitualmente apenas uma única interpretação de um fato histórico, mesmo podendo haver várias. É que a interpretação escolhida pareceu preferível às autoridades responsáveis pelo sistema escolar ou por aqueles que nele intervêm por diversas razões.

Esse saber não é, entretanto, saber espontâneo. Pelo contrário, a maioria foi construída a partir de reflexões elaboradas e resulta, com freqüência, de operações metódicas de pesquisa. Mas somente determinados resultados das pesquisas são ensinados; escolhidos como são os saberes transmitidos pela tradição.

No entanto, a escola tem por missão ensinar, além disso, o modo de construção do saber, de modo que os estudantes também aprendam os princípios de sua validade e se tornem progressivamente capazes de julgar o saber oferecido e, até, eventualmente, de preferir outro ou de construir, por si mesmos, um saber diferente.

Um manual como este tem justamente o seguinte objetivo: ensinar os princípios e as modalidades da construção do saber. Pode-se conceber esse ensinamento, de certa forma, como um antídoto ao saber transmitido na escola sob o modo da tradição e da autoridade.

são desse saber. Esse peso varia, entretanto, segundo a confiança recebida. Assim, um descrente dará pouca autoridade ao padre e, por conseqüência, ao saber do qual é depositário. O valor do saber imposto repousa, portanto, em nosso consentimento em recebê-lo, e esse consentimento repousa, por sua vez, na confiança que temos naqueles que o veiculam.

O Saber Racional

Muito cedo, o ser humano sentiu a fragilidade do saber fundamentado na intuição, no senso comum ou na tradição; rapidamente desenvolveu o desejo de saber mais e de dispor de conhecimentos metodicamente elaborados e, portanto, mais confiáveis. Mas a trajetória foi longa entre esses primeiros desejos e a concepção do saber racional que acabou se estabelecendo, no Ocidente, há apenas um século, com uma forma dita científica. Nesse estágio, um sobrevôo histórico impõe-se para que nos lembremos dessa trajetória.

O reino dos filósofos

> A distinção entre sujeito e objeto é útil na pesquisa. Dever-se-ia conservá-la: se uma pesquisa trata de seres humanos, dever-se-ia nomeá-los, de preferência, indivíduos, participantes, e não sujeitos, evitando assim qualquer ambigüidade.

Os filósofos desempenharam um papel de primeiro plano nessa trajetória, a tal ponto que, durante muito tempo, o saber científico, no Ocidente pelo menos, pareceu se confundir com o filosófico. Uma importante fonte encontra-se na Grécia Antiga. É nela que surge, de modo generalizado, a desconfiança em relação às explicações do universo baseadas nos deuses, na magia ou na superstição. No lugar disso, acredita-se que a mente é capaz, apenas com seu exercício, de produzir o saber apropriado. Os filósofos gregos, dos quais Platão e Aristóteles são talvez os representantes mais conhecidos, desenvolvem os instrumentos da lógica, especialmente a distinção entre *sujeito* e *objeto*: de um lado, *o sujeito que procura conhecer*, e, de outro, *o objeto a ser conhecido*, bem como as relações entre ambos. Igualmente, o *princípio de causalidade*, o que faz com que *uma causa provoque uma conseqüência* e que *a conse-*

Indução e dedução

Um raciocínio dedutivo parte de um enunciado geral e tenta aplicá-lo a fatos particulares: do geral aos particulares, poder-se-ia escrever pluralizando o vocábulo particular. Assim, se os homens, em geral, são mortais, um homem particular e cada um dos outros particulares que com ele se parecem, enquanto homens, são mortais.

O raciocínio indutivo vai no sentido contrário: de particulares — ainda no plural — para o geral. Assim, se se observa que um homem particular e os demais homens particulares são mortais, pode-se inferir, ou seja, tirar uma conseqüência dos fatos, que os homens são mortais.

O raciocínio dedutivo permite ampliar conhecimentos já disponíveis a outros fatos para verificar, especialmente, se estão de acordo. O indutivo permite antes construir novos conhecimentos, chegando, por dedução, à ampliação desses conhecimentos.

Esses tipos de raciocínios encontram-se no centro de um procedimento metódico de construção do saber.

qüência seja compreendida pela compreensão da causa. Daí estes esquemas de raciocínio, na forma de silogismo, do qual este é o exemplo clássico: "Todo o homem é mortal; Sócrates é homem; portanto, Sócrates é mortal". Nesse tipo de raciocínio, algo sendo posto, algo decorre disso necessariamente. Nosso exemplo mostra um raciocínio dedutivo, mas os gregos desenvolvem também o raciocínio indutivo, ambos permanecendo hoje essenciais à construção metódica do saber.

Os filósofos gregos, enfim, interessam-se por este importante instrumento da lógica que são as ciências matemáticas e começam a servir-se delas para abordar os problemas do real ou interpretá-lo.

No decorrer dos séculos que seguem à Antigüidade Grega, notamos pouco progresso na concepção da ciência e dos métodos de constituição do saber. Os romanos negligenciam a teoria pela prática, sobretudo nos domínios da agricultura, arquitetura e guerra. Mostram-se mais técnicos do que sábios.

Com a Idade Média, reencontramos a reflexão filosófica, mas, dessa vez, dominada pela religião e pelo desejo de conciliar os saberes adquiridos dos filósofos — especialmente de Aristóteles, que se conhece pelas traduções árabes — com os dogmas do cristianismo. A teologia supera a filosofia.

O Renascimento, que marca uma brilhante renovação nas artes e nas letras, não conhece equivalente no domínio do saber científico. Superstições, magia e bruxaria concorrem para explicar o real: a alquimia, essa ciência oculta que pretende transformar em ouro metais sem valor, prospera.

Mas a inclinação da época para rejeitar a tradição se, por um lado, leva à negligência do saber obtido dos filósofos do passado, portanto conduz igualmente a encarar novos pontos de vista que irão florescer no século XVII: surge principalmente a preocupação em se proceder à observação *empírica* do real antes de interpretá-lo pela mente, depois, eventualmente, de submetê-lo à experimentação, recorrendo-se às ciências matemáticas para assistir suas observações e suas explicações. À conjunção da razão e da experiência, a ciência experimental começa a se definir. Como escrevia o filósofo inglês Francis Bacon, em 1620: "Nossa maior fonte, da qual devemos tudo esperar, é a estreita aliança destas duas faculdades: a experimental e a racional, união que ainda não foi formada".

O século XVII assiste, portanto, à confirmação dessas tendências, e o pensamento científico moderno começa a se objetivar. Um saber racional, pensa-se cada vez mais, constrói-se a partir da observação da realidade (*empirismo*) e coloca essa explicação à prova (*experimentação*). O raciocínio indutivo conjuga-se então com o raciocínio dedutivo, unidos por esta articulação que é a hipótese: é o *raciocínio hipotético-dedutivo*. Este, cada vez mais associado às ciências matemáticas, para apreender a dimensão dos fenômenos, é também auxiliado pela construção de novos instrumentos de medida (tempo, distância, calor, peso, etc.).

A partir de então, o saber não repousa mais somente na *especulação*, ou seja, no simples exercício do pensamento. Baseia-se igualmente na observação, experimentação e mensuração, fundamentos do método científico em sua forma experimental. Assim, poder-se-ia dizer que o método científico nasce do encontro da especulação com o empirismo.

EMPÍRICO Baseado na experiência.

EMPIRISMO Conhecimento pelos sentidos, pela experiência sensível.

ESPECULAÇÃO Criação do saber apenas pelo exercício do pensamento, geralmente sem qualquer outro objetivo que o próprio conhecimento.

A observação da queda da maçã, que teria inspirado a Newton a lei da gravidade, é um exemplo tão freqüentemente utilizado, como aqui pelo desenhista Gotlib, que acabou se tornando caricatural. Na realidade, foi a partir da seqüência de múltiplas observações, experiências e reflexões que Newton acabou por enunciar a lei da gravidade universal.

Além disso, não se trata mais apenas de encontrar uma explicação, ainda que geral, do fenômeno estudado, mas definir o princípio que fundamenta essa explicação geral. Tornava-se, por exemplo, importante, para Newton, além da observação da queda das maçãs — retomando uma ilustração bem conhecida —, definir o princípio dessa queda, que se denominou lei da gravidade universal. No lugar das leis "divinas" surgem a noção de leis da natureza e a idéia de que a ciência tem por objetivo definir suas leis.

A ciência triunfante

Durante o século XVIII, os princípios da ciência experimental desenvolvem-se por meio de múltiplas aplicações. As descobertas são muitas, sobretudo no campo dos conhecimentos de natureza física. Pois, no domínio que hoje denominamos ciências humanas, o procedimento especulativo dos filósofos predomina. O que não impede que façam grandes reflexões sobre a condição do homem social e gozem de uma considerável influência na sociedade, particularmente junto às classes dominantes. Não chamamos, aliás, em vão o século XVIII de o "Século das Luzes", nome da corrente de pensamento elaborada e difundida pelos filósofos!

O século das luzes

No plano da natureza dos saberes, os "filósofos das luzes" acreditam apenas na racionalidade, na força da razão para constituí-los. Consideram eles que os saberes construídos pela razão deveriam nos libertar daqueles transmitidos pelas religiões ou dos que não são construídos através de um procedimento racional.
    Em decorrência do seu valor libertador, os filósofos desejam difundir amplamente esse saber racional. Disso resultam diversos projetos de publicação de obras reunindo conhecimentos, como a célebre *Enciclopédia ou Dicionário Racional das Ciências, das Artes e dos Ofícios* de Diderot e de Alembert, que será combatida pelas autoridades da época.

Mas é no século XIX que a ciência triunfa. No domínio das ciências da natureza, o ritmo e o número das descobertas abundam. Mas, saem dos laboratórios para ter aplicações práticas: ciência e tecnologia encontram-se. A *pesquisa fundamental*, cujo objetivo é conhecer pelo próprio conhecimento, é acompanhada pela *pesquisa aplicada*, a qual visa a resolver problemas concretos.

Tais descobertas e suas aplicações práticas modificam profundamente a fisionomia do século. Todos, ou quase todos, os domínios da atividade humana são atingidos. Na agricultura, a produção alimentar cresce com as novas técnicas agrícolas, os instrumentos para arar, os adubos; o temor da penúria desfaz-se aos poucos. A produção de objetos manufaturados também aumenta consideravelmente, graças às máquinas, às novas fontes de energia (a eletricidade, principalmente), aos novos materiais e diferentes modos de fabricação (a fábrica substituindo o ateliê). Os bens produzidos, agrícolas ou industriais, são mais ampla e facilmente distribuídos, em especial com o auxílio das ferrovias e da navegação a vapor; produtos raros até então surgem nos mercados, provenientes, por vezes, de outros continentes; as quantidades são estáveis e abundantes, e os preços baixam. No domínio das comunicações, a chegada do telégrafo e do telefone aproxima os lugares e os homens. No da saúde, os micróbios e bacilos são descobertos, assim como os modos de preveni-los (higiene, pasteurização, vacinação, assepsia) e de como combatê-los (assepsia e anti-sepsia, cirurgia, anestesia, medicações diversas). As epidemias tornam-se mais raras no Ocidente; a expectativa de vida aumenta consideravelmente, em mais de 1/3 em certas regiões. A população urbaniza-se e as cidades, iluminadas pela eletricidade, bem como dotadas de eficazes sistemas de esgoto e modernos sistemas de transporte comum — o *tramway*, especialmente —, são abastecidas de bens de todos os tipos e se tornam mais agradáveis para viver. (Ver ilustração da página seguinte.)

O homem do século XIX percebe, com clareza, essas mudanças e os melhoramentos que trazem para sua vida. É, aliás, provavelmente o primeiro na história a morrer em um mundo profundamente diferente daquele que o viu nascer. A época lhe parece repleta de maravilhas, e isso graças à ciência que lhe surge como fonte inesgotável de progresso. Por que então não aplicar seus princípios e seu método aos demais domínios da atividade humana, no campo do saber relativo ao homem social, por exemplo? Sobretudo porque esses progressos são, por outro lado, acompanhados de vários problemas sérios no plano social, o que seria oportuno solucionar logo que possível. (Disso trataremos no capítulo 3.)

As ciências humanas e o positivismo

Seguindo o modelo das ciências da natureza as ciências humanas desenvolvem-se durante a segunda metade do século XIX.

Até então, o estudo do homem social havia permanecido entre os filósofos, do qual trataram, muitas vezes, de maneira brilhante. No século precedente, as especulações dos filósofos tiveram uma considerável influência na concepção das sociedades e de seu governo. Suas idéias — universalidade dos direitos, igualdades, liberdades sociais e econômicas,

Detalhe de um projeto para abrigo de bondes em frente à agência Viação Elétrica (1919, Museu Histórico Abílio Barreto – Belo Horizonte).

contrato social entre os dirigentes e os povos, livre arbítrio — foram adotadas por numerosos dirigentes e, sob a influência da classe burguesa, conduziram inclusive grandes revoluções, sobretudo na América e na França.

Há muito tempo, por outro lado, filósofos tinham se debruçado sobre esses objetos de estudo hoje confiados às ciências humanas. Desde a longínqua Antigüidade, pensadores como Tucídides, na história, Ptolomeu, na geografia, Xenofonte, na antropologia (ao menos, o que se ficaria tentado a chamar atualmente de história, geografia, antropologia), e vários outros o haviam feito. Mas o século XIX desejava, no domínio do saber sobre o homem e a sociedade, conhecimentos tão confiáveis e práticos quanto os desenvolvidos para se conhecer a natureza física, retirados de qualquer princípio de interpretação anterior ou exterior, especialmente religioso. O método empregado no campo da natureza parece tão eficaz que não se vê razão pela qual também não se aplicaria ao ser humano. É com esse espírito e com essa preocupação que se desenvolvem — serão inventadas, poder-se-ia dizer — as ciências humanas na segunda metade do século XIX.

Desenvolvem-se, segundo uma concepção da construção do saber científico nomeada *positivismo*, cujas principais características serão a seguir apresentadas.

A carne de cachorro foi consumida durante todas as grandes crises alemãs desde, pelo menos, a época de Frederico II, o Grande. Chamada, em geral, de "pernil de crise". É uma carne...

... dura, fibrosa, que tem gosto de carne de caça.

Empirismo

O conhecimento positivo parte da realidade como os sentidos a percebem e ajusta-se à realidade. Qualquer conhecimento, tendo uma origem diferente da experiência da realidade — crenças, valores, por exemplo —, parece suspeito, assim como qualquer explicação que resulte de *idéias inatas*.

Objetividade

O conhecimento positivo deve respeitar integralmente o objeto do qual trata o estudo; cada um deve reconhecê-lo tal como é. O sujeito conhecedor (o pesquisador) não deve influenciar esse objeto de modo algum; deve intervir o menos possível e dotar-se de procedimentos que eliminem ou reduzam, ao mínimo, os efeitos não controlados dessas intervenções.

Experimentação

O conhecimento positivo repousa na experimentação. A observação de um fenômeno leva o pesquisador a supor tal ou tal causa ou conseqüência: é a hipótese. Somente o teste dos fatos, a experimentação, pode demonstrar sua precisão.

IDÉIAS INATAS Em filosofia, idéias inerentes à mente humana, anteriores a qualquer experiência (*Petit Robert*).

Validade

A experimentação é rigorosamente controlada para afastar os elementos que poderiam perturbá-la, e seus resultados, graças às ciências matemáticas, são mensurados com precisão. A ciência positiva é, portanto, quantificativa. Isso permite, se se chega às mesmas medidas reproduzindo-se a experiência nas mesmas condições, concluir a validade dos resultados e generalizá-los.

Leis e previsão

Sobre o modelo do saber constituído no domínio físico, supõe-se que se podem igualmente estabelecer, no domínio do ser humano, as leis que o determinam. Essas leis, estima-se, estão inscritas na natureza; portanto, os seres humanos estão, inevitavelmente, submetidos. Nesse sentido, o conhecimento positivo é *determinista*. O conhecimento dessas leis permitiria prever os comportamentos sociais e geri-los cientificamente.

É pois apoiando-se no modelo da ciência positiva — o positivismo — que se desenvolvem as ciências humanas, na segunda metade do século XIX. Este modelo perdurará, e pode-se encontrá-lo até os nossos dias. Nós voltaremos a falar a esse respeito no próximo capítulo.

> Augusto Comte, considerado um dos pais do positivismo, escrevia que o caráter fundamental do positivismo é "olhar todos os fenômenos como sujeitos a leis invariáveis".

Positivismo e Método Experimental

Se, para os positivistas, o método, por excelência, é o das ciências naturais, o método, por excelência, das ciências naturais é o experimental. Claude Bernard, em uma obra publicada em 1865, expôs longamente suas características. Eis algumas passagens reveladoras dos principais traços do positivismo.

O observador, como dissemos, constata pura e simplesmente o fenômeno que tem sob os olhos.

[...] Sua mente deve ficar passiva, ou seja, calar-se.

O método experimental relaciona-se apenas com a pesquisa das verdades objetivas, e não com a pesquisa das verdades subjetivas.

A idéia experimental resulta de um tipo de pressentimento da mente que julga que as coisas devem acontecer de um certo modo. Pode-se dizer, a esse respeito, que temos na mente a intuição ou o sentimento das leis da natureza, mas não conhecemos sua forma, que somente com a experiência podemos aprender.

A mente do homem não pode conceber um efeito sem causa, de tal modo que a observação de um fenômeno sempre desperta nele uma idéia de causalidade. Todo conhecimento humano limita-se a remeter os efeitos observados às suas causas.

As ciências matemáticas representam as relações das coisas em condições de uma simplicidade ideal. Daí resulta que esses princípios ou relações, uma vez determinados, são aceitos pela mente como verdades absolutas, isto é, independentes da realidade.

Todas as ciências raciocinam igualmente e têm o mesmo objetivo. Todas desejam chegar ao conhecimento da lei dos fenômenos de modo a poder prevê-los, alterá-los ou dominá-los.

Deve-se crer na ciência, ou seja, no determinismo, na relação absoluta e necessária entre as coisas, assim como nos fenômenos próprios aos seres vivos e a todos os outros. [...]

BERNARD, Claude. *Introduction à l'étude de la médecine expérimentale* (1865). Paris: Garnier-Flammarion, 1966, *passim*.

PRÁTICA

Assegurar seus Conhecimentos antes de Prosseguir

O capítulo que terminamos é provavelmente um dos mais fatuais do livro. Sua função é destacar alguns aspectos importantes da natureza do saber científico (e pré-científico) e lembrar certos conceitos que servem para ele.

Trata-se, agora, simplesmente de assegurar, antes de prosseguir, que dispomos adequadamente dos conhecimentos e conceitos em causa. As questões e reflexões que se seguem nos fazem retornar ao conteúdo do capítulo.

1. Você poderia dar exemplos:
   a) de um saber construído no modo intuitivo;
   b) de um saber proveniente da tradição ou da autoridade;
   c) de um saber construído pela razão no modo especulativo;
   d) de um saber construído pela razão no modo da ciência experimental.

   Os conhecimentos dos quais você já dispõe deveriam auxiliá-lo, mas não se trata de repetir o que se encontra nas páginas anteriores. Seria preferível localizar um diferente saber dentre os que podem haver no seu meio. Pense, por exemplo, nos que seu jornal veicula; ou, ainda melhor, assista um programa de participação pública por telefone: com um pouco de sorte, você poderá encontrar esses diversos tipos de saberes em um só programa (sobretudo se o assunto do dia for controvertido).

2. Os saberes provenientes da especulação, além dos que repousam no método científico, podem ser saberes válidos. Possuem, no entanto, diferenças essenciais de natureza: a que se referem, principalmente, tais diferenças?
3. A indução, a dedução e a hipotético-dedução são três tipos de raciocínios necessários ao procedimento científico. Você poderia ilustrar cada um com um exemplo? Você pode construir seus próprios exemplos, mas também pode escolhê-los entre raciocínios que se exprimem em seu meio: esteja atento, são freqüentes, pois o ser humano não sabe raciocinar de outro modo.
4. Um psicólogo estuda as motivações dos consumidores, um cientista político estuda os comportamentos eleitorais, um historiador estuda a idéia de Deus na Idade Média: em tais pesquisas, qual é o sujeito e qual é o objeto?
5. Explicamos, neste capítulo, que o princípio de objetividade é um princípio fundamental das ciências humanas tais como são desenvolvidas no século XIX. Releiamos este parágrafo da pá-

gina 27, que descreve a objetividade segundo os positivistas: "O conhecimento positivo deve respeitar integralmente o objeto do qual trata o estudo; cada um deve reconhecê-lo tal como é. O sujeito conhecedor (o pesquisador) não deve influenciar esse objeto de modo algum; deve intervir o menos possível e dotar-se de procedimentos que eliminem ou reduzam, ao mínimo, os efeitos não controlados dessas intervenções."

Com base em sua experiência e em seus conhecimentos, é realista pensar desse modo?

CAPÍTULO 2

A Pesquisa Científica Hoje

No capítulo precedente, aprendemos que foi com o modelo das ciências naturais e com o espírito do positivismo que as ciências humanas desenvolveram-se na última parte do século XIX e nas primeiras décadas do século XX. A perspectiva positivista supõe que os fatos humanos são, como os da natureza, fatos que começam a ser observados tais quais, sem idéias preconcebidas; fatos que, em seguida, devem ser submetidos à experimentação, para que se possa determinar sua ou suas causas; depois, tomando uma medida precisa das modificações causadas pela experimentação, daí tirar explicações tão gerais quanto possível. Esse procedimento é realizado com a esperança de determinar, no campo do humano, as leis naturais que o regem.

Esse modelo metodológico, altamente valorizado na época, e a espécie de culto dedicado à ciência tão difundido então agourariam no futuro. As ciências humanas sofreram, todas, sua influência. Mas se sentiu, desde muito cedo, os limites desse modelo, algumas de suas ambigüidades e de suas inadequações com o objeto de estudo (o ser humano). Sendo assim, em seguida, questionado.

Esse modelo foi igualmente questionado, ainda que não tão rapidamente, nas ciências naturais, mesmo se havia presidido brilhantemente seu desenvolvimento durante o século XIX.

Isso conduz a um esgotamento progressivo do positivismo e a uma redefinição da ciência e de seu procedimento de constituição dos saberes. É do que tratará este capítulo.

O ENFRAQUECIMENTO DO POSITIVISMO

Claude Bernard, médico e teórico do positivismo e do método experimental evocado anteriormente, deixava entender que a abordagem positivista poderia ser aplicada, com sucesso, a todos os objetos de conhecimento, tanto naturais quanto humanos. Ora, nas ciências humanas, isso não se deu sem problemas. Vejamos quais.

Ciências naturais e ciências humanas

As ciências naturais e as ciências humanas tratam de objetos que não se parecem nem de longe. Com efeito, seus objetos são muito diferentes, por seu grau de complexidade e por sua facilidade de serem identificados e observados com precisão. Isso se percebeu com certa rapidez.

A complexidade dos fatos humanos

> Um dos primeiros sociólogos modernos, Émile Durkheim, publica, em 1895, *As regras do método sociológico*, obra na qual exprime, por exemplo, a idéia de que se deve considerar os fatos sociais como coisas.

Os fatos humanos são, por outro lado, mais complexos que os fatos da natureza. Émile Durkheim, um dos pais do positivismo nas ciências humanas, estimava que se devia "considerar os fatos sociais como coisas" e que a mente apenas poderia compreender tais fatos "com a condição de sair de si mesma, pela via da observação e de experimentações".

Ora, a simples observação dos fatos humanos e sociais traz problemas que não se encontram nas ciências naturais. Por exemplo: o que se deve observar para compreender o fenômeno da evasão escolar no ensino fundamental? Uma crise econômica? A perseverança das desigualda-

---

A evasão escolar: um exemplo de complexidade

Sabe-se quanto o problema da evasão escolar no ensino fundamental é intenso no Brasil. Se se deseja compreendê-lo e, eventualmente, solucioná-lo, deve-se entrar em um terreno de alta complexidade, no qual os fatos objetivos somente falam, muitas vezes, à luz de fatos subjetivos.

Desenvolvamos nosso exemplo. Pode-se começar por mensurar o fenômeno. Quantos são os evadidos? Quando se evadem? Qual é a proporção de meninas e de meninos? Qual era o desempenho escolar desses alunos? Em resumo, observar as características objetivas do fenômeno. Mas isso não ajuda muito para a compreensão.

Folha de São Paulo, 1º/02/98

Pode-se então deixar um pouco o problema imediato e procurar as circunstâncias nas quais se inscreve. Por exemplo: de qual meio social provêm os evadidos? Quais são suas condições econômicas? Devem trabalhar? Qual é o nível escolar de seus pais? Ainda observações de natureza essencialmente objetiva: sabe-se mais a respeito, mas não o suficiente para realmente compreender o problema.

Para isso, dever-se-ia agora passar à dimensão subjetiva a fim de saber como os evadidos percebem seu estado e como representam para si mesmos a evasão: quais são suas ambições? Quais são seus valores? Que idéia têm da escola, do saber, do trabalho? Que imagem possuem de si mesmos, de suas capacidades de aprendizagem? O que significa, para eles, o fracasso? Aqui, pode-se começar a recolher informações que se aproximam do essencial, se se trata de compreender, em profundidade, o problema.

Pode-se, inclusive, ir mais longe e questionar as não-ocorrências: sondar junto aos que não se evadem para melhor compreender os que o fazem, e comparar os dados.

Nas ciências humanas, os objetos de pesquisa são dotados de liberdade e consciência. A realidade dos fatos humanos é delas amplamente tributária, e raramente se pode determiná-la, em toda sua complexidade, sem considerar os múltiplos elementos que a compõem.

des sociais no Brasil? Ou, ainda, para determinar os princípios do comportamento amoroso?...

Quanto a submeter tais fatos humanos à experimentação, é ainda mais complicado. A experimentação supõe que se possa identificar fatores — variáveis, como convém dizer (disso se falará mais adiante) — que, por sua inter-relação, permitem a explicação do fenômeno. Em química, por exemplo, a combinação de dois corpos, se se consegue afastar os demais fatores, permite que se observem os efeitos de um sobre o outro e se determine uma explicação causal (a causa leva ao efeito, o efeito explica-se pela causa). Mas para a evasão escolar, para uma crise econômica, para as desigualdades sociais, para o comportamento amoroso, que fatores devem interagir, e como afastar os demais? Os fatos humanos têm graus de complexidade que a ciência do século XIX não via em suas pesquisas sobre a natureza.

Sem esquecer que o ser humano é ativo e livre, com suas próprias idéias, opiniões, preferências, valores, ambições, visão das coisas, conhecimentos..., que é capaz de agir e reagir. Dois corpos químicos submetidos à experimentação reagirão conforme sua natureza, que é previsível. Os seres humanos também reagirão conforme sua natureza, que, esta, não é previsível, pelo menos não tanto e nem da mesma maneira.

Retomemos o exemplo das maçãs de Newton: soltam-se da árvore e inevitavelmente caem no chão, testemunhando, a cada vez, a precisão da lei da gravidade universal. Tomemos agora um ser humano. Submetamo-lo a uma provocação agressiva: alguns reagirão de uma maneira, outros de outra, e outros ainda diferentemente. É porque ao receberem a provocação, a compreenderão e a interpretarão diferentemente para, por fim, reagir a ela cada um à sua maneira. Como então se imagina poder retirar da experimentação uma lei da reação a uma provocação?

Poder-se-ia, entretanto, imaginar que o pesquisador conseguiu reduzir ao mínimo o número de fatores, podendo influenciar a situação experimental e controlar todos os seus elementos. Mas mesmo assim! Em ciências naturais, se se calculou corretamente que um eclipse do Sol acontecerá a tal dia, a tal hora, qualquer que seja a situação experimental seguida, é duvidoso que o eclipse escolhesse se apresentar em um outro momento. Não é o caso para os seres humanos, para quem a situação experimental pode causar modificações nos comportamentos diferentemente esperados. Desse modo, por exemplo, uma pessoa em quem se desejaria observar a resposta a uma provocação agressiva poderia ter uma resposta diferente, conforme se encontre perante um observador ou não. O eclipse do Sol não sofre influência do observador!

> O mundo físico é a esse ponto previsível? Recentes pesquisas em física mostraram que fótons – essas ínfimas partículas de luz e partículas materiais como os elétrons –, quando lançadas de uma fonte emissora até uma tela distante onde são observadas, comportam-se diferentemente conforme seu percurso seja ou não observado.

O pesquisador é um ator

Se, em ciências humanas, os fatos dificilmente podem ser considerados como coisas, uma vez que os objetos de estudo pensam, agem e reagem, que são atores podendo orientar a situação de diversas maneiras, é igualmente o caso do pesquisador: ele também é um ator agindo e exercendo sua influência.

> Qual foi sua reflexão em resposta à última questão da página 30.

Os pais do pensamento positivista viam o pesquisador diferentemente. Claude Bernard, que evocamos anteriormente, escrevia a propósito do papel do pesquisador:

O observador deve ser o fotógrafo do fenômeno, sua observação deve representar exatamente a natureza. Deve observar sem qualquer idéia preconcebida; a mente do observador deve ficar passiva, ou seja, deve calar-se; ele escuta a natureza e escreve o que esta lhe dita. [...]

Eu diria que o cientista põe questões para a natureza; mas que, assim que esta fala, ele deve se calar; deve constatar o que ela responde. Escutá-la até o fim e em todas as situações, submeter-se a suas decisões. (Introduction à l'étude de la médecine expérimentale, 1865.)

Na realidade, o pesquisador não pode, frente aos fatos sociais, ter essa objetividade, apagar-se desse modo. Frente aos fatos sociais, tem preferências, inclinações, interesses particulares; interessa-se por eles e os considera a partir de seu sistema de valores. Seria inadequado perguntar se o pesquisador que estuda a lei da gravidade universal gosta ou não dos corpos que se atraem. Por outro lado, é difícil imaginar que, sobre a questão da evasão escolar — retomando esse exemplo —, o pesquisador não tenha qualquer concepção prévia. De fato, é provável que estime, ao menos, que a evasão escolar não é algo bom. Seus valores lhe dizem. E é com esse preconceito que aborda seu objeto e sobre ele fará o estudo. Adivinha-se, com facilidade, que a informação que irá procurar e os conhecimentos que daí tirará serão subjetivos. Mas pode-se abordar os fatos humanos com um total desinteresse, como se pode fazer nas ciências naturais quando se interessa pela gravidade universal? Em ciências humanas, o pesquisador é mais que um observador objetivo: é um ator aí envolvido.

"Ah, você quer uma prova? Tome uma, então!"

A medida do verdadeiro

O fato de o pesquisador em ciências humanas ser um ator que influencia seu objeto de pesquisa, e do objeto de pesquisa, por sua vez, ser capaz de um comportamento voluntário e consciente, conduz a uma construção de saber cuja medida do verdadeiro difere da obtida em ciências naturais.

Deve-se, em um primeiro momento, aceitar que esse jogo da vontade dos atores, tanto entre os seres humanos, que são os objetos de estudo, quanto entre os pesquisadores, que os estudam, tem como conseqüência um saber que, embora seja construído com prudência e método, pode variar. A idéia de lei da natureza e de determinismo, cara ao positivismo, aplica-se mal nas ciências humanas. Com efeito, no máximo, pode-se definir tendências: concluir, por exemplo, que, em tal ou tal circunstância, a taxa de evasão escolar deveria decrescer; estimar que, em vista do atual estado da economia e dos fatores que levaram a esse estado, poder-se-ia tomar tal medida para sair da crise. Aqui onde as ciências naturais gostariam de dizer: eis a lei sobre a qual devemos apoiar nossas decisões, em ciências humanas se deve escolher em função de conhecimentos que não são nem exclusivos nem absolutos, que, no melhor dos casos, podem ser chamadas de teorias, parecem-se suficientemente gerais para se aplicar ao conjunto das situações análogas.

Deve-se considerar, ainda mais, que esse grau de conhecimento obtido através de operação que, em ciências naturais, permite generalizar os resultados da experimentação — e, a partir daí, eventualmente definir leis — não é comumente possível em ciências humanas. Em ciências naturais, considera-se que um conhecimento é válido se, repetindo a experiência tantas vezes quanto necessário e nas mesmas condições, chega-se aos mesmos resultados. Como fazer quando, em ciências humanas, o número e a complexidade dos fatores em questão tornam difícil e, às vezes, impossível o fato de reconhecê-los com exatidão e, então, controlá-los? Quando os objetos de estudo permanecem livres, podem, durante o percurso, modificar o desenrolar da experimentação? Quando os pesquisadores, devido à sua influência, podem, de um momento a outro, mudar o curso de uma experimentação? O verdadeiro, em ciências humanas, apenas pode ser um verdadeiro relativo e provisório.

Além disso, se em ciências naturais a medida das modificações pode ser facilmente definida e quantificada, em ciências humanas, não. Como quantificar com exatidão inclinações, percepções, preferências, visões do mundo...? O verdadeiro, em ciências humanas, é ainda mais relativo porque, com freqüência, não pode basear sua construção sobre uma medida objetiva dos fenômenos estudados, como é possível fazê-lo em ciências naturais.

O positivismo mostrou-se, portanto, rapidamente enfraquecido, quando se desejou aplicá-lo no domínio do humano. Considerou-se então outras perspectivas, que respeitassem mais a realidade dos objetos de estudo em ciências humanas; levou-se em conta outros métodos, menos intervenientes e capazes de construir o saber esperado. Para tanto, a própria evolução da pesquisa em ciências naturais seria, se não uma inspiração, ao menos um encorajamento.

Revisões em ciências naturais

No início do século, as ciências naturais também haviam começado a se sentir limitadas no quadro do positivismo. Tinham progressivamente questionado ou revisado os princípios do empirismo, a idéia de lei e, inclusive, de determinismo, as regras da objetividade e os modos de verificação. Sem a pretensão de esgotar o tema, vejamos rapidamente algumas ilustrações dessas modificações.

O empirismo difícil

O caso do átomo, cujo conhecimento progrediu significativamente durante esse século, ilustra bem como agora se constitui o saber em ciências naturais: não sobre o modo empírico, como desejavam os positivistas, isto é, através de uma observação natural direta, uma vez que o átomo só é acessível por meio de reações nele provocadas, especialmente por colisão nessas máquinas elaboradas que são os aceleradores de partículas.

Sem jamais ter visto um átomo — nem mesmo através dos mais potentes microscópios —, conhece-se, no entanto, sua natureza. Não temos sobre ele um conhecimento objetivo, mas uma interpretação construída pela mente do pesquisador. O conhecimento do átomo é, na realidade, uma *teoria* do átomo.

A teoria

O conhecimento obtido permanece até ser contestado por outras interpretações dos fatos. Reforça-se, ao contrário, se os saberes obtidos, atra-

Reconstituição do esqueleto de uma nova espécie de dinossauro a partir de dois fragmentos fósseis (discutido por especialistas)

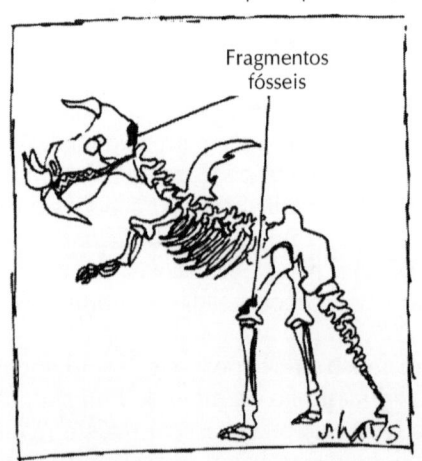

Esse desenho satírico mostra o quanto, no domínio das ciências naturais, por exemplo, no caso da paleontologia, a teoria pode ser elaborada a partir de raros fatos concretos. Nem por isso se deixou de avançar consideravelmente o saber sobre a origem das espécies durante nosso século. Inúmeras outras ciências assim procedem.

vés de novas manipulações, o confirmam. Assim, a teoria aceitou reconhecer numerosos elementos constitutivos do átomo muito antes da prova de sua existência ter sido demonstrada experimentalmente. Tomemos o caso dos *quarks*, por exemplo: essas ínfimas partículas de matéria que compõem o próton foram descobertas e sua existência, em geral, aceita nos anos 60, mas sua realidade efetiva apenas recentemente foi demonstrada. Igualmente, a teoria da relatividade, estabelecida por Einstein no início do século, e cuja importância ao mesmo tempo teórica e prática se conhece, somente teve várias de suas verificações e confirmações bem mais tarde.

Teoria, lei e previsão

O saber em forma de teoria parece agora, portanto, um fato aceitável no domínio das ciências naturais. Mesmo se a prova permaneça incompleta, ou por vir. Conseqüentemente, o princípio positivista da validação dos saberes, que era poder reproduzir a experiência nas mesmas condições com os mesmos resultados, perde sua relevância. Aceita-se que a teoria seja uma compreensão adequada, ainda que possivelmente provisória, e se reconhece que outras verificações poderão, mais tarde, assegurar-lhe maior validade.

> Einstein, em sua teoria da relatividade, mostrou sobretudo que a velocidade da luz é sempre a mesma, embora observadores diferentemente situados possam obter medidas diferentes, relativas à sua situação.

A teoria e a construção dos saberes: uma ilustração em astronomia

A evolução da astronomia mostra bem o papel da teoria na construção do saber científico e como, muitas vezes, precede sua confirmação pelos fatos. Vejamos o que diz esse relato.

> *Em 1929, o advogado-soldado-boxeador-astrônomo Edwin Hubble descobre que as galáxias afastam-se umas das outras e que o Universo está em expansão. Em 1948, George Gamow formula a idéia de uma explosão original, que um difamador procura ridicularizar dando-lhe o nome de big-bang [...]. Gamow e seus colegas também prevêem que se deveria observar, no "fundo" do Universo, um brilho "fóssil" fazendo eco desta explosão original. Calculam, inclusive, sua temperatura, aproximadamente 3°K (três graus acima do zero absoluto).*
>
> *A beleza — e a força — dessas eruditas elucubrações é que acabam sendo confirmadas por observações. Em 1965, os americanos Penzias e Wilson mensuram realmente esse brilho "do fundo do céu" (portanto, do início do mundo: com efeito, quanto mais longe se olha, mais o que se vê é antigo). E esse brilho tem 2,7°K. Ufa! Que alívio para os defensores do big-bang. Acrescente a prova da química, especialmente a proporção de hélio no Universo ou a quantidade de lítio nas estrelas, e você compreenderá por que pularam de felicidade.*
>
> *A dificuldade é que se teve que rearranjar a teoria para explicar ou contornar algumas discrepâncias. Postular, por exemplo, um período de expansão ultra-rápido do Universo em seu início, uma fase dita "inflacionista".*
>
> *Ou fechar os olhos para incômodos paradoxos, como o da formação das galáxias e outras acumulações, superacumulações ou Grandes Muros. Se o Universo primordial era tão homogêneo quanto deixa crer a bela uniformidade do brilho fóssil, por que não permaneceu na forma de uma pasta também homogênea? Se nenhuma região era mais densa ou quente que outra, a partir de quais "sementes" as gigantescas concentrações de matéria que hoje são vistas puderam crescer?*

> O que se deve entender por rearranjar a teoria? Que indicação isso fornece sobre o grau de conhecimento obtido da teoria em relação à lei?

VILLEDIEU, Yanick . Anatomie de l'Univers, *L'Actualité*, Paris, vol. 19, n°. 12 , p.34, ago./1994.

O conhecimento total e acabado em forma de lei não é mais a suprema ambição das ciências naturais; do mesmo modo, a idéia de determinismo na natureza igualmente recua. Novos conhecimentos contribuem para esse recuo. Assim, a teoria do caos mostra o quanto é difícil prognosticar além de um futuro muito próximo, ao passo que a amplificação de fenômenos aleatórios, desde que tenham tempo para se multiplicar, leva a uma quase impossibilidade de prognóstico. Como neste exemplo, com freqüência empregado pelos defensores da teoria, de uma borboleta que, batendo asas no Japão, provocaria uma cascata de efeitos imprevisíveis, podendo provocar um tornado na Flórida.

Ciência e ideologia

Consciente de que imprime, em suas pesquisas, seus próprios pontos de vista e determinações, o pesquisador torna-se mais sensível aos efeitos que isso pode ter sobre a ciência; interroga-se sobre as influências que sobre ela pesam, orientam-na, definem-na, determinam sua natureza. Suas próprias ideologias de pesquisador exercem alguma influência? Mas o papel das ideologias, ou seja, dos sistemas de representações idealizadas do social, não intervém somente nas ciências humanas? No texto seguinte, introdução de um artigo mais longo, o físico Jean-Marc Lévy-Leblond mostra o papel da ideologia na definição de uma das ciências naturais melhor estabelecidas, a física. Mostra, igualmente, o papel dos interesses dos cientistas nas definições ou valorizações de seus campos de saber. Assim fazendo, salienta bem a fragilidade de certas distinções entre ciências exatas (naturais) e ciências sociais (humanas), ao passo que fundamentalmente, em seu procedimento científico, são mais parecidas do que diferentes. "A física é uma ciência social", conclui ele, após ter lembrado que as ciências sociais não têm menos valor, no plano epistemológico, apesar de certas particularidades, que a física e as demais ciências naturais.

Uma ciência social: a física

Gostaria de sustentar a seguinte tese: a distinção das ciências (ditas) sociais e das ciências (ditas) exatas não depende de qualquer critério epistemológico. Essa distinção, que, muitas vezes, se diz oposição, é essencialmente ideológica. O que não quer dizer que não tenha razões nem efeitos. Na verdade, essa diferenciação, tão freqüente e extremamente reafirmada, até mesmo reivindicada, não passa de negação da profunda fantasia que anima as ciências sociais: serem ciências "verdadeiras", isto é, tornarem-se como as ciências exatas. É a impossibilidade empiricamente constatada de uma tal convergência que é então teorizada como divergência de base, complexo de inferioridade transformado em reivindicação de alteridade. Mas, por outro lado, não deixa de haver interesse na manutenção da dicotomia: que melhor garantia para a cientificidade das ciências exatas do que a confissão de impossibilidade das ciências sociais em satisfazer os mesmos critérios epistemológicos? Somente aí pode haver científico, se existe o quase-científico, o ainda-não-científico. O complexo de superioridade das ciências exatas exige o apoio das ciências sociais, parentes pobres e últimos chegados na família, dando-lhes algumas esmolas matemáticas e as deixando descontar, para mais tarde, toda uma parte da herança. [...]

Segundo o autor, se não existe qualquer razão para se distinguir no plano epistemológico, ou seja, nos modos de construção dos saberes, as ciências humanas e as ciências naturais, por que, com freqüência, assim se faz?

Na realidade, entre a física e as ciências sociais, no joguinho de semelhanças e diferenças, as primeiras prevalecem amplamente sobre a segunda em relevância: a física é uma ciência social, antes de tudo.

LÉVY-LEBLOND, Jean-Marc. Une science sociale: la physique, em *L'esprit de sel; Science, culture, politique*. Paris: Seuil, 1984. p. 17-18.

"O mais deprimente é pensar que tudo o que acreditamos será contestado em alguns anos."

Objetividade e subjetividade

O desgaste da idéia de determinismo é acompanhado de uma transformação do conceito de objetividade. Ao mesmo tempo que o pesquisador conscientiza-se de que é ele quem provoca numerosas de suas observações, que sem sua intervenção não aconteceriam, é difícil para ele pretender continuar procurando na natureza as forças naturais obscuras que as determinariam, forças que teriam apenas como missão observar discretamente para determiná-las.

Seu conceito de objetividade, que considera objetivo o que preserva o objeto, o que permite revelar sua natureza sem que esta tenha sua integridade afetada, transforma-se em conseqüência. Ela cessa de pretender depender do objeto de estudo; define-se mais em função do pesquisador, de sua intervenção, de sua relação ativa com o objeto de estudo: O que o pesquisador traz para a pesquisa? Quais preocupações, perspectivas, concepções prévias influenciam sua pesquisa? Com quais conseqüências para os saberes produzidos? Em outras palavras, o papel do pesquisador é reconhecido, bem como sua eventual subjetividade, que se espera, todavia, ser racional, controlada e desvendada (retornaremos a isso mais tarde). É sob esse ângulo que, a partir de então, define-se a objetividade, relacionada mais ao sujeito pesquisador e seu procedimento do que ao objeto de pesquisa.

Em torno de um determinado objeto de pesquisa, uma objetividade, assim redefinida, parecerá ainda mais forte quanto mais reconhecida e aceita for pelos demais pesquisadores. Alguns falam então de intersubjetividade: os saberes produzidos seriam considerados tanto mais objetivos quanto outros lhes reconhecem a validade, mesmo sabendo que o pesquisador não pode ser perfeitamente objetivo.

O Realinhamento da Ciência

As ciências humanas que hoje conhecemos nascem, portanto, na última parte do século XIX e se desenvolvem nas primeiras décadas do século XX. Desenvolvem-se segundo o modelo das ciências naturais e o espírito do positivismo. Mas com o uso, esse modelo cria diversos problemas. Nós o vimos, as noções de observação, de experimentação, a definição do papel do pesquisador, a ambição de definir leis e a perspectiva deter-

---

"A ciência somente dá acesso às aparências"

"O que é um átomo?", perguntou um jornalista ao físico Bernard d'Espagnat. Em passagens de sua resposta, vê-se como certos avanços da ciência no século XIX, especialmente os da física quântica, transformaram o conceito do saber científico herdado do positivismo. Notemos, particularmente, o que o físico diz em relação ao real, ao papel do pesquisador, à objetividade do conhecimento obtido. Pode-se então pensar que as ciências humanas, nessa perspectiva, não se encontram em uma situação muito diferente das outras ciências.

> No que concerne à natureza íntima da matéria e, portanto, à noção de átomo, a física quântica, em particular, rompeu verdadeira e, me parece, definitivamente com uma explicação em termos de conceitos familiares.
>
> Tomemos a mais falada representação (e, portanto, a mais suspeita!), o modelo do sistema solar. Apesar da ligação que com ele se tem, tanto por parte do público quanto de alguns especialistas, é fundamentalmente falso. [...] Pode-se apenas dizer que, em certos casos, é "cômodo". Mas é totalmente

Nascida no entre-guerra, a física quântica considera o mundo não mais em termos de causa e efeito como queria o positivismo, mas em termos de acaso e probabilidade. Um princípio denominado princípio da incerteza limita a certeza experimental.

> enganador, sendo visto como uma descrição das "coisas tais como realmente são". Em mecânica quântica, o elétron girando em torno do núcleo não tem trajetória, no sentido de um planeta girando em órbita, ou até, mais simplesmente, de uma bola de tênis. Quando muito, pode-se falar em função de onda ou de matriz.
>
> Paradoxalmente, ganhamos em clareza, desde que daí se tire todos os ensinamentos. Existem dois principais. O primeiro trata da noção de objetividade. O que está em jogo é nossa relação com a realidade. Incontestavelmente, os avanços da mecânica quântica apontam um enfraquecimento da objetividade e, portanto, de nosso vínculo com a realidade subjacente. Com efeito, os enunciados clássicos pretendiam descrever a realidade tal como é (forte objetividade) em forma de "leis".
>
> A mecânica quântica, por sua vez, enuncia regras do tipo: "Se fizermos isto, observaremos aquilo". O pronome "nós" remete a homem. Isto é, a relação com o real não é a de uma observação passiva da realidade, mas a de uma participação ativa do homem no que conhece. [...]
>
> Para os que consideram os resultados da mecânica quântica por si só significativos, a ciência não fornece, e jamais fornecerá, acesso ao real em si (a uma descrição absolutamente verdadeira do átomo, por exemplo). [...] A ciência somente nos dá acesso às aparências: o real jamais é desvendado.

Science & Vie, Paris, nº 908, p. 66-67, maio/1993.

minista, especialmente, afinam-se com a natureza do objeto de pesquisa: o homem em sociedade.

Ao mesmo tempo, as ciências naturais, que conheceram, no século XIX, brilhantes resultados conforme esses princípios, encontram igualmente dificuldade em mantê-los. Adaptam-se, concebem modos mais flexíveis para produzir saberes que são, a partir de agora, diferentemente considerados.

As ciências naturais e as ciências humanas encontram-se, na definição desses modos, e pode-se dizer hoje que, em seus procedimentos fundamentais, partilham essencialmente as mesmas preocupações: 1) centrar a pesquisa na compreensão de problemas específicos; 2) assegurar, pelo método de pesquisa, a validade da compreensão; 3) superar as barreiras que poderiam atrapalhar a compreensão.

Vejamos, mais precisamente, o que isso significa para as ciências humanas.

Compreender

A idéia de *problema* está no centro do realinhamento das ciências humanas, como, aliás, das demais ciências. Trata-se de compreender problemas que surgem no campo do social, a fim de eventualmente contribuir para sua solução; pouco importa se a solução do problema refere-se a uma falta de conhecimentos, como em pesquisa fundamental, ou de intervenções eventuais, como em pesquisa aplicada.

Trata-se de compreender, considerando atentamente, a natureza do objeto de estudo, sua complexidade e o fato de ser livre e atuante, sempre cuidando para não deformá-lo ou reduzi-lo. O esquema experimental dos positivistas parece então estreito na maior parte das situações. Poucas, efetivamente, podem ser reduzidas a um simples relatório de causa e efeito e permitir o isolamento de uma e de outro para provocar e observar o jogo. Na realidade, os fenômenos humanos repousam sobre a *multicausalidade*, ou seja, sobre um encadeamento de fatores, de natureza e de peso variáveis, que se conjugam e interagem. É isso que se deve compreender, estima-se, para verdadeiramente conhecer os fatos humanos.

Compreender e explicar

Salientemos rapidamente como as palavras encontram seu sentido. Para os positivistas, o objetivo final da pesquisa era explicar, isto é, desvendar a relação causal, a causa que provoca o efeito e, desse modo, obter o saber procurado.

Agora, trata-se de começar a determinar os múltiplos fatores da situação, nela encontrá-los e compreender sua complexidade; em seguida, tendo obtido essa compreensão, divulgá-la, ou seja, explicá-la aos outros. A explicação segue a compreensão e encontra seu sentido usual.

Objetividade e objetivação

O pesquisador disto tem consciência: as compreensões assim produzidas são compreensões relativas. Dependem do talento do pesquisador para determinar o problema que escolhe estudar, retraçar seus múltiplos fatores, escolhê-los e interpretá-los. Escolher e interpretar, isso também se torna central.

Pensemos, por exemplo, na situação do historiador que nos oferece seu último livro sobre, digamos, as origens do pensamento nacionalista atual. É um livro de 200 páginas. Mas, para escrevê-las, o historiador teve que ler milhares de páginas de estudos sobre o assunto, documentos históricos de todos os tipos (discursos, relatórios, estatísticas, testemunhos diversos, etc.); confrontou seus pontos de vista com outros... Finalmente, no entanto, apenas 200 páginas: é que escolheu e interpretou. O que a nós submete é sua compreensão, que é uma escolha e uma interpretação. Um outro poderia escolher e interpretar diferentemente, produzindo outros saberes válidos e igualmente relativos. A maior parte das ciências humanas procede assim.

O que garante então o valor desse saber? Um princípio dito de *objetivação*.

Para os positivistas, o valor do conhecimento produzido repousava essencialmente sobre o procedimento experimental e a quantificação das observações. Tratava-se de fazer jogar fatores da realidade — variáveis —, medir seus efeitos, do modo mais exato possível, com o auxílio de instrumentos que se valem das ciências matemáticas e da estatística (daí, casualmente, a idéia de ciências exatas). Um tal procedimento era facilmente reconhecível e, portanto, reproduzível: poder reproduzi-lo, nas mesmas condições com os mesmos resultados, era um critério-chave para a validade do saber para os positivistas.

"Acho que você deveria ser mais explícito."

Em tais circunstâncias, os mesmos exames da realidade produzindo sempre os mesmos resultados, poder-se-ia esperar explicações seguras e gerais, pretender, inclusive, determinar as leis naturais e reconhecer seu determinismo. Mas saberes que se declaram interpretações não podem evidentemente pretender tanto, e a idéia de lei vem desaparecendo da ciência moderna. No melhor possível, o pesquisador que chega a um nível elevado de generalização será tentado a falar em teoria. Por exemplo, se um pesquisador compreendesse hoje o que economistas do passado denominaram "lei da oferta e da procura", iria se preferir, certamente, nomeá-la teoria ao invés de lei.

Um saber que repousa sobre a interpretação não possibilita necessariamente um procedimento experimental e quantificador nem a reprodutibilidade, ainda que isso não seja excluído. Mas, com freqüência, é a mente do pesquisador que, a seu modo, e por diversas razões, efetua as escolhas e as interpretações evocadas anteriormente. É esse modo e essas razões que são o objeto da objetivação: de uma parte, do lado do pesquisador do qual se espera que tome metodicamente consciência desses fatores e os racionalize; de outra, do lado daquele ao qual serão

Quantitativo *versus* qualitativo

O desmoronamento da perspectiva positivista não se deu sem debates entre seus defensores e adversários. Esses debates continuam ainda hoje. Pode-se verificá-lo principalmente na oposição entre pesquisa quantitativa e pesquisa qualitativa.

A pesquisa de espírito positivista aprecia números. Pretende tomar a medida exata dos fenômenos humanos e do que os explica. É, para ela, uma das principais chaves da objetividade e da validade dos saberes construídos. Conseqüentemente, deve escolher com precisão o que será medido e apenas conservar o que é mensurável de modo preciso. Para os adversários desse método, trata-se de truncar o real, afastando numerosos aspectos essenciais à compreensão.

Os adversários propõem respeitar mais o real. Quando se trata do real humano, afirmam, tentemos conhecer as motivações, as representações, consideremos os valores, mesmo se dificilmente quantificáveis; deixemos falar o real a seu modo e o escutemos. Os defensores da quantificação apenas das características objetivamente mensuráveis respondem, então, que esse encontro incontrolado de subjetividades que se adicionam só pode conduzir ao saber "mole", de pouca validade. Esquecem, desse modo, que para construir suas quantificações, tiveram que afastar inúmeros fatores e aplicar inúmeras convenções estatísticas que, do real estudado, corre-se o risco de não ter restado grande substância. Mas é verdade que o que resta é assegurado por um procedimento muito rigoroso, testado e preciso. E alguns gostam de afirmar que são as exigências estritas desse rigor que afastam os pesquisadores qualitativos (o que infelizmente parece, às vezes, correto, sobretudo em vista do saber matemático e do estatístico necessário!).

Na realidade, esse debate, ainda que muito presente, parece freqüentemente inútil e até falso.

Inútil, porque os pesquisadores aprenderam, há muito tempo, a conjugar suas abordagens conforme as necessidades. Vê-se agora pesquisadores de abordagem positivista deixar de lado seus aparelhos de quantificação de entrevistas, de observações clínicas, etc., e inversamente, vê-se pesquisadores adversários da perspectiva positivista que não procedem de outro modo quando é possível tratar numericamente alguns de seus dados para melhor garantir sua generalização.

Inútil, sobretudo, porque realmente é querer se situar frente a uma alternativa estéril. A partir do momento em que a pesquisa centra-se em um problema específico, é em virtude desse problema específico que o pesquisador escolherá o procedimento mais apto, segundo ele, para chegar à compreensão visada. Poderá ser um procedimento quantitativo, qualitativo, ou uma mistura de ambos. O essencial permanecerá: que a escolha da abordagem esteja a serviço do objeto de pesquisa, e não o contrário, com o objetivo de daí tirar, o melhor possível, os saberes desejados.

Nesse sentido, centralizar a pesquisa em um problema convida a conciliar abordagens preocupadas com a complexidade do real, sem perder o contato com os aportes anteriores.

comunicados os resultados da pesquisa, que espera que o pesquisador lhe informe tudo para que possa julgar a validade dos saberes produzidos. É esse princípio de objetivação que fundamenta a regra da prova e define a objetividade. Poder-se-ia dizer que a objetividade repousa sobre a *objetivação da subjetividade*.

Multidisciplinaridade

Em sua fase de desenvolvimento, as ciências humanas tenderam a demarcar-se umas em relação às outras, cada uma tendo seu próprio setor de atividade (psicológico, econômico, cultural, histórico, etc.). A perspectiva positivista contribuía para o estabelecimento dessa distinção sugerindo, para as necessidades da experimentação, o corte do real em múltiplos componentes, a fim de facilitar o exame e o controle.

Quando as ciências humanas perdem a ambição de retirar de cada um dos setores da atividade humana as leis que a caracterizam e se orientam mais para um procedimento de resolução de problemas, isso as conduz a se inquietarem com as divisões que poderiam restringir sua ação, especialmente as fronteiras disciplinares, com seus territórios reservados (os historiadores ocupam-se do passado; os sociólogos do presente; os geógrafos do espaço; etc.), pois isso poderia ser um obstáculo à compreensão completa de um problema sob todos os seus aspectos e as inter-relações entre eles. O real, pensa-se, deveria ser abordado em sua globalidade, como um sistema de fatores inter-relacionados. Mas tal abordagem, dita sistêmica, não é simples, devido aos limites dos pensamentos individuais e aos hábitos disciplinares adotados. É por isso, provavelmente, que a pesquisa sistêmica ainda não obteve muitos resultados.

O que se desenvolve, então, é uma abordagem *multidisciplinar*, que consiste em abordar os problemas de pesquisa apelando às diversas disciplinas das ciências humanas que nos parecem úteis. Os modos de fazer são diversos. Um pesquisador pode se inspirar em perspectivas de disciplinas vizinhas, usar seus aparelhos conceituais e analíticos, tomar emprestado certas técnicas de abordagem, multiplicar os ângulos de questionamento e de visão... Cada vez mais, devido à amplitude e à

A preocupação em evitar as compartimentações leva alguns pesquisadores a desconfiar das numerosas categorizações das pesquisas que foram desenvolvidas: experimental, teórica, fenomenológica, hermenêutica, avaliativa, descritiva, pesquisa-ação, etc. Jargão, dizem alguns! Se a pesquisa define-se por um problema a ser resolvido, duas categorias lhe parecem suficientes: pesquisa fundamental, se se trata de preencher vazios no próprio saber; pesquisa aplicada, se se trata de resolver um problema prático.

Multidisciplinar: alguns escolheriam interdisciplinar. Na prática, ambos parecem sinônimos.

Um geógrafo inquieta-se com compartimentações

Sempre lamentei que a imagem das ciências sociais seja pulverizada: aprende-se a ser historiador, geógrafo, economista, sociólogo, etnólogo, mas em parte alguma adquire-se uma visão de conjunto das disciplinas que analisam o homem em sociedade. Após uns vinte anos, as preocupações e os problemas de todos os práticos aproximam-se. Os historiadores descobrem as dimensões etnológicas e sociológicas das civilizações antigas e completam a visão econômica que haviam adotado há uma ou duas gerações. Os geógrafos deleitam-se com a reconstituição do ordenamento dos mundos acabados e insistem nos processos e nas evoluções; também se aproximam dos economistas, sociólogos e etnólogos. Estes últimos possuem a ótica dos lingüistas. Os economistas abandonam o ponto de vista estritamente normativo que os isolava e se acham frente a problemas que os sociólogos e os geógrafos encontram há muito tempo.

CLAVAL, Paul. *Les mythes fondateurs des sciences sociales.* Paris: Presses Universitaires de France, 1980. p. 5.

complexidade dos problemas no campo do humano, os pesquisadores enclinam-se a se associarem para reunir o saber de cada um. Essa inclinação para os trabalhos multidisciplinares em equipe caracteriza, de modo importante, a pesquisa em ciências humanas hoje, sem, entretanto, renegar a pesquisa individual, cujo valor permanece indiscutível.

Cedeplar: um exemplo de multidisciplinaridade

Em Belo Horizonte, o Centro de Desenvolvimento e Planejamento Regional – CEDEPLAR é um órgão de pesquisas sobre a população que oferece bons exemplos de trabalhos multidisciplinares.

Este Centro, ligado à Faculdade de Ciências Econômicas da UFMG, é composto basicamente por economistas e demógrafos, mas conta, com freqüência, com colaboradores de diversas áreas para a realização de pesquisas sobre problemas que requerem uma conjunção de conhecimentos de diferentes campos. Por exemplo, a pesquisa "*Malária na Fronteira Amazônica: Aspectos Econômicos e Sociais de Transmissão e Controle*" reuniu especialistas em demografia, sociologia, economia, antropologia, ciência política, história, arquitetura, planejamento urbano e regional, saúde pública e bioestatística, pertencentes ao CEDEPLAR e a outras instituições tais como a SUCAM, o Centro de Pesquisa René Rachou, a Fundação Ezequiel Dias (FUNED), Secretaria de Saúde e departamentos de Parasitologia e Farmacologia da UFMG.

Esses especialistas, a partir do desenvolvimento de uma linguagem comum, puderam atingir os principais objetivos da pesquisa: 1) estabelecimento de uma base de referência para um estudo em profundidade dos fatores humanos que afetam a transmissão e o controle da Malária em Ariquemes, Rondônia; 2) identificação dos fatores sócio-econômicos e ambientais associados a ocorrência da Malária e relevantes para o controle da doença; 3) desenvolvimento de metodologia apropriada para a pesquisa econômica e social sobre a malária em áreas de novos assentamentos e alta mobilidade populacional.

Em Resumo: O Método

Em resumo, nas últimas décadas de nosso século, as ciências humanas, como as ciências em geral, distanciaram-se um pouco em relação à perspectiva positivista que as viu nascer e determinaram o encaminhamento principal de seu método de constituição do saber.

No ponto de partida da operação de pesquisa encontra-se o problema a ser resolvido. Diversos fatores influenciam o pesquisador. Voltaremos a isso mais detalhadamente. Importa, no momento, assinalar que estes fatores fazem com que o pesquisador perceba um problema, lhe fazem igualmente supor uma solução possível, uma explicação racional da situação a ser compreendida ou aperfeiçoada: a hipótese.

Muitas vezes, o pesquisador sabe que sua hipótese não é sempre a única possível, e que outras poderiam ser consideradas. Mas ele retém a que lhe parece ser a melhor, a que lhe parece suficiente para progredir em direção à compreensão do problema e à sua eventual solução.

Resta ver se essa antecipação de uma solução ou de uma explicação possível mantém-se na realidade. E, para isso, deve-se voltar a essa realidade a fim de comprovar a hipótese, verificando-a. O pesquisador a ela volta efetivamente, colhe as informações que sua hipótese supõe e, do fruto desta operação, tira sua conclusão.

Sua conclusão não é mais absoluta que a hipótese que havia formulado. Ele o sabe. Se pára e a divulga, é porque a acha satisfatória, válida.

No entanto, o pesquisador estará geralmente atento para a divulgação das condições dessa validade, para sua objetivação: dirá quais são as delimitações do problema, como as percebeu, por que sua hipótese é legítima e o procedimento de verificação empregado justificado. Desse modo, cada um poderá julgar os saberes produzidos e sua credibilidade. *Essa operação de objetivação, como a concentração em um problema, está hoje no centro do método científico.*

Se se deseja retomar o conjunto do procedimento e apresentar esquematicamente seu caminho, poder-se-ia fazê-lo da seguinte maneira.

```
PROPOR E DEFINIR
   UM PROBLEMA
         ↓
     ELABORAR
   UMA HIPÓTESE
         ↓
     VERIFICAR
    A HIPÓTESE
         ↓
      CONCLUIR
```

Mas trata-se aqui de uma simplificação lógica extrema. Na realidade, cada uma das grandes etapas de um processo de pesquisa supõe um certo número de outras operações intelectuais, cujo quadro a seguir fornece uma idéia mais completa — mas ainda não inteiramente, pois, na realidade do pesquisador com experiência, o procedimento conhece diversos vaivéns e encurtamentos que uma tal representação, reduzida às articulações lógicas essenciais, ignora. Voltaremos a falar nisso.

Tal procedimento já havia sido evocado desde as primeiras linhas do livro. Voltaremos a ele longamente demonstrando, detalhadamente, cada uma das operações principais nas partes II e III. Aliás, voltando-se um instante ao Sumário do volume, vê-se que as partes estão ordenadas segundo esse caminho.

Observemos bem no quadro que se segue, primeiramente seu eixo principal, depois seus desdobramentos. A ele voltaremos várias vezes.

A Construção do Saber

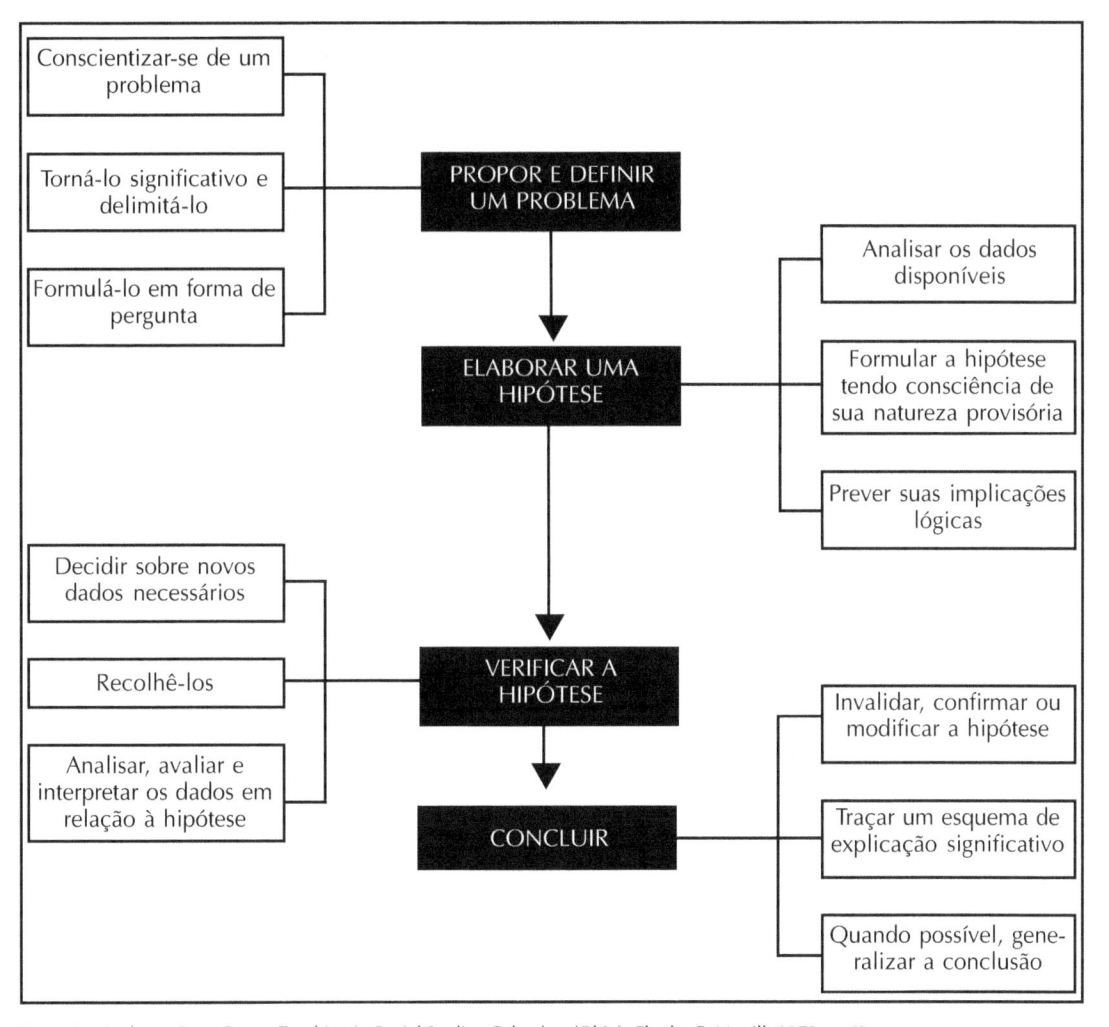

```
┌─────────────────────┐
│ Conscientizar-se de │
│ um problema         │
└──────────┬──────────┘
           │
┌─────────────────────┐        ┌──────────────────┐
│ Torná-lo            │        │ PROPOR E DEFINIR │
│ significativo e     │───────▶│   UM PROBLEMA    │
│ delimitá-lo         │        └────────┬─────────┘
└─────────────────────┘                 │
                                        │         ┌─────────────────────┐
┌─────────────────────┐                 │         │ Analisar os dados   │
│ Formulá-lo em       │                 │    ┌───▶│ disponíveis         │
│ forma de pergunta   │                 ▼    │    └─────────────────────┘
└─────────────────────┘        ┌──────────────────┐
                               │  ELABORAR UMA    │    ┌─────────────────────┐
                               │    HIPÓTESE      │───▶│ Formular a hipótese │
                               └────────┬─────────┘    │ tendo consciência   │
                                        │              │ de sua natureza     │
                                        │              │ provisória          │
                                        │              └─────────────────────┘
                                        │
                                        │              ┌─────────────────────┐
                                        │              │ Prever suas         │
                                        │              │ implicações lógicas │
                                        ▼              └─────────────────────┘
┌─────────────────────┐
│ Decidir sobre novos │
│ dados necessários   │
└──────────┬──────────┘
           │
┌─────────────────────┐        ┌──────────────────┐
│ Recolhê-los         │───────▶│   VERIFICAR A    │
└─────────────────────┘        │    HIPÓTESE      │
                               └────────┬─────────┘    ┌─────────────────────┐
┌─────────────────────┐                 │              │ Invalidar,          │
│ Analisar, avaliar e │                 │         ┌───▶│ confirmar ou        │
│ interpretar os      │                 ▼         │    │ modificar a hipótese│
│ dados em relação    │        ┌──────────────────┤    └─────────────────────┘
│ à hipótese          │───────▶│    CONCLUIR      │
└─────────────────────┘        └──────────────────┤    ┌─────────────────────┐
                                                  │    │ Traçar um esquema   │
                                                  ├───▶│ de explicação       │
                                                  │    │ significativo       │
                                                  │    └─────────────────────┘
                                                  │
                                                  │    ┌─────────────────────┐
                                                  └───▶│ Quando possível,    │
                                                       │ generalizar a       │
                                                       │ conclusão           │
                                                       └─────────────────────┘
```

Fonte: Inspirado em Barry Beyer, *Teaching in Social Studies*, Columbus (Ohio): Charles E. Merrill, 1979. p. 43.

PRÁTICA

Perspectivas Científicas na Pesquisa em Desenvolvimento

Nos dois primeiros capítulos, vimos as perspectivas científicas que balizam atualmente o campo das ciências humanas. Vimos como foram elaboradas, como evoluíram. Definem-se umas em relação às outras comparando-se, destacando suas características específicas. É procedendo do mesmo modo, por comparação, que podemos melhor compreendê-las.

Uma tal evolução, quando faz surgir novas perspectivas, não apaga totalmente o que precede. De fato, elementos das perspectivas anteriores perduram, misturando-se, conforme as necessidades, aos avanços mais recentes. É o que se encontra na produção científica atual em ciências humanas. Um modo de constatá-lo é examinar artigos em revistas científicas, pois elas difundem do modo mais rápido, mais acessível e mais condensado as pesquisas em curso.

Para colocar em prática as aprendizagens deste capítulo (e do precedente, de certo modo), poderíamos, portanto, agora proceder ao exame de alguns artigos de pesquisa em revistas. Pode-se seguir o procedimento abaixo:

1. Primeiramente, você poderia percorrer rapidamente o presente capítulo, e eventualmente a última parte do capítulo precedente, para se lembrar das perspectivas que o saber científico em ciências humanas desenvolveu e especificou. Para encontrá-las, deve-se pensar particularmente nas concepções modificadoras que recobrem os termos seguintes: objetividade, subjetividade, lei, determinismo, teoria, fato científico, observação, experimentação, causa e efeito (variáveis), compreender, problema, hipótese, validade...

2. Em seguida, escolher na biblioteca três revistas em qualquer área das ciências humanas. A lista das principais revistas de ciências humanas apresentada no apêndice A poderá ajudá-lo; mas você deverá considerar as obras da biblioteca onde trabalhará.

    Se você concentrar sua escolha em revistas brasileiras, nelas encontrará algumas das perspectivas de pesquisa adotadas no Brasil. Mas, via de regra, essas não apresentam diferenças em relação às que se acham pelo mundo afora.

3. Depois, você folheará essas revistas, os dois ou três últimos números, e escolherá um artigo por revista. Você os percorrerá procurando determinar quais são as perspectivas científicas do autor. Tenha presente, para orientá-lo, os conceitos relembrados anteriormente. Pergunte a si mesmo particularmente qual é o espírito desses artigos, positivista, não-positivista ou uma mistura de

ambos; justificar. Procurar o problema, se for o caso, a hipótese ou as hipóteses, o tipo de verificação empregada, o uso ou não de quantificadores...

Atenção! Percorrer um artigo não é fazer uma leitura aprofundada. Contente-se em fazer uma leitura diagonal para encontrar índices do que queremos considerar. Somente, após, dá-se uma atenção suplementar a esses índices. Pensemos igualmente que, em várias revistas, os artigos são precedidos (às vezes, seguidos) de um resumo; esse resumo pode nos colocar na pista dos índices procurados. Não esqueçamos, aliás, de que nas revistas científicas os pesquisadores dirigem-se a seus pares. Eis por que não fornecem detalhadamente indicações que os leitores mais avisados, com facilidade, reconhecem. Deve-se, muitas vezes, nessas condições, ler nas entrelinhas para explicitar o que está implícito.

Ciências Humanas e Sociedade

CAPÍTULO 3

O homem pré-histórico, abordado no início do capítulo 1, divinizou o fogo antes de aprender a dominá-lo, o que lhe permitiu compreender e explicar um fenômeno para o qual não conhecia qualquer explicação lógica. Quando pintava na parede de sua caverna um animal ferido por uma flecha, acreditava exercer igualmente uma intervenção mágica que aumentaria suas chances de matar o animal. As ciências humanas nasceram com intenções semelhantes: compreender, explicar e prever. Compreender e explicar a realidade social, bem como prever seu funcionamento para eventualmente dominá-la, tais são as funções das ciências humanas.

As ciências humanas são exercidas em resposta às necessidades concretas da sociedade. Tratar-se-á, portanto, neste capítulo, do que a sociedade espera das ciências humanas, de um lado, e do que as ciências humanas fornecem à sociedade, de outro, lembrando, no percurso, as responsabilidades que isso implica para os pesquisadores. Em seguida, evocaremos alguns aspectos específicos e preocupações particulares da pesquisa nas ciências humanas que nos interessam.

A Função Social do Saber

Vimos, no primeiro capítulo, que as ciências humanas surgem em sua forma moderna na segunda metade do século XIX, inspiradas no modo de construção do saber então preponderante em ciências naturais. Isso explica a metodologia que então adotam, mas não explica seu surgimento.

Se surgem nesse momento é devido a novas necessidades, problemas inéditos que causam inquietações. Esses problemas estão ligados a profundas mudanças que as sociedades ocidentais então conhecem nos planos político e econômico. A ordem anterior acha-se suficientemente modificada para que se possa qualificar tais mudanças de revolução. É, portanto, a sociedade, por intermédio de seus problemas e necessidades, que favorece o surgimento das ciências humanas.

As duas revoluções

Uma dessas mudanças maiores foi a revolução industrial. Iniciada na Inglaterra, no século XVIII, alastra-se pela Europa Ocidental; no século XIX, pelo restante da Europa e pela América do Norte e mais tarde para as outras partes do mundo. A outra revolução é a que fez desaparecer as antigas monarquias perante os Estados-nações burgueses. A Revolução Americana de 1776 e, sobretudo, para o que aqui nos interessa, a Revolução Francesa de 1789 desencadeiam o movimento. A ordem há séculos estabelecida é profundamente transformada; as antigas relações sociais saem subvertidas.

A industrialização

Tomemos a revolução industrial. O modo de produção artesanal, o pequeno ateliê reunindo alguns trabalhadores cede lugar a vastas empresas onde, em um mesmo local, reúnem-se dezenas, centenas de operários, vindos de todos os lugares, trabalhando lado a lado em um quase anonimato, aplicados cada um e cada uma a uma tarefa precisa e repetitiva.

A revolução industrial conduz à urbanização, pois a manufatura e, em seguida, a fábrica necessitam de um grande número de operários. Várias cidades vêem sua população decuplicar no espaço de algumas décadas. Montreal, por exemplo, vê a sua aumentar duas vezes e meia

Estalagem existente nos fundos dos prédios nº 12 a 44 da Rua do Senado, no início do século.

durante as três últimas décadas do século XIX. No Brasil esse fenômeno aparecerá a partir da terceira década do século XX produzindo a expansão urbana desordenada, e provocando entre os anos 30-70 um aumento acelerado vertinoso no número de habitantes nas cidades do centro-sul do país. São Paulo, por exemplo, vê sua população aumentar quase três vezes entre os anos 50 e 70.

Os ex-camponeses, agora operários, amontoam-se nos bairros miseráveis dessas cidades construídas com excessiva rapidez. Nelas, não encontram as redes de relações e de solidariedade, familiares e outras, às quais estavam habituados, e que, com freqüência, constituíam sua melhor proteção contra os caprichos da sorte. De qualquer modo, os ritmos impostos pela produção industrial e pela vida urbana destroem ou transformam os antigos modos de vida e levam ao individualismo, assim como ao isolamento. Assiste-se ao nascimento de uma nova sociedade, com novas relações entre os indivíduos, muito diferentes das que existiam até então.

A democratização

Observa-se o mesmo fenômeno no plano político. Anteriormente, a ordem social sofria tão poucas transformações que parecia imutável. O lugar de cada um parecia aí determinado de uma vez por todas ou quase. No alto da escala social, as grandes linhagens aristocráticas possuíam a riqueza e os poderes político e social.

As revoluções e as mudanças políticas do século XIX subvertem essa ordem. A grande burguesia comercial e industrial toma as rédeas do estado-nação, naqueles países onde o capitalismo desenvolvera-se com maior rapidez. Este, o Estado-nação, não é mais definido em função das famílias reinantes, mas das populações de seu território. Os novos dirigentes obtêm sua legitimidade do sufrágio de suas populações. As massas ganham, desse modo, um papel político que lhes confere um imenso poder virtual.

A mobilidade social cresce seguindo o ritmo das mudanças na ordem social e econômica. Uma família de tradição camponesa pode bruscamente encontrar-se entre a classe operária de uma grande cidade. O industrial especulador chega, em alguns meses, ao topo da riqueza e do poder. A distância entre as camadas sociais torna-se, ao mesmo tempo, mais marcada e mais visível.

Alguns inquietam-se com tais mudanças e desejariam conter seus efeitos; outros, que delas tiram proveito, gostariam de propiciar que a nova ordem se estabelecesse sem confrontos. Desenvolvem-se então as ciências humanas, com o objetivo de compreender e de intervir na ordem social da mesma forma que as ciências naturais tentavam dominar a natureza. A ciência econômica, para enquadrar os princípios e a atividade de produção e de troca; a ciência política, para discernir as regras do poder, compreender seu exercício e seus modos de obtenção; a sociologia, para apreender e ordenar a crescente complexidade das relações sociais; a psicologia, para obter um conhecimento profundo dos comportamentos dos indivíduos submetidos a essas mudanças na ordem social; a geografia, para estabelecer um quadro dos territórios nacionais e de seus recursos humanos e materiais, bem como o dos territórios estrangeiros pelos quais a nova ordem política e industrial interessa-se; a antropologia, para conhecer e compreender as novas populações que a abertura do mundo leva a encontrar; a história, para situar os povos na evolução das nações; etc. É nessa época que as ciências humanas nos dão, criando-os ou redefinindo-os, numerosos conceitos que hoje parecem indispensáveis a nossa inteligibilidade do real: industrialização, urbanização, democracia em seu sentido atual, capitalismo, ideologia, classe social, massa, proletariado, crise...

Mas é o século XX que assiste à explosão das ciências humanas. As revoluções na ordem econômica e política sucedem-se e propagam-se pelo resto do mundo. Novos fatores intervêm; fatores que aumentam a necessidade de se servir das ciências humanas para compreender e intervir: as duas guerras mundiais; as crises, tal como a dos anos 30; os confrontos ideológicos, inclusive o que opõe o socialismo ao capitalismo; o subdesenvolvimento de uma importante parte do planeta e o crescimento das desigualdades; etc.

O século XX é, sem dúvida, o século das ciências humanas. Seus especialistas trabalham nos governos, empresas públicas e privadas, no ensino e na pesquisa. Ocupam cargos de prestígio e gozam, muitas vezes, de uma importante influência. Acham-se em todo lugar onde os fatos sociais suscitam problemas que devem ser compreendidos e explicados, e que se deve gerenciar e enquadrar.

Ciências humanas e sociedade brasileira

No Brasil, é somente a partir da segunda metade deste século que as ciências humanas no seu conjunto atingirão os níveis e padrões científicos que desde o seu início já prevaleciam na Europa.

Pode-se explicar essa defasagem pela existência de dois obstáculos principais. Um primeiro, refere-se à não autonomia do pensamento científico-racional em relação à ordem patrimonial e escravocrata dominante no Brasil, durante todo o século XIX. Este contexto é marcado por uma indiferenciação dos papéis sociais em que os representantes da burocracia e profissões liberais — espaço social da atividade intelectual — também são os proprietários rurais e líderes locais. Não havia condições para o desenvolvimento independente da ciência em relação aos interesses das elites. A esse obstáculo, soma-se a resistência cultural aos fundamentos de uma concepção científica do funcionamento das instituições e da origem dos comportamentos humanos, própria do contexto dominado por valores e interesses religiosos e conservadores, dos quais o clero e os *bacharéis* (designação dos advogados e juristas que integravam a burocracia estatal) são os principais porta-vozes.

Entretanto, o pensamento social brasileiro já se insinuava nas últimas décadas do século XIX, momento em que os fatores sociais passam a ser levados em conta nos domínios do direito (Perdigão Malheiros, Joaquim Nabuco, etc.), da literatura (Sílvio Romero) e da política (Tavares Bastos e outros).

Nas primeiras décadas do século XX, com a desagregação do regime escravocrata e senhorial e com a transição para um regime de classes sociais, a reflexão sobre a sociedade brasileira adquire uma autonomia que lhe permite o desenvolvimento de padrões científicos. Neste momento surgem tanto as análises histórico-geográficas e sociográficas quanto um modelo que pretende fornecer instrumentos para a intervenção racional no processo social. A obra *Os sertões*, de Euclides da Cunha, ao apresentar uma descrição e uma interpretação do meio físico, dos tipos humanos e das condições de vida no Nordeste, torna-se um marco importante no pensamento das ciências humanas brasileiras. Em Alberto Torres aparecem as primeiras referências a um pensamento pragmático através de obras como *O problema nacional brasileiro, introdução a um programa de organização nacional*, e outras, motivadas pela busca de soluções para a crise decorrente da nova ordem não-escravocrata.

Nos anos 30 e 40 deste século, a evolução das ciências humanas é marcada não somente pela preocupação com a sistematização de procedimentos científicos para a análise histórico-sociológica da realidade brasileira, mas também pela introdução de novas interpretações da realidade social (inspiradas do marxismo, da antropologia e história cultural vigentes na época) destacando-se os trabalhos de Gilberto Freire, Caio Prado Júnior, Sérgio Buarque de Hollanda, Fernando de Azevedo, entre outros. É também nesse período que se dá a contribuição de pesquisadores estrangeiros, principalmente franceses, com a introdução da pesquisa de campo. Os trabalhos de Roger Bastide, Lévi-Strauss, Jacques Lambert, Donald Pierson, entre vários outros, são registros relevantes dessa fase e tiveram forte influência na USP até os anos 50. É com esses elementos, por exemplo, que a sociologia ganha autonomia acadêmica, tendo como temática central a questão sociocultural (folclore, cultura indígena e negra, a questão racial), estreitamente vinculada à problemática do nacional. Tais temas, já presentes nos trabalhos anteriores, passam, a partir de então, a ter um tratamento científico inédito, com os trabalhos de Maria Isaura Pereira de Queiroz, Antonio Candido, Florestan Fernandes, entre outros.

As condições políticas, sociais e culturais dos anos 50 — rápida urbanização, industrialização, populismo nacionalista, transformações na estrutura social, inclusive agrária, a presença da ação do Estado na economia —, suscitam as investigações e análises que caracterizam essa década. No Rio de Janeiro, surge o Instituto Superior de Estudos Brasileiros-ISEB (que não sobreviveria enquanto grupo à polarização política pós-64), com seus renomados representantes: Hélio Jaguaribe, Nelson Werneck Sodré, Celso Furtado, Guerreiro Ramos, entre outros, e que teria peso considerável nas fases que se seguiram pelo número e alcance das análises empreendidas.

Os anos 60 põem em destaque, no campo das ciêncais humanas, a terceira geração da escola sociológica paulista, destacando-se, entre outros, Fernando Henrique Cardoso, Otávio Ianni, Florestan Fernandes, Marialice Foracchi. É também nessa década, e sob o impacto da instalação, no país, do governo militar autoritário, que se inicia uma releitura intelectual de *O capital*, de Marx, à luz, sobretudo, das contribuições de

Gramisc. Ao final da década, a chamada Teoria da Dependência teve ampla repercussão em quase todas as áreas das ciências humanas na América Latina, através de estudos que focalizavam as relações de dependência econômica e cultural entre os países latino-americanos e os Estados Unidos, principalmente. Da sociologia francesa ao marxismo, o grupo de São Paulo desenvolveu um saber que se pretendia socialmente relevante e difundiu a idéia de um papel que teriam as ciências sociais como redentoras das desigualdades. O engajamento de cientistas de diferentes áreas das ciências humanas decorre, assim, da função social que estes se atribuem num contexto nacional de crescimento econômico, acompanhado de grande concentração de renda e aguçamento das desigualdades sociais e desníveis regionais. A aposentadoria compulsória, a censura de obras ou o exílio de muitos acadêmicos na primeira metade dos anos 70 é fato marcante.

Os anos 70 trazem paradoxalmente o que se chamou de *modernização* da sociedade brasileira, num contexto de consolidação do capitalismo avançado, quando o panorama cultural da sociedade brasileira se altera, registrando-se uma expansão inédita da indústria cultural. Paralelamente são abertas novas oportunidades de trabalho para sociólogos e outros profissionais das ciências humanas cujo número se multiplica em fundações de pesquisa, órgãos de Estado e empresas privadas (indústria cultural, publicidade). As profundas transformações pelas quais passava a sociedade naquele momento geravam a diversificação das questões a serem compreendidas, administradas e a conseqüente demanda de novos profissionais no mercado.

> Para saber mais pode-se ler, dentre outros: ORTIZ, Renato. Notas sobre as Ciências Sociais, *Novos Estudos Cebrae*. São Paulo: n. 27, p.163-175, jul/1990. MICELI, Sérgio. Condicionantes do desenvolvimento das ciências sociais no Brasil (1930-1964). *Revista Brasileira de Ciências Sociais*, v. 2, n. 5, p.5-26, out/1987. FLAMARION, Ciro e VAINFAS, Ronaldo (orgs). *Domínios da história;* Ensaios de teoria e metodologia. Rio de Janeiro: Campus, 1997. 508p.

Esse fato vai trazer, desde então e até nossos dias, uma mudança do eixo das polêmicas entre esses cientistas, que saem dos círculos estritamente acadêmicos — onde vigorava a concepção de um saber social universal e crítico — e passam a incluir as atividades de planejamento governamental e privado onde é realçado o aspecto de sua utilidade para o enfrentamento de problemas sociais diversos. Também integram esse quadro as pesquisas e sondagens de opinião, que contribuem na formulação de estratégias de ação para as mais diferentes instituições, numa sociedade que se tornou muito mais complexa.

Atualmente, num contexto de novas transformações da sociedade brasileira — consolidação de uma democracia participativa, internacionalização da produção e do mercado de bens materiais e culturais —, tem-se assistido a um abandono das explicações predominantemente estruturais dos problemas sociais, em prol de uma multiplicidade de abordagens metodológicas visando a captar o real social, sob o ângulo da diversidade cultural. Assinala-se, igualmente, uma ampliação de territórios de cada um dos campos das ciências humanas, desfazendo-se linhas de fronteiras até então existentes.

CIÊNCIAS HUMANAS E RESPONSABILIDADE

À medida que as ciências humanas desenvolvem-se e que seus especialistas multiplicam-se, elas adquirem uma grande influência sobre a sociedade em seu conjunto, assim como sobre seus indivíduos.

Industrialização e ciências humanas: uma ilustração

Florestan Fernandes, professor da Universidade de São Paulo e figura proeminente na constituição e consolidação da sociologia como disciplina, de acordo com os cânones do método científico, registra, em artigo datado de 1956, intitulado "Ciência e sociedade na evolução social do Brasil", reflexões sobre a articulação entre o clima propício ao pensamento científico e à expansão urbana e industrial da cidade de São Paulo:

> É neste período de mudança estrutural, na transição para o século XX e no decorrer de sua primeira metade, que se elabora, na sociedade brasileira, um clima de vida intelectual que possui pontos de contato e certas similaridades reais com o desenvolvimento do saber racional na Europa. [...] A presente situação se caracteriza pelo crescimento rápido do sistema institucional, que geralmente apóia as atividades intelectuais nas sociedades industriais modernas, e pela importância que o pensamento racional está começando a adquirir tanto na esfera da reflexão e da investigação, quanto na da educação e da ação.

> [...]se tomássemos como ponto de referência uma cidade em processo adiantado de industrialização, (tendo-se em vista a situação brasileira), como a cidade de São Paulo, poderíamos constatar que uma nova mentalidade está em formação. Essa mentalidade é modelada pelo concurso de diversos fatores, que tendem a expor técnicas racionais de intervenção nos problemas da cidade (no plano dos serviços públicos, no das construções e da engenharia, no da medicina, etc.), toda espécie de conhecimento racional (acessível ou não ao entendimento médio) e, especialmente, a investigação científica (com suas possibilidades de aplicação), a critérios novos de apreciação axiológica. O irracional continua a possuir, sem dúvida, grande importância na vida cotidiana dos indivíduos. A magia de origem folclórica continua a existir e a ser praticada, crenças religiosas ou mágico-religiosas, que apelam para o misticismo ou para valores exóticos, encontram campo propício para desenvolvimento graças às inseguranças subjetivas, desencadeadas pelas incertezas morais e fricções sociais do mundo urbano. Mas no fundo, a civilização que se vincula a esse mundo é, por necessidades internas, a civilização por excelência da tecnologia racional, da ciência e do pensamento racional. [...]

> Nas condições de existência de uma cidade como São Paulo, o recurso ao pensamento racional e à investigação científica surge de necessidades reais e, às vezes, prementes. Por isso o sistema institucional se altera, para dar ao pensamento racional e à investigação científica uma posição dominante. Na medida em que isso ocorre, ambos vão deixando de ser um mero produto da civilização da grande cidade, para se transformar em fatores dinâmicos de sua integração e de sua evolução culturais. [...]

> Dada a vinculação do pensamento racional e da ciência com o desenvolvimento das grandes cidades e com a expansão de suas funções metropolitanas, é de supor-se que a ciência encontra, na sociedade brasileira atual, condições estruturais e institucionais que permitirão a sua utilização como forma de consciência, de explicação e de solução dos múltiplos problemas com que o homem se defronta em um país tropical e subdesenvolvido.

FERNANDES, Florestan. Ciência e sociedade na evolução social do Brasil, in: *A sociologia no Brasil.* Petrópolis: Vozes, 1977. p. 21-24, passim.

A influência das ciências humanas

De fato, as sociedades de hoje são, em boa parte, o reflexo de proposições vindas de especialistas das ciências humanas. Eis alguns exemplos nos domínios da vida econômica, da psicologia aplicada à educação, da história.

Sobre o plano econômico, nosso mundo — e não apenas o mundo ocidental — encontra-se dividido em tendências inspiradas no pensamento econômico. Entre elas, dirigentes fizeram e continuam fazendo escolhas que regem a vida de milhões e milhões de seres humanos. Em países como o Canadá, Brasil e outros, no centro das escolhas possíveis

> Essa corrente também é chamada *economia clássica*. Persiste, ainda hoje, sob uma versão nomeada neoclássica ou neoliberal. Foi a doutrina oficial dos Estados Unidos nos anos 80, e o economista Milton Friedman é um de seus defensores mais conhecidos, especialmente quanto aos aspectos que se referem à política monetária.

existe a da maior ou menor intervenção do estado na economia. O pensamento econômico que acompanhou o desenvolvimento das ciências humanas no século XIX era o chamado *laisser-faire* ou *liberalismo econômico*. Supõe-se, portanto, que a economia é regida por forças naturais — as leis do mercado, da oferta e da procura, da concorrência, do proveito —, que se deve deixar agir livremente. Desse livre jogo das forças econômicas viriam a prosperidade dos empreendedores e o bem-estar da maioria. É que, segundo tais princípios, esse sistema econômico desenvolveu-se — mas não sem encontrar dificuldades que as crises tornam mais visíveis —, começando pelo crescimento das desigualdades entre ricos e pobres, e a insegurança reservada aos mais fracos.

Essas dificuldades do sistema fizeram-se sentir, sobretudo, durante a crise dos anos 30, e um economista britânico, John Maynard Keynes, propôs que o estado interviesse ainda mais, para corrigir os defeitos do sistema e, assim, ajudá-lo a se manter. Foi a origem de medidas compensatórias que são agora correntes, como a redistribuição fiscal e o seguro-desemprego.

Hoje ainda, em muitos outros Estados do planeta, as orientações governamentais consistem, em grande parte, na escolha entre estes dois pólos: uma maior ou menor intervenção do Estado na economia.

Em outros lugares, ao liberalismo econômico preferiu-se o socialismo marxista, um sistema no qual o Estado encarrega-se, de modo direto, do funcionamento da vida econômica. Aqui também, trata-se de uma escolha baseada em proposições provenientes das ciências humanas, especialmente dos princípios de economia política de Karl Marx.

Tomemos um outro exemplo, desta vez no domínio da educação. As escolhas que aí são feitas são particularmente repletas de consequências, pois a educação é o principal instrumento do qual as sociedades se servem para se manter e se reproduzir.

Entre os principais modelos educativos que se oferecem à nossa sociedade, há os que se inspiram nas teorias dos psicólogos Burrhus Frederic Skinner e Jean Piaget. Brevemente (e simplificando um pouco), o primeiro estima que a operação de aprendizagem consiste sobretudo em fazer conhecer, e o segundo, sobretudo em fazer compreender. Segundo Skinner, trata-se, para o educador, de decidir, em primeiro lugar, o modo de ensinar; depois de decompô-lo em pequenas unidades de aprendizagem e, para cada uma, de conduzir os alunos do ponto A, do não-conhecimento, ao ponto B, do conhecimento desejado; quando este é adquirido, passa-se a um outro. Para Piaget, trata-se, primeiramente, de saber como funciona a mente humana que aprende, ou seja, de conhecer as operações que se efetuam na cabeça de quem constrói saber; em seguida, de tornar os alunos capazes de efetuarem essas operações fazendo-os praticar. O saber empregado para esse fim é acessório em relação à operação efetuada.

Portanto, para os que se inspiram em Skinner, a aprendizagem está terminada quando o aluno prova que adquiriu o saber desejado, e, para os que se inspiram em Piaget, esta termina quando o aluno manifesta sua capacidade de efetuar as operações necessárias para adquirir o saber.

Imagina-se, facilmente, o quanto as pessoas formadas segundo uma ou outra dessas teorias correm o risco de ser diferentes em seu saber e capacidades, e no que isso pode implicar quanto ao tipo de sociedade que formarão. São, no entanto, as principais escolhas oferecidas pelas ciências humanas, e é isso que uma sociedade como a nossa efetivamente considera.

Tais escolhas não são, habitualmente, feitas às cegas, pois agora sabe-se a influência que as ciências humanas podem ter sobre as sociedades. Em geral, são feitas com intenções precisas. Ilustremo-nas com um último exemplo, tomado, desta vez, na história.

Sabe-se o quanto a história tem um importante papel para sugerir aos indivíduos, às sociedades, sua identidade. Os poderes públicos sabem-no melhor que ninguém, e a atualidade freqüentemente o testemunha. Desse modo, aqui está nosso exemplo: os que seguem a atualidade puderam constatar que uma das primeiras decisões tomadas pelos ex-países do leste, após o abandono do comunismo, foi a de reescrever a história; e até, como na Rússia, de suspender completamente seu ensino nas escolas, durante um ano ou dois, enquanto os novos programas e manuais eram esperados. É que se havia decidido inculcar nos cidadãos uma diferente visão do mundo, da sociedade, da nação. Tais medidas não são excepcionais. Assim, após a Segunda Guerra Mundial, a primeira decisão do general encarregado das forças de ocupação em Berlim havia sido a de suspender o ensino de história, para fazer contrapeso aos manuais da época de Hitler. Igualmente, nos anos 60, nos países recém-descolonizados, apressava-se a reescrita da história por seus próprios historiadores (e também a redefinição de sua cultura específica com o auxílio de antropólogos nativos).

Esses exemplos, retirados de três domínios diferentes, mostram o quanto as ciências humanas adquiriram uma precisa influência em nossas sociedades e podem inspirar decisões que nos tocam a todos.

As pesquisas de opinião me influenciam...

Entre as ilustrações habituais sobre a influência das ciências humanas, há as pesquisas de opinião (que estão provavelmente entre os frutos mais visíveis da pesquisa). Ouve-se, às vezes, falar que certos políticos governam por pesquisas de opinião... Quanto às pesquisas eleitorais, disseram que determinam os governos. Alguns desconfiam que dirigem cegamente os indecisos, favorecem mais o voto espontâneo que o pensado, em resumo, que perturbam o processo democrático. De fato, inquieta-se o bastante para tomar, em alguns casos, medidas destinadas a conter sua influência. Desse modo, no Canadá, quando das eleições nacionais, a publicação de pesquisas eleitorais é proibida entre a meia-noite da sexta-feira precedente à eleição e o fechamento das mesas de escrutínio; na França, sete dias antes; na Bélgica, 30.

Não se conhece exatamente a influência das pesquisas de opinião, mas é certo que possuem alguma. A carta de leitor abaixo, enviada ao jornal canadense *Le Soleil*, durante a campanha eleitoral de 1994, serve de testemunho.

> *Segundo as recentes pesquisas, é evidente que uma forte percentagem da população quebequense deseja um novo governo. Segundo essas mesmas pesquisas, fica claro que mais da metade dos quebequenses são contrários à idéia de um Quebec independente, conseqüentemente também se opõem, em princípio, ao objetivo primeiro do Partido Quebequense e a seu programa.*
>
> *À pergunta "As pesquisas o influenciam?", respondo "sim" sem hesitação. E, assim, para ser lógico e estar de acordo com as profundas aspirações da maioria dos quebequenses, voto pelo... [O leitor, em seguida, revela sua escolha].*

Você, para quem a mídia, com freqüência, apresenta pesquisas de opinião, é por elas influenciado?

Influência e responsabilidade

À medida que as ciências humanas tenham se tornado influentes em nossas sociedades e que sua influência comporta importantes embates impõem-se responsabilidades que os pesquisadores devem ter sempre presentes.

Com efeito, antes de influenciar a sociedade com suas pesquisas, o pesquisador é ele mesmo por elas influenciado. Vive cercado pelos interesses, pontos de vista, ideologias que animam a sociedade. Tem seus próprios interesses, pontos de vista e ideologias, como todo mundo, preocupações com emprego e carreira; espera o reconhecimento social e do meio científico; também possui necessidades particulares, financiamentos para suas pesquisas, por exemplo.

É na conjunção desses fatores sociais e de sua personalidade que o cientista pratica seu ofício e assume suas responsabilidades sociais. Parece, por vezes, ir contra a corrente das tendências sociais dominantes. Em outros momentos, contribui para sua alimentação e até para sua justificativa. A história das ciências humanas está repleta de tais contribuições e justificações. Através delas, vêem-se as tendências e os interesses de uma época, e, também, a função social e as responsabilidades dos pesquisadores. Tomemos alguns exemplos.

Um primeiro, em sociologia. As ciências humanas surgem, no século XIX, em pleno período colonial, no momento em que as potências ocidentais dividem o mundo; um mundo habitado, cujas populações devem ser dominadas. Numerosos sociólogos e antropólogos contribuíram então para justificar a colonização; uns mostrando que esta é um bem para os colonizados, outros explicando que o estado de inferioridade dos nativos a justifica plenamente. Assim, o sociólogo Lévy-Brulh explicava, por volta de 1900, que as sociedades primitivas, por se basearem no mito, não poderiam ser sociedades lógicas como as ocidentais, e que eram, portanto, inferiores.

Por outro lado, as ciências humanas, especialmente a psicologia, contribuíram, muitas vezes, no estabelecimento de distinções entre os seres humanos, em particular, em termos de inferioridade e superioridade. Desse modo, Francis Galton, o pai da eugenia, doutrina da seleção dos melhores e da eliminação dos demais, explicava, no início do século, que a inteligência era hereditária, transmitia-se mais entre os ricos do que os pobres, e que se devia, portanto, frear a reprodução dos pobres para manter o nível intelectual da nação. Ou, então, outro exemplo mais recente e bem conhecido, o do psicólogo Cyril Burt. Este, igualmente querendo demonstrar que a inteligência é inata e não adquirida, e, portanto, que as desigualdades justificam-se, uma vez que dependem do patrimônio genético, chegava a forjar (inventar mesmo) os dados de suas pesquisas sobre os casais de gêmeos idênticos dos quais pretendia medir o coeficiente intelectual.

Justificações semelhantes, feitas por geógrafos, economistas, historiadores, etc., foram, às vezes, utilizadas para outros fins que não os desejados por seus autores, provocando conseqüências muito sérias. Pensemos, por exemplo, que o geógrafo Friedrich Ratzel já tinha desaparecido há quase meio século, quando Hitler fez uso de sua teoria do *Lebens-*

> No que concerne às responsabilidades, os pesquisadores em ciências humanas e em ciências naturais não se encontram em diferentes situações. Mas os primeiros, trabalhando diretamente com problemas sociais, podem sentir ainda mais o peso das responsabilidades. Ambos, no entanto, não podem controlar inteiramente o que resultará de suas pesquisas.

raum (o espaço vital) para justificar a invasão dos países limítrofes à Alemanha.

Evidentemente, os especialistas das ciências humanas tornaram-se desconfiados em relação ao uso que se pode fazer de suas pesquisas, preocupados com suas responsabilidades de pesquisadores, sobretudo quando antecipam abusos dos poderes superiores, como foi o caso, nos anos 60, com o projeto Camelot — outra ilustração bem conhecida das relações entre os pesquisadores e a sociedade. Nesse projeto, o ministério americano da Defesa começou a oferecer generosas subvenções de pesquisa aos pesquisadores que desejassem estudar os riscos da revolução social em um país (não identificado) e os meios pelos quais um governo poderia prevê-los. Alguns pesquisadores perceberam rapidamente que a questão não era apenas teórica e que o tal país poderia bem ser o Chile, ou qualquer outro país da América Latina. Reagiram vivamente a um eventual uso de suas pesquisas, e o projeto foi abandonado em meio ao escândalo. Esse episódio mostra bem o quanto as responsabilidades do pesquisador aumentam, na medida em que os homens de poder conscientizam-se da influência das ciências humanas e do proveito que delas pode-se obter.

O desenhista americano Jules Feiffer fez esses desenhos em plena guerra fria

Ciências naturais e sociedade

Não se deveria pensar que as ciências humanas, em decorrência do seu objeto de estudo, são as únicas sujeitas a influências ideológicas. As ciências naturais também o são. Lembremo-nos de um caso clássico: o caso Galileu. Se as autoridades do século XVII se recusavam a reconhecer que é a Terra que gira em torno do Sol, e não o contrário, não era por razões estritamente científicas: toda a ordem social da época era então questionada, ordem que colocava a Igreja no centro, os seres e as coisas gravitando ao seu redor.

Entre os numerosos exemplos que poderiam ser utilizados para ilustrar o jogo das ideologias na pesquisa em ciências naturais, escolhamos um particularmente interessante, em paleontologia. A paleontologia estuda as espécies desaparecidas, com freqüência, depois de milhares de anos, através dos fósseis que deixaram. Poder-se-ia crer que o estudo dos fósseis não possibilita grandes embates ideológicos. No entanto, escolas de paleontólogos opõem-se em suas interpretações. De um lado, há os que estimam que as espécies transformaram-se pela lenta e progressiva evolução; de outro, os que pensam, ao contrário, que elas mudaram bruscamente, por rupturas. Essa diferença de interpretação não é pois sem um caráter ideológico, e daí podem-se ver projeções da ordem social esperada: de uma parte, uma visão conservadora, propondo que as sociedades devem evoluir progressivamente, adaptando-se; de outro, uma visão mais socialista, segundo a qual, para passar a uma melhor ordem social, as sociedades devem abolir o antigo. Assim, assinala-se mesmo para os fósseis uma idéia de evolução por transformação progressiva, e outra por substituições ou desaparecimentos por mudanças bruscas.

Responsabilidade e indivíduos

LAVAGENS CEREBRAIS FEITAS PELA CIA
Ottawa enviará um emissário a Washington

Tradução de título de artigo, publicado em La Presse, 22 de dezembro de 1985.

No Brasil, a tortura a presos políticos na época do regime militar foi uma prática institucionalizada. Obedeceu a critérios, decorreu de planos e verbas e exigiu organização de uma infra-estrutura: locais adequados, instrumentos de suplício e a participação de médicos e enfermeiros que "assessoravam" o trabalho dos algozes. O que é testemunhado por inúmeras vítimas, e discutido em seminários pelo Grupo Tortura Nunca Mais.

Leia-se a esse respeito BRANCA, Eloysa (org.). *Grupo Tortura Nunca Mais*. Petrópolis: Vozes, 1987.175p.

O texto ao lado e a manchete acima lembram que, se as ciências humanas têm responsabilidades para com as sociedades em seu conjunto, também possuem para com os indivíduos que compõem tais sociedades. Na manchete aqui reproduzida, faz-se alusão às experiências realizadas pela CIA com pacientes de hospitais de Montreal, e isso, sem que esses soubessem. As experiências consistiam na administração de drogas, LSD, entre outras, tendo vários pacientes ficado com graves seqüelas.

Após a Segunda Guerra Mundial, várias pesquisas em ciências humanas alertaram os pesquisadores quanto a suas responsabilidades perante os indivíduos e aos problemas éticos que podem suscitar. Algumas pesquisas particularmente contribuíram para a discussão do problema. Evoquemos duas das quais muito se falou nos meios de pesquisa em ciências humanas.

Primeiramente, a conhecida com o nome de experiência de Milgram. O problema de pesquisa de Stanley Milgram surgiu a partir dos atos dos criminosos de guerra nazistas que, quando julgados após a guerra pelo tribunal de Nuremberg, eram numerosos a se defender dizendo que apenas obedeciam às ordens de seus superiores. Milgram, assim como outros, surpreendia-se ao ver tantas pessoas, aparentemente racionais e lúcidas, serem, no entanto, incapazes de resistir a ordens indefensáveis.

Em seu laboratório, convida, portanto, pessoas comuns, todos voluntários, a se submeterem a uma experiência. Ele lhes diz que se trata de uma experiência sobre a aprendizagem. De um lado de uma divisória de vidro, coloca o voluntário acompanhado de um pesquisador e, de outro, um estudante. Este último está preso em uma poltrona com eletrodos fixados em seus punhos. O voluntário tem, diante de si, comandos para dar choques elétricos que variam de "fraco" a "muito perigoso". A experiência consiste, para o voluntário, em fazer perguntas ao estudante e, caso este as responda mal, em lhe dar um choque elétrico. O pesquisador que acompanha o voluntário incita-o a dar choques cada vez mais fortes, até o nível "muito perigoso". Na realidade, tudo é fictício: não há qualquer choque elétrico, e o suposto estudante é um ator que grita com os falsos choques e simula uma intensa dor. O objetivo dessa experiência era verificar a partir de que momento o voluntário recusaria-se a obedecer a ordens irracionais.

Desejando-se saber mais sobre essa pesquisa, pode-se ler MILGRAM, Stanley. *Obediencia a la autoridad, un punto de vista experimental.* Bilbao: Brower,1980.

Passemos aos resultados obtidos. O que aqui nos interessa é ver como os seres humanos podem ser manipulados por um pesquisador. Nesse caso, o objetivo da pesquisa, o problema considerado, pode parecer perfeitamente legítimo, mas pode-se sustentar que o fim justifica os meios?

Uma outra pesquisa interessou-se pelo que se chamou o efeito Pigmalião (fazendo referência a uma peça de teatro de George Bernard Shaw, na qual uma pequena florista é transformada em dama da sociedade pelo homem que a corteja). Tratava-se de ver a que ponto as expectativas de alguém poderiam influenciar seus comportamentos e os das outras pessoas. Para esse fim, informou-se aos professores de uma escola que poderiam esperar que alguns, entre seus futuros alunos, cujos nomes eram fornecidos, teriam particularmente bom desempenho, segundo os testes aos quais haviam sido submetidos. Ora, os alunos haviam sido escolhidos ao acaso, e os testes em questão eram pura farsa. Resta que os professores, que ignoravam essas circunstâncias, comportaram-se de tal modo durante o ano escolar que, no final, os alunos indicados, cujos desempenhos haviam sido antecipados, obtiveram efetivamente aprovação. Mas pouco importam os resultados. O exemplo ilustra novamente a manipulação de indivíduos, os alunos e os professores, nesse caso, e os riscos que isso os faz correr (começando, é claro, pelos alunos não escolhidos).

Para saber mais sobre essa pesquisa, pode-se ler ROSENTHAL, Robert e JACOBSON, Leonore. *Pygmalion à l'école.* Tournai: Casterman, 1971.

Hoje são raras as pesquisas em ciências humanas que podem atingir a integridade dos indivíduos. Os poderes públicos e os próprios pesquisadores impuseram-se regras para evitá-las. Assim, por exemplo, os grandes organismos públicos de subvenção à pesquisa esperam, se pessoas são requisitadas para a pesquisa, que os pesquisadores expliquem, em seus pedidos de subvenção, quais medidas serão tomadas para que a integridade das pessoas solicitadas seja respeitada.

Quanto aos organismos ou associações que reúnem os pesquisadores por áreas específicas das ciências humanas, vários são dotados de um código ético relativo ao emprego de seres humanos nas pesquisas. O respeito a esse código se dá sem maiores dificuldades, uma vez que as regras nele contidas se referem à honestidade e ao respeito habituais devidos às pessoas: consentimento dos participantes (dos pais, caso sejam crianças); informações suficientes quanto ao objeto da pesquisa e suas implicações, sobretudo se há riscos físicos ou psicológicos; franqueza e lealdade; respeito do anonimato, se for o caso; autorização dos participantes para a utilização dos dados recolhidos com um fim não previsto.

O que Procuram as Ciências Humanas?

Não existe uma definição única, reconhecida por todos, das ciências humanas. Poder-se-ia dizer que se distinguem das ciências naturais pelo fato de tratarem de seres humanos, embora a biologia e a medicina também estudem os seres humanos. Por outro lado, algumas ciências humanas interessam-se por fenômenos naturais: é o caso da geografia quando trata da geografia física. As ciências humanas estudariam então os seres

"Por outro lado, meu sentido de responsabilidade em relação à sociedade me leva a parar aqui."

humanos sob o ângulo de sua vida em sociedade? Ter-se-ia assim o equivalente do que muitos, especialmente os anglo-saxões, preferem nomear ciências sociais. Mas a psicologia, que gosta de estudar o ser humano em um plano individual, iria aí sentir-se pouco à vontade — a menos que fizesse, mais uma vez, como os anglófonos da América do Norte e falasse das ciências sociais e do comportamento, ou, simplesmente, como alguns dentre eles já o fazem, das ciências do comportamento. Na realidade, tais definições são questão de cultura, de tradição, de experiência, de história.

De qualquer modo, as divisões feitas entre as disciplinas reunidas sob o rótulo "ciências humanas" estão longe de serem fixas (não mais que em ciências naturais, aliás). Em seu nascimento, essas disciplinas visaram a se distinguir umas das outras, em reservar, para si, um aspecto específico dos fenômenos humanos a serem estudados. Depois, evoluíram de dois modos que ainda coexistem, apesar de sua aparente contradição. Viu-se, de um lado, um corte cada vez mais detalhado de seu objeto específico, levando ao desenvolvimento de novos e, por vezes, muito distintos campos disciplinares. Assim, a demografia — que estuda populações sob o ângulo quantitativo — surge da geografia, a sexologia da psicologia, etc., a ponto de hoje se encontrar, ao lado das ciências humanas clássicas, numerosos campos disciplinares que delas derivam e que gozam, em seu respectivo domínio, de uma apreciável autonomia. Ilustremos nossa proposição: você sabia que o pesquisador que pede auxílio a um organismo subvencionário, o Conselho Nacional de Desenvolvimento Científico e Tecnológico (CNPq), por exemplo, deve escolher entre mais de cem subcategorias das ciências humanas para situar sua pesquisa?

Mas, por outro lado, as ciências humanas perceberam, com rapidez, que dificilmente podiam passar umas pelas outras na abordagem dos fenômenos humanos em sua complexidade e daí tirar conhecimentos suficientes. Durante as últimas décadas, aproximaram-se adotando diferentes práticas de pesquisa interdisciplinares: emprestando-se perspectivas particulares e conceitos específicos; associando-se na abordagem de um mesmo problema de pesquisa; integrando-se em novos campos de aplicação, correndo, por vezes, o risco de mascarar sua própria identidade, como é o caso nas relações industriais, em educação, em criminologia, em planejamento e, inclusive, sob certos aspectos, em ecologia, em gerontologia, etc.

Nesta última parte do capítulo, não consideraremos as múltiplas variantes das principais disciplinas que formam as ciências humanas. Mas expondo — brevemente — sua natureza e seus objetos particulares de pesquisa, indicaremos, a cada instante, o quanto tendem, ao mesmo tempo, a se distinguir na diversidade e a se assemelhar na multidisciplinaridade.

História e geografia

A história e a geografia têm de singular o fato de terem se desenvolvido, em sua forma moderna, como disciplinas didáticas, ou seja, destinadas a ensinar (em meio escolar, especialmente), antes de terem se tornado as disciplinas científicas que conhecemos. As versões didáticas da história e da geografia precederam suas versões científicas.

Lembremos dos fatos. Na segunda parte do século XIX, a idéia de Estado-nação baseada em um povo titular da soberania nacional, em um determinado território, substitui a visão monárquica do estado. Nesse contexto, a história e a geografia tornam-se instrumentos para cultivar o sentimento de identidade dos povos, seja em função do passado que prefigura o presente, quanto à história, seja em função do território nacional, para a geografia.

A *história*, mesmo apelando à história erudita para apoiá-la, desenvolve-se no início com espírito didático. Pode-se vê-lo, por exemplo, nos primeiros conhecimentos produzidos a respeito da história nacional do Brasil que, como para a maior parte dos países ocidentais à época do advento do Estado-nação ao longo do século XIX, necessitam promover, através da história, a idéia da unidade nacional e os sentimentos de identidade necessários a sua manutenção. No Brasil, por exemplo, Adolfo Varnhagen elabora, a pedido do imperador Pedro II, um conjunto articulado de interpretações do passado, onde a identidade histórica da nação brasileira se expressa não somente através da idéia de integração territorial e do prolongamento da obra civilizadora do colonizador europeu, como também através da idéia de amálgama não conflitual das três raças — negros, indígenas e brancos —, lançando assim os pilares onde se assentará o mito da democracia racial brasileira.

O mesmo espírito didático pode-se vê-lo também na *História do Canadá* que François-Xavier Garneau, considerado o primeiro historiador moderno do Canadá francês, publica pela metade do século: sua obra teria sido preparada em resposta ao Relatório Durham que, após a

Rebelião de 1837-38, afirmava que os canadenses franceses eram um povo sem cultura e sem história. Garneau quis mostrar que não era nada disso.

A história científica desenvolve-se, como as demais ciências humanas na época, segundo os princípios do positivismo. Trata-se de construir um relato objetivo do passado. Para fazer isso, os historiadores acreditam ser somente necessário recolher todos os traços do passado, sobretudo documentos escritos, depois assegurar-se de sua fidelidade — daí regras elaboradas ditas de *crítica externa* e de *crítica interna*, o que alguns chamaram *método histórico* — antes de encadeá-los em uma sucessão de causas e de conseqüências para que fosse estabelecido, de uma vez por todas, o "verdadeiro" relato do caminho que conduz do passado ao presente e que explica esse presente, isto é, mostra como se chegou a um estágio dito superior. Uma tal história está centrada no nascimento das nações e nos "grandes homens" que as marcaram: uma história, antes de tudo, política, militar e constitucional.

Crítica externa: a da origem do texto.
Crítica interna: a do conteúdo.

Mas durante nosso século, a história abandona progressivamente a perspectiva positivista. Explodirá no encontro com as outras ciências sociais, sobretudo a economia e a sociologia; em seguida, mais recentemente, a antropologia, multiplicando seus interesses e suas abordagens. Todos os aspectos da vida do ser humano, a partir de então, interessam-na: como assegurar seu bem-estar, as representações que se faz da vida e da morte, a discriminação das mulheres, a acolhida aos estrangeiros, os modos de educar as crianças... Como dizia um historiador francês nos anos 20: para o historiador, nada do que é humano lhe é estranho.

O historiador procura abordar essas matérias, ainda que tão diferentes, com um espírito de *globalidade*, para encontrar o conjunto dos fatores que as animam e as relações existentes entre elas.

Não se trata mais de simplesmente contar o passado, mas de procurar nele a compreensão do presente, a *explicação de problemas do presente*. Pois, "levantar um problema, como explicava o historiador Lucien Febvre, nos anos 50, é precisamente o início e o fim de qualquer história. Sem problema, sem história". Trata-se, igualmente, de procurar explicações que não se baseiam mais na simples causalidade e linearidade dos positivistas, mas na *multicausalidade*, essa inter-relação de fatores de peso variável. Por outro lado, os historiadores habituaram-se a distinguir esses fatores conforme sua duração relativa. Atribuem, em geral, uma baixa capacidade explicativa a acontecimentos pontuais, os que fazem a atualidade, ainda que esses acontecimentos possam ter um efeito desencadeador ou ser reveladores de tendências mais profundas. Assim funcionam as *conjunturas*, esses conjuntos de fatores que se conjugam para dar a um período uma determinada característica, a Revolução de 30, por exemplo. E ainda mais, os fatos de *estrutura*, fatos duráveis cujas mudanças são lentas e quase imperceptíveis, tais como o nacionalismo entre os quebequenses francófonos ou as condições geográficas de um povoamento, que pouco se salientam, embora marquem profundamente os fenômenos humanos. É a partir desses diferentes registros da duração que os historiadores procuram elaborar suas explicações.

Assinala-se, no Brasil, a partir dos anos 70, uma ampliação da área de interesse do historiador e um questionamento dos métodos de abordagens tradicionais associados às profundas mudanças que afetaram a sociedade brasileira, a qual colocava, no cenário das lutas políticas e sociais, novos atores, através do que se denomina de movimentos sociais. A abordagem sociocultural da história, sob a influência das renovações historiográficas internacionais — sobretudo francesas e inglesas — favorecem uma ruptura com o reducionismo economista e a separação artificial entre infra e superestrutura herdadas de um tipo de leitura do marxismo.

É provável que seja essa vontade de se interessar por todos os aspectos do social em uma perspectiva global — a fim de explicar, durante o momento, os problemas do presente — o que melhor defina a pesquisa histórica hoje.

A *geografia* conheceu uma revolução semelhante. Também contribuiu, com sua forma didática, para o desenvolvimento do Estado-nação. Ensinava aos cidadãos os limites e as belezas do país, seus recursos humanos e materiais; propunha o sentimento de que se fazia parte do território nacional. Era uma geografia essencialmente fatual e descritiva.

A geografia científica igualmente o era. Produzia intermináveis nomenclaturas e descrições de territórios, de seus recursos, de suas particularidades; territórios nacionais, mas também de todo o planeta, pois, não esqueçamos, no século XIX, na África, na Ásia e até na América, as *terras incógnitas* ainda são numerosas. O movimento de colonização que mobiliza então o Ocidente conduz os geógrafos nessas direções, mas são sobretudo geógrafos de geografia física.

Em ciências humanas, são evidentemente os geógrafos de geografia humana que mais nos interessam. Surgem cedo em nosso século e definem a geografia como o estudo das *relações entre homem-meio*. Inspirado pelo positivismo, o pensamento geográfico é, inicialmente, marcado pelo determinismo; mas logo resiste à idéia de um determinismo da natureza, que impõe seus comportamentos aos seres humanos, e propõe, de preferência, a idéia de que estes organizam sua existência segundo as possibilidades por ela oferecidas. Falar-se-á então de "possibilismo".

História antiga, história nova

Em história, publicam-se periodicamente coleções de obras que fazem o balanço do saber disponível em um determinado domínio, como, por exemplo, a *Cambridge modern history*. O historiador Carr, valendo-se dessa obra, assinala, através de duas passagens (a primeira, do início do século e, a segunda, do final dos anos 50), as mudanças de perspectiva que a história conheceu.

É uma oportunidade única de registrar, da maneira mais útil para o maior número, a abundância de conhecimentos que o século XIX está em vias de legar.[...]

Não podemos ter nesta geração a história definitiva, mas podemos dispor da história convencional e mostrar o ponto a que chegamos entre uma e outra, agora que todas as informações estão ao nosso alcance e que cada problema tem possibilidade de solução.

Historiadores de uma geração anterior não parecem desejar qualquer perspectiva deste tipo. Eles esperam que seu trabalho seja superado muitas e muitas vezes. Eles consideram que o conhecimento do passado veio através de uma ou mais mentes humanas e foi "processado" por elas e, portanto, não pode compor-se de átomos elementares e impessoais que nada podem alterar. A pesquisa parece ser interminável[...]

Citado por CARR, Edward H. *O que é História*. 3. ed. Trad. Lúcia Maurício de Alvarenga. Rio de Janeiro: Paz e Terra, 1982. p.11-12.

A essa teoria associa-se, muitas vezes, como em Vidal de la Blache, a idéia de uma abordagem regional da geografia: esta permitiria a melhor compreensão das múltiplas *inter-relações entre os seres humanos e seu habitat, bem como a explicação do jogo dessas inter-relações e de suas seqüências em uma perspectiva global*. Tais idéias inspirarão os historiadores da época, idéias que se relacionam com as preocupações dos antropólogos na busca da compreensão de diferentes culturas. Sublinhamos que é na forma de uma geografia regional que a geografia científica é introduzida no Brasil, nos anos 30, com os trabalhos de campo dos franceses Pierre Mombeig e Pierre Fontaignes.

"É claro que eu sei o que a divisão da União Soviética significa... 15 novos países na prova de geografia."

Em seguida, e particularmente a partir da Segunda Guerra Mundial, a geografia multiplicou seus centros de interesse. Aproximou-se das outras ciências humanas, em especial da história e da sociologia, interessando-se por revelar o espaço como uma produção social e explode em múltiplos campos de pesquisa, interessando-se pela vida econômica, cultural, migrações, diferentes fenômenos urbanos, saúde, política, formas de lazer, etc. Como para a história, nada do que é humano lhe parece estranho. Tornou-se, entre as ciências humanas, a ciência que estuda o processo de *organização espacial das sociedades*.

Além disso, abriu-se amplamente à pesquisa aplicada durante as últimas décadas. Os geógrafos agora põem sua ciência a serviço de planejamentos de todos os tipos: da implantação de uma biblioteca pública à reforma da rede de transporte; da organização de uma pequena cidade do Sahel à planificação de um mercado turístico; da previsão eleitoral à distribuição dos cuidados de saúde...

A ciência política

Desde que os seres humanos começaram a viver em comunidades estáveis, estabeleceram regras e criaram organismos para assegurar o bom funcionamento de suas comunidades. É o objeto da política, e essa logo torna-se um objeto de estudo. Mas um objeto de estudo que permaneceu, por muito tempo, o apanágio dos filósofos, mesmo se estes mais especulavam sobre a ordem política ideal do que estudavam os fatos políticos reais.

É com a erosão das monarquias e a criação dos Estados-nações, que se definem em função dos povos e lhes permitem participar da formação dos governos, que se desenvolve o interesse pelo estudo científico dos fatos políticos. As grandes revoluções, como a Revolução Francesa, em 1789, e, talvez, ainda mais, a Revolução Russa, em 1917, estimulam esse interesse, mostrando como uma forma de governo pode subitamente ser substituída por um governo muito diferente. No entanto, foram necessárias décadas para que a ciência política tenha se tornado o que é hoje.

No princípio, a ciência política apresenta-se essencialmente como a ciência do Estado e do governo do Estado. Preocupa-se, então, sobretudo com a definição da natureza desse Estado, seus fundamentos jurídicos, suas capacidades legislativas, suas instituições...

Depois, no decorrer do século XX, a ciência política torna-se a *ciência do poder*. Poderes, dever-se-ia dizer, pois, além do poder do Estado, interessa-se pelos múltiplos poderes que coexistem e, por vezes, confrontam-se em uma mesma sociedade: os das classes sociais, dos sindicatos, dos grupos populares, dos movimentos de opinião, dos *lobbys*, das forças econômicas que provocam decisões políticas, etc. Interessa-se também pelas interações entre esses poderes e, é claro, deseja-se igualmente conhecer os indivíduos que aí chegam, como o obtêm e o exercem, bem como os instrumentos — instituições, legislações, informações — que servem para seu exercício. O poder pode, inclusive, ser visto sob o ângulo da privação; por exemplo, o movimento anarquista, que defende a abolição de todo poder, é um objeto de estudo possível em ciência política.

É, sobretudo, após a última grande guerra mundial que a ciência política desenvolveu-se, no Ocidente, sob a forma que hoje conhecemos. Estendeu-se a todos os aspectos da política, apelando, muitas vezes, a outras ciências humanas, especialmente à psicologia e à sociologia, a tal ponto que é possível vê-la partilhar alguns de seus objetos de estudo. Desse modo, existe uma sociologia e uma psicologia eleitorais que estudam o comportamento dos eleitores, domínio que se poderia acreditar reservado à ciência política. Evoquemos as principais matérias pelas quais hoje se interessa.

Primeiramente, os diversos comportamentos políticos e suas origens. Quais são, por exemplo, os fatores que levam à tomada de uma decisão? Quais são as crenças, as opiniões, as atitudes, os sentimentos que motivam os atores políticos? De tais preocupações particularmente encarnam-se na análise da opinião pública, das atitudes políticas e dos comportamentos eleitorais. Deve-se dizer que o aperfeiçoamento das técnicas de pesquisa e de análise estatística, assim como a chegada de potentes computadores, facilitam tais trabalhos, a ponto que os pesquisadores do comportamento dos atores políticos, pelo viés das pesquisas de opinião especialmente, são provavelmente hoje o lado mais conhecido da ciência política.

A ciência política consagra-se ainda ao estudo do poder e dos que o exercem, o suportam, desejam influenciá-lo ou a ele chegar. Essas pesquisas tratam dos dirigentes, partidos políticos, grupos de interesse e interesses que defendem, estratégias aplicadas e resultados obtidos.

A ciência política continua igualmente interessando-se pelos governos, na medida do possível, na perspectiva de *globalidade*, como é encontrada em história e geografia. A noção de governo não é mais reservada ao Estado, mas se estende a todas as instâncias de decisão cujas múltiplas inter-relações procura-se compreender. Pois a política é considerada um *sistema* em movimento, que se forma, evolui e se transforma, em razão das diversas forças que se encontram na sociedade e que, por fim, levam às decisões. O processo de tomada de decisão é, por outro lado, a peça mestre dessa abordagem da vida política sob o ângulo de um sistema: quais são, deseja-se saber, as demandas que entram no sistema, o tratamento que recebem, os resultados — decisões e ações — que daí resultam?

No campo geral da ciência política, um setor adquiriu uma certa autonomia: o *das relações internacionais*. Inscrito na política, é o setor multidisciplinar por excelência, acrescentando a seus próprios recursos as perspectivas e teorias, bem como o instrumental conceitual e os instrumentos de análise das ciências humanas.

No início, setor de estudo e de pesquisa a serviço do Estado, que esperava, especialmente, uma definição de sua identidade e das regras referentes a suas relações com outros Estados, o setor das relações internacionais amplia, com rapidez, suas ambições ao conjunto das características da vida política internacional, em particular, após a Primeira Guerra Mundial. Essa permitiu evidenciar o esgotamento da ordem anterior, e a desordem, que se seguiu, mostrou a necessidade de se desenvolver conhecimentos pertinentes para a organização racional de uma nova ordem internacional, objetivando evitar novas guerras. A pesquisa em relações internacionais no entre-guerras encontra-se então tratada, ao mesmo tempo, por uma filosofia da paz e pelas mesmas preocupações de cientificidade que se desenvolvem, alhures, em ciência política. Essa conjunção faz especialmente com que a ciência política contribua para o desenvolvimento de grandes instituições internacionais (por exemplo, a Sociedade das Nações), organismos internacionais de justiça (por exemplo, a Corte de Justiça de Haya) e políticas, como a que consiste em comparar manuais escolares à escala internacional. Mas essas empresas revelaram-se insuficientes para fundar uma nova ordem mundial sem conflitos, como cruelmente mostrou o desencadeamento da Segunda Guerra Mundial.

Após a última guerra, as pesquisas em relações internacionais conheceram um novo impulso, menos na perspectiva idealista da paz mundial do que nesta, mais realista, que consiste em saber como o sistema internacional funciona e como se pode fazê-lo funcionar, se possível em paz e considerando interesses e poderes em questão. Essa tendência deu lugar a pesquisas sobre os mecanismos fundamentais do sistema político internacional, cujos frutos são as diversas teorias que foram propostas nas recentes décadas para explicá-lo — como a do equilíbrio das grandes potências — e para fazê-lo funcionar — como a da dissuasão durante a guerra fria. Os pesquisadores procuram, paralelamente, os múltiplos componentes do sistema global de relações internacionais: as relações entre os grupos étnicos e entre maiorias e minorias, a evolução da demografia mundial, as migrações, o desenvolvimento e o subdesenvolvimento, a utilização dos recursos naturais, os meios de comunicação, as trocas culturais e outras, a formação da opinião pública, os tipos de representações dos outros grupos, as motivações e os comportamentos dos atores, os processos de tomada de decisão, etc., e, é claro, as inter-relações que existem entre esses diferentes objetos de pesquisa. Vê-se o quanto a pesquisa em relações internacionais deve ser multidisciplinar.

Economia e administração

> A economia é a única ciência humana que obteve um Prêmio Nobel.

A *economia* é, talvez, a ciência humana mais visível em nossas sociedades. Provavelmente, não há governo, grande organização pública ou privada que não possua seu economista titular. A opinião dos economistas é constantemente solicitada; a mídia o testemunha dia a dia. A razão disso é que a preocupação com a vida econômica está, provavelmente, mais presente do que nunca.

Alguns gostam de definir a economia como a ciência que estuda a adequação entre recursos limitados e necessidades ilimitadas. Outros preferem defini-la como a ciência dos comportamentos humanos na produção e locação de bens e serviços. Mas, se nenhuma definição da ciência econômica parece ser unânime, resta que esta é provavelmente, entre as ciências humanas, a que surge mais cedo em sua versão moderna e a que melhor conserva, apesar de já ter sofrido grandes mudanças, os traços de seu nascimento.

Se a economia possui raízes mais antigas que outras disciplinas, é certamente porque sobreviver materialmente sempre foi a principal preocupação dos seres humanos. Daí a vontade de se dotar de princípios e regras que pudessem facilitar a organização da economia. Desse modo, para dar apenas um exemplo, o princípio do *mercantilismo* que, ao ser aplicado na Nova França, direcionou ao Brasil e a outras colônias seu desenvolvimento.

> O mercantilismo supunha a exclusividade do comércio entre a colônia e a metrópole, esta oferecendo produtos manufaturados, e aquela, recursos naturais.

Mas é, em um filósofo escocês, Adam Smith, que se deve procurar as origens de nossa ciência econômica atual. Em um livro publicado em 1776, ele desenvolve a idéia de que a economia é regida por forças naturais, a "mão invisível" do mercado, e de que a riqueza depende da liberdade de mercado. Deve-se, portanto, tentar não interferir, exceto com o objetivo de preservar essa liberdade. Deixar os preços, por exemplo, fixarem-se naturalmente pelo simples jogo da oferta e da procura, bem como da concorrência. Vê-se aqui os fundamentos do capitalismo. Essa perspectiva foi nomeada *economia clássica* e persiste ainda hoje na corrente chamada neoclássica.

A teoria de Smith baseia-se em fatores econômicos individuais: produtores e consumidores encontram-se no mercado, onde os preços, tanto dos bens e serviços quanto do trabalho, são fixados. Quando se trata de abordar a economia sob esse ângulo, fala-se em *microeconomia*.

Uma outra abordagem e uma outra perspectiva surgiram durante a crise dos anos 30. Foram, por sua vez, também elaboradas por outro britânico, John Maynard Keynes. Este propõe abordar a economia sobre o plano global, examinar a produção, o emprego, o investimento e a poupança, assim como os movimentos de preços em seu conjunto. Fala-se então em *macroeconomia*. Keynes estima, por outro lado, que as leis ditas naturais do mercado não são suficientes para assegurar o bem-estar, o pleno emprego e o crescimento, e que o Estado deve intervir para regular a economia, especialmente através de suas políticas orçamentárias, fiscais e monetárias. As teorias de Keynes inspiraram a maior parte das políticas governamentais desde a última guerra mundial, entre as quais as do Brasil, especialmente a partir de meados dos anos 40, com a presença do Estado intervindo como planejador da industrialização, até a década de setenta, com o "milagre econômico". Nesse intervalo, as discussões da teoria econômica oscilaram entre liberais e intervencionistas, mas ambos atuaram na modernização das agências de política monetária e fiscal do país, criando as bases da experiência mais marcante de dirigismo econômico da história brasileira, que foi o governo Geisel.

Hoje, portanto, a maior parte dos economistas situa-se entre as perspectivas clássica (ou suas variantes) e keynesiana (ou derivações), entre as abordagens micro e macroeconômica. Como para as outras ciências humanas, seus campos de pesquisa multiplicaram-se, e viu-se surgir uma economia do crescimento ou do desenvolvimento (que ocupa um importante lugar) das economias regional, urbana, das finanças públicas, do trabalho, da saúde, da educação, da pobreza, das formas de lazer, etc.

Quanto ao seu método de pesquisa, os economistas são certamente os que, em ciências humanas, mais recorrem às ciências matemáticas e às ciências estatísticas. Pois, como não podem, em geral, testar diretamente suas hipóteses, procedem por modelização da situação real a ser estudada, ou seja, fazem com que entrem em jogo no modelo os fatores considerados mais importantes e afastam os demais; em seguida, calculam, com o auxílio de um elaborado aparelho matemático e estatístico, os efeitos que suas hipóteses teriam tido sobre os fatores envolvidos no modelo. E concluem em termos de efeitos prováveis ou de tendências, sabendo o quanto seus modelos e tratamentos estatísticos resultam de escolhas e de interpretações, como nas outras ciências humanas.

A *administração* pode parecer uma disciplina derivada da economia. Efetivamente o é em grande parte, mas suas preocupações a fazem apelar a várias outras ciências humanas. Poder-se-ia, então, considerá-la como uma ciência aplicada amplamente multidisciplinar.

O objeto de estudo e de pesquisa em administração concerne aos meios que um organismo e seus responsáveis empregam para atingir os objetivos por eles fixados. Isso implica pesquisas da parte do próprio

---

Economia positiva, economia normativa

Existe um pensamento econômico do qual não tratamos até aqui, mas que não pode ser ignorado, ainda mais porque a prática deste pensamento quase dividiu o mundo em dois durante décadas. Trata-se do marxismo e de seu célebre idealizador, Karl Marx.

O pensamento de Marx é profundamente economista. Para ele, as sociedades repousam sobre a economia, sobre os "modos de produção", particularmente. O resto — a ordem social e política, a cultura — daí resulta. "Coloque alguns graus de desenvolvimento da produção, do comércio, do consumo", escrevia ele, "e você terá uma tal forma de constituição social, tal organização da família, das ordens ou das classes, em uma palavra, tal sociedade civil. Coloque tal sociedade civil e você terá tal estado político que não passa da expressão oficial da sociedade civil".

Mas a visão econômica de Marx permanece inspirada na economia clássica, exceto no que concerne à sua doutrina sobre o valor do trabalho e o modo como os trabalhadores dele foram destituídos, bem como ao acréscimo de uma dimensão política necessária: se a economia dita uma ordem social injusta para os trabalhadores, deve-se modificá-la para corrigir a injustiça. É, portanto, uma economia normativa, no sentido de que não se contenta em dizer, no espírito do positivismo, como as coisas são e funcionam, mas acrescenta como deveriam ser.

Tem-se aqui uma outra distinção entre os economistas que se dividem, em diversos graus, entre *economia positiva* e *economia normativa*.

organismo — seus objetivos, seus meios — e da parte dos clientes — suas necessidades, capacidades, características — aos quais o organismo destina seus produtos ou serviços. Constata-se a multidisciplinaridade da administração quando esta é confrontada com problemas práticos. Apontemos alguns exemplos disso.

Se um administrador deseja aumentar a motivação de seus representantes, utilizará possivelmente saberes e técnicas de pesquisa inspiradas na psicologia. Um outro, que objetivasse o lançamento de um novo produto, provavelmente começaria por um estudo do mercado: a economia o ajudaria, então, a se informar sobre o estado do mercado, da concorrência...; a psicologia, a sociologia, a demografia o ajudariam a se informar sobre as expectativas e as necessidades dos eventuais consumidores, seu número, sua divisão... Caso se tratasse da abertura de um *fast food,* em um determinado bairro, é provável que a geografia assistisse a demografia para informá-la sobre a divisão espacial da população, sua circulação na área comercial visada... Se desejasse trocas com um país estrangeiro, a economia, a ciência política iriam lhe informar sobre as regras de comércio e as políticas em vigor nesse país e entre esse país e o seu; para conhecer e compreender seus interlocutores locais, a história, a sociologia e a antropologia entrariam em jogo... Vê-se o quanto diversas ciências humanas podem conjugar seus esforços em um contexto de pesquisa aplicada. Sem, no entanto, ignorar a pesquisa fundamental, como também se faz em administração, especialmente neste setor em desenvolvimento, às vezes nomeado ciência das organizações.

Sociologia, antropologia, ciências da religião

A sociologia e a antropologia foram, muitas vezes, consideradas disciplinas irmãs. Nascidas com a mesma perspectiva de estudar os seres humanos e suas experiências em grupo ou em sociedade, estabeleceram, durante muito tempo, sua distinção a partir do que, por várias décadas, pareceu separá-las: a antropologia estudando, preferentemente, as sociedades primitivas, tradicionais; a sociologia estudando sobretudo as sociedades modernas, desenvolvidas. Mas hoje se vê a antropologia interessar-se também por estas últimas, e reencontrar sua irmã.

> Isso testemunha, por exemplo, a *Revista Brasileira de Ciências Sociais,* publicação da Associação Nacional de Pós-Graduação e Pesquisa em Ciências Sociais.

A *sociologia*: seria bom acreditar que o que pensamos, dizemos, sentimos, vem do fundo de nós mesmos, depende do que somos pessoalmente. Na realidade, refletimos amplamente a sociedade na qual vivemos. Nossos comportamentos foram adquiridos, em sua maioria, na família, na escola, com nossos amigos, durante nossas atividades de lazer, de trabalho, etc., e através de nossas múltiplas relações com os outros na sociedade específica que é a nossa. Pois, se as sociedades adquirem as características dos seres humanos que as compõem, em contrapartida indicam às pessoas os comportamentos desejáveis; prevêem uma divisão dos diversos papéis, oferecem diferentes *status,* sugerem valores e normas... Fazem isso através de seus costumes, estruturas, instituições. Estudar a formação das sociedades, seu funcionamento e como influenciam os comportamentos humanos, eis o objeto da sociologia.

Como se vê, é um vasto programa. Enquanto as outras ciências humanas definiram-se em função de uma ordem particular dos fenômenos sociais (a ciência política em relação aos fenômenos de poder, por exemplo), ou em função de uma perspectiva particular (a perspectiva temporal, em história), a sociologia interessa-se pelo conjunto dos fenômenos da vida social. Nessas condições, fica-lhe difícil demonstrar muita unidade. É o que se verifica nas múltiplas correntes que a atravessam.

Alguns sociólogos tentaram explicar o percurso pelo qual as sociedades se construíram. Inspirados pela teoria biológica da evolução, viram as sociedades desenvolverem-se por estágios sucessivos e pela seleção dos indivíduos mais bem adaptados: do estado selvagem à barbárie e da barbárie à civilização, por exemplo. Outros as viram desenvolver-se por uma sucessão de modos de produção, como na sociologia marxista.

Outros ainda vêem a sociedade como um sistema formado de elementos interdependentes que constantemente se ajustam conforme as necessidades de equilíbrio do sistema, os fatos sociais particulares explicando-se em relação à sua função no sistema social. Fala-se então em *funcionalismo*. Em um sistema social, cada um dos elementos — os seres humanos, as instituições, os costumes, etc. — pode ser considerado sob o ângulo de sua relação com os demais. Fala-se então em *estruturalismo*.

Outros também estimam que a sociedade é um processo de interação entre os indivíduos. A soma produzida pelo encontro dos comportamentos individuais e de suas inter-relações constituiria os fatos sociais. Por meio de um tal processo, alguns acreditam ver como os indivíduos constroem sua identidade: seria em função do que os outros deles esperam que os seres humanos construiriam sua identidade e definiriam seus comportamentos sociais.

Mas um bom número de sociólogos contenta-se com uma sociologia descritiva do modo como os fenômenos sociais particulares podem ser explicados ou modificados. Tal atitude expande-se na América do Norte (onde se fala, por vezes, em sociologia empírica, ou concreta). O sociólogo procura, então, como intervir em diversos aspectos particulares do social para aperfeiçoar uma situação prática. Desse modo, vêem-se sociólogos interessarem-se pelos modos de gestão das empresas públicas, pela cultura dos grupos de jovens, pelas famílias reconstituídas, pela integração das mulheres diplomadas no mercado de trabalho, pela rede das inter-relações nas escolas, pelos hábitos de consumo em meio rural, pela freqüência dos serviços de saúde, em suma, por tudo que tece a ordem social.

Acrescentemos que, nesses trabalhos, o sociólogo, preocupado com a sociedade em seu conjunto e fazendo, ele próprio, parte dessa sociedade, deseja, muitas vezes, seu aperfeiçoamento e nisso vislumbra um motivo para envolver sua ciência, o que alimenta, entre os sociólogos, como entre os economistas, uma nomeada sociologia crítica.

A **antropologia** — do grego *anthropos*, homem, e *logos*, estudo: estudo do homem — poderia ser considerada como a ciência humana por excelência.

A antropologia divide-se em dois ramos principais: a antropologia cultural e a antropologia física. Esta última estuda os seres humanos sob

> CULTURA Sistema de crenças, valores, costumes e comportamentos compartilhados pelos membros de uma comunidade.

o ângulo de sua constituição biológica, tanto os de hoje — mas cada vez menos — quanto os do passado (às vezes, um passado muito afastado; estuda-se, então, restos fósseis ou traços arqueológicos). Procura conhecer as particularidades físicas dos seres humanos e compreender a evolução da espécie humana.

Em ciências humanas, é a antropologia cultural que nos interessa. Esta, imagina-se, estuda as culturas.

Antropologia, etnologia

Nomear uma disciplina científica também é uma questão de cultura. E as culturas possuem suas particularidades. Desse modo, na Europa francófona, chama-se, com freqüência, etnologia o que, na América do Norte, é, em geral, nomeado antropologia cultural. Na Grã-Bretanha, a antropologia cultural chama-se antropologia social.

Mas um vocabulário comum tende a se fixar: etnografia para observar e descrever as culturas de comunidades particulares, a etnologia para comparar os dados assim recolhidos e a antropologia para interpretar e fazer generalizações a partir desses dados.

Deve-se recordar essas variantes do vocabulário quando se lê nesse domínio das ciências humanas.

O desenvolvimento da antropologia assemelha-se, em linhas gerais, ao da sociologia. Seu nascimento, em uma forma moderna, na segunda metade do século XIX, também sofreu a influência da teoria da evolução. O homem ocidental desejou conhecer os estágios de desenvolvimento da espécie humana e começou a examinar culturas menos complexas que a sua. O grande movimento de expansão mundial e de colonização, que então animava o Ocidente, abria-lhe imensos territórios povoados por pequenas comunidades, ao mesmo tempo, simples e muito diferentes das suas. Contava-se com essa diferença, com essa distância cultural para facilitar as comparações; o antropólogo não é o astrônomo das ciências humanas?

Para fazer suas pesquisas, o antropólogo ia a campo, instalava-se com os povos a serem estudados e vivia sua vida; observava-os o mais discretamente possível e anotava em um diário suas observações. Ir, assim, a campo permanece um procedimento chave da antropologia, e esse modo de recolher informações, por vezes nomeado procedimento antropológico (ou etnológico), é agora utilizado por outras ciências humanas. Voltaremos a falar disso.

Faz pouco, os antropólogos pararam de avaliar as culturas como desiguais em uma escala de desenvolvimento. Estimam que simplesmente são diferentes por existirem em condições e com fins diferentes. O que interessa aos pesquisadores em antropologia é que as culturas formam sistemas cujos elementos interagem objetivando assegurar suas funções essenciais. Tem-se, portanto, as perspectivas funcionalista e estruturalista, encontradas anteriormente na sociologia. Acrescenta-se aí a idéia de *relativismo*: as culturas não são nem boas nem más; simplesmente existem e asseguram suas funções relativamente a condições e necessidades específicas.

Mais recentemente, o progressivo desaparecimento das pequenas comunidades isoladas e o crescimento das migrações e dos contatos culturais levaram a se considerar as culturas preferentemente como sistemas que evoluem em função de tensões e de conflitos do que como sistemas que tendem à estabilidade. Além disso, a descolonização e a multiplicação das relações Norte-Sul conduzem, ainda mais, ao estudo de seu processo de adaptação e das conseqüências que daí resultam no plano das relações interculturais.

O que mais aproxima a antropologia da sociologia é o fato de os antropólogos agora fazerem, em campo, suas pesquisas das sociedades modernas e industrializadas. São, com freqüência, pesquisas aplicadas, nas quais se pode ver, por exemplo, um pesquisador instalar-se em uma fábrica para observar as formas de trabalho, visando a propor mudanças, e um outro mergulhar em uma comunidade cultural minoritária, em meio urbano, para conceber modalidades de integração mais flexíveis.

As *ciências da religião* são menos um campo disciplinar do que a aplicação do saber proveniente de várias ciências humanas, especialmente da antropologia e da sociologia, a um campo particular do social e do humano: a religião.

Falta de vínculos facilita violência

da Reportagem Local

O esfacelamento dos vínculos de solidariedade social é uma das principais consequências da escalada da violência urbana.

"Se você vir uma pessoa caída na rua, você pára e ajuda ou passa reto?", questiona a Márcia Regina da Costa, antropóloga especializada em violência e professora da PUC (Pontifícia Universidade Católica de São Paulo).

Para a antropóloga não é surpreendente que uma pessoa não pare em uma cidade em que os número de homicídios cresceu assustadoramente nas últimas décadas. "As pessoas internalizam condutas de segurança a fim de se protegerem contra as ameaças", diz.

Essas ameaças mudam conforme a criminalidade "evolui", isto é, se adapta às novas condições e equipamentos existentes na sociedade. Um exemplo é o roubo de cartões de banco. "Isso não existia há 20 anos porque os cartões não eram usados", diz.

lência, mas a situação só vai ser controlada com uma mudança da atuação da polícia", diz Márcia.

Ela lembra o caso de Nova York, onde os registros de homicídios, assaltos estupros e outros crimes caíram 36% desde 1993.

A chamada tolerância zero, adotada pela polícia e que prevê o combate de todo tipo de delito e crime, independentemente de sua gravidade, foi a grande responsável pela redução. O sucesso da iniciativa, porém, apenas foi possível por causa do relacionamento que se estabeleceu com a comunidade.

De um lado, diz Márcia, houve uma efetiva colaboração da sociedade civil para a retirada de crianças e sem-teto das ruas.

De outro, lembra a antropóloga Alba Zaluar, a polícia de Nova York recuperou a confiança da sociedade por sua maneira de atuar mais próxima à comunidade.

"A polícia conquistou a colaboração das pessoas", diz.

O restabelecimento do vínculo entre a polícia e a sociedade é im-

"Falta de vínculos facilita a violência" — *Folha de São Paulo*, 18/12/97.

Os especialistas das ciências humanas interessaram-se, desde muito cedo, pela religião, pois é um importante fenômeno da vida individual e coletiva dos indivíduos e de sua cultura. Já no início de nosso século, Émile Durkheim, um dos pais da sociologia, desejava, em *As formas elementares da vida religiosa*, conhecer, pelo "método sociológico", a origem e a natureza da religião; um outro, Max Weber, procurava, em *A ética protestante e o espírito do capitalismo*, distinguir a influência da religião nos comportamentos sociais e econômicos.

Hoje, as ciências da religião multiplicaram seus objetos de pesquisa. Estas versam sobre questões como os mitos em uma sociedade primitiva ou moderna, as seitas e o ocultismo em geral, as manifestações religiosas populares, as diversas representações da vida e da morte, o desenvolvimento do sentimento religioso nas crianças, as formas institucionalizadas das religiões em relação com os poderes, etc.

Psicologia

Pode-se acabar com o medo do escuro? Qual é a composição ideal de um júri? O divórcio dos pais destrói a confiança no casamento? Como levar uma criança a dominar o conceito de tempo? É mais eficaz uma sinaleira redonda ou quadrada? A prática regular de um esporte violento reduz a agressividade? O que sugere o treinamento de golfinhos sobre a aprendizagem humana? Como escolher o melhor entre vinte candidatos a um cargo de trabalho? O abuso do álcool está ligado a uma imagem negativa de si mesmo? Essas poucas perguntas que se fazem os psicólogos ilustram bem a diversidade de seus interesses.

O ponto comum entre esses interesses é que todos tratam de fatos mentais — comportamentos ou condutas, como alguns preferem dizer, uma vez que é através delas que os fatos mentais manifestam-se. Mas a psicologia, interessando-se pelos fatos mentais ou pelo comportamento dos seres humanos enquanto indivíduos, é a menos social das ciências humanas. No entanto, reencontra, por vezes, os seres humanos, em sua vida coletiva, pelo viés da psicologia social; falaremos sobre isso mais adiante.

Em seu nascimento, a psicologia foi influenciada pelos trabalhos, então inovadores, sobre a psicologia do sistema nervoso dos animais. Terá, por muito tempo, um interesse pelas experiências em laboratório sobre animais e pelo procedimento experimental em geral. Também interessou-se pela teoria da evolução e seus princípios de seleção natural, daí uma preocupação durável em classificar os seres humanos segundo suas capacidades, começando pelas intelectuais, e isso principalmente com o auxílio de testes de inteligência, entre outros. Assim Galton, do qual tratamos anteriormente (página 60), é conhecido por ter desenvolvido os primeiros testes destinados a demonstrar que as superioridades e as inferioridades dos seres humanos têm origem natural, hereditária.

Uma outra corrente influente da psicologia desenvolveu-se igualmente cedo, a partir de experimentações com animais. Estas tratavam do condicionamento dos reflexos: ao sinal de que algo vai acontecer, o sistema nervoso entra em ação. Psicólogos daí inferem a teoria de que

O inato e o adquirido, a natureza e a cultura

O fato de a inteligência ser hereditária ou adquirida pela formação alimentou, por muito tempo, calorosos debates entre os psicólogos, e hoje ainda discute-se sobre isso. O ponto central do debate é o seguinte: se a inteligência é adquirida, as sociedades podem prever as intervenções e as instituições, especialmente a escola, que permitem desenvolvê-la em seus membros; mas, se é hereditária, por que investir por nada?

Resta que hoje, caso se reconheça, em geral, que a inteligência (como outras aptidões) pode depender de certos fatores inatos, considera-se também que as capacidades intelectuais desenvolvem-se, e que o interesse da sociedade e de seus membros é o de organizar o ambiente para permitir melhor desenvolvê-las. Uma sociedade como a nossa deveria preocupar-se, portanto, em oferecer a todos e a cada um a melhor escola possível.

os comportamentos — dos seres humanos, bem como dos animais — são essencialmente reflexos condicionados, respostas a estímulos do ambiente. Fala-se então em psicologia comportamental ou *behaviorista*.

A teoria behaviorista é rapidamente empregada para reger um grande número de atividades humanas, principalmente as atividades de aprendizagem. Um dos pais do behaviorismo, o americano John B. Watson, é, aliás, conhecido por ter declarado: "Dê-me um bebê [e] dele farei um ladrão, um bandido ou um drogado. As possibilidades de modelar, em qualquer direção, são quase infinitas. [...] Os homens não nascem mas são construídos". Desse modo, Watson e os behavioristas estimam que os seres humanos são mais o fruto de seu meio, de seu ambiente, do que da hereditariedade. Organizar a aprendizagem é organizar o ambiente,

"Inútil procurar saber se a causa é o meio ou a hereditariedade.
De qualquer modo, o erro é seu."

ou seja, introduzir os *estímulos* que conduzem às *respostas* desejadas. Essa teoria, que conheceu numerosas elaborações, permanece muito viva e seus traços podem ser vistos nos meios de formação, inclusive nos programas escolares descritos em termos de objetivos de comportamentos ou de desempenhos esperados.

O que acontece na mente humana tem pouco interesse para os behavioristas: se alguém sente calor (estímulo), bebe algo (resposta). Isso é tudo! Outros psicólogos pensam que se alguém sente calor, desenvolve uma sensação de sede, um estado mental que o incita a beber. São esses estados mentais que interessam a estes psicólogos, por vezes, chamados cognitivistas.

Para eles, não se trata de modificar os comportamentos humanos, mas de compreender como o mental é constituído e de que maneira funciona. Vêem na mente algo dinâmico que se constrói na relação com diversos fatores, inclusive o ambiente. Têm particularmente curiosidade em saber como a mente recebe as informações, trata-as, é capaz de delas se servir e, a partir delas, criar outras. Sob esse ângulo, possuem igualmente uma importante influência nos sistemas de formação. Pode-se, por outro lado, pensar que a disciplina metodologia da ciência em ciências humanas, que objetiva levar os alunos a praticarem suas aquisições teóricas sobre métodos de pesquisa, também sofreu a influência da psicologia cognitiva, pois, na construção dos saberes, há o apelo às capacidades mentais.

Se a psicologia é preferencialmente uma ciência do humano tomado como indivíduo, sabe estabelecer a ligação com o ser humano coletivo através da **psicologia social**. Esse ramo do saber em ciências humanas proveniente, ao mesmo tempo, da psicologia e da sociologia hoje usufrui de uma evidente independência. A psicologia social tem por objeto os comportamentos dos indivíduos no que são influenciados por outros indivíduos ou pela sociedade em geral. Interessa-se por todas as formas de interação social. Suas pesquisas apresentam uma grande variedade de objetos, por exemplo, os modos de formação dos grupos e seu funcionamento; a distribuição dos papéis e dos *status* sociais; a natureza da autoridade e seu exercício; os processos de tomada de decisão em grupo; os modos de trocar a informação e seu uso; as relações interculturais; o papel e a natureza dos preconceitos culturais e sociais; a educação das crianças e os processos de transmissão cultural; a influência dos outros na formação da personalidade individual; os princípios e as práticas da propaganda; os mecanismos da delinqüência e do crime; etc.

PRÁTICA

Os objetos de pesquisa em ciências humanas: olhar sobre a pesquisa em desenvolvimento

É difícil mostrar em algumas páginas mais que uma visão geral do que são as ciências humanas, da variedade de seus objetos de pesquisa e de suas perspectivas. Mas se pode saber mais, colocando-se mais diretamente no contexto da pesquisa.

Um modo simples de fazê-lo é consultar as revistas científicas, pois essas se constituem fonte insubstituível para que se tenha uma idéia da pesquisa em curso. Já, após o capítulo 2, revistas foram consultadas para se determinar, por meio de alguns artigos, as principais características de uma pesquisa científica. Poderíamos fazer agora um exame semelhante, mas, desta vez, com o objetivo de conhecer, mais precisamente, o que são os objetos de pesquisa dos especialistas em ciências humanas hoje. Eis aqui um modo de se proceder.

1. Escolhamos três ou quatro campos disciplinares, depois um título de revista em cada um desses campos. A lista das principais revistas em ciências humanas (ver o apêndice A) nos ajudará a fazê-lo; mas se deve verificar se as revistas estão disponíveis na biblioteca onde trabalharemos. Poderíamos selecionar, de preferência, revistas brasileiras, e assim nos interessarmos principalmente pelas pesquisas feitas em nosso meio e, quando possível, sobre nosso meio.

2. Após a escolha das revistas e a verificação de sua disponibilidade, trata-se de investigar os números, por exemplo, por três anos (a partir dos mais recentes).

    Atenção! Investigar, aqui, não significa uma leitura aprofundada de todos os artigos. Trata-se simplesmente de percorrê-los procurando, em cada um, a resposta para as seguintes perguntas:
    a) Qual é o problema considerado? O que é esperado da pesquisa em relação a esse problema?
    b) O problema de pesquisa é abordado sob um ângulo particular, em uma perspectiva particular? Ou seja, vê-se o que chamaremos no capítulo seguinte a problemática do autor (implícita ou explícita)?

Aqui está o essencial do que nos interessa. Mas como os artigos apresentam as pesquisas em seu conjunto, e nos indicam, portanto, os métodos de pesquisa empregados, poderíamos igualmente prestar atenção nesses métodos, uma vez que isso irá nos interessar mais tarde (em um artigo de revista, os métodos nem sempre são descritos de forma explícita e detalhada, mas são sempre perceptíveis).

É nos artigos de revista que melhor se vêem os objetos de pesquisa, bem como os problemas e as problemáticas. Com freqüência, basta ler os títulos dos artigos, as introduções, os resumos que, por vezes, precedem essas introduções, para encontrá-los. Pensemos também que os índices das revistas já fornecem indicações sobre os objetos de pesquisa considerados, e não esqueçamos que as revistas contêm, freqüentemente, resumos e, às vezes, listas de pesquisas, teses em andamento ou publicações recentes, assim como programas de colóquios e congressos que, do mesmo modo, muito dizem sobre os objetos de pesquisa nas diferentes ciências humanas.

Do Problema à Hipótese

PARTE II

Na primeira parte do livro, fez-se uma breve apresentação de como as ciências humanas constituíram-se progressivamente, com quais preocupações e sob quais influências, e mostrou-se ainda como chegaram a construir o modo de pesquisa que, essencialmente, compartilham.

Esse modo de pesquisa, ilustrado por um gráfico no final do capítulo 2 e reproduzido na página seguinte, consiste em um caminho que, partindo de um problema, leva o pesquisador a formular uma hipótese, hipótese que verifica em seguida, antes de concluir. Um duplo movimento, portanto: o primeiro conduzindo à hipótese, o segundo dela repartindo para chegar à conclusão.

A hipótese desempenha, efetivamente, no processo da pesquisa, um papel de articulação entre as operações que presidem a sua constituição enquanto solução possível antecipada e as que daí resultam, servindo para verificar o fundamento dessa solução antecipada.

Sobre esse duplo movimento repousa o ordenamento das duas partes que agora iniciamos.

A parte II pretende demonstrar o movimento que conduz à hipótese e às operações que o compõem. A parte III aborda o outro lado do movimento, as operações que levam à conclusão.

Nessa segunda parte, portanto, serão consideradas as operações que encontramos na parte superior do quadro geral de um encaminhamento de pesquisa.

De fato, nessa parte do livro — antes do início do outro lado do movimento —, tratar-se-á, mais precisamente, das origens do problema, dos fatores que o fazem surgir, que o definem, bem como da rede de relações entre os diferentes fatores; falaremos, então, em problemática (capítulo 4, "Problema e problemática"). Abordaremos, em seguida, o itinerário de clarificação, leitura, reflexão, que conduz à precisão do problema, às questões que dele resultam e, por fim, à fixação da hipótese (capítulo 5, "O percurso problema-pergunta-hipótese").

Entramos, portanto, na realidade prática da pesquisa; uma aplicação dos conhecimentos em questão será oferecida, como anteriormente, na seção "Prática" no final de cada capítulo.

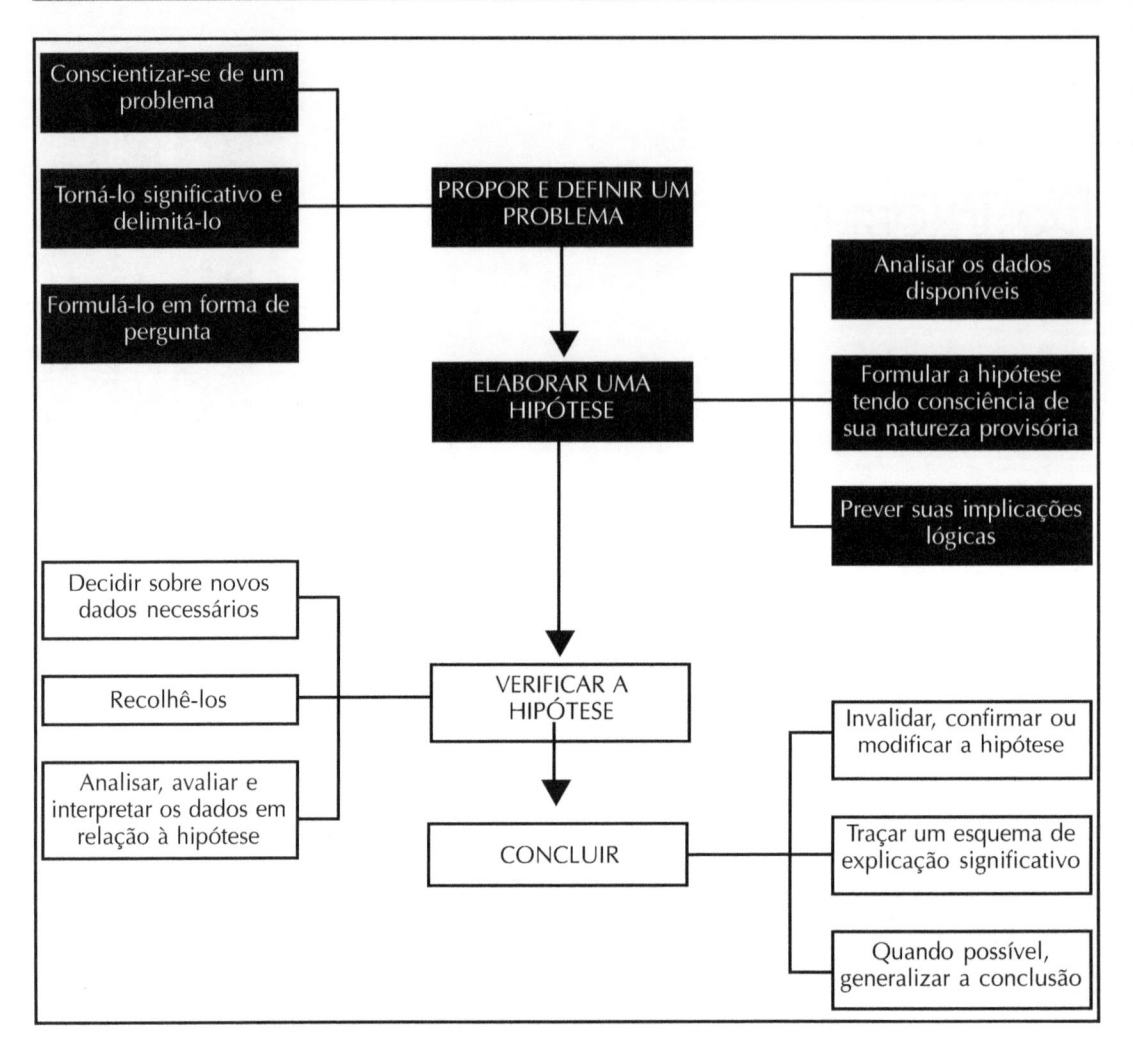

```
┌─────────────────────────┐
│ Conscientizar-se de um  │
│       problema          │
└─────────────────────────┘

┌─────────────────────────┐     ┌─────────────────────────┐
│ Torná-lo significativo e│────▶│  PROPOR E DEFINIR UM    │
│       delimitá-lo       │     │       PROBLEMA          │
└─────────────────────────┘     └─────────────────────────┘

┌─────────────────────────┐
│ Formulá-lo em forma de  │
│        pergunta         │
└─────────────────────────┘
```

                                                                    ┌─────────────────────────┐
                                                                    │   Analisar os dados   │
                                                                    │   disponíveis   │
                                                                    └─────────────────────────┘

                              ┌─────────────────────────┐   ┌─────────────────────────┐
                              │   ELABORAR UMA   │───────────▶│ Formular a hipótese   │
                              │   HIPÓTESE   │   │ tendo consciência de   │
                              └─────────────────────────┘   │ sua natureza provisória│
                                                                    └─────────────────────────┘

                                                                    ┌─────────────────────────┐
                                                                    │ Prever suas implicações │
                                                                    │   lógicas   │
                                                                    └─────────────────────────┘

```
┌─────────────────────────┐
│ Decidir sobre novos     │
│   dados necessários     │
└─────────────────────────┘

┌─────────────────────────┐     ┌─────────────────────────┐     ┌─────────────────────────┐
│       Recolhê-los       │────▶│    VERIFICAR A          │     │ Invalidar, confirmar ou │
└─────────────────────────┘     │      HIPÓTESE           │     │   modificar a hipótese  │
                                └─────────────────────────┘     └─────────────────────────┘
┌─────────────────────────┐
│ Analisar, avaliar e     │            │                        ┌─────────────────────────┐
│ interpretar os dados em │            ▼                        │   Traçar um esquema de  │
│  relação à hipótese     │     ┌─────────────────────────┐────▶│  explicação significativo│
└─────────────────────────┘     │       CONCLUIR          │     └─────────────────────────┘
                                └─────────────────────────┘
                                                                ┌─────────────────────────┐
                                                                │    Quando possível,     │
                                                                │ generalizar a conclusão │
                                                                └─────────────────────────┘
```

Fonte: Inspirado em Barry Beyer, *Teaching in Social Studies*, Columbus (Ohio); Charles E. Merrill, 1979. p. 43.

CAPÍTULO 4

Problema e Problemática

A pesquisa parte de um problema e se inscreve em uma problemática. É do que trata este capítulo.

A fase de estabelecimento e de clarificação da problemática e do próprio problema é freqüentemente considerada como a fase crucial da pesquisa. É ela que serve para definir e guiar as operações posteriores, como uma espécie de piloto automático, uma vez que tenha sido bem planejada.

Mas o que é exatamente um problema de pesquisa? De onde vem? Quais são seus contornos? Como vislumbrar sua "solução" na prática? E onde se situa precisamente a problemática em relação ao problema?

O Problema de Pesquisa

Um problema de pesquisa é um problema! Pois a mente humana é, em geral, bastante sábia para não se inquietar inutilmente. Ninguém, com razão, tem vontade de dedicar muito tempo para saber se a chuva molha, se os homens e as mulheres são de sexos diferentes, se as zebras são listradas de preto ou branco... O que mobiliza a mente humana são problemas, ou seja, a busca de um maior entendimento de questões postas pelo real, ou ainda a busca de soluções para problemas nele existentes, tendo em vista a sua modificação para melhor. Para aí chegar, a pesquisa é um excelente meio.

> Nas ciências naturais, as zebras podem, pelo contrário, suscitar muito interesse, como bem mostrou Stephen Jay Gould em *Quando as galinhas tiverem dentes*. Lisboa: Gradiva, 1989.

Problemas: motivações e escalas diversas

Podemos distinguir duas grandes categorias de pesquisa, as quais relacionam-se entre si.

Uma primeira categoria tem por motivação preencher uma lacuna nos conhecimentos: melhor conhecer e compreender, por exemplo, os estágios do desenvolvimento da personalidade, porque estima-se que o conhecimento do processo de crescimento dos seres humanos seria, desse modo, mais completo. Trata-se então de um tipo de pesquisa destinado, em princípio, a aumentar a soma dos saberes disponíveis, mas que poderão, em algum momento, ser utilizados com a finalidade de contribuir para a solução de problemas postos pelo meio social. Pode-se chamar este tipo de pesquisa de *pesquisa fundamental*.

A segunda categoria de pesquisa tem por motivação principal contribuir para resolver um problema, um problema presente em nosso meio, em nossa sociedade. Assim, por exemplo, uma considerável taxa de evasão escolar em nossa sociedade pode causar inquietação e fazer com que desejemos conhecer e compreender melhor, à luz de conhecimentos já disponíveis, as suas causas para que, em seguida, possamos propor soluções. Trata-se, então, de uma pesquisa que tendo como característica principal a aplicação de conhecimentos já disponíveis para a solução de problemas denomina-se *pesquisa aplicada*. Este tipo de pesquisa pode, no entanto, tanto contribuir para ampliar a compreensão do problema como sugerir novas questões a serem investigadas.

O problema de pesquisa pode ser considerado em diversas escalas. Existe, é claro, o problema do especialista, do professor-pesquisador, do pesquisador profissional, do estudante que prepara uma tese de doutorado ou de mestrado... Para esses, os objetos de pesquisa aparecem, ao menos em parte, mais delimitados graças à experiência e ao saber que acumularam, à tradição científica de sua área, à sua participação em uma espécie de comunidade intelectual que compartilhe preocupações idênticas ou semelhantes. Mais que os outros, esses pesquisadores costumam se dedicar à pesquisa fundamental. Mas podem, igualmente, dedicar-se a pesquisas aplicadas, ou ainda à pesquisa-ação, desenvolvendo-as por um longo período de tempo.

Existe também, mas em outra escala, a pesquisa dos que desejam compreender e resolver certos problemas apresentados no seu quotidiano de formação profissional. Desse modo, por exemplo, um estudante confrontado com um problema de orientação escolar pode querer abordá-lo metodicamente, servindo-se de seus conhecimentos, reunindo todos os dados úteis, formulando hipóteses compatíveis com suas capacidades, suas experiências, suas disponibilidades de tempo e de recursos,

---

Tema e problema

Ouve-se, por vezes, dizer que tal ou tal pesquisador estuda tal ou tal tema de pesquisa — o nacionalismo no Quebec, o populismo no Brasil, por exemplo, ou ainda o desenvolvimento intelectual do adolescente —, ao invés de se falar sobre o problema preciso sobre o qual trabalha. É que o pesquisador profissional já circunscreveu, no decorrer de sua prática, um conjunto de problemas que se inscrevem em um mesmo tema de pesquisa. Ele, com isso, preocupa-se de modo global, muitas vezes no quadro de um programa de pesquisa, mas, quotidianamente, é sobre um problema específico que se debruça. Desse modo, por exemplo, um pesquisador que trabalhe com o problema ou o tema geral da evasão escolar poderá estudar a cada vez diversos problemas específicos relativos à evasão escolar. A soma dos conhecimentos assim obtidos lhe permite desenvolver progressivamente um conhecimento integrado sobre o conjunto da questão; ele pode construir um conhecimento mais geral.

Um pesquisador menos experiente vai se dedicar, por sua vez, a problemas bem delimitados e de amplitude mais restrita.

propondo um plano de intervenção capaz de contribuir para as mudanças desejadas. Tal procedimento pode ser tão científico como o do especialista, na medida em que aplica, substancialmente, o mesmo método de investigação. Aliás, não é senão este o principal interesse da aprendizagem da metodologia da pesquisa?

O "verdadeiro" problema

Mas nem todos os problemas que encontramos são necessariamente problemas que se prestam à pesquisa científica. Um *problema de pesquisa* é um problema que se pode "resolver" com conhecimentos e dados já disponíveis ou com aqueles factíveis de serem produzidos.

Suponhamos que um pesquisador veja um problema no aumento da taxa de divórcios. Poder-se-ia imaginar abordar o problema sob três ângulos diferentes:

- O casamento sendo a principal causa do divórcio, dever-se-ia interditá-lo.
- O casamento é uma instituição divina cujos laços não deveriam jamais ser rompidos.
- O aumento da indiferença amorosa entre cônjuges é o que causa o divórcio.

Além de poder parecer de uma ironia pouco séria, a primeira abordagem não leva a parte alguma. É da ordem da opinião; não indica dados a serem procurados em relação ao problema e, uma vez enunciada essa abordagem, "fica tudo como d'antes no quartel de Abrantes".

Quanto à segunda proposição, é uma questão de fé, de crença religiosa. Acredita-se ou não nela, não dizendo nada sobre o fenômeno do

"Diga-me, Conrad, qual é para você a principal causa dos divórcios hoje em dia?"

divórcio, exceto que é proibido. Contudo, se se deseja recolher, nessa ótica, informações em relação ao problema subjacente, dever-se-ia enunciá-la de outro modo. Poder-se-ia questionar, por exemplo, se os que compartilham essa crença não praticam o divórcio (ou se divorciam menos) e imaginar então dados possíveis de serem recolhidos, assim como um quadro teórico de referência que os elucide.

O terceiro enunciado é o único que aborda o problema sob um ângulo que deixa presumir uma pesquisa subseqüente, pois permite uma busca de dados. Pode-se, por exemplo, interrogar casais em diversos períodos de seus casamentos: casais divorciados e não-divorciados, casais de direito ou de fato; pode-se fazer diversas observações para se informar sobre o grau de atenção amorosa em relação ao problema apresentado. Pode-se até imaginar, em um segundo momento, expandir a coleta de informações para outras circunstâncias (econômicas, sociais, históricas...), colocar a durabilidade do casamento em relação à existência de projetos comuns, com ou sem a presença de crianças, etc., a fim de melhor julgar o valor do enunciado considerando-o em um contexto mais amplo.

Um problema de pesquisa não é, portanto, um problema que se pode "resolver" pela intuição, pela tradição, pelo senso comum ou até pela simples especulação. Um problema de pesquisa supõe que informações suplementares podem ser obtidas a fim de cercá-lo, compreendê-lo, resolvê-lo ou eventualmente contribuir para a sua resolução.

Finalmente, um problema não merece uma pesquisa se não for um "verdadeiro" problema — um problema cuja compreensão forneça novos conhecimentos para o tratamento de questões a ele relacionadas. Poder-se-ia ter curiosidade em saber o que teria acontecido se o Brasil tivesse sido colonizado pelos holandeses e não pelos portugueses, ou supor o futuro do mundo se, de repente, não existissem mais crianças, ou calcular as economias possíveis no sistema escolar se se retirassem os professores e se suprimissem os exames, e para tais problemas imaginar dados possíveis. Essas questões, poder-se-ia argumentar, serviriam para aguçar nossa capacidade de imaginação — o que não é dispensável a um pesquisador —, mas provavelmente pouco serviriam para aumentar a bagagem de conhecimentos úteis à compreensão de um dado fenômeno e ao seu equacionamento.

Problema vem das palavras gregas *pro* (na frente) e *ballein* (jogar). Problema: jogar na frente.

Esses modos de construção do saber foram apresentados no capítulo 1.

Os problemas de hoje deveriam ter sido resolvidos nos anos 50, mas nós então resolvíamos os dos anos 20, e nos anos 20, os de 1890...

As interrogações iniciais

Mas de onde vêm os problemas de pesquisa? O que nos leva a tomar consciência de um problema, como está colocado no diagrama da página página 84, ou a formular nossas *interrogações iniciais* como outros preferem dizer? De onde vem o fato de que alguns se interessam por tal problema, outros por outro (e que outros não se interessam por qualquer problema...)? De onde vem ainda que duas pessoas se interessem pelo mesmo problema podendo vê-lo de modo radicalmente diferente? Isso vem de nossas experiências: do que somos, pois são nossas experiências que nos fizeram ser o que somos. É o que acontece para todos os pesquisadores.

Nossas experiências são, essencialmente, uma mistura de conhecimentos e de valores, dos quais nos dispomos, em maior ou menor quantidade, com mais ou menos variedade de amplitude e de domínio. Esses conhecimentos e esses valores os recebemos prontos e conservados, ou os aprendemos ou transformamos, adaptando-os; por vezes, nós mesmos os desenvolvemos. Vejamos isso de mais perto.

> Entende-se por Interrogações Iniciais as primeiras percepções a respeito de uma situação que causa problema, e que mereceria ser questionada, examinada de mais perto. É, com freqüência, um movimento pré-lógico do pensamento, da ordem da intuição.

Conhecimentos

Conhecem-se *fatos brutos* e *fatos construídos*. Os fatos brutos são aqueles que, embora determinados e divulgados pelos seres humanos, não se constituíram ainda em objeto de sua reflexão. Desse modo, conhecem-se fatos brutos quando se sabe, por exemplo, que a Proclamação da República data de 15 de novembro 1889, que as taxas de desemprego no Brasil, nos últimos sete anos, situam-se entre 5% e 10%, que a evasão escolar atinge mais as populações nordestinas do que as de outras regiões...

O simples conhecimento destes fatos brutos não possibilita a compreensão do fenômeno do desemprego nestes mesmos anos, tampouco o da evasão escolar, ou ainda a complexidade das relações entre os diferentes interesses e projetos políticos e econômicos que culminaram na Proclamação da República naquela data, mas permite melhor se situar na realidade social, melhor determinar o que a compõe e os elementos que nela interagem. Em suma, mais se conhece os fatos brutos sobre uma determinada realidade, menos essa realidade nos é estranha, estando-se mais instrumentalizado para vê-la, examiná-la, questioná-la, para eventualmente conscientizar-se dos problemas que ela comporta.

Mas os conhecimentos dos quais dispomos não são todos *fatos brutos*, mas *construídos*. São *generalizações*, resultados do relacionamento de diversos fatos brutos. Entre essas generalizações, os conceitos e as teorias são particularmente úteis à pesquisa; deles trataremos em separado.

Essa caricatura foi publicada em *Le Soleil,* jornal canadense, a propósito dos acontecimentos de 1989, em Beijing (Pequim), quando os estudantes se opuseram ao governo pedindo reformas. Ela mostra quanto o conhecimento factual é necessário à compreensão. Sem ele, achamo-nos frente ao real social como frente a um quebra-cabeças.

As generalizações

As conclusões ou interpretações constituem um tipo corrente de generalização. São *conhecimentos construídos para explicar conjuntos de fatos brutos*. Assim, por exemplo, um historiador pode ao estudar a Inconfidência Mineira examinar os fatos que a caracterizam e estabelecer as relações entre eles e, em seguida, concluir que o movimento em questão explica-se de tal ou tal forma. Essa conclusão, fruto da interpretação, é uma generalização: é um conhecimento construído sobre o relacionamento de diversos fatos brutos.

Numerosos conhecimentos de que dispomos, começando pelos adquiridos na escola, são dessa ordem: generalizações. Sabemos, pois aprendemos, que a Inconfidência Mineira foi um conflito que expressa a crise do sistema colonial; que a crise econômica mundial dos anos 30 foi causada pela superprodução (ou pela especulação desenfreada); que a eclosão da Segunda Grande Guerra favoreceu o desenvolvimento industrial brasileiro, que o processo da urbanização está vinculado ao incremento da industrialização, que a imigração no Quebec põe em perigo o equilíbrio lingüístico (ou constitui a chave da sobrevivência demográfica); etc.

Todos esses enunciados remetem a fatos brutos. Inútil dizer novamente que quanto mais se acumulam conhecimentos interpretativos, mais se é capaz de observar o real social, de questioná-lo e de compreendê-lo.

Os conceitos

Ler o real social, questioná-lo e conhecê-lo: precisa-se de palavras para isso. Como nomear aquilo do que se trata, distinguir uma realidade de outra, falar dela com outros havendo mútua compreensão? Com esse fim, dentre as palavras, desenvolveram-se as que chamamos conceitos.

Conceitos e compreensão

Imaginemos, enquanto escutamos o rádio, a narração de uma parte deste esporte cujo vocabulário compreende as palavras serviço, *smash*, *set*, vantagem... Se não conhecemos o sentido dessas palavras, o que compreendemos? Ou nos imaginemos lendo um código de direitos: o que compreender se não conhecemos o sentido das palavras — conceitos — liberdade, justiça, lei, discriminação, direito... Os conceitos e as palavras que os exprimem são indispensáveis para conhecer, compreender e explicar.

Os conceitos são *representações mentais de um conjunto de realidades em função de suas características comuns essenciais*.

Tomemos a palavra "mesa", por exemplo. Poderíamos ter três palavras diferentes para designar uma mesa com três, quatro ou cinco pés; uma palavra também para cada tipo de mesa: para aquelas sobre as quais se come, trabalha-se ou joga-se cartas; uma palavra para as mesas altas, as mesas baixas, as mesas em madeira, em ferro... Parece que se achou mais econômico utilizar a mesma palavra, "mesa", para designar a todas, e hoje, quando se escuta essa palavra, representa-se para si um móvel composto por uma superfície plana colocada sobre pés e que serve para diversos usos, inclusive o de depositar objetos. Em resumo, conhecendo o sentido da palavra "mesa", ninguém, vendo um cachorro, seria levado a chamá-lo de "mesa".

O CONCEITO é uma categoria que estabelece um caso geral a partir de um conjunto de casos particulares aparentados por suas características essenciais.

A maioria dos conceitos úteis em pesquisa representa realidades mais abstratas. Por exemplo, o conceito de democracia. Ele é, no entanto, construído segundo o mesmo princípio, para exprimir realidades tendo em comum certos tipos de características. Assim, quando se ouve a palavra "democracia", constrói-se a representação de um regime político cujos dirigentes são eleitos pelo povo e são responsáveis perante ele, e no qual todos possuem os mesmos direitos, tal como o direito à livre expressão, o acesso igualitário à justiça, etc. Conhecer os atributos do conceito de democracia — é assim que se nomeiam, com freqüência, as realidades que o conceito recobre — permite que se pergunte se a China, a Argentina, o governo municipal, a administração da Universidade, etc., são democráticos. Os conceitos, para o pesquisador, são instrumentos insubstituíveis para se investigar e conhecer. Uma vez mais, quanto mais se dispõe de conceitos, maiores serão nossas capacidades de ler, questionar e conhecer o social.

As diversas ciências humanas desenvolveram, ao longo dos anos, conceitos próprios. Não que deles tenham exclusividade, longe disso, mas seus campos específicos de estudo dos fenômenos humanos e sociais levaram-nas a utilizar certos conceitos de modo particular. Assim,

Conceitos e pesquisa: uma ilustração

Einstein assim ilustrou o papel dos conceitos para conhecer o real:

> *O pesquisador é, às vezes, como um homem que desejaria conhecer o mecanismo de um relógio que não pode abrir. Apenas a partir dos elementos que vê ou escuta (as agulhas giram, o tic-tac) pode procurar uma explicação elucidando, e do modo mais simples, numerosos fatos, inclusive, até, invisíveis. São os conceitos de movimento, de roda, de engrenagem que permitem compreender, sem o ver, o mecanismo do relógio.*
>
> Citado em GRAWITZ , Madeleine. *Méthodes des sciences sociales*, 8. ed., Paris: Dalloz, 1980. p. 426.

por exemplo, a *economia*, em relação aos seus objetos de estudo, dispõe de modo particular de conceitos como: recursos, produção, trocas, preços, crescimento, escassez, etc.

Todas as disciplinas possuem, assim, alguns conceitos que marcam sua identidade e indicam seus objetos de estudo. Vejamos certos conceitos relacionados a algumas dessas disciplinas.

- Em *sociologia* e, em boa medida, em *antropologia*: papéis, *status*, grupos, classes, normas, cultura, aculturação, etc.
- Em *ciência política*: poder, regime político, estado, instituições, cidadania, etc.
- Em *geografia*: paisagem, espaço, situação, relações, divisão espacial, fronteiras, etc.
- Em *psicologia*: comportamento, motivação, percepção, atitudes, aprendizagem, desenvolvimento, adaptação, etc.
- Em *história*, todos os conceitos relativos ao tempo ou, mais precisamente, à perspectiva temporal na qual são abordados com os objetos de estudo e dos quais as demais ciências humanas compartilham: evolução, transformação, mudança, continuidade, duração, período, acontecimento, conjuntura, etc.

Frente à totalidade do real humano e social, um tal conjunto de conceitos fornece um instrumento de base para a observação, e até o questionamento, na medida em que cada um dos conceitos sugere pistas para um conjunto de questões. Pode-se, por exemplo, assim definir o tomador de decisão em política: o que faz, interpreta e põe em vigor as regras do sistema político. Esse conceito de decisor sugere questões como: 1) Quem são os decisores? Quais são suas características pessoais, seus antecedentes sociais? 2) Quais decisores são dirigentes políticos que possuem o apoio de seus concidadãos? Quais não o possuem? 3) Como se tornar um decisor em uma sociedade? Quais regras formais e informais permitem chegar à autoridade de decisor? 4) Que se deve fazer para se tornar e permanecer um decisor? Para quem se deve apelar? Como fazê-lo? Como permanecer no poder?

O conceito de tomada de decisões — ou seja, o processo pelo qual o sistema político faz, interpreta e põe em vigor as regras — sugere, por sua vez, questões como: 1) Quais são as regras formais e informais subjacentes às tomadas de decisões? 2) Como os decisores recolhem a informação? Esse modo de recolher a informação influencia o processo de decisão? 3) Como as decisões são postas em vigor? Como a sociedade as aplica, uma vez tomadas? 4) Quais papéis os decisores, as instituições, os cidadãos e a cultura política têm no processo de tomada de decisões? Etc.

Esses conceitos e as questões que levantam são os instrumentos privilegiados do pesquisador para conhecer, no sentido de que eles orientam a observação e o questionamento dos fenômenos sociais, a ótica pela qual conduzir seu estudo e, em resumo, seu modo de análise. Daí por que as chamam, por vezes, de *conceitos e questões analíticas*.

Outros conceitos também são indispensáveis ao pesquisador no sentido de que lhe lembram e definem as operações e os procedimentos essenciais à realização da pesquisa. São os que se poderia nomear *conceitos metodológicos*, de problema, de questão, de hipótese, de quadro de referência, de teoria, de validade, de objetividade, etc., além do próprio conceito de conceito! Em suma, um grande número de conceitos que se acham neste livro.

As teorias

As teorias são igualmente generalizações da ordem das conclusões ou das interpretações, mas de grande envergadura. São generalizações de generalizações. Tomemos um exemplo. Nos anos 30, um historiador se interrogou sobre as causas das revoluções. Para tanto, estudou quatro grandes revoluções: as revoluções inglesa de 1640, americana de 1776, francesa de 1789 e russa de 1917. Constatou que tais revoluções tinham causas específicas diversas, mas também fatores comuns: assim, em todos os casos, a deflagração das revoluções havia coincidido com um forte sentimento de insatisfação popular. Uma teoria permanece válida durante o tempo em que, dentre as situações que pretende explicar, não surja uma outra que a contradiga ou a invalide. Não desconsiderando, é claro, a possibilidade da coexistência de teorias concorrentes.

> Trata-se da teoria de Crane Brinton, que se encontra na *Anatomia das revoluções*. Trad. José Veiga. Rio de Janeiro: Fundo de Cultura, 1958.

O valor de uma teoria é, primeiramente, explicativo: é uma generalização de explicações concordantes tiradas dos fatos que foram estudados para sua construção. Mas, para o pesquisador, seu valor é sobretudo analítico, pois ela lhe servirá para o estudo e a análise de outros fatos da mesma ordem.

Numerosas teorias que esclarecem o pesquisador em sua abordagem dos problemas são o fruto de pesquisas ou, pelo menos, observações metodicamente analisadas, como a que serviu de exemplo. Chamemo-nas de *teorias científicas*.

> TEORIA Explicação geral de um conjunto de fenômenos; pode ser aplicada, em princípio, a todos os fenômenos semelhantes.

Outras, que podem ter sido elaboradas cientificamente, tornaram-se teorias do social ideal, das ideologias. Assim, por exemplo, a teoria marxista: foi no decorrer de observações metódicas do real e da confrontação de experiências diversas que Karl Marx a desenvolveu. Mas suas origens empíricas foram progressivamente se apagando para dar lugar a uma visão do mundo segundo a qual as relações sociais seriam estabelecidas de modo mais igualitário para todos. A teoria marxista não deixa de ser, nesse sentido, um instrumento de leitura e de compreensão dos problemas que podem ser encontrados no real. Poder-se-ia qualificar de *sociais* as teorias desse tipo.

Outras visões do mundo não derivam de uma preocupação em organizar globalmente o futuro e não repousam sobre o estudo analítico do real. Alguém, por exemplo, pode acreditar firmemente que os políticos somente perseguem interesses pessoais. Essa convicção não deixará de ser, para ele, como uma teoria científica, propondo uma perspectiva à leitura do real. Poder-se-ia chamar uma tal representação de teoria *espontânea*. Como corre o risco de ser enganadora e de fazer com que o pesquisador se perca, seria preferível deixá-la de lado ou, pelo menos, objetivá-la. Mas deve-se ficar atento para sua eventual presença e influência em uma operação de conscientização e de resolução de um problema.

Valores

As generalizações, os conceitos, as teorias — fatos construídos pelas mentes humanas — se apresentam com as cores dos que os construíram, depois com as dos que os empregam, isto é, com seus valores.

Os valores são também representações mentais, representações do que é bom, desejável, ideal, de como as coisas deveriam ser ou procurar ser; são preferências, inclinações, disposições para um estado considerado desejável.

São nossos valores, mais que nossos conhecimentos, que fazem de nós o que somos. Pois nossos conhecimentos, quer sejam fatuais, conceituais ou teóricos, ganham seu sentido através de nossos valores, tanto para nós como para o pesquisador. A validade do saber produzido é, portanto, grandemente tributária desses últimos, uma vez que, de um lado, o jogo dos valores influencia a produção do saber e, de outro, a objetividade depende da consciência desse jogo e, de seu controle pelo pesquisador. Examinemos essas noções mais de perto.

As cores do saber

Deve-se compreender bem que, quando um pesquisador conscientiza-se de um problema — assim que exprime suas interrogações iniciais —, o faz a partir de uma observação do real ou de uma leitura sobre o real e por meio de um quadro de referência determinado. Esse *quadro de referência* lhe fornece a grade de leitura pela qual percebe o real. É composto de saberes adquiridos pelo pesquisadores — fatos brutos e fatos construídos —, mas este confere a esses saberes, devido a seus valores pessoais, um peso variável. Pensemos em um mosaico: no princípio, todas as suas peças são do mesmo material, mas de cores variadas; a disposição dessas peças de mesmo material, mas de diferentes cores, define o desenho específico do mosaico. O mesmo acontece com o pesquisador e seu quadro de referência pessoal.

> Poder-se-ia definir o QUADRO DE REFERÊNCIA como o conjunto de conhecimentos e dos valores que influenciam nosso modo de ver as coisas.

Assim, entre os conhecimentos, há alguns para os quais o pesquisador dirige mais atenção. Pode, por exemplo, interessar-se mais pela escravidão do que pelos movimentos de independência, pelo êxodo rural no Brasil do que pela composição étnica de sua população, pela violência contra as mulheres do que pelo seu acesso às profissões não tradicionais, pelos fatores de êxito escolar do que pelo fracasso ou pela evasão... Porque seus valores o fazem preferir tal ordem de fatos e não outra.

O peso do quadro de referência se exerce ainda mais quando se trata de saberes construídos, em particular no que se refere às generalizações. Nos exemplos utilizados anteriormente para ilustrar as generalizações fatuais, da ordem das interpretações (página 90), ter-se-á, talvez, observado que essas generalizações se apresentavam na forma de binômio: para cada uma, acham-se dois tipos de interpretação (que, aliás, são interpretações comuns). Não é por acaso. Com efeito, não apenas não se adquirem todas as generalizações desta ordem, mas, entre as encontradas, há aquelas que preferimos por melhor corresponderem à nossa visão das coisas, aos nossos valores. O primeiro exemplo dessas generalizações tratava, como foi-nos proposto, das possíveis interpretações da Inconfidência Mineira: rebelião de cunho socioeconômico e com participação popular contra as formas de exploração econômica da metrópole, ou movimento de cunho político-ideológico, conspiração das elites inspiradas das idéias liberais. Ver um fato como a Inconfidência, numa perspectiva ou noutra, significa preferir — segundo nossos valores — uma interpretação a outra. Somos assim guiados por nossos valores, como os pesquisadores que construíram essas interpretações.

O mesmo acontece com os conceitos que conhecemos. No princípio, muitos conceitos não possuem um sentido unívoco: o de democracia, por exemplo. A democracia da Grécia antiga (onde o conceito nasceu) não é a democracia liberal de hoje; e essa democracia liberal não é a democracia popular da República Popular da China. Nós mesmos, no que concerne aos diversos tipos de democracia, podemos ter preferências: escolheríamos, por exemplo, a democracia direta, na qual cada um se representa a si próprio, ou a democracia por delegação?

As teorias, sobretudo as teorias sociais, repousam ainda sobre valores. Pensemos nessas duas grandes teorias do social — a tanto tempo em disputa — que são o marxismo e o liberalismo. O marxismo, a grosso modo, propõe o ideal de uma sociedade sem classes, sem exploração do homem pelo homem, na qual todos receberiam conforme suas necessidades; o liberalismo supõe, de preferência, que a melhor maneira de garantir as necessidades de todos é deixar os indivíduos procurarem na concorrência e sem restrições seu interesse pessoal, e que do interesse pessoal dos mais empreendedores decorreria o interesse de todos. Conforme valorizamos uma ou outra dessas teorias (ou uma mais que outra), temos diferentes leituras do real: dirigimos, com efeito, nossa atenção para fatos diferentes em perspectivas diferentes. Vemos, cada um de nós, problemas diferentes; abordamos diferentemente um mesmo problema. Ainda aqui, como todo mundo, como os pesquisadores, ninguém escapa de seus valores.

O jogo de um conjunto de conhecimentos variável, amplamente definido e orientado por nossos valores, está, portanto, na origem da percepção de um problema de pesquisa.

Mas, anteriormente, já existe um outro conjunto de elementos que guiam o pesquisador em sua elucidação de um problema. Aqui ainda se trata de valores, mas, desta vez, de valores metodológicos.

Os valores metodológicos

Os valores metodológicos são os que nos fazem estimar que o saber construído de maneira metódica, especialmente pela pesquisa, vale a pena ser obtido, e que vale a pena seguir os meios para nele chegar. Isso exige *curiosidade e ceticismo, a confiança na razão e no procedimento científico e, também, a aceitação de seus limites*. Sejamos mais precisos.

Que o pesquisador seja uma pessoa curiosa e cética é evidente, pois, pelo contrário, quem aceita cegamente que as coisas sejam como são não será jamais um bom pesquisador.

O pesquisador tem o gosto por conhecer. Não se acomoda diante da ausência de um conhecimento, principalmente quando percebe um problema para cuja objetivação ou resolução a pesquisa poderia contribuir. Sabe desconfiar do saber que lhe é oferecido pronto, especialmente quando imposto. Gosta de questionar o modo como o saber foi construído, os valores que o fundamentam, e de se perguntar se poderia existir outro mais satisfatório.

Sobretudo, desconfia das explicações do senso comum, que devido à sua evidência aparente, muitas vezes, são as mais problemáticas. Tende, portanto, a questioná-las, reconsiderá-las, para verificar seu fundamento.

Mas ser curioso e cético conduz a reconsiderações, a iniciar pesquisas com freqüência. Esse procedimento exigirá trabalho e esforço, que somente empreenderemos se estivermos convencidos de que nos levarão a um saber mais válido. Deve-se, portanto, confiar na razão e no procedimento científico, acreditar que o saber assim criado é de natureza diversa do que provém da intuição, do senso comum, da autoridade ou ainda das explicações míticas.

O pesquisador assim disposto aceita previamente, e sem se sentir frustado, os limites do procedimento científico. Ao mesmo tempo em

---

Existem numerosos valores cuja legitimidade um indivíduo pode reconhecer sem compartilhá-los. Mas os valores metodológicos forçam a aceitação do pesquisador: sem eles, não pode haver ciência. São como valores "obrigatórios".

Curiosidade, ceticismo e senso comum

A história das ciências da natureza possui muitos relatos de pesquisadores que combatem a favor e contra todo o saber de senso comum. "E, no entanto, ela gira!", repetia Galileu aos que se obstinavam em afirmar que era o Sol que girava em torno da Terra, e não o contrário.

A história das ciências humanas possui igualmente sua quota de anedotas sobre os perigos do senso comum. Desse modo, o bom senso pode nos levar a pensar que as chances de ser socorrido na estrada são maiores quando a circulação está intensa do que quando não está; que os soldados americanos do Sul se adaptarão melhor ao clima quente do Pacífico do que os do Norte; que os jovens, naturalmente contestadores, manifestaram-se mais contra a Guerra do Vietnã do que os mais velhos. Simples bom senso! Contudo, verificadas pela pesquisa, todas essas afirmações revelaram-se falsas: quando são numerosos na estrada, os motoristas não param porque acreditam que um outro parará; o clima quente que os soldados do Sul conhecem é muito diferente do clima do Pacífico; os jovens foram mais cobertos pela mídia do que as pessoas de mais idade, embora somente uma minoria tenha manifestado sua oposição. Simples bom senso, seríamos tentados a dizer novamente, uma vez que essas explicações são conhecidas!

Deve-se ser curioso e cético para questionar semelhantes evidências.

> Cuidamo-nos suficientemente para não nos deixar levar pelos julgamentos do senso comum? Questionamos os julgamentos que, às vezes, ouvimos sobre os refugiados (fraudadores?), os ameríndios (aproveitadores?), os *baby-boomers* (egoístas?)... Quais são os fundamentos racionais de tais julgamentos? Como poderíamos verificá-los?

que confere um grande valor aos saberes constituídos através desse procedimento, reconhece que esses valores podem ser relativos, incompletos, provisórios. Nem por isso preserva menos sua ambição de objetividade, mas admite os limites que pesam sobre ela e cultiva sua vontade de dominá-los (o que o conduz a lhes conferir a consideração crítica da qual tratará o próximo capítulo).

Em suas pesquisas, o pesquisador aceita que os dados colhidos não conduzam aos resultados previstos, que os fatos contradigam seus pontos de vista, que suas hipóteses não sejam verificadas... Dispõe-se então a se reorientar, a revisar suas perspectivas, como a tolerar que outros, com perspectivas diferentes ou outros procedimentos, possam ter sobre os resultados de sua pesquisa opiniões diferentes, e que possam eventualmente produzir, por sua vez, saberes divergentes.

> Vê-se como uma aprendizagem da metodologia pode ajudar a instrumentalizar a curiosidade e o ceticismo, a compreensão das vantagens e dos limites do método científico nas ciências humanas.

A problemática sentida

A conscientização de um problema de pesquisa depende, portanto, do que dispomos no fundo de nós mesmos: conhecimentos de diversas ordens — brutos e construídos — e entre esses conceitos e teorias; conhecimentos que ganham sentido em função de valores ativados por outros valores: curiosidade, ceticismo, confiança no procedimento científico e consciência de seus limites...

Todos esses elementos quando trazidos para nosso meio oferecem, por sua vez, a matéria sobre a qual se exercerão esses elementos: conhecimento, valor... Pois é nesse meio que um olhar atento observará os fatos nos quais poderemos eventualmente entrever o problema a ser estudado.

Nessa etapa, as capacidades intuitivas ganham importância. A percepção inicial de um problema é, muitas vezes, pouco racional. No entanto, percebendo o problema, já temos uma idéia do modo como poderíamos resolvê-lo: já temos uma hipótese (às vezes várias).

A primeira preocupação do pesquisador é então passar dessa percepção intuitiva do problema a ser resolvido — e de sua eventual solução — para seu domínio metódico, racional. Em resumo, objetivar sua *problemática*.

Poder-se-ia definir a problemática simplesmente como *o quadro no qual se situa a percepção de um problema*.

A problemática é o conjunto dos fatores que fazem com que o pesquisador conscientize-se de um determinado problema, veja-o de um modo ou de outro, imaginando tal ou tal eventual solução. O problema e sua solução em vista não passam da ponta de um iceberg, ao passo que a problemática é a importante parte escondida. Uma operação essencial do pesquisador consiste em desvendá-la.

Essa operação de desvendamento consiste, mais precisamente, em jogar o mais possível de luz sobre as origens do problema e as interrogações iniciais que concernem a ele, sobre sua natureza e sobre as vantagens que se teria em resolvê-lo, sobre o que se pode prever como solução e sobre o modo de aí chegar.

Na saída, portanto, acha-se uma *problemática sentida*, imprecisa e vaga; na chegada, uma problemática consciente e objetivada, uma *problemática racional*.

De uma a outra, há o desvendamento e a consideração crítica dos elementos da problemática, ou seja, especialmente, a visualização do problema a partir dos conhecimentos dos quais já se dispõe, conceitos e eventualmente teorias em questão, bem como dos pontos de vista particulares do pesquisador sobre o problema e sua resolução. Esse procedimento conduz progressivamente o pesquisador a precisar seu problema de pes-

---

Problema e problemática

Na linguagem corrente, confunde-se, por vezes, erroneamente, os termos problema e problemática. A problemática, na realidade, é o quadro no qual se situa o problema e não o próprio problema. Não se pode dizer "tenho uma problemática" em vez de "tenho um problema". Por outro lado, pode-se dizer "essa situação é problemática", utilizando então a palavra problemática como adjetivo (especificando eventualmente seu ou seus problemas, e, portanto, estabelecendo uma problemática).

Um dia, um de nossos estudantes ilustrou da seguinte maneira a relação problema-problemática.

Minha braguilha está aberta

> Fui convidado para ir à casa dos pais de minha namorada pela primeira vez, contou ele. Foi num domingo, para o brunch. Eu gostava muito de minha namorada e queria impressionar seus pais. Coloquei minha melhor roupa: calça jeans, minha camiseta mais bonita, tênis lavados como novos...
>
> Toda a família estava lá.
>
> De repente, no momento das apresentações, percebo que o zíper de minha calça (minha braguilha, dizia ele) estava aberta. O que fazer? Tinham percebido? O que vão pensar se a fecho na frente deles? Posso fechá-lo sem que percebam? E se fingisse que nada estava acontecendo? O que poderiam então pensar? Será que parecerei mais louco assim ou se tentar fechá-lo e me virem? E assim por diante.
>
> Minha braguilha estar aberta, explicou o estudante, era o problema; o resto, a problemática!

quisa, a circunscrevê-lo, a delimitá-lo — pois não se pode tudo resolver —, a decidir quais as questões particulares que o revelam melhor e que ele elaborará — pois não se pode questionar, ao mesmo tempo, sob diversos ângulos —, a determinar que respostas plausíveis esperar dessas perguntas, as hipóteses.

Essa passagem da problemática sentida à problemática racional, que se apóia especialmente sobre uma revisão da literatura, será o objeto do capítulo seguinte.

O jogo da problemática: uma ilustração

No texto seguinte, o historiador O'Meara ilustra bem o que é uma problemática. Sublinha, em particular, o jogo das teorias e das ideologias em uma problemática. Nas ciências humanas, lugar por excelência de diversas visões sobre o homem e a sociedade, as teorias e as ideologias estão, de fato, particularmente presentes. Pois o pesquisador não é estranho à sociedade; ele participa de suas ideologias, sofre seus efeitos. As problemáticas de pesquisa, portanto, freqüentemente carregam ideologias presentes em uma sociedade em um determinado momento. (Aqui, as ideologias chamadas de empirismo e materialismo histórico poderiam se traduzir respectivamente por liberalismo e marxismo.)

Notemos, sobretudo, lendo o texto, como, sobre o mesmo objeto, duas problemáticas diferentes conduzem a questões diferentes, à consideração de fatos diferentes, à construção de saberes diferentes.

> *Todo conhecimento toma forma em um quadro teórico, cuja natureza e estrutura estão implícitas ou explícitas. Esse quadro teórico pode ser chamado uma problemática. Esta é composta, de um lado, por um conjunto de postulados e de conceitos e, de outro, por regras metodológicas.*

Alguns pesquisadores falam de *quadro de referência*, ao invés de problemática. Pode-se considerá-los como sinônimos. Outros escolhem, de preferência, *quadro conceitual* ou *quadro epistemológico*; conforme uma ou mais teorias, um ou mais conceitos ou uma questão epistemológica ocupam um lugar particular em sua problemática.

> *É a problemática que determina as questões que serão ou não formuladas. Problemáticas divergentes levantam questões diferentes. Tratam de objetos que não são semelhantes e conduzem a um outro saber. Proponho-me a ilustrar essa questão opondo o empirismo e o materialismo histórico no que se refere a uma situação histórica concreta, a saber as guerras e migrações chamadas* mfecane, *que ocorreram na África do Sul, no século XIX. Segundo uma problemática empírica (e historicista): "As guerras e migrações ditas* mfecane *resultam de uma revolução sociopolítica que termina em um crescimento das comunidades e em um aumento do conforto. Trata-se, na verdade, da gênese de uma nação". Desse modo, a historiografia empírica examina o crescimento de diversos reinados, a extensão do poder político, a conquista e a mudança de escala e produz os fatos correspondentes. Pelo contrário, para um defensor do materialismo histórico, o* mfecane *pode apenas ser explicado por uma transformação dos meios de produção sob o efeito de agudas contradições. A análise tem como objeto a modificação das relações de produção, a evolução das relações entre classes, o desenvolvimento das forças produtivas e a intensificação das contradições; são esses fatos os privilegiados.*

> *Esses dois procedimentos não engendram duas interpretações do mesmo processo, mas dois saberes distintos concernindo a dois objetos diferentes, que têm, um e outro, o nome de* mfecane. *O que distingue os historiadores das duas escolas não são tanto as conclusões a que chegam, mas seus postulados de partida e as questões que colocam, isto é, a problemática adotada.*

> *Desse modo, formulando questões diferentes, se é levado a considerar problemáticas diferentes que produzem fatos diferentes. Longe de provocarem a si mesmos, os fatos somente podem ser produzidos em um quadro de uma problemática determinada. Os fatos, enquanto tais, não possuem existência, independentemente das problemáticas.*

Retirado de O'MEARA, Dan. Problèmes posés par la 'décolonisation' de l'histoire de l'Afrique. *Histoire et diversité des cultures.* Paris: UNESCO, 1984. p. 241. (Editado pela UNESCO.)

PRÁTICA

PRIMEIRA ETAPA DO TRABALHO DE PESQUISA (I): A CONSCIENTIZAÇÃO DE UM PROBLEMA

Eis aqui o momento de iniciar a primeira parte do trabalho de pesquisa (que é, de algum modo, a coluna vertebral das aprendizagens objetivadas por este livro).

Aqui, trata-se simplesmente de reconhecer um problema de pesquisa. Mais tarde, após o capítulo 6, esse problema será elaborado, traduzido em forma de perguntas, depois retraduzido em forma de hipótese. Em seguida, ao longo da parte III do livro, você será convidado a preparar um plano de verificação da hipótese, para chegar a uma conclusão.

Escolher um problema de pesquisa é observar bem seu ambiente de vida, de modo atento e crítico, para ver se nele não se acha uma situação qualquer que cause problema, situação que a pesquisa permitiria compreender e eventualmente modificar.

Nosso ambiente é constituído por uma multidão de fatos que fazem parte de nossa vida escolar, de nossa vida pessoal, de nossas múltiplas atividades intelectuais e práticas... Não há, nesse ambiente de vida social, situações merecendo um exame crítico que permitiria eventualmente aperfeiçoá-las, ou simplesmente melhor compreendê-las e obter a seu respeito conhecimentos úteis? (Ou situações que apenas despertam nossa curiosidade: por que não? A curiosidade, quando é objeto de reflexão, não é um legítimo incentivador para a pesquisa?)

Encontrar um bom problema de pesquisa não é fácil para um iniciante. Os pesquisadores experimentados estimam que é a fase crucial e a mais difícil de uma pesquisa, na qual, aliás, os pesquisadores se distinguem uns dos outros pela qualidade de sua intuição, a perspicácia de suas observações, sua curiosidade crítica. Mas essas capacidades, como as demais, se desenvolvem com a prática.

Talvez você ache cômodo retirar da atualidade seu problema de pesquisa. Seria uma boa idéia! Com efeito, tal como nos chega dia após dia pela mídia, a atualidade reflete bem os fatos de nossa sociedade, sob diferentes ângulos, e os problemas que podemos nela encontrar. Muitos desses problemas podem servir para a pesquisa. Isso se percebe logo que se fica um pouco mais atento. Não hesite em nela se inspirar.

Uma vez tendo localizado uma situação com problema, e esse problema possa ser objeto de uma pesquisa, anote-o. Faça-o do modo mais sucinto possível, mas, no entanto, com clareza e precisão. Não negligencie qualquer parâmetro essencial à compreensão do assunto do qual se trata. Algumas palavras, uma frase, todavia, deveriam ser suficientes.

Em seguida, responda às seguintes perguntas:

> Não esquecer: uma pesquisa supõe que se possa procurar informações relacionadas com o problema a ser resolvido.

1. Por que esse problema merece uma pesquisa e que benefício pode-se esperar da pesquisa em relação à situação original? Já se pode vislumbrar o que seria desejável obter como explicação, compreensão, informações após se ter estudado o problema? Em outras palavras, você já tem em vista uma hipótese para ser explorada?
2. Antes de proceder à pesquisa propriamente dita, seria útil delimitar melhor o problema? O que se deveria então fazer? Leituras, quais, por exemplo? Fazer perguntas a especialistas, quais?

Termine avaliando seu procedimento até aqui. Pergunte-se precisamente:

1. Quais são, dentre os conhecimentos que possuo, os que me ajudaram a escolher meu problema? De que ordens são esses conhecimentos? São apenas fatuais? Encontram-se aí conceitos, teorias, científicas ou não?
2. Meus valores, ou seja, minha visão de mundo, minhas preferências por determinados estados da realidade, orientaram minha escolha do problema? Como?
3. Minhas experiências de vida tiveram alguma influência em minha escolha? Que parte de conhecimentos, de gosto, de valorização, de curiosidade, etc., comportam e em que medida esses elementos entraram em jogo? Que tipo de motivação me influenciou (sem considerar o fato de dever fazer o trabalho!)?

Tome um pouco de tempo, na oportunidade, para discutir suas escolhas de problemas com alguns colegas, especialmente no que diz respeito ao jogo dos fatores precedentes.

Escolher um problema: o *brainstorming*

No caso de uma pesquisa em equipe, é vantajoso se utilizar o melhor possível os recursos de cada um recorrendo à técnica do *brainstorming*, quando da escolha de um problema comum de pesquisa.

Após se ter relembrado o objetivo do exercício, trata-se de enunciar, na medida em que forem surgindo, as primeiras idéias que atravessam a mente sobre o problema de pesquisa que será, em seguida, explorado.

Um membro do grupo toma nota das idéias. Seria preferível anotá-las em um quadro, pois assim podem ser vistas por todos, tanto durante a troca quanto durante as discussões sobre a reflexão comum.

Quando das próximas discussões, trata-se de eliminar progressivamente os problemas que parecem menos interessantes; concentra-se sobre os que parecem ser os mais interessantes, especifica-os, enriquece-os, até que reste apenas um. A anotação (no quadro ou em outro lugar) dá conta dessa evolução.

Para essas rodadas sucessivas de discussão, a ordem das perguntas acima poderia ser empregada como guia.

No final, a equipe deveria se encontrar diante de um problema de pesquisa comum, cuja problemática, graças à discussão, já estaria sendo objetivada.

O Percurso Problema-Pergunta-Hipótese

CAPÍTULO 5

O pesquisador conscientizou-se, portanto, de um problema. Essa consciência lhe veio de seu meio de vida, observado através de seu quadro pessoal de referência. Sua percepção do problema se inscreve, portanto, em uma problemática pessoal, uma problemática que, no princípio, é, muitas vezes, vaga e sentida mais do que consciente e racional. Logo o pesquisador se dedica, então, à construção de uma problemática racional. Em outras palavras, após ter se conscientizado de um problema, tenta, como indicava o diagrama na apresentação desta parte (página 84), "torná-lo significativo e delimitá-lo", "formulá-lo em forma de pergunta", para finalmente "elaborar uma hipótese". Desse modo, desenha-se para o pesquisador um procedimento operacional objetivando a continuidade de sua pesquisa.

O presente capítulo trata, portanto, dessas operações que conduzem da *problemática sentida* à *problemática racional* e que passam geralmente pelo que se costuma nomear a *revisão da literatura*.

Sublinhamos que para o pesquisador, segundo sua própria experiência, tais operações de primeira importância são de uma certa complexidade e amplitude. Se se trata de um pesquisador experimentado, este abordará tais operações tendo em mente conhecimentos adquiridos e um instrumental metodológico já testado. Pelo contrário, se se trata de um pesquisador menos experiente, essas operações requerem mais tempo e esforço de preparação e de aprendizagem, uma aprendizagem que, contudo, tem a vantagem de ser reutilizável.

O "Bom" Problema, a "Boa" Pergunta

Retomemos nosso exemplo do pesquisador que se inquieta com a elevada taxa de evasão escolar no Brasil. Disso faz seu problema de pesquisa. E é um verdadeiro problema, ninguém duvida! Mas também é um problema vasto. Um pesquisador não pode, muitas vezes, abordar um problema sob todos os ângulos, sobretudo se é um iniciante. Que ângulo então escolher?

Escolher seu ângulo de abordagem

Poder-se-ia, por exemplo, tratar o problema da evasão escolar sob cada um dos seguintes ângulos (sem que, aliás, se esgotem todas as possibilidades, longe disso).

- *O ângulo econômico* – Os alunos evadem porque lhes falta dinheiro? Por que devem trabalhar para viver? Por que seus pais não os ajudam suficientemente? Por que resistem mal aos apelos do consumo? Por que desejam sua independência econômica sem demora?
- *O ângulo social* – Os alunos vivem em um ambiente de evadidos? A que grupos pertencem? São isolados? Seu ambiente familiar valoriza os estudos? Recusam o mundo da competição?
- *O ângulo psicológico* – Como os evadidos se percebem? Possuem uma imagem positiva de si mesmos? Experimentam um sentimento de fracasso? Com o que se identificam? O que valorizam? Encontram obstáculos intelectuais ou afetivos na aprendizagem escolar?
- *O ângulo pedagógico* – Os conteúdos e os métodos de ensino são convenientes para os evadidos? São eles alunos que se aborrecem na escola, que prefeririam aprender de outro modo? Que relação estabelecem entre a formação escolar e o mundo do trabalho?
- *O ângulo histórico* – Que vida escolar tiveram? Pode-se determinar em seu passado sinais anunciadores de evasão? Existem na realidade escolar fatores que surgiram e poderiam explicar a evasão? A evasão é mesmo um fenômeno novo? Possui características novas?...

Problema e perguntas: uma ilustração

Resultados das pesquisas realizadas junto ao eleitorado em diferentes regiões do país — e publicados nos dias cinco (5) e sete (7) de dezembro de 1989 pela *Folha de São Paulo* — nos possibilitam situar o movimento que vai de um problema em direção à questões de pesquisa.

Quando das eleições presidenciais de 1989, após o debate pela TV entre os candidatos Fernando Henrique e Luiz Inácio da Silva, pesquisadores da DataFolha quiseram saber sobre a repercussão do debate no eleitorado, um problema que se apressaram em tornar operatório por meio de uma série da perguntas.

As questões permitiram não somente identificar o ganhador como também o nível de interesse do eleitorado pelo debate em cada região do país: a percepção do desempenho individual dos candidatos por parte dos eleitores e a relação entre os votos dados no primeiro turno com sua opinião a respeito do vencedor do debate.

Os pesquisadores poderiam ainda ter-se interessado em saber se o debate teria provocado mudanças na intenções do voto para o segundo turno.

As duas passagens seguintes do relatório de sua pesquisa publicado em um jornal mostram esse movimento que vai de um problema em direção a questões de pesquisa.

> *Após o debate, limita-se, com muita freqüência, a procurar um ganhador. Ora, o que conta bem mais é conhecer os motivos que fundamentam essa avaliação e as mudanças de percepção que um debate pode suscitar. [...]*
>
> *[Nossos] questionários foram concebidos para responder às interrogações seguintes: "Quem assistiu ao debate?" "Qual foi o nível de interesse pelo debate?" "O debate modificou a percepção das posições dos partidos sobre as questões determinantes?" "A discussão mudou a apreciação pessoal dos debatedores?" "O debate obteve um efeito sobre as intenções de voto?"*

Perguntas orientadas

Assim que um pesquisador deseja circunscrever mais estreitamente um problema é levado a questionar seus elementos, o que, para ele, é um meio cômodo de precisar o problema, reformulando-o em forma de perguntas.

As perguntas do pesquisador são, bem como seu problema, orientadas por seu modo de ver as coisas, pelas teorias de que dispõe, pelas ideologias às quais se filia. Desse modo, sobre o problema da evasão escolar, poderia conhecer e desejar aplicar uma elaborada teoria sociológica chamada reprodução: é uma teoria que, de maneira empírica, mostrou que as classes sociais e seus caracteres se reproduzem, muitas vezes, com suas características iniciais; que, conseqüentemente, no plano escolar, os alunos provenientes de meios operários pouco escolarizados, por exemplo, têm menores chances de finalizarem estudos superiores do que os que provêm de meios mais favorecidos e instruídos. O pesquisador inspirado por essa teoria seria levado a questionar o problema da evasão escolar, principalmente sob o ângulo da origem social dos evadidos, do nível de escolaridade dos pais, da informação escolar recebida pelos evadidos, de suas aspirações e motivações adquiridas... Inspirado por uma outra teoria, o pesquisador questionará provavelmente o mesmo problema sob ângulos diferentes.

As ideologias guiam igualmente o pesquisador. Assim, se este tem uma visão liberal da sociedade, pode aceitar ver a evasão escolar como um efeito natural da concorrência, o que elimina os fracos, seleciona os

> Para saber mais sobre essa teoria, sugere-se a leitura de BOURDIEU, Pierre e PASSERON, Jean-Claude. *A reprodução: elementos para uma teoria do sistema de ensino.* Trad. Reynaldo de Bairão. Rio de Janeiro: Francisco Alves, 1975.

mais adaptados e os recompensa; ou melhor, em uma perspectiva humanista, pode encarar a evasão como uma questão de desigualdade de chances, para a qual se deve encontrar medidas compensatórias próprias à correção do fracasso, visando a reconduzir os evadidos para a via comum da escolarização.

É conforme o jogo de fatores desse tipo que o pesquisador especifica seu problema, traduzindo-o em forma de uma ou de várias perguntas. Desse modo, se queremos prolongar nosso exemplo de uma pesquisa sobre a evasão escolar, poderíamos imaginar que um pesquisador fosse parar diante de uma das perguntas seguintes:

- É a origem social que faz com que alguns alunos se evadam mais que outros?
- Os evadidos são o produto de um sistema escolar mal adaptado a seu modo de aprender?

Como se vê, as duas perguntas, se se tenta respondê-las, são meios de se procurar compreender o problema da evasão. Uma e outra indicam o gênero de informações que se deverá, em seguida, procurar para que se possa progredir na compreensão. Tratar-se-á certamente de informações diferentes: dados socioeconômicos, no primeiro caso; psicopedagógicos, no segundo. É desse modo que especificar um problema, traduzindo-o em forma de perguntas, traça o itinerário de pesquisa ulterior.

É claro, esse processo que conduz o pesquisador a considerar o problema sob um determinado ângulo, segundo seus conhecimentos, teorias ou ideologias que o animam, faz com que ele tenha o cuidado em se manter deles consciente e a partir deles raciocinar. Quando opta por tal ou tal questionamento, quer saber por quê, sobretudo por estimar que sua escolha deverá ser explicada. É uma das obrigações associadas à elaboração de sua problemática. Voltaremos, neste capítulo, novamente a essa questão (e, mais tarde, no capítulo 9), quando trataremos mais uma vez da objetivação da problemática.

> Já se tratou de objetivação nas páginas 42, 43 e 45.

A "boa" pergunta

Durante esta fase da pesquisa, que consiste em precisar seu problema, traduzindo-o em forma de pergunta, e em objetivar sua problemática, racionalizando-a, o pesquisador tem também cuidado para que a pergunta mantida (às vezes várias) permaneça *significativa* e *clara* para ele e para os outros, e que a pesquisa a fazer seja exeqüível. Vejamos isso mais detalhadamente.

Significativa

A função de uma boa pergunta é ajudar o pesquisador a progredir em sua pesquisa; ela lhe fornece um fio condutor para o desenrolar de seu trabalho, guia-o nas operações futuras. Deve, portanto, em primeiro lugar, deixar que se perceba que o problema por ele traduzido é um problema significativo, o que se pode esperar como solução, quer se trate da aquisição de conhecimentos lacunares ou de possibilidades de intervenção. Senão, como se disse, não haveria razão para se fazer a pesquisa.

Um verdadeiro problema não resulta necessariamente em uma boa pergunta de pesquisa. É o que acontece com o problema da evasão escolar (que muito já nos serviu!) do qual certamente ninguém duvida de que seja um verdadeiro problema. Seus custos sociais são consideráveis: desemprego, assistência social, falta de mão-de-obra qualificada, de produtividade, de retornos fiscais, etc. Seus custos individuais também o são: insatisfação, marginalização, dependência, redução das capacidades econômicas e da qualidade de vida, perda de mobilidade social, etc. Apesar disso, uma pergunta como "Considerando os custos sociais e individuais da evasão escolar, dever-se-ia estigmatizar os evadidos?" não é uma boa pergunta de pesquisa. É, e pode apenas permanecer, uma questão de opinião cujos critérios de resposta são morais, variáveis conforme os valores adotados. Não conduz à procura de informações que permitiriam melhor conhecer e compreender o problema ou intervir para modificar a situação.

Espera-se, com efeito, da pesquisa uma ou outra dessas alternativas. E ainda aqui é bom pensar em alternativas realistas no contexto social no qual se situa o problema. Exploremos um outro exemplo, sempre relacionando-se com o problema da evasão escolar, desta vez com o objetivo de preveni-la. Um pesquisador poderia se perguntar: "Destinar um conselheiro pedagógico para cada um dos alunos em risco ajudaria a prevenir a evasão?". Um outro poderia interrogar-se assim: "Criar grupos de ajuda entre os alunos em risco ajudaria a prevenir a evasão?". Ambas são sensatas. Cada uma pode conduzir um pesquisador a imaginar estudos que permitiriam respondê-la. No estado atual e previsível dos recursos de nossa sociedade, entretanto, pode-se imaginar colocar em prática uma resposta positiva à primeira?

Poucas pessoas nisso acreditariam. Uma outra característica de uma boa pergunta de pesquisa seria: se é bom que uma pergunta seja significativa em si mesma, é ainda melhor que seja reconhecida como tal no meio social em que é levantada. Que se inscreva em preocupações já compartilhadas, participe de teorias conhecidas, que possa relacionar-se com outros assuntos de pesquisa e dividir eventualmente seus resultados com outros em uma perspectiva de ampliação do saber, aspectos que representarão sempre um ganho para a pesquisa e o pesquisador.

Esses propósitos não constituem um apelo ao conformismo, mas um apelo ao realismo: no domínio da pesquisa, ser o único a tentar abrir um caminho pode ser um sinal de gênio, mas também de perda no não-significativo. Essas reflexões não são, por outro lado, um convite à não-originalidade; trata-se, sim, de incitar a prática de uma originalidade controlada que, como os demais elementos da problemática, deveria ser o mais estritamente racional possível.

Restará sempre que, para ser significativa, uma pesquisa deve ser original. Não servirá para nada refazer mil vezes o mesmo estudo. Assim, foi numerosas vezes demonstrado, graças a pesquisas bem conduzidas, que se aprende melhor fazendo o que se deve aprender do que simplesmente escutando alguém contar como se faz. De que serviria retomar uma outra vez a demonstração? No entanto, sabe-se que ainda não se obteve muito efeito desta descoberta sobre a realidade do ensino, e que a exposição do professor continua, muitas vezes, a ritmar a aprendizagem concreta dos alunos. Uma interrogação significativa, e por isso mesmo original, referente ao problema poderia abordar, desta vez, as causas da pouca repercussão dessas demonstrações sobre a realidade: seria porque são mal conhecidas? Devido ao peso da tradição, dos hábitos? Por que o sistema escolar se constitui em um obstáculo, estabelecendo restrições materiais, por exemplo? Etc.

Clara

Uma pergunta de pesquisa deve ser clara. Primeiro, para o próprio pesquisador que dela se serve para precisar seu problema e traçar seu itinerário posterior, e, em seguida, para os quais será eventualmente comunicada.

Imaginemos um pesquisador que tivesse chegado à seguinte pergunta: "Como conter o impacto da evasão escolar sobre a sociedade brasileira?". O que compreendemos lendo-a? Trata-se da evasão no ensino fundamental, no ensino médio, na universidade? Da evasão dos que abandonam os estudos de uma vez por todas? Dos que interrompem provisoriamente seus estudos, mas com a intenção de retomá-los mais tarde? Da evasão psicológica dos que estão presentes em aula, mas indiferentes ao que se passa? E a sociedade? Que sociedade? O problema será abordado

Perguntas significativas

Se uma pergunta de pesquisa não parece significativa, irá se duvidar do valor da pesquisa, como testemunha esta crítica publicada há algum tempo no jornal *Le Devoir*, um jornal canadense. Examinemos o título e as passagens apresentadas a seguir. Esta crítica também testemunha um critério importante sobre a validade de uma pesquisa: o reconhecimento que outros lhe conferem. É natural, com efeito, que o produto da pesquisa seja submetido à crítica.

O esquecimento do senso e do bom-senso

> O vocabulário dos adolescentes do Québec, tornado público na semana passada, é o fruto de anos de trabalho e de milhares de dólares [...] para que fosse feita a lista das mais de 11.000 palavras utilizadas pelos alunos das escolas secundárias. Mas por que até aí? [...]
>
> A primeira palavra da lista é "de". Simplesmente. Como em: "De" quem vamos rir exatamente? E ainda, dentre as 10 palavras mais utilizadas: "um", "a" [preposição] e "a" [artigo]. Depois: "comer", "bonito", "água", "casa" e "ninguém".
>
> Que conclusão se pode daí tirar? Que mesmo comendo e bebendo água em casa, nunca há ninguém? Lidos um após o outro, esses termos podem até ganhar proporções de "cadáveres deliciosos", o jogo delirante dos surrealistas. Entre a 41ª e a 45ª posição: "dormir - gordo - eu - calor". Mais adiante: "esporte - perigoso - louco - contente". E mais ainda: "ao - qual - sábio - sopa".
>
> Participando de um programa ao vivo, após a divulgação de seu estudo, na semana passada, o pesquisador preferiu tirar conclusões sentidas uma vez que "trabalho" (21ª) posiciona-se antes de "dinheiro" (40ª): "Os jovens dão menos importância ao dinheiro do que ao trabalho", declarou.
>
> Então o que concluir sobre o fato de "cigarro" vir antes de "paz", "calça" antes de "prazer", "legumes" de "boi", e "guerra" de "Jesus"?
>
> Na tradição hebraica, não se pronuncia a palavra YHVH [Deus] em vão. Se os pesquisadores houvessem estudado o vocabulário da comunidade judaica, teriam concluído que não são religiosos?
>
> O que pertence aos costumes, pelo viés desses estudos, é a idéia que não há qualquer necessidade de se ter uma idéia. Que os fatos são por si só suficientes. Não importando quais, fatos brutos, alinhados como pérolas em um colar.
>
> Querendo reduzir a vida a isso: um conjunto de fatos, tais pesquisas correm o risco de não dizer absolutamente nada. Enterram-se no empirismo, imitam os métodos que seguramente serviram para outros trabalhos, nas ciências exatas, mas que de nada servem quando se trata de questões sociais e sobretudo de educação. [...]

BAILLARGEON, Stéphane. *L'oubli du sens et du gros bon sens*. Le Devoir, 19 abril/1993.

Pode-se também notar, no final da passagem, a crítica da perspectiva metodológica que faz o jornalista e se lembrar das dificuldades pelas quais as ciências humanas passaram nos princípios do positivismo. (Rever páginas 32 e 35.)

Cadáver Delicioso: jogo surrealista que consiste em compor uma frase, na qual cada um escreve uma palavra em um papel e o dobra antes de passá-lo ao próximo jogador.

---

sob o plano econômico da produção? Sob o plano da formação de mão-de-obra ou do desemprego, das medidas sociais de auxílio? E as repercussões, são sentidas em um só plano? Em todos esses planos?... Como se vê, a pergunta é bem ampla: não diz precisamente em qual direção se deve procurar a informação que permitirá respondê-la. É demasiadamente vaga: permite prever, em certa medida, a informação a procurar, embora não com muita precisão.

O pesquisador pode perceber isso e reformular sua pergunta para torná-la mais precisa, em função de um único aspecto em questão: "Será que uma pedagogia moderna poderia aumentar a motivação dos alunos do ensino médio que correm o risco de se evadir?". Já se vê melhor o que acontecerá em seguida, que tipo de informações se deverá obter e onde procurá-las; especifica-se, desta vez, que é no ensino médio, com alunos que ainda não se evadiram, mas correm o risco de fazê-lo. Mas "correm o risco de se evadir", o que significa? Ainda há, portanto, especificações da pergunta que eventualmente devem ser feitas, e certamente no que se refere ao conceito de pedagogia moderna, de motivação. Enfim, o pesquisador deverá, talvez, precisar que, por "correr o risco de se evadir", entende os alunos cujas taxas de ausências ultrapassam uma certa percentagem, que sistematicamente se recusam a fazer os trabalhos solicitados, que recomeçam cursos pela enésima vez, por exemplo; por "pedagogia moderna", especificará que, talvez, se devesse entender uma pedagogia individualizada da aprendizagem através de tarefas práticas; por "motivação", que se trata da vontade de efetuar com sucesso as tarefas em questão... Desse modo, progressivamente, objetivando cada elemento de sua pergunta, irá torná-la mais operacional, ou seja, mais apta a, em seguida, guiá-lo na direção das informações úteis.

De fato, essa operação de objetivação, que principia desde a conscientização de um problema, segue até além da formulação da hipótese. Ela indica que se sabe bem onde ir e ajuda a prevenir as más surpresas no meio do caminho, um pouco como esses jogadores de carta que se asseguram, antes da partida começar, que todos dão os mesmos valores às cartas.

Por vezes, como nas cartas, o sentido dos conceitos utilizados é bem conhecido, porque são de uso corrente e amplamente admitido, o conceito de mãe, por exemplo. Mas, mesmo em tal caso, deve-se ter atenção: os conceitos de mãe biológica e de mãe adotiva, em uma determinada pesquisa, poderiam ter que ser especificados.

Em outros casos, os conceitos são construídos com palavras de uso comum, mas seu sentido não é necessariamente o usual: assim, por exemplo, o conceito de país em via de desenvolvimento, que sabemos englobar muitos países que justamente não estão em desenvolvimento, ou o de operários especializados, utilizado para operários não especializados; ou conceitos como (partido) progressista-conservador, (partido) revolucionário-institucional, cujos termos são contraditórios. Ou ainda um conceito como o de danos colaterais, surgido durante a Guerra do Golfo, em 1989: como adivinhar através das palavras que se trata de bombardeios que, errando seus alvos, atingiam populações civis? Para sabê-lo, deve-se tê-lo aprendido.

Numerosos conceitos científicos são desse tipo e ganham um sentido preciso por convenção. Pensemos no conceito de coronelismo, um neologismo surgido na década de 30 (formado de coronel mais o sufixo ismo), criado para designar de forma geral certas práticas políticas e sociais próprias do meio rural e pequenas cidades brasileiras. Para compreendê-lo, deve-se aprendê-lo. Pelo contrário, não se poderia compreender uma pergunta de pesquisa assim enunciada: "Quais são as manifestações de práticas coronelistas nas últimas eleições regionais no Brasil?

Para clarificar conceitos utilizados por vários campos das ciências humanas pode-se ler, entre outros, o *Dicionário de ciências sociais*, organizado por Benedicto Silva, publicado pela FGV, Rio de Janeiro, 1986.

Onde estas práticas ainda persistem?" Pode-se dar outros exemplos: o conceito de globalidade para especialistas em comunicação, de modo de produção, em economia política, de relação de parentesco, em antropologia, de impotência adquirida, em psicologia, etc. Poder-se-ia continuar listando-os por muito tempo.

Os conceitos são termos utilizados para compreender e se compreender. Daí o fato de que o esforço visando a tornar clara uma pergunta de pesquisa consiste, em boa parte, em objetivar seus conceitos.

Exeqüível

Uma pergunta de pesquisa clara contribui para a exeqüibilidade de uma pesquisa, mas não a garante automaticamente. O pesquisador, por outro lado, deve se assegurar de que dispõe dos meios para fazer a pesquisa avançar; deve poder obter a informação que pede a pergunta e, para isso, dispor de tempo, dos instrumentos e, às vezes, do dinheiro necessários para recolher essas informações e tratá-las. Pode parecer supérfluo lembrá-lo, mas, com freqüência, esses fatores sobrecarregam a realização da pesquisa.

A exeqüibilidade de uma pesquisa pode também depender da disponibilidade dos dados. Se se trata de obtê-los por meio de sondagem, dispõe-se dos meios técnicos para escolher e reunir os informantes, gravar suas respostas e tratá-las? Se se trata de uma pesquisa em arquivos, são acessíveis, volumosos, estão classificados? Se o estudo supõe o acompanhamento de uma determinada população, poder-se-á fazê-lo durante o tempo de que se dispõe? Se se deve fazer uso de computador, ter-se-á os aparelhos necessários, os meios de gravar os dados, os programas apropriados? Se se deve deslocar-se para as entrevistas, pode-se fazê-lo nos momentos convenientes? Dispomos de meios de transporte?... É claro, deve-se também se preocupar com que a pergunta de pesquisa considerada não provoque problemas éticos, como foi dito nas páginas 62 e 63.

Assegurar-se da exeqüibilidade da pesquisa é, portanto, considerar as diversas dificuldades práticas que pesam na coleta das informações. Precisemos que, habitualmente, tais dificuldades são mais pesadas para o pesquisador iniciante do que para o que, graças a sua experiência, sabe melhor como prevê-las. O iniciante tem, logo, interesse em lhe consagrar uma atenção particular. Limitar a envergadura de sua pesquisa lhe parecerá, talvez, um pouco frustrante, mas, em contrapartida, pode permitir que proceda com mais segurança às aprendizagens de base da metodologia da pesquisa.

REVISÃO DA LITERATURA

Para o pesquisador, vir a precisar seu problema em forma de pergunta e, posteriormente, formular uma hipótese implica uma sucessão de operações visando a circunscrever a pesquisa desejada, a objetivar as coordenadas e as intenções, definir suas modalidades teóricas e práticas. Trata-se sempre, com efeito, da racionalização da problemática. Com a refle-

O pesquisador feliz

Em nossa mitologia cultural, o pesquisador é, por vezes, o professor Pardal dos quadrinhos Disney: um homem perdido em seus problemas científicos, apaixonado por seus trabalhos, um pesquisador feliz. Não é sem sentido; efetivamente, o pesquisador pode ter grande prazer com sua pesquisa, ter muita satisfação com o caráter criativo e de independência de espírito que, muitas vezes, ela permite. Mas isso supõe que se assegure não apenas de que sua pergunta de pesquisa tenha em si mesma interesse — seja significativa, disse —, mas também de que seja interessante para ele do princípio ao fim. Pois a pesquisa é com freqüência longa, raramente sem dificuldades: o pesquisador assim para ela consagrará mais facilmente seu tempo e seus esforços, e daí retirará satisfação, caso seu interesse seja mobilizado; e isso é particularmente importante se a pesquisa é feita em equipe.

Não se deve esquecer, todavia, de que o interesse é cultivado, e que o fato de adquirir novos conhecimentos, descobrir novos problemas, é, muitas vezes, acompanhado por interesses igualmente novos.

O tempo, o tempo...

Outra consideração prática. A pesquisa leva tempo, especialmente suas etapas de racionalização da problemática e de coleta da informação, e, em particular, quando, por falta de experiência, não se sabe bem prever e enquadrar essas operações. Para suas primeiras pesquisas, o estudante terá interesse em bem considerar o fator tempo quando da definição de seu projeto (um trimestre dura apenas um trimestre!). Este livro considera: no que concerne à realização de um trabalho de pesquisa, encontram-se aqui mais sugestões recorrendo-se à concepção do projeto do que a sua detalhada realização, o que permite, por outro lado, todas as aprendizagens fundamentais em metodologia.

---

xão pessoal do pesquisador e eventualmente algumas trocas com outros, a realização da revisão da literatura é certamente o que mais contribui para essas operações.

Fazer a revisão da literatura em torno de uma questão é, para o pesquisador, revisar todos os trabalhos disponíveis, objetivando selecionar tudo o que possa servir em sua pesquisa. Nela tenta encontrar essencialmente os saberes e as pesquisas relacionadas com sua questão; deles se serve para alimentar seus conhecimentos, afinar suas perspectivas teóricas, precisar e objetivar seu aparelho conceitual. Aproveita para tornar ainda mais conscientes e articuladas suas intenções e, desse modo, vendo como outros procederam em suas pesquisas, vislumbrar sua própria maneira de fazê-lo.

Nessa etapa da pesquisa, o pesquisador deve estar atento para não perder de vista duas coisas. Primeiro, a revisão da literatura refere-se ao estado da questão a ser investigada pelo pesquisador. Não se trata, para ele, de se deixar levar por suas leituras como um cata-vento ao vento. O pesquisador tem um centro de interesse — sua pergunta —, que jamais deverá perder de vista. Nem sempre é fácil, sem a experiência que vem de numerosas leituras anteriores. Sobretudo se, por essa razão, sente necessidade de uma visão de conjunto e de um bom distanciamento em relação à sua pergunta, o que é normal. Sugerimos então proceder como com um *zoom*, partir de uma tomada ampla de sua pergunta, sobre um espaço documental que a ultrapasse grandemente, mas sem dele desviar os olhos e, assim que possível, fechar progressivamente o ângulo da objetiva sobre ela.

Depois, segundo elemento que não se deve esquecer: a revisão da literatura não é uma caminhada pelo campo onde se faz um buquê com todas as flores que se encontra. É um percurso crítico, relacionando-se intimamente com a pergunta à qual se quer responder, sem esquecer de que todos os trabalhos não despertam igual interesse, nem são igualmente bons, nem tampouco contribuem da mesma forma. Deve-se fazer considerações, interpretações e escolhas, explicar e justificar suas escolhas.

Uma outra coisa que se deve considerar: quando começar a fazer a revisão da literatura? Não antes de ter delimitado bem a pergunta. Senão, corre-se o risco de se deixar levar e, até, de se perder na enorme e sempre crescente soma das fontes de pesquisa. Aquele que deseja progredir com eficácia na compreensão de seu problema de pesquisa tem interesse em saber bem o que procura exatamente, antes de iniciar sua revisão da literatura. Isso não impedirá, de qualquer modo, reorientações durante o percurso, se necessário.

Uma última consideração: raros são os problemas sobre os quais ninguém se tenha jamais debruçado, raras são as perguntas que ninguém jamais se fez. A natureza humana não é, nesse ponto, diferente de um indivíduo para outro; em uma mesma civilização, as interrogações e os questionamentos se encontram, mesmo que as perspectivas possam diferir. É raro que a respeito de um assunto de pesquisa não se possa achar em outros qualquer coisa de útil, mas se deverá, por vezes, seguir a informação como um detetive procura pistas: com imaginação e obstinação. É, aliás, esse aspecto do trabalho, agir como um detetive, que, com freqüência, torna prazerosa a realização da revisão da literatura.

Guias bibliográficos

A documentação do pesquisador consiste principalmente em livros e artigos; mas também pode ser de relatórios de pesquisa não publicados, teses, enciclopédias e dicionários especializados, resenhas de obras, inventários de diversas naturezas... Numerosos instrumentos bibliográficos existem para guiar o pesquisador por essa documentação. Vejamos quais são eles, partindo do geral ao particular.

Bibliografias gerais de referência

As bibliografias gerais recobrem amplos conjuntos de disciplinas e de áreas do saber. Dão atenção particular aos instrumentos de referência, isto é, às obras que, em um determinado campo, podem fornecer indicações de fontes específicas. O *Guide to Reference Books* de Sheehy, que compreende seções gerais e seções por disciplina ou campo disciplinar, é um exemplo.

Bibliografias gerais em ciências humanas

Construídas no mesmo espírito que as precedentes, essas bibliografias recobrem conjuntos menos vastos de campos disciplinares, aprofundando-se mais nos campos disciplinares específicos, sempre enfatizando as obras de referência, como no *Social Sciences Reference Sources* de Li.

Advertência...

"Advertência" é uma palavra que se escreve, às vezes, no começo de um texto científico para advertir o leitor sobre fatos úteis a sua boa compreensão. É esta a intenção das considerações que se seguem.

Uma volta completa. Quando faz sua revisão da literatura, o pesquisador experiente rapidamente seleciona os trabalhos pertinentes, sobretudo se trabalha com um problema que já pertence ao seu campo geral de pesquisa. Conhece, de fato, um certo número de fontes próprias a seu domínio e sabe onde encontrar outras. O que possui pouca experiência deve circunscrever as fontes relativas ao seu problema de pesquisa, partindo do mais longe e ultrapassando amplamente o domínio preciso de sua pergunta. É bom proceder como se fosse um funil, indo de fontes gerais a fontes próprias ao domínio da revisão da literatura, que, por sua vez, sugerem fontes ainda mais estreitamente relacionadas à área do estudo; o processo se desenrola um pouco como uma reação em cadeia.

Esse encaminhamento um pouco longo (sobretudo na primeira vez) tem, entretanto, uma vantagem, a de divulgar a variedade das fontes de informação e dos instrumentos que servem para localizá-las: é uma aprendizagem que se faz uma vez e que, como andar de bicicleta, nunca mais se esquece. O estudante que seguirá seus estudos terá múltiplas ocasiões de se servir dessa aprendizagem.

As bibliotecas. As bibliotecas não são igualmente equipadas. Pode acontecer, portanto, que não disponham de certos instrumentos documentais e de serviços dos quais trataremos mais adiante. Contudo, nós os incluímos em nosso inventário para melhor garantir o conjunto das aprendizagens de base, sabendo que, posteriormente e em outras circunstâncias, oportunidades de consultá-los irão se apresentar, especialmente na continuidade dos estudos.

Em várias regiões do país é possível freqüentar bibliotecas universitárias e ter acesso ao seu acervo, sobretudo às obras de referência, mesmo sem ser um usuário inscrito. Não se deve, por outro lado, negligenciar o recurso a certas grandes bibliotecas públicas.

O inglês. A língua inglesa é hoje a *língua franca* da pesquisa. Deve-se acostumar com a idéia de usar muito a língua inglesa, caso se deseje fazer com seriedade a revisão da literatura. No entanto não se pode negligenciar o esforço que tem sido feito para traduzir as obras de maior importância nos diferentes campos do conhecimento, facilitando assim aos pesquisadores o acesso ao que há de novo no saber além de nossas fronteiras.

> **LÍNGUA FRANCA**
> Língua auxiliar que serve para comunicação de pessoas de línguas diferentes.

O saber prévio. Fazer uma revisão da literatura pressupõe um saber técnico que é, de um modo ou de outro, anterior à aprendizagem, mas indispensável. Tem-se, por exemplo, o uso da ficha. Para lembrar dessas técnicas, usaremos, se necessário, uma obra sobre os métodos do trabalho intelectual como a de Severino, Antônio Joaquim Severino, *Metodologia do trabalho científico* (São Paulo: Cortez, 1994).

O bom conhecimento da organização e do uso de uma biblioteca é igualmente indispensável (essa aprendizagem também se faz uma só vez: as bibliotecas são organizadas semelhantemente). Assegurar-se-á de bem conhecer: 1) o sistema de recuperação da informação, o modo de acesso ao catálogo público (por meio de fichas, microfichas, terminal de computador), e especialmente o acesso por nome de autor, título e assunto (é o mínimo que os sistemas de recuperação oferecem); 2) a composição do acervo, em coleções, ou seja, coleção de livros, teses e periódicos; 3) os serviços oferecidos: os serviços de apoio e orientação aos usuários (entre outros as visitas orientadas), os serviços de divulgação das novas aquisições (estantes de exposição, por exemplo) e os de circulação de documentos (principalmente se dispõem de empréstimos entre bibliotecas). Enfim, buscar conhecer todos os serviços e recursos disponíveis e os instrumentos que os regulamentam e definem, entre outros, o acesso, o pagamento e/ou a gratuidade, e as punições disciplinares.

Manuais, como o de Antonio Joaquim Severino, compreendem geralmente um capítulo sobre a pesquisa documental.

O apêndice A, "Fontes documentais em ciências humanas". Este livro traz nesse apêndice uma longa lista das principais fontes de informação em ciências humanas. A ele nos referiremos conforme a necessidade, pois, logo em seguida, serão dados alguns exemplos dos tipos de fontes, sem descrevê-los em detalhes, porém apresentando, por tipo, as fontes de informações mais relevantes em nível nacional e internacional. Apontam-se também as limitações referentes à produção brasileira de obras de referência.

Bibliografias gerais por disciplina

Construídas no mesmo espírito, essas bibliografias centram-se em uma disciplina ou um campo disciplinar e nele se aprofundam ainda mais; em várias, os artigos juntam-se aos livros. Eis aqui dois exemplos: o *Guia preliminar de fontes para a história da educação brasileira*, do INEP, e *A Geographical Bibliography for American Librairies*. Muitas vezes tais guias, dentro de uma perspectiva interdisciplinar, consideram as fontes que se aproximam de seu campo principal de preocupação.

Bibliografias temáticas

Designamos assim uma bibliografia que se relacione a um tema ou a uma determinada questão. Fazer uma lista exaustiva dessas bibliografias é praticamente impossível. Mas existem compilações, como a *Mulher brasileira:* bibliografia anotada, publicada em 1979, pela Fundação Carlos Chagas.

> Também com freqüência, pode-se localizar tais bibliografias procurando a subdivisão "bibliografia" na categoria "assunto" dos catálogos de biblioteca. Exemplo: Evasão escolar — Bibliografia. O mesmo vale para os dicionários, as enciclopédias, os index, os inventários.

Dicionários e enciclopédias

Não se trata aqui de dicionários de línguas, mesmo se estes permanecem indispensáveis ao pesquisador, nem de enciclopédias gerais, como a *Encyclopædia Universalis* ou a *Encyclopædia Britannica*, que tampouco devem ser colocadas de lado, mas de enciclopédias especializadas consagradas a uma disciplina ou a uma determinada área do saber, como o *Dicionário de ciências sociais*, da Fundação Getúlio Vargas, ou a *International Encyclopædia of the Social Sciences*. Tais obras apresentam artigos substanciais (de várias páginas às vezes) que fazem a revisão da literatura sobre uma determinada matéria (conceitos, teorias, objetos de estudo...). Esses artigos são acompanhados por referências bibliográficas selecionadas e indicam outros artigos sobre temas afins, que teriam igualmente interesse para o pesquisador. Também existem léxicos ou glossários especializados que oferecem curtas definições dos termos em campos científicos mais ou menos vastos, tal como o *Glossário de tecnologia educativa*, de Clifton Chadwick, ou o *Dicionário terminológico de Jean Piaget*, de Antonio M. Battro, e ainda *Le Lexique de Sciences Sociais,* de Grawitz. Todos esses instrumentos são de primeira utilidade na objetivação de uma pesquisa, especialmente no que se refere aos conceitos que a ela se relacionam.

Index e inventários

Localizam-se facilmente os livros no catálogo de uma biblioteca. O mesmo não acontece com os artigos de revistas: os nomes de revistas aparecem no catálogo, mas não o título dos artigos. Ora, os artigos são de suma importância para a pesquisa, pois tratam dos trabalhos mais recentes. Daí a utilidade dos index, (por vezes denominados índices) e dos inventários, também conhecidos por repertórios, que deles fazem um levantamento e os divulgam através de longas listas de referências bibliográficas.

Os index e os inventários que reúnem os artigos de revistas também fazem, freqüentemente, o levantamento dos livros, dos relatórios de pesquisa, das teses, por vezes até das comunicações científicas; outros se dedicam às resenhas de obras, às teses e às monografias, aos artigos de jornais, aos documentos governamentais, às estatísticas, etc., em resumo, a quase tudo pelo qual o pesquisador pode se interessar ou do qual pode ter necessidade.

Os index e os inventários são publicações periódicas: mensais, trimestrais, anuais, bianuais às vezes ou ainda mais espaçadas conforme a natureza da informação tratada. Suas listas de referências bibliográficas são classificadas de acordo com uma hierarquia, por vezes complexa, de categorias e de subcategorias. Mas todos fornecem, geralmente na apresentação, seu princípio de classificação e seu modo de utilização. Quanto às menções bibliográficas apresentadas, elas podem ser mínimas (autor, título, nome da revista, data) ou muito elaboradas, com então um resumo da publicação (com freqüência chamado de *abstract*, em inglês), indicações que permitem a procura das publicações afins com o auxílio de palavras-chave, etc.

Acrescentemos que a maior parte dos index e inventários é em língua inglesa — o que, todavia, não os impede de listar revistas escritas em outras línguas —, e que, para neles se achar, é melhor "pensar" em inglês, sobretudo no que se refere às palavras servindo para classificar os artigos pelo assunto.

Artigos

Existem index e inventários de artigos de revista em quase todos os domínios das ciências humanas e sociais. Alguns listam também as teses, os relatórios de pesquisa, as comunicações, se o texto encontra-se disponível. Certos index interessam pelo conjunto das ciências humanas e sociais, tal como o *Social Science Index*, ou por uma ou outra dentre elas, como o *Psychological Abstracts*; muitas vezes então, dentro de um espírito de interdisciplinaridade, apresentam também menções bibliográficas relativas a disciplinas afins. E outros, enfim, especializam-se em um determinado gênero, como o *Women's Studies Abstracts*.

Resenhas

Antes de ler um livro de 400 páginas, muitas vezes se gostaria de saber o que contém e ter uma opinião esclarecida a seu respeito. Para responder a essa necessidade, as revistas científicas publicam resenhas. *Re-*

Child psychotherapy
See also
Play therapy
Princess of wails [profile of C. Batmanghelidjih, in Innovative therapist in Great Britain] W. Wallace. Il for *Times Educ Suppl* nº4195 p supp3 N22 '96

Child sexual abuse

See also
Child sexual abuse survivors
   Accused of sexual abuse: a potencial dilemma for physical Educators. J. H. Huber. *J Phys Educ Recreat Dance* v67 p6-7 N/D '96
Gender-specific outcomes for sexually abused Adolescents. J. M. Chandy and others. Bibl *Child Abuse Neglect* v20 p1219-31 D '96
A laureate accused. T. Cornwell. Il por *Times Higler Educ Suppl* nº1253[i.e., nº1254] p17 N 15 '96
Investigation Investigative interviews of alleged sexual abuse victims with and without anatomical dolls. M. E. Lamb and other. bibl *Child Abuse Neglect* v20 p1251-9 D '96
Suits and claims C.P. v. Township of Piscataway Board of Education (681 A. 2d 105). *West's Educ Law Rep* v112 p293-302 O 31 '96
Confidential agreement in Berkeley sex-abuse case sparks Criticism [case of R. Baugh] M. Walsh. *Educ Week* v16 p9 N 27 '96

Child sexual abuse survivors

Physical and sexual abuse and their relation to psychiatric disorder and suicidal behavior among adolescents who are psychiatrically hospitalized. Y. Cohen and others. bibl *J Child Psychol Psychiatry Allied Discip* v37 p989-93 N '96

Psychology

Cycle of abuse and psychopathology in cleric and noncleric molesters of children and adolescents. T. W. Haywood and others. bibl *J Child Psychol Psychiatry Allied Discip* v37 p1233-43 N '96
Impact of childhood abuse history on psychological symptoms among male and female soldiers in the U.S.Army. L. N. Rosen and L. Martin. bibl *Child Abuse Neglect* v20 p1149-60 D '96

Child study

See also
Child development
Parent-child relationship
Play
Methodology
Observation
Characteristics of infant child care: factors contributing to positive caregiving. bibl *Early Child Res Q* v11 nº3 p269-306 '96

Child suppor *See* Support (Domestic relations)

Child training

See also
Moral education
Parent-child relationship

Este é um exemplo de index retirado do *Education Index*, publicado pela The H. W. Wilson Company, Nova Iorque.

cherches sociographiques, por exemplo, oferece uma grande variedade por número. Outras revistas são especializadas em resenhas, como *Contemporary Sociology: a Journal of Reviews*. Existem igualmente outras publicações tais como o Jornal de Resenhas, do *Jornal do Brasil*.

Teses

As teses são, com freqüência, consideradas como os trabalhos de pesquisa por excelência. Ao pesquisador que invariavelmente se utilizará delas vale ressaltar que é fácil localizá-las e até mesmo obtê-las através de empréstimos ou ainda de microfilmagens, como é freqüente na América do Norte. Catálogos de teses são editados por diversos programas de pós-graduação, por instituições e por entidades científicas, trazendo a referência e, normalmente, um resumo (um exemplo é o CD-Anped que apresenta as teses defendidas nos programas de pós-graduação em educação). O Catálogo do banco de teses do Ministério da Educação e Cultura do Brasil foi publicado até o início da década de 1980.

Jornais

Os index de artigos de jornais são instrumentos ideais de serem achados na atualidade. No que concerne à atualidade internacional, pode-se usar o *New York Times Index* ou o index do jornal *Le Monde*; a menos que se prefira *Facts on File*, que lista semanalmente a atualidade internacional, a partir de 77 jornais (index cumulativos mensais, trimestrais, anuais). Os jornais brasileiros e as revistas de atualidades também possuem seus índices que estão sendo editados em CD-ROM ou estão disponíveis via Internet.

Outros index e inventários

Muitos outros index e inventários existentes poderiam ser úteis ao pesquisador. Assim, os pesquisadores apressados poderiam apelar para *Current Contents*: publicações que reproduzem semanalmente os índices de centenas de revistas recentes ou ainda inéditas. Existe um *Current Contents: Social and Behavioral Sciences* para as ciências humanas.

Também existem index de citações, como o *Social Sciences Citation Index*, que contêm o número de vezes que um autor foi citado por outros autores nas revistas científicas (essencialmente de língua inglesa), o que permite se ter uma visão de conjunto das tendências que influenciam a pesquisa.

Encontram-se igualmente inventários de publicações governamentais, como a *Bibliografia de publicações oficiais brasileiras*; de biografias, como os *Who's Who* existentes em numerosos países, inclusive o Brasil (Quem é quem no Brasil); de index de mapas geográficos, de documentos audiovisuais, de inventários de testes, de organismos... Em resumo, a soma de index e de inventários dos quais dispõem os pesquisadores é mais que substancial.

Bancos de dados informatizados

Muitos desses index e inventários estão agora reunidos em bancos de dados. Pode-se consultar esses bancos nas bibliotecas a partir de um terminal de computador (pagando, às vezes, algumas taxas) ou, cada vez mais, graças às cópias em CD-ROM; pode-se até, agora, consultá-los em casa tendo um computador equipado com um *modem* e acesso a uma rede de comunicação informática, como a Internet. A facilidade de acesso a tais bancos e a soma de informações disponíveis simultaneamente — acham-se reunidas nesses bancos, ao mesmo tempo, as informações de vários anos — fizeram desses bancos instrumentos de pesquisa muito apreciados pelos pesquisadores.

Pesquisa-se neles com a ajuda de *palavras-chaves* — também chamadas de descritores — que são escolhidas visando a cobrir o campo de pesquisa desejado. Essas palavras-chaves podem ser as da língua corrente; fala-se então de vocabulário livre. Ou são palavras escolhidas previamente, cujas listas são fornecidas por longos *tesauros* que acompanham os bancos; também se encontram nos programas de ajuda, em forma de dicionário que se faz igualmente acompanhar dos procedimentos a serem seguidos.

A arte do pesquisador está então em associar essas palavras até que conduzam às informações desejadas. Suponhamos, por exemplo, que nosso pesquisador se interesse pela evasão escolar. Antes de procurar informações nos bancos, já terá especificado um pouco o assunto: a evasão escolar dos meninos no ensino secundário. Trata-se apenas de associar os elementos (conceitos) de seu problema graças à conjunção (por vezes chamados de operadores) "and" ou "e": evasão escolar *e* menino *e* secundário. Obterá, dessa forma, todos os títulos contendo essas palavras ou os artigos para os quais serviram de palavras-chaves.

> Surgidos apenas há poucos anos, os bancos de dados e as redes informáticas desenvolvem-se tão rapidamente que, desde já, fica difícil imaginar fazer uma pesquisa ou estudos superiores sem deles se servir.

> TESAURO Lista de palavras selecionadas para analisar e classificar documentos.

"Por que você não procura no banco de dados local?"

O diagrama seguinte ilustra essa interrogação. Em cada um dos círculos, vê-se o número de referências às quais a palavra-chave conduz quando utilizada isoladamente. Em sua interseção, tem-se o número de referências conservadas quando os três elementos são associados, ou seja, referências que contêm todos os três (os números são arbitrários).

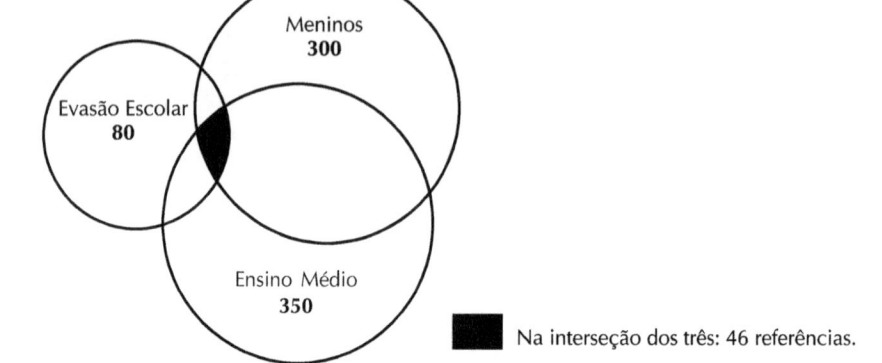

```
        Meninos
         300
Evasão Escolar
     80

    Ensino Médio
        350
```

■ Na interseção dos três: 46 referências.

O operador "and" ou "e" é, portanto, essencial para interrogar os bancos informatizados. Mas no banco pesquisado, o fenômeno da evasão escolar também poderia estar gravado com as palavras "abandono de estudos"; igualmente se poderia utilizar as seguintes palavras: estudante, aluno, adolescente; e para ensino médio: grau escolar, nível médio. Deve-se isso prever e pensar em integrar, agora com o operador "or" ou "ou", os sinônimos mais plausíveis das palavras-chaves usadas no princípio. A primeira interrogação poderia então se tornar: [evasão escolar *ou* abandono de estudos] *and* [menino *or* estudante *or* aluno *or* adolescente] *and* [médio *or* nível médio *or* ensino médio] — o que daria melhores chances de se aproveitar todos os recursos do banco.

Além disso, sobre a questão da evasão escolar, o pesquisador poderia desejar deixar de lado os estudos sobre a evasão nas escolas particulares: poderia então excluí-los acrescentando "exceto setor privado" à sua interrogação. Poder-se-ia então retomar a interrogação precedente, mas a ela acrescentando *not: not* (setor privado), *not* escola particular, *not* colégio particular, por exemplo, para dar conta dessa reserva.

Os operadores "and", "or" e "not" (em português: "e", "ou" e "não") e a capacidade do pesquisador de imaginar ou de achar as palavras-chaves que conduzem à informação desejada são, portanto, os instrumentos essenciais para a eficaz pesquisa nos bancos de dados. Instrumentos aos quais se deve acrescentar o conhecimento do vocabulário inglês, pois a maioria dos bancos disponíveis comercialmente ou via Internet são em inglês.

As referências obtidas variam conforme os bancos. Alguns fornecem apenas uma referência mínima: os dados essenciais de localização (autor, título, revista, data); outros apresentam ainda resumos de tamanho variável, às vezes passagens do artigo ou do texto em questão; às vezes até permitem imediatamente o recebimento de longas listas, resumos ou textos completos através da impressora, de gravação em disquete ou dos correios.

```
No.       Records    Request
*  1       1274      explode "RACIAL-DISCRIMINATION"

Record 1 of 1 - ERIC 1992-3/98
AN:  EJ551486
CHN: UD520204
AU:  Pang,-Valerie-Ooka; Strom,-David; Young,-Russell-L.
TI:  The Challenge of Affirmative Action.
PY:  1997
JN:  Multicultural-Education; v4 n4 p4-8 Sum 1997
DT:  Journal Articles (080); Reports - Evaluative (142)
LA:  English
DE:  Disadvantaged-Youth; Educational-Objectives; High-Schools; Racial-Composition; Resource-
     Allocation; Urban-Schools; Urban-Youth
DE:  *Affirmative-Action; *Equal-Education; *High-School-Students; *Minority-Groups; *Racial-
     Discrimination
ID:  California-San-Francisco
IS:  CIJFEB98
AB:  Explores the challenges of using affirmative action programs when competing groups of
     underrepresented people vie for limited school resources. The case study of a San
     Francisco (California) high school illustrates the difficulties of balancing competing
     goals when affirming diversity and addressing patterns of discrimination conflict with
     equal treatment of each individual. (SLD)
CH:  UD
FI:  EJ
DTN: 080; 142
```

Um exemplo de resultado de uma interrogação no ERIC

Mas se deve ter muita atenção em relação a esses sistemas de localização da informação científica. Alguns bancos podem fornecer muitíssimas informações: tudo o que está disponível torna-se acessível, sem grande discriminação. Pode-se então chegar a trabalhos (muito) secundários, artigos somente esboçados, comunicações destinadas a explorar o terreno..., correndo-se o risco de se afogar em uma massa de documentos inutilmente numerosos porque pouco selecionados! Na realidade, deve-se lembrar, o artigo que mais interessa é o que o pesquisador, no final de sua pesquisa, terá conseguido publicar em uma revista de renome. Este artigo encontra-se no banco com os outros, mas pode nele se perder entre outros de menor interesse.

Acrescentemos finalmente que em semelhantes discos compactos (CD-ROM), também se acham conjuntos de dados estatísticos, como *Unesco Database*, enciclopédias ou dicionários, tais como o *Grand Robert Électronique*, etc.

Periódicos

Os periódicos são publicações editadas com freqüência regular. Entre estes destacam-se as revistas científicas, certos balanços de pesquisa, anuários, entre outros.

Revistas

As revistas científicas são essenciais à pesquisa. O pesquisador sabe que nelas encontrará, cuidadosamente selecionados por especialistas, os artigos que se relacionam com as pesquisas mais recentes. Vê-se nelas habitualmente os problemas de pesquisa considerados, as problemáticas adotadas, os métodos empregados, as conclusões tiradas. As referências bibliográficas e as notas que acompanham os artigos também são ricas fontes de informações; é bom, aliás, chegar às publicações mais antigas através das mais recentes, para assim determinar a filiação das idéias, o fervilhar da pesquisa feita de trocas, de divisão, bem como de debates.

O pesquisador conhece, em geral, as revistas importantes em sua área de interesse e acompanha regularmente sua publicação. Os index e inventários o auxiliam a ampliar suas investigações, se for o caso. Este livro apresenta, no apêndice, uma seleção de revistas comuns em ciências humanas. Mas para conhecer a todas — são alguns milhares — teria que se consultar um index como o *Ulrich's International Periodicals Directory* e seus suplementos.

Balanços de pesquisas e anuários

Existem revistas especializadas nos balanços de pesquisas. São, em sua maioria, americanas. Quase todas as ciências humanas os possuem: o *Annual Review of Anthropology* e o *Annual Review of Psychology*, por exemplo. Habitualmente essas revistas são publicadas anualmente (como os títulos das precedentes indicam). São dirigidas por uma equipe de redação encarregada de convidar especialistas renomados para prepararem artigos que façam um balanço de alguns aspectos da pesquisa em seu campo. Esses artigos são geralmente acompanhados por referências bibliográficas muito úteis.

Certos *Handbooks* publicados pelas associações profissionais de pesquisadores são feitos com o mesmo espírito: trata-se sempre de fazer, através de uma série de artigos, balanços de pesquisas sobre determinadas questões. São publicados, muito regularmente, de cinco em cinco ou de dez em dez anos. Também é o caso, por vezes, dos *Yearbooks* produzidos com os mesmos objetivos e nas mesmas condições, que, apesar de seu nome, normalmente não são publicados anualmente.

Há anuários de todos os tipos. Começando por esses instrumentos importantes de informação que são os grandes anuários nacionais, como o *Anuário estatístico do Brasil*, publicado pelo IBGE. De acesso fácil, esses anuários contêm um mar de dados, estatísticas e outros, sobre os múltiplos aspectos da vida em seu respectivo campo. Em matéria de publicações internacionais, consultar-se-á o *Anuário estatístico da Unesco*.

O pesquisador dispõe enfim de numerosos inventários de organismos, cuja publicação pode ser anual ou mais espaçada, que podem lhe apresentar múltiplas facetas das realidades humanas. Citemos, a título de exemplo, o *Directorio de centros de investigación científica y tecnología en America Latina y el Caribe, España y Portugal*, da Unesco, e o Catálogo das universidades brasileiras, do Conselho de Reitores das Universidades Brasileiras.

A Problemática Racional

Uma vez realizada a revisão da literatura, o pesquisador chega ao fim do primeiro dos dois movimentos principais de um itinerário de pesquisa, o que conduz das interrogações iniciais a uma hipótese. Com efeito, já 1) conscientizou-se de um problema e o traduziu em forma de pergunta; 2) fez uma revisão da literatura para melhor considerá-la: resta-lhe, agora, tirar as conseqüências de seu procedimento inicial: clarificar, precisar e reformular, ainda se necessário, seu problema e sua questão, depois o que antecipa como eventual compreensão e explicação do problema no final da pesquisa, ou seja, sua hipótese.

Para ele mesmo então, mas sobretudo para os outros que gostariam de conhecer o sentido de seu procedimento, o pesquisador o explica, bem como o faz com seus resultados: enuncia sua problemática — a partir de agora racional no final da operação de objetivação que foi conduzida — e o que dela resulta como hipótese.

A problemática racional enunciada

Vejamos o esquema seguinte. A problemática racional é a elaborada no movimento que vai em direção da janela da direita, onde esta se enuncia.

```
PROBLEMÁTICA SENTIDA                                    PROBLEMÁTICA ENUNCIADA

  Fatos                                                   Problema e
                                                          pergunta:
  Teorias      PROBLEMA      PROBLEMÁTICA RACIONAL
               PERCEBIDO                                  • clarificados      HIPÓTESE
  Conceitos                     OBJETIVAÇÃO               • precisados

  Valores
```

No início da janela da esquerda havia o conjunto dos fatores esparsos — os conhecimentos brutos e construídos, os conceitos, as teorias, diversos valores os animando — que, em função de circunstâncias que se apresentam em seu meio, fazem com que o pesquisador perceba um problema sobre o qual valeria a pena se debruçar.

Esses elementos esparsos, mas em interação, formam seu quadro de referência para a apreensão do problema, sugerindo-lhe um modo de vê-lo — uma problemática sentida —, o pesquisador tentou deles obter uma visão mais objetiva: examinou-os para melhor estabelecer sua natureza e seu jogo, a fim de aprender mais precisamente e mais profundamente seu problema e as questões de pesquisa que dele resultam. É a longa operação de objetivação que conduz da janela da esquerda à da direita, operação durante a qual o pesquisador analisa as múltiplas facetas (factuais, conceituais, teóricas) de seu problema, tendo como auxílio a revisão da literatura.

A problemática, finalmente, quando se encontra na janela do meio, evoluiu, talvez tenha se transformado, com certeza, objetivou-se. O problema está agora bem delimitado, seus limites e suas implicações claramente estabelecidos; o pesquisador vê como retornar ao real para verificar se a resposta antecipada (a explicação, a compreensão), sua hipótese, tem fundamento.

Em seu relatório de pesquisa é o conteúdo dessa segunda janela que o pesquisador divulgará; explicará como nele chegou e o que isso implica. Ou seja, enunciará sua problemática racional.

A hipótese

A hipótese, como dissemos, é o ponto de chegada de todo o primeiro movimento de um itinerário de pesquisa. Torna-se, em seguida, o ponto de partida do segundo movimento, indicando a direção a seguir para que se possa resolver o problema de partida, verificar sua solução antecipada.

O procedimento hipotético-dedutivo

Casualmente, é o papel central da hipótese, essa espécie de elo entre as duas vias de um encaminhamento de pesquisa, que faz com que o procedimento de pesquisa em ciências humanas seja denominado hipotético-dedutivo: "hipotético", no adjetivo composto, salienta esse papel central da hipótese.

Na realidade, contudo, a via que conduz de fatos pontuais a essa generalização, que é a hipótese, poderia ser chamada de modo mais preciso; e o encaminhamento lógico da outra via não iria necessitar, para ser descrito, dos dois termos do adjetivo composto "hipotético-dedutivo". Inspirando-nos no quadro da página 22, como se poderia chamar o tipo de encaminhamento empregado para uma e para outra?

Retomemos o exemplo do pesquisador que se preocupa com a evasão escolar. Seu encaminhamento até aqui o fez ver claramente o problema, delimitá-lo, privilegiar um determinado aspecto através de sua pergunta. Imaginemos duas perguntas possíveis às quais poderia ter chegado:

- Poderíamos reduzir a evasão escolar suprimindo o trabalho paraescolar remunerado?
- O fator econômico é preponderante entre os fatores que levaram ao aumento da evasão escolar nos últimos dez anos?

Vê-se que uma das perguntas conduz mais a uma pesquisa aplicada, e a outra mais a uma pesquisa fundamental, mas nosso interesse não é dessa ordem. O que nos interessa é que, implicitamente, uma e outra contêm uma suposição sobre a solução do problema: a primeira, que a supressão do trabalho remunerado paraescolar reduziria a evasão; a segunda, que a medida dos fatores econômicos e outros relativos à evasão auxiliará a compreensão do fenômeno. Essas suposições implícitas são as hipóteses do pesquisador, e suas hipóteses são os elos sobre os quais se articula a seguinte etapa da pesquisa.

A etapa seguinte da pesquisa consiste essencialmente em procurar informações novas, além das que serviram, até o momento, para a definição do problema, para que a hipótese seja verificada. Serão diferentes conforme a hipótese formulada e o objetivo visado através dela.

Efetivamente, a primeira hipótese propõe que seja suprimido o trabalho paraescolar remunerado e que se avalie os efeitos dessa supressão sobre a evasão. A segunda conduz à procura de informações sobre fatores econômicos e outros, hoje em dia e há dez anos, para que se julgue seu respectivo peso sobre a evasão.

Mas o que se entende exatamente por "trabalho paraescolar remunerado"? Cinco horas e vinte horas por semana equivalem? Trabalhar em sua área de estudo ou não?... Quanto aos fatores econômicos, quais são eles? E os outros fatores? Como perceber os sinais de sua influência?... Ainda aqui, como para a pergunta de pesquisa, para tornar uma hipótese de pesquisa operacional em função de sua continuidade, faltam algumas precisões a fazer. Isso supõe uma outra operação de clarificação dos conceitos sobre os quais a pesquisa se fundamenta, do que será tratado na terceira parte do manual.

Portanto, o pesquisador enuncia sua hipótese. Para as que nos serviram de exemplo, as formulações seriam certamente diferentes. Desse modo:

- *Para a primeira,* suprimindo-se o trabalho paraescolar remunerado, o índice de evasão diminuirá.
- *Para a segunda,* o fator econômico pesa mais que outros fatores na evasão escolar.

Mas formulações um pouco secas como essas nem sempre propiciam uma compreensão plena e nuançada do que se trata. Na segunda, por exemplo, os fatores econômicos e os outros fatores em questão podem ser encarados de inúmeras maneiras, tanto no que se refere à sua natureza quanto ao seu jogo. Com freqüência, em um caso semelhante em ciências humanas, julga-se insuficiente a hipótese simples, construída associando-se dois ou um pequeno número de fatores, e se prefere combinar a hipótese com mais explicações, abordá-las de modo mais aprofundado. A hipótese pode então tomar a forma de um texto com vários parágrafos. Assim, para a segunda, o pesquisador poderia querer relembrar a variedade dos fatores possíveis, sublinhar suas inter-relações, precisar em que o fator econômico lhe parece oferecer mais possibilidades de explicação do que outros, e indicar como, conseqüentemente, isso deveria se manifestar. Pois, qualquer que seja a forma dada à expressão da hipótese seu espírito permanecerá, o que se pode resumir nas palavras *se — então*: *se* tal suposição está correta, *então* se deveria encontrar...

Qualquer que seja o modo de formulação, a hipótese sempre será necessária para direcionar a continuidade da pesquisa; como afirmou um brincalhão, só se acha o que se procura!

PRÁTICA

Primeira etapa do trabalho de pesquisa (II): a problemática racional e a hipótese

Eis agora o momento de finalizar a primeira etapa do trabalho de pesquisa.

Você já escolheu, após o último capítulo, um problema de pesquisa. Assegurou-se de que se trata de um problema que merece ser estudado, ou seja, que a solução que eventualmente lhe será dada, em matéria de conhecimentos lacunares ou de capacidades de intervenção, melhoraria a situação de partida.

Você vislumbra uma possível solução para esse problema? É nessa direção que nos dirigimos agora: propor uma solução possível, a hipótese, cuja validade será verificada em seguida.

Trata-se, portanto, de, nessa etapa, retomar seu problema e, objetivando-o melhor, preparar o enunciado da possível solução. Provavelmente, sem demora, você achará cômodo reformular o problema em forma de pergunta. Uma pergunta, com efeito, é mais dinâmica, pede mais claramente uma pesquisa, uma ou mais respostas, do que o simples enunciado de um problema.

Sua pergunta, uma vez formulada, é bem clara? Você domina bem as realidades subjacentes aos termos utilizados? Esses termos seriam dominados por todos como por você? Sua pergunta questiona opiniões, preferências, teorias, ideologias? Foi tomada emprestado? Sua pergunta, outros já poderiam tê-la feito, de seu modo ou diferentemente? Foram feitas perguntas semelhantes, ou simplesmente já se debruçaram sobre perguntas que, sendo afins com a sua, poderiam esclarecê-la?...

Como se vê, é chegado o momento de realizar a revisão da literatura relativa à sua pergunta, encontrar e consultar trabalhos capazes de iluminá-la no que concerne ao saber disponível, conceitos e teorias, métodos de pesquisa... Seria, aliás, bom, antes de iniciar essas pesquisas e leituras, elaborar uma lista dos saberes suplementares que você gostaria de considerar.

Não esqueça, por outro lado, de que você não lê pelo simples prazer de ler; não consulta pelo simples prazer de consultar, mas para esclarecer seu problema, sua pergunta, para melhor defini-la a fim de dar seguimento à sua pesquisa: não perca de vista sua pergunta!

Uma vez acabada a revisão da literatura, o mais importante foi realizado. Resta apenas escrever o que disso resulta, anunciando a hipótese que a continuidade da pesquisa irá verificar.

Nesse texto, sem entrar nos detalhes, dever-se-ia encontrar:

- De onde você tirou o problema, em que medida é um verdadeiro problema, em que medida sua solução é desejável e através de que pergunta traduzi-lo de maneira operacional.
- O ângulo sob o qual você deseja abordá-lo; com quais intenções? E, para isso, o que você selecionou de sua revisão da literatura: no plano do saber, disponível e lacunar, dos conceitos, das teorias, se for o caso, das formas de considerar tais problemas. Aí está o essencial de sua problemática racional. Seja crítico!
- A hipótese que você deseja verificar, enunciada convenientemente segundo sua natureza, a do problema e a da pesquisa vislumbrada.

No que concerne à hipótese e a tudo o que lhe precede, não existem regras fixas de apresentação. A lógica comum e as regras comuns de eficácia na exposição devem prevalecer. E a arte de delas se servir, como em qualquer exposição, não deve ser negligenciada.

Quando escrever o relatório de pesquisa?

A parte IV (capítulos 9 e 10) do livro tratará do relatório de pesquisa em seu conjunto. Insistir-se-á mais sobre o que dele se espera, e alguns conselhos serão dados.

Poder-se-ia então preferir ter chegado ao fim de sua pesquisa para escrever seu relatório. Mas a etapa que se finaliza aqui é de suma importância para seu conjunto e sua continuidade. Mesmo se se decide não escrever o relatório em seguida, dever-se-ia, no entanto, destinar um tempo para fazer seu balanço atento e dele tirar as conseqüências. Um plano detalhado, sujeito a alguns reajustes quando da redação final, retirado eventualmente de um sistema de fichas no qual se anotaria o essencial do que foi selecionado, poderia então ser suficiente para fixar as idéias e guardá-las na memória.

Mas se você prefere não esperar, a parte IV já está à sua disposição.

PARTE III

DA HIPÓTESE À CONCLUSÃO

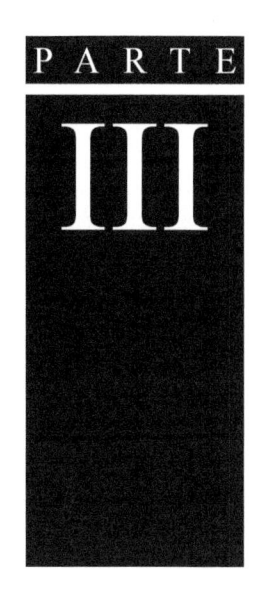

Um longo trajeto já foi percorrido desde a percepção inicial do problema de pesquisa até o enunciado da hipótese, que veio encerrar a primeira vertente do procedimento. O trajeto nessa vertente se mostra sempre o mais delicado da aventura de pesquisa. Um pouco como em uma excursão à montanha onde a ascensão se revela a etapa penosa. Uma vez atingido o cume, a seqüência será mais fácil: dominando a paisagem, nela se está situado de maneira precisa, percebendo melhor o objetivo a atingir e os caminhos que levam a ele. A seqüência das operações decorrerá naturalmente do trabalho já realizado, das decisões tomadas.

A hipótese que veio encerrar o primeiro tempo do procedimento se apresentava como uma resposta plausível, até mesmo provável, para a questão colocada. Essa resposta plausível deve agora ser submetida a uma verificação a fim de saber se resiste à prova dos fatos. É a razão de ser da etapa que se abre e que deve levar o pesquisador da hipótese à conclusão. A parte III do livro é, portanto, dedicada aos mecanismos dessa verificação, que é também uma demonstração do valor da hipótese: suas principais operações estão resumidas na metade inferior do quadro reproduzido na página seguinte.

Emitir um julgamento esclarecido sobre o valor de uma hipótese exige informações sobre as quais apoiá-lo. O primeiro cuidado do pesquisador é então interrogar-se sobre a natureza dos dados necessários à sua verificação e sobre seus modos de coleta. Essas interrogações e suas possíveis respostas serão tratadas no capítulo 6, "As estratégias de verificação", ao passo que, no capítulo 7, "Em busca de informações", destacaremos as exigências práticas, os instrumentos e as técnicas dessa coleta de dados.

Mas a coleta das informações é uma coisa; ver se o que foi reunido mostra bem o que estava previsto é outra: daí a etapa da análise e da interpretação dos dados, que conduzirá à confirmação, ou talvez à modificação ou até mesmo à rejeição, da hipótese, que levará, por último, a novas explicações e à sua eventual generalização. É a esta parte do procedimento de pesquisa, que vai das informações recolhidas às conclusões que delas se pode tirar, que será dedicado o capítulo 8.

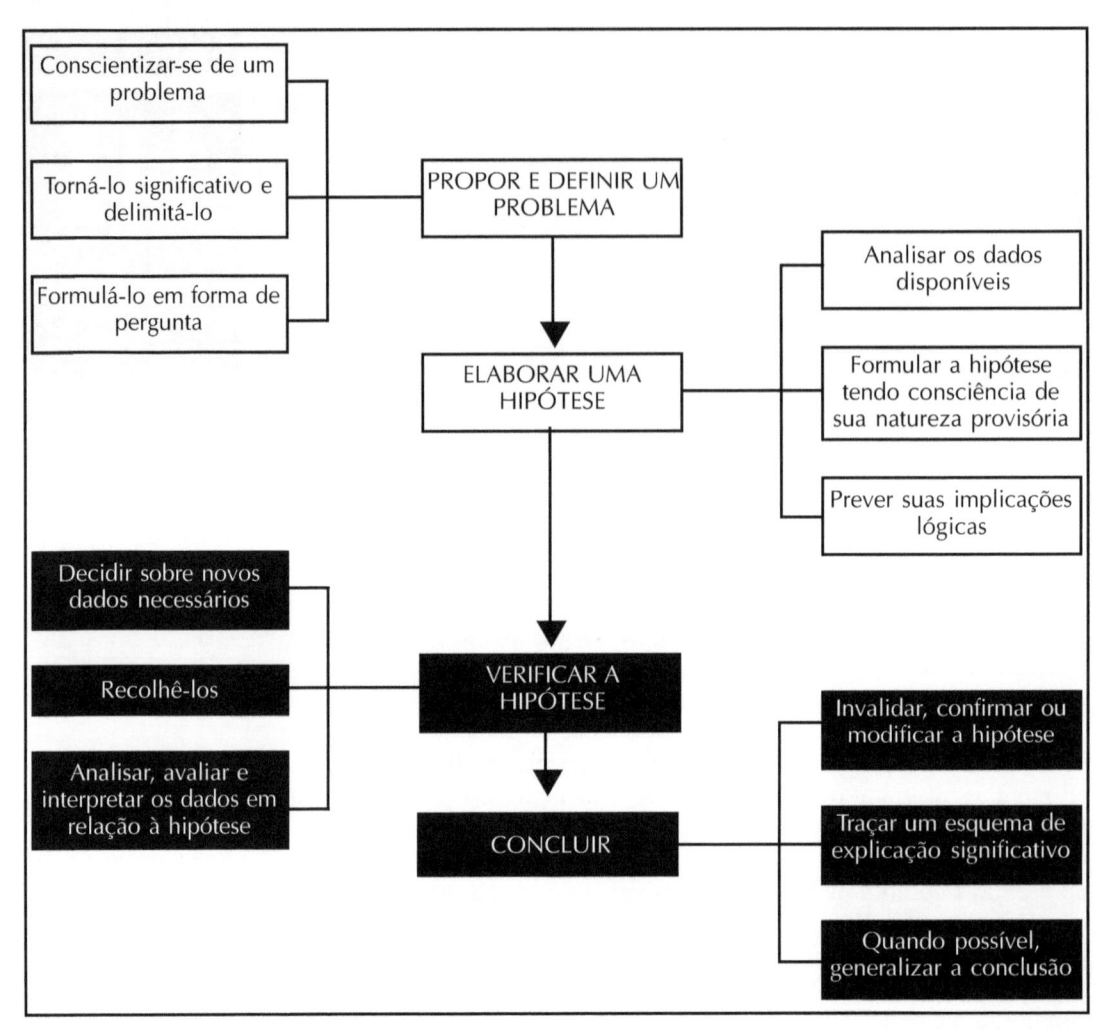

```
┌─────────────────┐
│ Conscientizar-se│
│ de um problema  │
└─────────────────┘
┌─────────────────┐        ┌──────────────────┐
│ Torná-lo        │───────▶│ PROPOR E DEFINIR │
│ significativo e │        │   UM PROBLEMA    │
│ delimitá-lo     │        └──────────────────┘
└─────────────────┘                                    ┌──────────────────┐
                                                       │ Analisar os dados│
┌─────────────────┐                                    │   disponíveis    │
│ Formulá-lo em   │                                    └──────────────────┘
│ forma de        │                 │
│ pergunta        │                 ▼                  ┌──────────────────┐
└─────────────────┘        ┌──────────────────┐        │ Formular a       │
                           │ ELABORAR UMA     │───────▶│ hipótese tendo   │
                           │   HIPÓTESE       │        │ consciência de   │
                           └──────────────────┘        │ sua natureza     │
                                                       │ provisória       │
                                                       └──────────────────┘
                                                       ┌──────────────────┐
                                                       │ Prever suas      │
                                                       │ implicações      │
                                                       │ lógicas          │
                                                       └──────────────────┘
■ Decidir sobre novos
  dados necessários             │
                                ▼
■ Recolhê-los ─────────▶  ■ VERIFICAR A HIPÓTESE

■ Analisar, avaliar e
  interpretar os dados            │           ■ Invalidar, confirmar ou
  em relação à hipótese           ▼             modificar a hipótese

                          ■ CONCLUIR ────────▶ ■ Traçar um esquema de
                                                 explicação significativo

                                               ■ Quando possível,
                                                 generalizar a conclusão
```

Fonte: Inspirado em Barry Beyer, *Teaching in Social Studies*, Columbus (Ohio): Charles E. Merrill, 1979. p. 43.

Uma última observação antes de entrar no cerne do assunto. Ao longo do percurso, vemos delinear-se o papel central da hipótese. Inicialmente explicação plausível, apesar de provisória, que marca principalmente o termo de um procedimento indutivo, originado do problema; torna-se em seguida o ponto de partida de um novo procedimento, preferentemente dedutivo, em que se efetua um retorno à realidade para submeter essa explicação à prova dos fatos. Nesse sentido, ela desempenha bem esse papel de pivô em torno do qual se articulam as duas vertentes da pesquisa, cujo caráter hipotético-dedutivo se sobressai nitidamente aqui. Não seria demais, portanto, insistir sobre a importância de uma hipótese cuidadosamente construída, coração e motor de um procedimento metódico de construção do saber.

As Estratégias de Verificação

CAPÍTULO 6

Elaborada sua hipótese, o pesquisador deve decidir como procederá à sua verificação: deve determinar as informações que serão necessárias, as fontes às quais recorrer e a maneira de recolhê-las e analisá-las para tirar conclusões. Essas decisões não são deixadas só à fertilidade de sua imaginação. A hipótese lhe ditará em grande parte a conduta nessas matérias. Constataremos isso na primeira parte deste capítulo em que serão desenvolvidos alguns exemplos de pesquisas centradas em um mesmo problema. As outras duas partes do capítulo tratarão das principais estratégias de verificação, em função do gênero de informações exigidas.

> Comparando o procedimento de pesquisa ao da construção de uma casa, a hipótese seria o plano desta: primeiro, concebe-se o plano em função das necessidades dos moradores e de suas possibilidades: em seguida este plano orienta a escolha dos materiais e sua reunião.

HIPÓTESES DIVERSAS, NECESSIDADES DIFERENTES

Às vezes, podemos ler nos jornais manchetes que noticiam disputas interculturais nas escolas.

Apunhalado no pátio da escola
Uma contenda intercultural entre adolescentes acaba mal

Estes conflitos inter-raciais felizmente não são freqüentes nem tão violentos. Mas não deixam, por isso, de merecer nossa atenção vigilante. Pois eis aí um problema real! Um fenômeno que perturba o conjunto de um ambiente e corre o risco de atingir cada uma das pessoas que fazem parte dele. Suscita uma infinidade de interrogações, por exemplo:

- Como se poderiam prevenir tais enfrentamentos violentos?
- Como alunos podem chegar a bater-se assim?

Originadas em uma mesma situação-problema, tais questões revelam-se fundamentalmente diferentes. A primeira testemunha uma vontade de prevenir tais acontecimentos, a segunda gostaria de compreender um aspecto deles. Intervir ou compreender: presume-se que se pesquisas são promovidas no rastro dessas questões, encontrar-se-ão dois grandes tipos de pesquisa evocados antes — a pesquisa aplicada e a pesquisa fundamental — tipos de pesquisas que dependem essencialmente das intenções dos pesquisadores.

Quais poderiam ser as hipóteses ao fim de tais projetos? É fácil de imaginar.

No primeiro caso, o pesquisador poderia querer tentar um meio de diminuir as tensões antes que degenerem, e propor a idéia de fazer as pessoas se encontrarem em um clima aberto e sereno, conjecturando que:

> a celebração de encontros interculturais permite diminuir a agressividade dos alunos que deles participam em relação às pessoas provenientes de comunidades diferentes da sua.

Na segunda questão, que trata das razões da violência observada entre alunos confrontados com a presença de colegas de culturas diferentes, o pesquisador poderia chegar a uma outra hipótese.

> os alunos são ainda mais agressivos com as pessoas de comunidades diferentes porque conhecem mal a cultura delas.

Tendo partido de questões diferentes sobre um mesmo problema, nos deparamos com hipóteses também diferentes e que conduzem, por sua vez, a verificações diferentes, tanto no tocante à natureza dos dados requeridos quanto na maneira de proceder.

Duas hipóteses de espírito diferente surgem aqui de um mesmo problema. Fixemos bem esse problema na memória, pois ele será útil ainda antes do fim desta parte.

O que é exatamente um dado?

O termo *dado* já apareceu em diversas ocasiões, mesmo que a ele tenhamos, muitas vezes, preferido a palavra *informação*. Mas como é encontrado por toda parte em pesquisa, inclusive neste livro, não poderemos sempre fugir dele.

O termo revela-se um pouco enganador. Contrariamente ao que poderia fazer crer a definição do *Dicionário Aurélio* transcrita, ele designa, na verdade, algo que não é dado, que não é evidente, mas que é preciso ir procurar com o auxílio de técnicas e de instrumentos, busca que demanda esforços e precauções.

Para os pesquisadores, os dados são esclarecimentos, informações sobre uma situação, um fenômeno, um acontecimento. A verificação da hipótese apóia-se sobre tais informações; nesse sentido, os dados constituem um dos ingredientes que fundamentam a pesquisa, a matéria de base que permite construir a demonstração.

DADO elemento ou quantidade conhecida que serve de base à resolução de um problema.

Dados criados, dados existentes

A primeira das hipóteses que precedem prevê uma ação, a implantação de encontros interculturais para modificar uma situação julgada deplorável.

O que a verificação dessa hipótese exigirá? Informações ou dados, como para qualquer verificação de hipótese. Relendo-a, nota-se que esta presume uma mudança na agressividade dos alunos, mudança que deveria ser atestada pela presença dos dados colhidos. E como é uma intervenção planejada — os encontros interculturais organizados pelo pesquisador — que trará essa mudança, que provocará o aparecimento dos dados, falar-se-á, nesse caso, de *dados criados* ou *engendrados* no âmbito da pesquisa.

A segunda hipótese não visa a uma mudança, mas a um saber, o da relação entre os conhecimentos que os alunos têm de outras culturas e a agressividade que eles experimentam relativamente aos pertencentes a essas culturas. Desta vez, as informações assentam, de uma parte, no grau de agressividade intercultural presente nos alunos e, de outra parte, no seu nível de conhecimento das outras culturas, informações que o pesquisador em seguida colocará em relação. Nenhuma necessidade aqui de provocar uma mudança qualquer: falar-se-á então de *dados existentes*.

Esses dados certamente não existem independentemente da presença do pesquisador e de sua atividade. É ele, na verdade, que os faz aparecer como dados: pela escolha de um ponto de vista e o recurso a diversos instrumentos, seleciona alguns elementos, transformando-os em informações significativas. Desempenha desse modo um papel essencial na existência desses dados, da mesma forma que a presença de uma testemunha é necessária para que um fenômeno, a queda de um meteorito, por exemplo, se torne um acontecimento. Mas, assim como só a testemunha não faz aparecer o meteorito, também o pesquisador não quer aqui induzir a produção de dados novos, por meio de uma intervenção que transforme o objeto de estudo. No caso precedente, ao contrário, tal intervenção era desejada para mudar as atitudes, para modificar uma realidade, modificação portadora de novos dados, engendrados pela ação consciente do pesquisador.

Desde o começo do capítulo, lembramos que um mesmo problema pode permitir questionamentos diversos os quais, por sua vez, levam a hipóteses diferentes. Aprendemos também que a verificação dessas hipóteses exige coleta de dados diferentes: dados que existem em um caso; dados cujo surgimento são provocados em outro. Obtemos aí o esboço de uma nova categorização das pesquisas: pesquisas com dados existentes e pesquisas com dados criados. O resto do capítulo trará mais precisões ao assunto das novas categorias.

> PESQUISA COM DADOS CRIADOS OU ENGENDRADOS
> Pesquisa baseada em dados coletados após uma intervenção deliberada, que visa a provocar uma mudança.

> PESQUISA COM DADOS EXISTENTES
> Pesquisa baseada em dados já presentes na situação em estudo e que o pesquisador faz aparecer sem tentar modificá-los por uma intervenção.

Um retorno aplicado a categorizações fundamentais...

É grande a tentação de se associar a idéia de pesquisa com dados criados à pesquisa aplicada, uma vez que esta supõe ação ou intervenção, e de vincular, da mesma forma, a pesquisa com dados existentes à pesquisa fundamental que não quer modificar o real. Todavia, é preciso evitar estabelecer tais vínculos com demasiada rapidez, pois as duas categorizações são definidas em bases muito diferentes, uma fundada nas intenções do pesquisador, e outra, acabamos de dizê-lo, no tipo de informações colhidas. Há exemplos de pesquisas fundamentais que não têm por objetivo a intervenção. Contudo, os pesquisadores são levados a nelas intervir para melhor compreenderem as interações dos diversos fatores, objetos de seus trabalhos. Assim, qualquer um poderia querer determinar se a relação entre nível de conhecimento e grau de agressividade pode ser uma relação de causa e efeito. Ele acrescentaria, então, os conhecimentos das diversas culturas em um certo número de participantes para, em seguida, verificar se esse acréscimo acarreta uma redução da agressividade intercultural nessas pessoas. Ele o faria sem ter forçosamente a intenção de instalar em seguida, ele próprio, outras atitudes, mas simplesmente para melhor compreender as atitudes e comportamentos humanos. Teríamos então uma pesquisa fundamental em que se apresentariam dados criados. Inversamente, lembremos que a pesquisa aplicada visa a uma intervenção no real. Ela não é obrigatoriamente isso. Assim, o projeto em que o pesquisador apenas constata a existência de um vínculo entre conhecimento de outras culturas e agressividade em relação a elas poderia ser aplicado se servisse para preparar uma intervenção futura, mesmo que não se interviesse nela ativamente no momento, que não se provocasse nenhum surgimento de dados novos. De fato, as intenções que fundamentam a primeira categorização, pesquisa aplicada-pesquisa fundamental, não permitem de forma alguma prejulgar o tipo de informações a colher.

Os dados são criados

De início, vamos observar mais a fundo um exemplo de pesquisa com dados criados, conduzindo nossa reflexão em torno da primeira hipótese, aquela em que se quer julgar a utilidade de encontros interculturais.

A verificação dessa hipótese supõe a comprovação de uma relação de causa e efeito entre a participação nos encontros e a redução da agressividade intercultural nos alunos. Para esse fim, o pesquisador deve *provocar uma experiência* na qual ele intervém, através da organização dos encontros previstos na hipótese, fazendo assim agir a *causa*. Verificará logo a presença dos *efeitos*. Apoiando-se nos dados engendrados pela experiência, observará se a intervenção acarretou a mudança de atitude prevista.

Imaginemos que, com a continuação da experiência, o pesquisador note com satisfação, nos alunos presentes nos encontros, um fraco nível de agressividade a respeito dos pertencentes a outras culturas. Sua satisfação é justificada? Poder-se-ia crer nisso: os encontros foram implantados visando a diminuir a animosidade; a que se observa é pequena, logo...

Mas tem-se realmente uma prova da eficácia da intervenção? Não. Ai de nós! Pois outros fatores poderiam explicar essa fraca agressividade.

Talvez o nível de animosidade intercultural já fosse baixo nos participantes, antes da intervenção. Se, por exemplo, estes fossem voluntários sem agressividade, mas, ao contrário, interessados pelas pessoas diferentes, os encontros não poderiam de forma alguma modificá-los. Como então concluir que a causa provocou o efeito esperado? De fato, para ter certeza da presença de uma mudança, como o requer a hipótese, verifica-se essencial ter um ponto de referência e, para isso, conhecer as atitudes dos participantes antes dos encontros. Somente então, compa-

Pesquisa sobre o sono

rando a agressividade antes e depois da intervenção, se tornará possível concluir pela modificação.

Isolar a causa da modificação

Porém a questão fundamental permaneceria: se houve evolução, ela explica-se somente pelos encontros? Talvez ela se tivesse produzido de qualquer maneira. Um acontecimento especial, estranho ao que nos interessa, teria podido provocá-la: o único dono da loja de conveniência do bairro teria, por exemplo, decidido fechar suas portas, cansado de servir incessantemente de alvo das perseguições de jovens, porque pertence visivelmente a uma minoria.

Como então distinguir a influência dos encontros, dos outros fatores possíveis?

O uso é recorrer a um segundo grupo, análogo ao dos participantes e que, durante *o mesmo período*, deveria normalmente sofrer as *mesmas influências,* salvo que tenha ficado à margem dos encontros. Submetem-se os dois grupos às mesmas avaliações, antes e depois do período de tempo considerado.

A avaliação inicial permite julgar se os dois grupos, o dos participantes dos encontros ou *grupo experimental*, e o outro, que serve de ponto de comparação, o *grupo-testemunha*, são equivalentes: equivalentes no plano da agressividade sentida, mas em outros planos também, pois se deve considerar um máximo de fatores suscetíveis de explicar uma eventual diferença entre os grupos, ao término da experiência. Depois desse tempo, então, se os dois se revelam razoavelmente semelhantes no início, uma boa parte das diferenças que aparecerão quando da avaliação

GRUPO EXPERIMENTAL
Em uma pesquisa com dados criados por uma experiência, conjunto de pessoas submetidas à intervenção controlada pelo pesquisador. O GRUPO-TESTEMUNHA é então formado por pessoas não submetidas à intervenção, mas que passam pelas mesmas avaliações do grupo experimental, a fim de fornecer um ponto de comparação.

final poderão ser legitimamente atribuídas à intervenção, único fator conhecido que os grupos não terão partilhado. A estratégia usada terá permitido isolar a participação nos encontros como fonte da evolução observada, como causa da diminuição da agressividade para com as pessoas culturalmente diferentes.

Mas é preciso evitar uma fé absoluta em tal isolamento da causa. Assim, por exemplo, os dois grupos poderiam vivenciar, durante a experiência, acontecimentos como o fechamento da loja, tendo o dono cedido ante a hostilidade racista, mas sem vivê-los da mesma maneira: os participantes dos encontros, mais sensibilizados pelos problemas do racismo, poderiam sentir mais a injustiça sofrida pelo comerciante. Isso ampliaria neles as transformações observadas ao término da intervenção e levaria eventualmente o pesquisador a julgá-la mais eficaz do que realmente é. Constata-se que, se a estratégia que se apóia na presença de dois grupos permite minimizar a influência de fatores exteriores, certamente ela nunca a afasta.

Fantasia séria sobre as múltiplas personalidades da causa

O termo "causa" pode assumir significações muito diversas, daí o risco de confusão. Será usado ora querendo significar "acarreta ineslutavelmente", ou então, "permite, torna possível", ou ainda, "provoca, engendra, conduz", se não for simplesmente "favorece, contribui para". O que bem traduz a natureza variada das causas possíveis: diretas ou incidentes, necessárias, suficientes, facilitadoras... A esse respeito, os dias seguintes a uma partida de *hockey* podem fornecer exemplos tão divertidos quanto instrutivos, se alguém se detém nas penetrantes análises dos comentadores.

"De qualquer maneira, teve-se nossas chances de *scorer (sic)* [...], mas é preciso aproveitar isso", confiou aos jornalistas o treinador da equipe perdedora. Essas chances de marcar constituem, na verdade, uma condição *necessária* à vitória, mas, constata filosoficamente o estrategista, essa condição *não basta* para assegurar essa vitória. Ao contrário, falando dos vencedores: "Eles foram mais oportunistas *(sic)* que nós e [seu goleiro] fez a diferença", reconhece. Eis aí uma condição *suficiente* para vencer: aproveitar melhor que o adversário as ocasiões que se apresentam! Poder-se-ia, aliás, por último, acrescentar que a condição necessária e suficiente para ganhar é marcar mais gols que o adversário. E uma condição *contribui para* a obtenção da vitória: um goleiro que brilha diante do gol. Outras causas não têm efeito direto, mas desempenham um pouco o papel de catalisador: sem intervir na ação propriamente dita, *facilitam* as coisas. "Não se deve esquecer a contribuição dos 'torcedores', pois, impelidos pela multidão, os jogadores realizaram milagres", dirão os analistas.

Entre os pesquisadores, a idéia de causalidade animou muitos debates. Para os positivistas, "as mesmas causas geram os mesmos efeitos", a causa de um fenômeno podia ser isolada e observada de fora. Ora, em ciências humanas sabe-se que o efeito pode variar: assim, em função do momento, do contexto e das pessoas implicadas, uma provocação agressiva levará ora a uma reação física violenta, ora a uma resposta verbal apaziguadora. Também resta apenas uma única certeza verdadeira além da demonstração de certas causas ora necessárias, ora suficientes, a da existência de outras influências na chave dos fenômenos estudados, influências diversas e freqüentemente imprevisíveis, ligadas aos atores e às circunstâncias, e das quais não é possível libertar-se sem fazer desaparecer o próprio fenômeno.

Equivalência dos grupos

A comparação com um grupo-testemunha constitui muitas vezes uma estratégia eficaz para pôr em dia relações causais, mas ela continua a ter um uso delicado; assim, as conclusões de um estudo, em que o grupo experimental seria composto de voluntários e o grupo-testemunha de alunos escolhidos ao acaso na escola, seriam contestáveis. Pois mesmo que, na ocasião da avaliação inicial, os dois grupos se mostrem equivalentes no que concerne aos conhecimentos e às atitudes, as diferenças observadas no final, diferenças que se poderiam atribuir à influência benéfica dos encontros, poderiam também se explicar pela qualidade de voluntários dos membros do grupo experimental, que testemunham assim uma abertura de espírito sem dúvida ausente nas pessoas racistas ou simplesmente indiferentes.

Como assegurar melhor a equivalência dos grupos?

No exemplo considerado, o pesquisador pode escolher ao acaso um certo número de alunos da escola e reparti-los, sempre ao acaso, em dois grupos. Um será forçado (sempre respeitando as regras da ética) a participar dos encontros, para constituir o grupo experimental, o outro será deixado à parte para servir de testemunha. Desta vez, as pessoas "forçadas" não demonstram *a priori* nenhuma característica particular como o fato de ser voluntárias. Os grupos formados parecem bem semelhantes e representam adequadamente o conjunto dos alunos, para quem se poderá legitimamente generalizar as conclusões tiradas da experiência. Mais legitimamente, em todo caso, que se o pesquisador tivesse escolhido trabalhar somente com os voluntários, para compor os dois grupos: as conclusões teriam então valido apenas para tais voluntários.

Ter-se-á notado, talvez, que o acaso foi o único critério que prevaleceu no momento de decidir se um aluno devia juntar-se ao grupo experimental ou ao grupo-testemunha; falar-se-á então de *grupos aleatórios*. Esclareçamos que não é por covardia nem por falta de imaginação que nos confiamos ao acaso para a composição dos grupos. Essa maneira de proceder (ou suas variantes, estudadas no capítulo 7) permanece a mais confiável para assegurar a requerida equivalência.

Noção de variável

No exemplo que precede, os termos *fatores, elementos em jogo,* e talvez outros, foram corretamente usados para designar ora a causa, ora o efeito. Contudo, no tipo de pesquisa descrita, com freqüência chamada de pesquisa experimental, o termo consagrado para designar esses fatores ou elementos é chamado *variável,* termo originário do mundo das ciências naturais em que as experiências estão sempre presentes.

Em nosso exemplo, as duas variáveis centrais são, é claro, a participação nos encontros interculturais e o nível de agressividade dos alunos para com as pessoas de culturas diferentes da sua. Mas essas não são as únicas, pois viu-se também apresentarem-se variáveis concernentes especialmente ao *status* dos participantes (voluntários ou recrutados à força) e o contexto no qual se desenvolvia a pesquisa (presença ou ausência de acontecimentos estranhos e perturbadores).

Se o acaso constitui o meio mais confiável de assegurar a equivalência dos grupos, essa segurança continua, por natureza, a ser probabilista. O pesquisador deve, por conseguinte, proceder às verificações, a fim de constatar eventuais diferenças entre os grupos para levá-las em consideração.

Se o termo "variável" é usado para designar esses fatores, é justamente porque cada um é suscetível de variação sob uma ou outra forma. Uma variável é, pois, um elemento ou fator que pode ter mais de um valor ou se encontrar em mais de um estado.

Assim, a variável "encontros" assume, no exemplo, dois estados: participação ou não-participação. Poder-se-ia, uma vez que aqui é questão de uma série de encontros, multiplicar os valores, considerando a participação em 0, 1, 2... encontros, ou avaliando, com o auxílio de um instrumento qualquer, o grau de implicação dos participantes nas trocas. Do mesmo modo, determinam-se, com ou sem o auxílio de testes, de questionários, ou através de observação, os níveis de agressividade nos alunos.

> Poder-se-á rever o quadro do capítulo 2 (página 43) intitulado "Quantitativo *versus* qualitativo".

Fala-se às vezes de variáveis quantitativas ou qualitativas, segundo sejam seus valores ou estados medidos e expressos numericamente ou descritos em palavras. Essa distinção, contudo, permanece secundária. Assim, a idade seria *a priori* uma variável numérica, cujos valores são particularizados em termos de número de anos, de meses...; mas, às vezes, é suficiente determinar se a pessoa é jovem, de meia-idade ou velha.

Outras variáveis que seriam mais qualitativas, traduzindo sentimentos ou emoções, por exemplo, podem também ser medidas com o auxílio dos testes adequados. O essencial é usar o que convém mais ao objeto da pesquisa.

Uma distinção, no entanto, revela-se muito importante. No exemplo, as duas variáveis, encontros e agressividade, não desempenham o mesmo papel. A primeira está conectada à causa; suas variações devem provocar mudanças da outra variável. É sobre essa primeira variável que o pesquisador age na experiência. A segunda variável, a agressividade, está ligada ao efeito esperado; sofre a influência da primeira e varia em função das mudanças que o pesquisador lhe impõe. É por isso que se qualifica esta última como *variável dependente*, enquanto a primeira é chamada de *variável independente*. Notemos que esses nomes deveriam normalmente ser usados apenas no caso de pesquisas em que se explora uma relação de causa e efeito: acontece, todavia, que, por extensão ou variação, alguns usam o termo "variável" descrevendo pesquisas em que não aparece nenhuma relação de causalidade.

> VARIÁVEL INDEPENDENTE Em uma relação de causalidade. Variável ligada à causa e cujas variações influenciam os valores de uma outra variável chamada VARIÁVEL DEPENDENTE, ligada ao efeito.

Os dados são existentes

Em torno do problema intercultural em uma escola, problema que nos serve de exemplo desde o começo do capítulo, conserváramos uma segunda hipótese querendo que a agressividade dos alunos para com os pertencentes a outras culturas variasse inversamente ao conhecimento que eles têm dessas culturas. Essa hipótese tinha sido então associada à pesquisa baseada em dados existentes.

As exigências da verificação dessa hipótese, menos centrada em uma explicação em termos de causalidade linear, vão conduzir a uma estratégia de pesquisa diferente daquela da primeira, mas que pode contribuir da mesma forma para a compreensão do humano, pois, se a agressividade dos alunos permanece no centro das preocupações, ligada desta

> Compreender uma situação não é só precisar-lhe as relações lineares de causa e efeito. Outros tipos de relações podem se mostrar esclarecedores.

A noção de pesquisa experimental

Ouve-se freqüentemente o nome *pesquisa experimental*. As características e exigências desta são muito precisamente definidas. Para ser considerada como experimental, uma pesquisa deve inicialmente visar a demonstrar a existência de uma relação de *causa e efeito* entre duas variáveis. Essa demonstração apóia-se em uma *experiência* na qual o pesquisador *atua sobre a variável independente* associada à causa para, em seguida, *medir os efeitos* engendrados no plano da *variável dependente*.

A fim de poder legitimamente atribuir esses efeitos à causa presumida, é preciso isolar as variáveis consideradas dos outros fatores que poderiam intervir no meio. Nas pesquisas com participantes humanos, a estratégia que permite satisfazer essa exigência supõe a formação aleatória de grupos. Um será o grupo experimental junto ao qual o pesquisador intervirá, aplicando o fator que deve desencadear o efeito. O outro grupo será mantido à parte da intervenção propriamente dita e servirá de testemunha. Antes de intervir, o pesquisador tomará suas primeiras medidas junto aos dois grupos a fim de assegurar-se de sua equivalência inicial. Essas medidas se referirão evidentemente à variável dependente, mas também aos outros fatores ou variáveis estranhos à experiência (idade, meio de origem, nível de escolarização, etc.), que poderiam distinguir os grupos e influenciar os resultados obtidos ao término da experimentação. Novas medidas tomadas no fim da experiência, após a intervenção junto ao grupo experimental, permitirão ao pesquisador verificar, com o auxílio de instrumentos estatísticos, a presença de diferenças entre os dois grupos, diferenças que poderão então ser razoavelmente atribuídas a essa intervenção. O esquema reproduzido abaixo resume o essencial das características da estratégia experimental. Notemos que existem variantes em que se vêem aparecer medidas múltiplas antes, durante ou depois da intervenção, e outras em que se recorre a mais de um grupo experimental ou testemunha.

O estudo experimental, com suas variáveis mensuráveis, seu recurso ao instrumental estatístico em uma experiência provocada em que se exerce um controle cerrado sobre o ambiente da pesquisa, constitui uma abordagem muito particular da construção do saber; na verdade, ele é fortemente marcado pela imagem dos métodos das ciências naturais que inspiraram seu nascimento e conserva traços de um positivismo do começo do século.

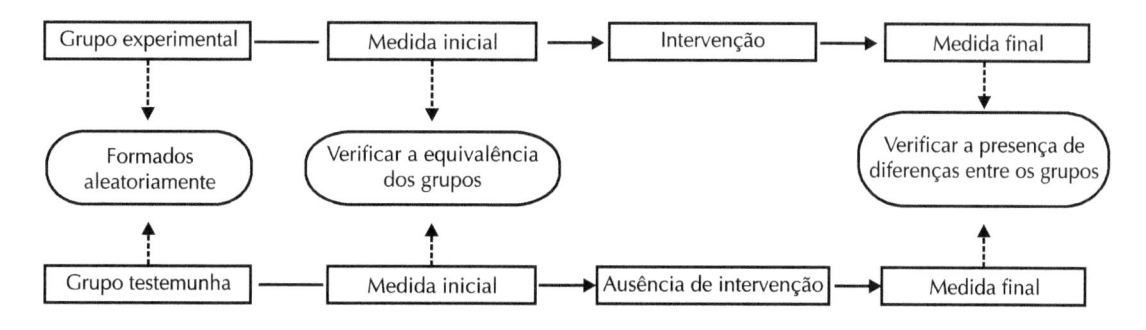

É importante a pesquisa experimental em ciências humanas? Raros, no entanto, são os trabalhos que podem respeitar seus cânones, pois não se pode permitir a manipulação de seres humanos como partículas de matéria ou ratos de laboratório. Além disso, e apesar da eficácia real dos instrumentos matemáticos, grande parte dos fenômenos humanos não podem ser medidos de maneira significativa e conservar sua riqueza. Sem contar que as relações de causalidade linear não bastam de forma alguma, já o dissemos, para fazer justiça à sua complexidade. É importante a pesquisa experimental em ciências humanas? Sem dúvida, pois, apesar do que foi dito, constata-se que ela serve freqüentemente de referência no momento de estabelecer categorias de pesquisas e, por último, de critérios para julgá-las, mesmo que esse julgamento permaneça implícito. Distinguem-se então os estudos experimentais, os estudos quase experimentais, depois os não-experimentais, colocando-se esses últimos em uma massa de subcategorias: visão muito hierárquica da pesquisa, que desvaloriza os estudos menos experimentais, definindo-os pela negativa em relação a uma abordagem um pouco idealizada. No entanto, a mais séria pesquisa não é necessariamente a que mais se aproxima dos modos das ciências naturais, mas sim aquela cujo método é o mais adaptado ao seu objeto, por mais difícil que seja delimitá-lo. É por isso que, neste livro, preferimos uma categorização definida em função dos dados em jogo: dados criados ou dados existentes. Não-portadora de um julgamento sobre o valor dos tipos de trabalhos, essa categorização permite melhor deter-se no essencial: a escolha de uma abordagem metodológica adequada às exigências do problema e da hipótese.

vez ao conhecimento das outras culturas, a intenção, contudo, é de não modificar nem esse conhecimento, nem as atitudes: deseja-se somente verificar a existência do vínculo pressentido entre esses fatores.

Uma verificação com exigências reduzidas

A própria natureza da hipótese exige estudar o que é, intervindo o menos possível, e não o que poderia ser. Nenhuma obrigação, portanto, de provocar uma experiência com um antes e um depois em que se meçam variáveis para examinar se a situação se transforma, e como. Já se disse, os dados tais como existem vão ser suficientes.

Não mais mudança a provocar, não mais causa da qual essa mudança seja o efeito: desaparecem assim as obrigações ligadas à busca do descobrimento da relação de causalidade. Nenhuma necessidade de isolar variáveis, exercendo um controle cerrado dos fatores suscetíveis de modificar os resultados da experiência, nenhuma necessidade de formar grupos experimentais e testemunhas com cujas equivalências alguém precisaria preocupar-se.

Resta sempre a verificação a fazer, mas de uma maneira diferente.

O processo de verificação

O primeiro cuidado do pesquisador será o de colher a informação requerida pela hipótese. Encontrará essa informação no meio escolar, junto aos alunos, que ele não precisará, desta vez, cindir em subgrupos. Mas, se por razões práticas, preferir dirigir-se somente a uma parte desses alunos, ele os escolherá, apoiando-se mais uma vez no acaso a fim de obter uma imagem tão fiel quanto possível da população à qual essas conclusões deveriam poder generalizar-se. No capítulo seguinte, abordaremos, aliás, as diversas técnicas de amostragem.

Encerrada a fase de escolha dos participantes, proceder-se-á à coleta dos dados propriamente dita. Diversos instrumentos, questionários, testes, grades de observação serviraão para colher informações que tratam, evidentemente, do nível de conhecimento concernente às outras culturas, por parte de cada aluno e do grau de agressividade que ele experimenta em relação aos pertencentes a essas culturas.

Depois virá o tempo da análise das informações assim acumuladas, a fim de saber se efetivamente a agressividade é menor entre aqueles com conhecimentos mais desenvolvidos. Esse gênero de estudo, no qual se comparam dois ou vários fatores entre si para estabelecer uma relação entre seus diversos estados ou valores, sem provocar mudança em um para ver o que isso traz ao outro, é freqüente em ciências humanas. É chamado de *estudo de correlação* quando os fatores são avaliados quantitativamente e se utilizam testes estatísticos, ditos testes de correlação, para medir a força de sua inter-relação.

Se a hipótese se vê confirmada, pode se tornar grande a tentação de concluir por relação de causa e efeito e de afirmar que, em matéria de relações interculturais, o desenvolvimento dos conhecimentos de outras culturas *leva* a uma redução da agressividade para com seus integrantes. Contudo, se impõe prudência, pois em nenhum momento no estudo viu-se crescerem os conhecimentos de um indivíduo nem diminuir sua agressividade. A estratégia de pesquisa não estava orientada simplesmente para este tipo de dados, tendo sido feita no tempo para cada participante, uma só medida de cada um dos fatores. A confirmação da hipótese, segundo a estratégia selecionada, baseia-se em diferenças entre os indivíduos. Comparando-os um ao outro, nota-se que uma variação da agressividade em um sentido é acompanhada de uma variação no outro sentido do nível de conhecimento. Um fator acarreta outro? Um melhor conhecimento é suscetível de diminuir a agressividade, mas uma agressividade menor permite também um melhor conhecimento, tornando então mais fáceis os contatos entre pessoas de culturas diferentes. Vê-se aqui despontar uma relação de intercausalidade possível, mais rica que uma reação linear de causa e efeito. Sem contar a presença de um eventual terceiro fator que pode afetar aqueles obtidos no estudo: um melhor enraizamento em sua própria cultura não poderia, por exemplo, possibilitar a um indivíduo sentir-se menos ameaçado pelas outras culturas e lhe fornecer referências para melhor compreendê-las?

> ESTUDO DE CORRELAÇÃO Estudo no qual se comparam, com o auxílio de testes estatísticos, dois (ou vários) fatores entre si para estabelecer relações entre seus diversos estados ou valores.

Variáveis que não variam

Há variáveis nas pesquisas com dados existentes? *A priori,* a resposta é não. Uma vez que a pesquisa não provoca mudança nos elementos em jogo, ter-se-iam variáveis que não variam... No estudo que tomamos como exemplo, apoiamo-nos em *diferenças* entre os indivíduos e não em *variações* em uma mesma pessoa, para chegar a concluir.

Na prática, acontecerá que se use, apesar de tudo, o termo *variável* para falar dos fatores em jogo em uma tal pesquisa, utilização que afinal não é muito abusiva, caso se volte à definição selecionada a esse termo: elemento que pode tomar mais de um valor ou encontrar-se em mais de um estado.

O que, ao contrário, seria abusivo, seria falar de variável dependente ou independente, termos essencialmente associados às relações de causa e efeito.

Correlação e causalidade

O termo *correlação* toma com freqüência uma conotação estatística: o coeficiente de correlação, número que mede a interdependência de dois fatores, intervém muitas vezes em pesquisas em que os dados são quantificados. Com a falta de realismo que freqüentemente os caracteriza, os matemáticos falarão de correlação positiva quando os fatores evoluem paralelamente, *mesmo que não haja nenhuma relação entre eles:* assim, o preço das habitações em algumas grandes cidades americanas seria fortemente correlato às vendas de cigarros na França! Se os fatores variam de maneira semelhante, mas em direções opostas, a correlação será chamada de negativa: pode-se assim ver tal correlação entre as vendas dos microcomputadores nas diversas regiões e o número de nascimentos aí ocorridos. Não se deve, contudo, concluir por uma relação de causa e efeito e considerar a compra de um computador como um meio de contracepção! Na realidade, a correlação traduz aqui um fenômeno social: as sociedades ricas, mais avançadas tecnologicamente, são também aquelas em que os verdadeiros contraceptivos estão mais facilmente disponíveis.

Exemplos como esse servem, via de regra, para advertir que uma correlação, mesmo forte, não significa causalidade, afirmação que, contudo, seria necessário nuançar.

É certo que um estudo de correlação não se apóia em nenhuma estratégia que permita isolar uma causa e seu efeito. Mas os pesquisadores não se lançam também, ao acaso, no estabelecimento de relações entre fatores quaisquer; uma verdadeira pesquisa não se resume ao cálculo gratuito de coeficientes, a um jogo estatístico que relaciona elementos ao sabor da fantasia do momento. Pelo contrário, ela se apóia em uma problemática baseada em fatos em que estão claramente indicadas as razões dessa relação, o sentido que se lhe deva dar. O pesquisador tem, por conseguinte, desde o início, uma idéia bastante clara da natureza da relação; não é uma relação de causalidade linear — ele teria então procedido de outra maneira —, mas sim de influências recíprocas, de interações que não excluem a intervenção de outros fatores em uma perspectiva que visa a justificar a complexidade do real sem reduzi-la.

Esta primeira parte do capítulo apresentou-nos duas hipóteses formuladas a partir de um mesmo problema, hipóteses diferentes que nos conduziram a duas categorias de pesquisa.

A primeira hipótese presumia a existência de uma relação de causalidade. Sua verificação demandou a implantação de uma experiência: nela se fez agir a causa, para em seguida avaliar os efeitos, certificando-se da presença de uma mudança e isolando, o melhor possível, a fonte dessa mudança por meio do recurso a um grupo-testemunha equivalente ao grupo experimental. Era um exemplo de pesquisa em que os dados são criados por uma experiência.

A segunda hipótese era menos dirigida à idéia de causa e deixava de lado a idéia de uma mudança provocada. Buscava simplesmente verificar a presença de vínculos entre os fatores em jogo na situação. Bastava, portanto, avaliar esses diversos fatores para, em seguida, estabelecer

Fontes diferentes de dados

Os exemplos de pesquisas examinados até aqui implicavam diretamente pessoas. Mas, se humanos são sempre encontrados em ciências humanas, eles são alcançados, freqüentemente de maneira indireta, por marcas de sua presença e sua atividade, marcas que tomam a forma de *documentos:* livros, jornais, papéis oficiais, quadros e tabelas estatísticas, discos, filmes, vídeos, fotos...

Ilustremos isso brevemente, prosseguindo com o exemplo das disputas interculturais. Tais choques parecem um fenômeno recente, desconhecido há quinze ou vinte anos, talvez porque a mídia fizesse menos alarde disso do que hoje, talvez também porque se ampliou muito. Como explicar sua presença? Que transformações sociais poderiam ajudar a compreendê-lo?

Seria tão inútil quanto redutor querer atribuir o fenômeno a uma causa isolada e imediata. Ele tem a ver mais verossimilmente com uma conjunção de fatores, que um pesquisador poderia resumir em uma hipótese como a seguinte: *as disputas interculturais manifestam-se mais desde o momento em que o quadro social transforma-se pela vinda acelerada de recém-chegados, pelo desmoronamento dos valores religiosos e familiares tradicionais, pela escalada do desemprego.*

Para fins de verificação de sua hipótese, o pesquisador deverá colher informações referentes a cada um dos fatores considerados. Poderia certamente interrogar pessoas idosas da comunidade, mas as lembranças permanecem subjetivas e muitas vezes incompletas. É por isso que ele preferirá encontrar as manifestações de intolerância relatadas nos jornais e revistas dos últimos vinte anos. Esses documentos fornecerão igualmente estatísticas sobre o emprego ou a imigração, mas, nesse caso, os relatórios publicados pelos governos trarão informações mais completas e detalhadas. Procurará da mesma forma informações sobre a evolução das estruturas familiares e religiosas, os valores e as representações, etc.

Uma vez coligidos os dados, restará analisá-los e colocá-los em relação. Ele comparará muito certamente o número de embates aos outros fatores: número de imigrantes, número de famílias detectadas, taxa de desemprego... para ver se as ligações entre esses fenômenos aparecem efetivamente. Mas outras relações podem contribuir para a compreensão da situação. A conexão entre o número de imigrantes e o desemprego, por exemplo: enquanto muitas pessoas julgam os recém-chegados como "ladrões de empregos", estudos recentes permitiram constatar que eles criam mais empregos do que os ocupam.

O exame do conjunto dos vínculos que se podem tecer entre os diversos fatores considerados em tal espécie de pesquisa possibilita entrar profundamente na complexidade do real; esse exame, todavia, não traz o sentimento de segurança, mesmo enganador, que uma bela explicação causal, estrita e linear, oferece; dá, contudo, uma imagem mais justa, que nutre diferentemente nossa compreensão da realidade.

Nessa pesquisa, documentos de diversos tipos terão desempenhado um papel capital. Mesmo que o exemplo proposto tenha um sabor histórico, tais pesquisas apoiadas em documentos não são o apanágio exclusivo dos historiadores ou dos especialistas em passado. As pessoas de todos os ramos das ciências humanas dedicam-se regularmente a análises de documentos. Pensemos no administrador ou no economista que consulta os índices do desenvolvimento industrial ou investigam as políticas governamentais em matéria de comércio internacional; ou no especialista das religiões que se interessa pelas variações da prática religiosa, ou ainda no geógrafo que se detém na movimentação das populações... Na prática, as pesquisas de base documental são, dentre todas, as mais numerosas em ciências humanas.

relações entre os resultados dessas avaliações. Tínhamos aqui um exemplo de pesquisa fundada em dados existentes.

As duas últimas seções deste capítulo serão dedicadas ao estudo dessas categorias de pesquisas. A próxima nos mostrará, com o auxílio de exemplos, as diversas formas que pode assumir a pesquisa com dados criados, e a seguinte fará o mesmo em relação à pesquisa com dados existentes.

DIVERSIDADE DA PESQUISA COM DADOS CRIADOS

A experiência realizada em torno da organização de encontros interculturais, descrita no primeiro exemplo deste capítulo (página 134), colocou-nos em contato com uma forma extremamente delimitadora de pesquisa com dados criados, forma cujas características e exigências foram resumidas em um esquema na página 139.

Essas delimitações não são nem o fruto do acaso, nem o resultado de caprichos. Cada uma das precauções tomadas servia para descartar uma ou várias das explicações possíveis do fenômeno estudado, até que a causa adiantada pela hipótese se encontrasse isolada; a experiência provocada devia assim permitir verificar se essa causa acarretava realmente o efeito esperado.

Mas a realidade da pesquisa impõe suas próprias delimitações que podem impedir o pesquisador de respeitar algumas dessas exigências. O tempo pode ser uma delas, que às vezes poderá até constituir um obstáculo dificilmente superável.

Felizmente, esses constrangimentos não vão habitualmente até o ponto de impedir uma verificação válida da hipótese, apesar das reduções que eles impõem ao esquema. No que segue, vamos considerar três

"Isso pode muito bem levar à imortalidade, mas levará a eternidade para verificá-lo."

casos: um apreciará o abandono do caráter aleatório da formação dos grupos, o segundo prescindirá da medida preliminar, ao passo que o terceiro levará, por enquanto, a fazer desaparecer o grupo-testemunha.

Abandono do caráter aleatório dos grupos

De todas as exigências, a que prevê a formação aleatória dos grupos experimentais e testemunhas é a mais regularmente descartada. A razão disso é que não se pode sempre respeitá-la sem subverter o ambiente no qual se efetua a pesquisa, quando nesse ambiente já estão formados grupos, antes de qualquer presença de pesquisador. É, por exemplo, o caso em meio escolar em que se organizarão com muita freqüência experiências, preservando os grupos de aula.

Imaginemos, em um outro contexto, um pesquisador desejoso de pôr à prova novas estratégias de treinamento que devem reforçar o espírito de equipe. Ele vem encontrar os responsáveis por uma liga de basquete a fim de escolher com eles dois treinadores voluntários para participarem da experiência. Àquele da equipe que se torna grupo experimental, ele expõe suas estratégias e se certifica de que serão aplicadas, ao passo que o outro treinador, cuja equipe serve de testemunha, é, por enquanto, mantido na ignorância das novas estratégias.

Uma armadilha a evitar

Para que uma pesquisa que comporta uma experiência com criação de dados conduza a conclusões realmente úteis, é preciso permanecer crítico em relação a cada um dos elementos: as armadilhas nem sempre estão onde são esperadas.

Assim, nos anos 80, várias pesquisas sobre o uso pedagógico do computador revelaram-se de uma inutilidade deplorável por causa de uma fraqueza em matéria de organização da intervenção. Querendo, por exemplo, demonstrar a eficácia de um *software* de treinamento para a enunciação de hipóteses em geometria, um pesquisador recorreu a dois grupos inscritos em um mesmo curso de geometria. Para os estudantes do grupo experimental, ele *acrescentou,* às seis horas semanais de matemática, quatro horas suplementares de trabalho no computador e constatou em seguida que esses estudantes eram melhores que os outros: sem brincadeira...!

Compreender-se-á que teria sido difícil para o pesquisador modificar as equipes. E ele teria acrescentado isso à demonstração? O objetivo da formação aleatória dos grupos é assegurar ao máximo a equivalência desses grupos, equivalência que se verifica também por uma avaliação antes da intervenção. Ora, nas circunstâncias, pode-se crer razoavelmente nesta equivalência: os jogadores provêm de meios comparáveis, as equipes foram formadas para assegurar partidas equilibradas, os diversos treinadores compartilham uma filosofia comum sobre as atividades de lazer, os números de horas de treinamento das equipes são semelhantes e permanecem assim durante a intervenção... Sem contar a avaliação final que permite assegurar que o espírito de equipe manifestado pelos grupos, um a um, é comparável, antes do início da experiência.

A pesquisa quase experimental

Um estudo em que os grupos não são formados de maneira aleatória é habitualmente qualificado como *quase experimental*. O termo parece infeliz, pois parece querer dizer que o trabalho é quase bom, quase certo... Ora, o risco aqui corrido de comparar grupos demasiado diferentes parece mínimo, sobretudo se o pesquisador se informa sobre as condições que prevaleceram no momento da formação desses grupos. Certamente, se o que se quis foi compor um grupo de elite, ele deverá mostrar-se desconfiado. Mas bem freqüentemente os agrupamentos terão sido efetuados sem critério especial ou em função de uma preocupação de equilíbrio que favorece mais o valor da demonstração. Evitaremos também o uso do termo "quase experimental" para simplesmente fixar que a categoria das pesquisas com dados criados abrange diversas modalidades de pesquisa, que permitem adaptar-se aos objetivos perseguidos e às circunstâncias encontradas.

Supressão da medida preliminar

Outros embaraços práticos podem às vezes impedir um pesquisador de proceder a uma avaliação dos grupos que participam da pesquisa, antes do começo da intervenção junto ao grupo experimental. No exemplo precedente, imaginemos que seja um treinador que, no curso da temporada, elabore a nova abordagem para melhorar o espírito de equipe. Parece-lhe que tudo vai bem, mas, temendo tomar seus desejos por realidade, pede a um pesquisador que verifique. Estando já iniciada a intervenção, a comprovação acha-se irremediavelmente comprometida? Não completamente. A aplicação já realizada da abordagem nova torna insignificante uma medida da equivalência do espírito de equipe dos grupos, medida que não seria mais realmente preliminar; encontramo-nos, pois, com um esquema de prova simplificado (o que é atenuado corresponde ao que foi tirado do esquema de prova inicial):

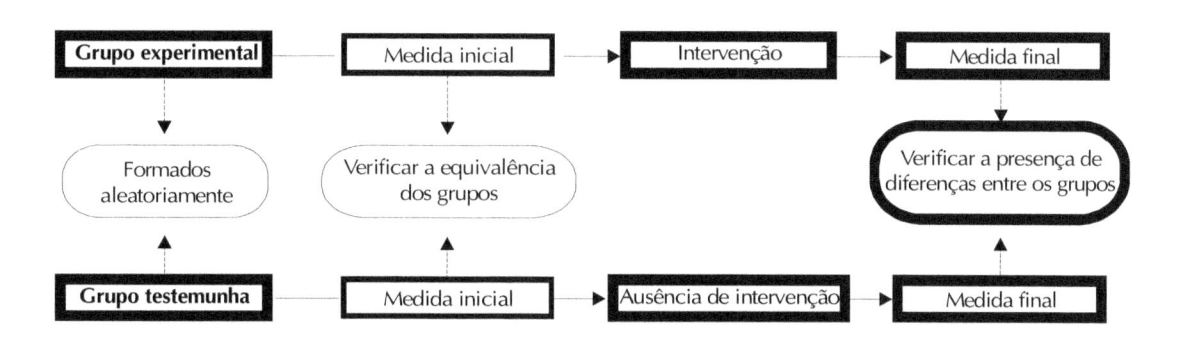

Aqui, o risco de querer comparar, ao término da experiência, grupos que não eram equivalentes no início é aumentado. Algumas medidas de verificação restam, contudo, possíveis: aquelas, evocadas anteriormente, que tratam da proveniência dos jogadores, da força comparada das duas equipes, do número de horas de treinamento de cada uma, da "filosofia geral" de seus respectivos treinadores. Se as diferenças nessas matérias são mínimas, se a isso se acrescentam outras informações que mostram, por exemplo, que o acaso ou preocupações que não correm absolutamente o risco de afetar as conclusões da pesquisa prevaleceram no momento de formar as equipes, o pesquisador poderá inferir que diferenças constatadas entre os grupos ao término da intervenção explicam-se pelas diferenças entre os métodos de treinamento. Contudo isso será uma inferência, uma vez que ele não poderá certificar a semelhança original das equipes: vendo-as semelhantes em vários planos, conclui que isso devia bem ser assim nos outros planos, especialmente no do espírito de equipe, que o preocupa.

No que concerne à causalidade, deve-se permanecer prudente, pois a conclusão apóia-se em uma espécie de "tudo leva a crer na equivalência inicial". Mas ela permanece, no entanto, legítima e razoável.

Acrescentemos que o pesquisador teria podido medir o espírito de equipe dos grupos no momento em que recebeu seu mandato. Teria sem dúvida constatado uma certa diferença, menor talvez do que aquela medida ao final, o que teria sido um índice suplementar do valor possível da abordagem preconizada. Claro, estamos ainda longe da prova irrefutável! A pequena diferença constatada no início pôde tornar mais eficaz um método que teria deixado poucos traços sem ela, exatamente como o entusiasmo do treinador, que atribui certamente valor ao espírito de equipe que pode ter exercido uma influência maior do que qualquer outra forma de intervenção. Mas é possível também que a intervenção tenha servido para qualquer coisa que tenha, por exemplo, permitido ao treinador haver canalizado eficazmente seu entusiasmo.

Ausência do grupo-testemunha

Imaginemos que uma empresa instalada em região afastada venha a adotar uma política de participação nos lucros. Os administradores desejam saber se sua hipótese, de que *o pagamento de uma porcentagem dos lucros aos trabalhadores acarretaria um aumento da produtividade*, mostra-se justa. Se lhes é fácil conhecer a situação inicial e medir a produtividade nos meses e anos que seguirão à aplicação da nova política, um problema, contudo, coloca-se quanto à estratégia de verificação: a ausência de um grupo-testemunha. Não é realmente possível encontrar outra empresa que seja comparável (distância, porte da empresa, tipo de produtos...), e não se pode absolutamente pensar em cindir o pessoal em dois: um grupo participando dos lucros e o outro ficando à míngua... Encontramo-nos, portanto, com um esquema de prova de grupo único.

Uma tal estrutura de verificação permite ao menos certificar-se da presença de uma mudança. Ademais, se a mudança coincide exatamente com o anúncio da nova política, ter-se-á não uma prova, mas uma indicação, apesar de tudo, séria da eficácia dessa política. Em muitas situações, por causa das particularidades da própria situação, deveremos contentar-nos com uma indicação dessa natureza. Isso não é negligenciável, pois, mesmo que se deva permanecer crítico, a indicação é um incentivo

---

O acréscimo dessa medida teria trazido um elemento a mais ao dossiê; ao menos se teria constatado, de maneira mais estruturada, a melhoria do espírito de equipe no seio do grupo, em vez de simplesmente inferi-lo de uma comparação com outro grupo. Isso para dizer, ainda, que essas estratégias de verificação podem ser moduladas de diversas maneiras: o acréscimo de medidas no curso do desenvolvimento é apenas uma delas, a das medidas múltiplas após a intervenção é uma outra. Essas variações na estratégia, bem como outras igualmente possíveis, merecem ser levadas em consideração: podem aumentar a eficácia da demonstração.

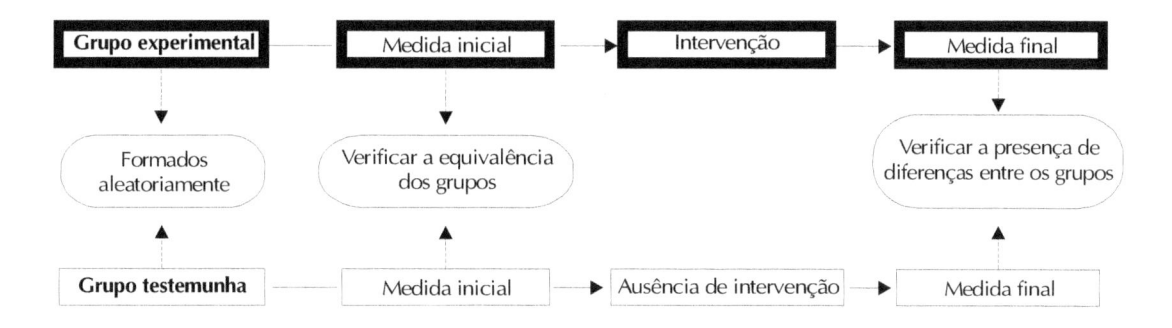

```
┌─────────────────────┐      ┌───────────────┐      ┌──────────────┐      ┌──────────────┐
│ Grupo experimental  │─────▶│ Medida inicial│─────▶│ Intervenção  │─────▶│ Medida final │
└─────────────────────┘      └───────────────┘      └──────────────┘      └──────────────┘
           │                         │                                             │
           ▼                         ▼                                             ▼
     ╭──────────╮            ╭────────────────╮                          ╭────────────────────╮
     │ Formados │            │ Verificar a    │                          │ Verificar a presença│
     │aleatoria-│            │ equivalência   │                          │ de diferenças entre │
     │  mente   │            │   dos grupos   │                          │      os grupos      │
     ╰──────────╯            ╰────────────────╯                          ╰────────────────────╯
           ▲                         ▲                                             ▲
┌─────────────────────┐      ┌───────────────┐      ┌──────────────────────┐      ┌──────────────┐
│  Grupo testemunha   │──────│ Medida inicial│─────▶│ Ausência de intervenção│────▶│ Medida final │
└─────────────────────┘      └───────────────┘      └──────────────────────┘      └──────────────┘
```

para manter a ação da causa em um julgamento um pouco fatalista da espécie "até prova em contrário...".

Resta sempre a possibilidade de que as razões da mudança sejam outras: a mudança poderia ter começado mais cedo, sem ser ainda realmente aparente, e a nova política terá simplesmente acentuado isso. Fechamento de empresas na região, por exemplo, fizeram com que os empregados temessem o desemprego e eles reagiram tornando-se mais eficientes.

Algumas verificações permitiriam fazer um pouco melhor a parte das diversas causas possíveis. Uma pesquisa documental poderia revelar a eventual presença de uma tendência ao crescimento da produtividade. Os empregados serão inquiridos para saber que influência a política de participação pôde ter sobre seu empenho ardoroso na obra. A experiência será prolongada, fazendo-se variar a porcentagem dos lucros partilhados para ver se a produtividade continua, sabendo que o importante é menos a porcentagem do que a existência de uma partilha, pela qual o empregado trabalha em seu proveito e não unicamente por seu salário. Essas informações não poderão fornecer provas, mas poderão contribuir para reforçar a indicação "séria" antes evocada.

Esse exemplo, como os precedentes, mostra que é possível imaginar várias estratégias de comprovação de hipóteses em que, por uma intervenção que cria dados, verifica-se a existência de uma relação de causa e efeito entre uma variável dita independente, sobre a qual se atua, e uma variável dependente cujas flutuações são analisadas na seqüência da intervenção. Há circunstâncias que obrigam a recorrer a esquemas mais leves de verificação de relação causal, mas, com bastante freqüência, as condições nas quais se desenvolve a experiência permitem compensar um pouco pelas precauções impossíveis de tomar e conduzem a conclusões válidas, mesmo que a certeza nunca seja absoluta. De qualquer maneira, não há nenhuma estratégia, por mais refinada que pareça, que possa conduzir a uma conclusão perfeitamente segura nessas matérias de causalidade.

Uma última questão persiste: pode-se tornar mais leve ainda nosso esquema? Parte-se então para o ingresso na outra categoria de pesquisa, aquela em que se trabalha com dados existentes.

Diversas Estratégias de Pesquisa com Dados Existentes

Tornando mais leve o esquema da seção anterior, não resta senão uma intervenção, seguida de uma avaliação junto a um único grupo ou, então, somente essa avaliação. Afastamo-nos aqui do gênero de pesquisas estudado na seção anterior em que se apresenta sempre uma forma de comparação, seja entre o antes e o depois de uma intervenção, ou entre dois grupos.

Uma pesquisa em que não se encontre mais esse tipo de comparação não pode legitimamente visar à revelação de uma relação de causa e efeito. Mas continua sempre possível e útil para um pesquisador atentar para os diversos fatores ligados a um problema para compreender-lhes o jogo e, uma vez adquirida essa compreensão, tornar conhecida essa relação.

Esta compreensão dos fatores que marcam ou caracterizam uma situação exige informações às quais as pesquisas baseadas em dados existentes permitem ter acesso sem modificar radicalmente essa situação. Já vimos alguns exemplos desse tipo de pesquisa, dentre os quais, aquele de caráter histórico, em um quadro na página 142. Há vários outros que iremos abordar, detendo-nos sucessivamente na pesquisa de opinião, na enquete, na pesquisa de natureza antropológica, no estudo de caso e na história de vida.

Pesquisa de opinião

Muitos são os estudos encomendados por empresas privadas ou organismos governamentais a fim de orientar suas políticas, basear suas decisões. Se um governo deseja saber se mudanças no plano econômico alteram o grau de sua popularidade; se se quer saber qual a representação que o brasileiro faz de si mesmo, ou ainda se o interesse é saber quem consome cultura e com qual freqüência e outras tantas questões, as pesquisas de opinião poderão trazer respostas.

Como o deus do pequeno catecismo de outrora, as pesquisas de opinião estão por toda parte, ainda que nem sempre sejam vistas. Algumas fazem manchetes. Basta pensar nos índices de audiência e nas pesquisas eleitorais.

> PESQUISA DE OPINIÃO Estratégia de pesquisa que visa a conhecer a opinião de uma população sobre um assunto dado, interrogando uma amostra dessa população.

A *pesquisa de opinião* é uma estratégia de pesquisa que visa a conhecer as opiniões, as intenções ou até os comportamentos de uma população freqüentemente muito grande. Nesse afã, recorre-se a um conjunto de questões propostas a uma amostra dessa população. Com freqüência, os interrogados têm que escolher apenas dentre respostas previamente determinadas. As informações assim coligidas podem ser tratadas com o auxílio de instrumentos estatísticos.

A pesquisa de opinião é uma estratégia de pesquisa, digamos, ou de verificação, uma vez que, a exemplo dos outros tipos de pesquisa, contribui para a solução de um problema (interesses político-eleitorais, reorientação de investimentos culturais...), para responder uma ou várias

> **FGV produz questionário sobre hábitos culturais**
>
> da Agência Folha,
> em Belo Horizonte
>
> Uma pesquisa, desenvolvida pela Fundação Getúlio Vargas, em São Paulo, a pedido do Ministério da Cultura, quer saber qual a freqüência de consumo de cultura pelos brasileiros com mais de 15 anos de idade.
> Os questionários da "As Práticas C
>
> Folha de São Paulo, 20/11/97

questões relacionadas a esse problema: Como seria recebida uma tarifa moderadora? Que tipo de moradias demandam os compradores? Qual seria o melhor momento para dar a conhecer um produto às pessoas? O sondador apóia-se em uma hipótese implícita pelo menos, para guiá-lo em seu trabalho desde a escolha do ou dos meios de investigação e a preparação do questionário até a análise dos dados coletados.

Sob o termo *pesquisa de opinião* reúnem-se várias estratégias particulares. Fala-se, por exemplo, de *pesquisa incidental* ou *instantânea* quando o questionário é administrado somente uma vez para a amostra, fornecendo justamente um instantâneo da população no que tange às características estudadas. É possível também usar o mesmo questionário em vários momentos sucessivos: a seqüência de imagens obtida permite então observar as variações de características da população e até estabelecer relações entre algumas delas. A amostra, que muda sempre, chama-se *pesquisa de tendências:* é o tipo de pesquisa freqüente por ocasião das campanhas eleitorais, quando se indagam as intenções dos eleitores a intervalos regulares. Prevendo um pouco antecipadamente, pode-se preparar uma *pesquisa de opinião por painel* em que, desta vez, a mesma amostra de pessoas será interrogada em várias tomadas: a evolução dos indivíduos torna-se então acessível ao observador.

As principais exigências da pesquisa de opinião dizem respeito ao seu instrumento privilegiado, o questionário, e à necessidade de constituir uma amostra representativa da população visada pela investigação. Sem entrar nos detalhes, que serão examinados no próximo capítulo, que trata de técnicas e instrumentos, podemos afirmar que o questioná-

> A PESQUISA DE OPINIÃO não é uma estratégia única; existem vários tipos: pesquisa incidental, pesquisa de tendência, pesquisa por painel.

rio é padronizado, isto é, que as mesmas questões simples e precisas devem ser propostas na mesma ordem e oferecendo a mesma opção de respostas a todos os interrogados.

Os "discretos" e os indecisos, isto é, as pessoas que não querem ou não podem responder, são fontes de problemas para os sondadores. Às vezes são simplesmente afastados, o que pode modificar as características da amostra; ou então seu número será repartido nas categorias associadas às diversas respostas. Mas pouco importa o grau de sofisticação das medidas tomadas, os não-interrogados como nosso homem em sua lata de lixo prejudicarão a precisão dos resultados.

Mas mais ainda que a do questionário, a qualidade da amostra será determinante para a precisão da pesquisa de opinião.

Uma pesquisa de opinião é precisa quando fornece uma imagem fiel do conjunto da população a que visa. Isto exige uma amostra representativa dessa população, uma amostra cujas características e propriedades são também as do conjunto da população. Vários métodos, descritos no próximo capítulo, permitem assegurar essa representatividade, métodos em que o acaso desempenha um papel importante.

Enquete

Algumas pesquisas exigem mais do que dados que se refiram à opinião das pessoas. Desejando-se outros tipos de informações, pode-se fazer uma enquete. Imaginemos que o órgão encarregado de oferecer serviços aos deficientes de uma região veja seus orçamentos diminuídos. Deve,

> ## Metodologia
>
> Na campanha eleitoral para presidente em 1989, o lançamento imprevisto do nome do apresentador de TV Sílvio Santos foi um fator desestabilizador para o favoritismo do então candidato do PRN, Fernando Collor, atestado pelas pesquisas, fazendo surgir o fantasma que tirava o sono da FIESP: o *Brizula* — ou seja, um segundo turno disputado entre Brizola e Lula. Este fato exigiu maior apuro da metodologia das sondagens, tanto na técnica de amostragem como de abordagem dos entrevistados.
>
> Na primeira semana de novembro foi feita uma pesquisa pela revista *Isto é/Senhor* e a agência *Toledo Associados* com 3.618 entrevistas, nas quatro regiões do país, e uma equipe de 380 pesquisadores de campo. A amostra acatou rigorosamente o peso eleitoral de cada região, de cada cidade, cada nível de escolaridade e as diferenças de sexo. Todas as 23 capitais estiveram representadas com seu peso específico na pesquisa, além de outras 52 cidades em todo o país. Por exigência de rapidez na apuração, a pesquisa foi do tipo estimulada — o pesquisador exibia para o entrevistado um cartão com 12 nomes dos principais candidatos à presidência da república, inclusive do novato Sílvio Santos. A margem de erro foi de 2%.
>
> Na segunda semana de novembro, já às vésperas da eleição, mas antes da impugnação do nome de Sílvio pelo Tribunal Superior Eleitoral, os mesmos agentes fizeram uma pesquisa com uma amostra ampliada para 4.185 eleitores, de 158 cidades das quatro regiões do país, utilizando três formas de abordagem dos entrevistados: a espontânea, em que o pesquisador pergunta ao eleitor se ele já tem candidato e, somente se a resposta é sim, quem é esse candidato; a estimulada, em que se apresentou ao eleitor um cartão com o nome dos 12 candidatos e em que o apresentador aparecia como Sílvio Santos; e a cédula, réplica da cédula oficial, que era depositada numa urna, guardando-se o sigilo do voto e em que ele figurava com um nome fictício.
>
> Texto adaptado da revista *Isto é/Senhor*, n. 1051, p. 38-40, 8 nov., 1989; n. 1052, p. 30-31, 15 nov., 1989.

Eis aí uma descrição do método utilizado para a pesquisa de opinião, ressaltando-se os detalhes fornecidos sobre a formação da amostra: eles podem ajudar a julgar a representatividade dessa amostra e, portanto, do valor da pesquisa.

portanto, reorganizar a utilização de seus recursos financeiros, materiais e humanos para continuar a cumprir melhor sua missão. Poderá então instituir uma enquete a fim de determinar mais acuradamente as necessidades dos beneficiários, os serviços a oferecer com prioridade, os recursos a privilegiar. Nessa enquete, a opinião dos deficientes e a das pessoas que os rodeiam, bem como a dos empregados do órgão, serão certamente dados fundamentais que poderão ser colhidos através de questionário ou entrevista. Mas também se irão buscar outras informações: verificar a situação material dos deficientes que permanecem em seu domicílio, estudar os serviços oferecidos, as diretivas e as normas que regulamentam o funcionamento deles; todas as informações que poderão eventualmente permitir uma diminuição dos custos, preservando o essencial.

A *enquete* é uma estratégia de pesquisa que visa a obter informações sobre uma situação, às vezes simplesmente para compreendê-la,

ENQUETE Estratégia de pesquisa que visa a determinar o quadro geral de uma situação, apoiando-se em dados obtidos de fontes diversas com o auxílio de diferentes instrumentos.

Comoção nas agências de pesquisa de opinão

A eleição de 1994 no Québec submeteu a uma dura prova a credibilidade dos pesquisadores. Como demonstra o quadro abaixo, a maior parte das agências atribuiu uma vantagem que variava de 2 a 10,9 pontos de porcentagem ao partido que vencesse. Somente Crop destaca-se com uma pesquisa que atribui 3 pontos de vantagem para os liberais.

	AS PESQUISAS		
	PLQ (%)	PQ (%)	DESVIO (%)
Léger & Léger (25-27 jul)	42,7	51,6	8,9
Crop (28 jul.-2 ag.)	46,0	48,0	2,0
Léger & Léger (5-9 ag.)	44,0	49,4	5,4
Léger & Léger (12-17 ag.)	45,2	47,9	2,7
Sondagem (13-18 ag.)	45,4	49,4	4,0
Léger & Léger (19-23 ag.)	44,5	49,1	4,6
Crop (18-24 ag.)	44,0	47,0	3,0
Léger & Léger (30 ag.-1 set.)	42,6	49,0	6,4
Angus Reid (30 ag.-4 set.)	40,0	50,0	10,0
Sondagem (30 ag.-4 set.)	38,3	49,2	10,9
Crop (1-3 set.)	46,0	43,0	3,0
Léger & Léger (6 -8 set.)	43,5	49,0	5,5
Som (6- 8 set.)	43,0	46,0	3,0

Nota: Os resultados publicados acima são os obtidos após a repartição dos indecisos.

O resultado do escrutínio desaprovou a todos os pesquisadores: o PQ o ultrapassa, mas o desvio é claramente inferior a 1%.

Logo "fornecem" as análises para explicar o fenômeno. As pesquisas de opinião, diz-se, não predizem, mas fornecem retratos da realidade em momentos que não são o da eleição; as pessoas podem mudar de idéia, várias acabam por não votar; e o que dizer daqueles que não souberam ou não quiseram responder? O resultado variará segundo o modo de reparti-los no seio das categorias dos verdadeiros interrogados.

Dentre as explicações fornecidas, fez-se notar também que as agências de pesquisa são empresas comerciais que às vezes podem, devido a imperativos mercantis e pouco científicos, manipular o trabalho, sobretudo se elas sentem que os resultados poderão agradar ao cliente-comanditário.

As pesquisas de opinião serão sempre probabilísticas por natureza. Mas levadas com o devido rigor, os riscos de erros são mínimos e as variações observadas se situarão no interior de margens de erros que também se podem avaliar com notável precisão.

freqüentemente com o objetivo de melhorá-la. Ela se prende tanto às opiniões, intenções e atitudes das pessoas quanto às suas necessidades, comportamentos e recursos. Pode recorrer a diversos instrumentos: ao questionário, claro, e, se necessário, às técnicas de amostragem, mas também à observação, à entrevista, ao teste e à consulta dos documentos. Esse recurso a outros instrumentos que não o questionário permite-lhe atingir o que nem sempre é expresso ou exprimível pelas pessoas envolvidas.

Como o termo enquete abrange múltiplos tipos de investigações, com recurso possível a uma grande variedade de instrumentos e de técnicas, seria difícil resumir aqui seus requisitos e limites. Esses requisitos e limites serão sobretudo os dos instrumentos utilizados, das técnicas operacionalizadas e que serão abordadas no próximo capítulo. Já assinalamos que a representatividade das amostras, quando se deve proceder a uma amostragem, desempenha um papel importante no que concerne à qualidade das conclusões.

Abordagem antropológica

Os grupos de punks não passam despercebidos e causam estranheza a muita gente. Mas ao mesmo tempo, além de seus aspectos mais exóticos, de seu lado às vezes fora da lei, a vida que levam impressionam algumas pessoas pela sensação de rebeldia e o sentimento de solidariedade que ela produz. A curiosidade de um pesquisador poderia ser incitada, o que o levará a se interrogar sobre este universo: universo fechado, todavia, e pouco fácil de captar do exterior. Ora, o que interessa aqui ao pesquisador é menos as extravagâncias dos indivíduos em relação às normas de nosso mundo do que o sentido desses gestos no mundo deles. Como proceder para compreender essa sociedade, do ponto de vista de seus membros? Como apreender as particulares da cultura destes grupos; como apreender seus mecanismos e regras de convivência social? Como estes vivenciam e representam para si essas regras?

A resposta não é simples: compreender um universo "como ele é" não é julgá-lo ou compará-lo a um outro. Isso supõe, de preferência, que seja observado do interior. Está aí o princípio fundamental da pesquisa de natureza antropológica. Esta estratégia objetiva essencialmente o estudo de grupos ou de comunidades como meios de vida nos quais o pesquisador integra-se como punk entre os punks, por exemplo: ele mistura-se ao quotidiano do grupo, fazendo sua presença tão discreta quanto possível, e realiza a experiência, compartilhando a vida, as atividades, os comportamentos, até mesmo as atitudes e os sentimentos das pessoas que o compõem. Esse meio, ou esse campo, como é chamado habitualmente, será ora uma comunidade bem circunscrita, a população de uma cidade, de um bairro, de uma vila, o pessoal de uma empresa, uma co-

> Foram os antropólogos que elaboraram essa estratégia de pesquisa. Freqüentemente batizada como *observação participante*, ela foi usada inicialmente para o estudo de sociedades primitivas, depois, para o de diversas subculturas, por exemplo, em meio urbano, os delinqüentes, os marginais. Servimo-nos dela até para explorar ambientes de trabalho.

munidade religiosa, ora um grupo menos definido, a população sempre cambiante dos *squatters* (invasores) de um prédio abandonado, por exemplo, ou grupos diversos de marginais.

O pesquisador deve se integrar ativamente no "campo" que quer explorar: ele, aí, não é senão uma testemunha, um peso morto do qual, de outra parte, muitos meios não poderiam se desembaraçar, ou que suas regras ou tradições impediriam de admitir. Sua integração, sua participação nas atividades varia certamente em função do meio abordado e de seu *status* nesse meio. Essa participação ocupa todavia uma parte importante de seu tempo e de seus esforços, parte que ele disputa com a busca de informações tornando mais rica esta última.

Essa busca tem por objetivo reunir o máximo de dados. O pesquisador não pode, contudo, tudo ver, tudo ouvir, tudo fixar, daí a utilidade de um guia, de uma baliza, papel habitualmente exercido pela pergunta e pela hipótese. Nesse caso, porém, sem necessariamente excluir a presença, no início, de uma pergunta ou de uma hipótese precisas, o pesquisador se deixa amiúde orientar por uma preocupação mais geral, seu quadro de referência, uma problemática no interior da qual perguntas e hipóteses são esclarecidas pouco a pouco e evoluem ao sabor dos progressos da aventura.

A estratégia continua muito indutiva, sendo que o procedimento inscreve-se na "vida real". O pesquisador aí evolui, tomando nota do que vê e ouve, fixando o que lhe parece útil, bem como o que lhe parece negligenciável: acontecimentos, conversas, anedotas, mas também impressões, rumores, fofocas... Registra cuidadosamente o máximo desses elementos em um diário de bordo, tarefa árdua de redação estressante, mas única maneira de registrar a informação necessária à análise. É no momento do retorno sobre essa informação que ele poderá melhor julgar a verdadeira importância das informações assim obtidas e estabelecer os vínculos realmente significativos.

Essas informações podem eventualmente ser enriquecidas pelo recurso aos instrumentos mais clássicos como a entrevista, o questionário, a análise de documentos... Aqui, tudo depende da maneira como o pesquisador se integrou ao meio, principalmente do conhecimento que esse meio tem de seu *status* de pesquisador.

As vantagens, os inconvenientes e os limites da abordagem são em muito os da observação participativa, que é o instrumento privilegiado dessa abordagem. Como se disse, esta abordagem pode levar a conhecer os meios, inacessíveis de outra maneira, fornecer informações raras e que as pessoas desses meios não forneceriam voluntariamente. Sem contar que as revelações então obtidas são coletadas no contexto, o que permite dar-lhes mais sentido.

A riqueza da informação está ligada também ao fato de que se encontrem os comportamentos reais, freqüentemente distantes dos comportamentos verbalizados.

Mas tal forma de investigação não é neutra: apesar das precauções tomadas pelo pesquisador e da confiança que lhe é testemunhada, ela perturba o campo. De outra parte, os fatos brutos não existem: se um fato é notado pelo pesquisador, é que este último encontra nele alguma coisa notável. Daí os inúmeros casos de pesquisas em que diferentes pessoas obtiveram resultados muito diferentes ao estudar, no entanto, o mesmo meio. A isso podem ser acrescentados outros possíveis problemas, dentre os quais o de um excesso de simpatia por parte do pesquisador para com as pessoas — bem como sua maneira de viver — que ele observa e que o priva da distância necessária para assegurar sua lucidez e seu sentido crítico. E mais, com uma pesquisa dessa espécie, os detalhes práticos não são simples de acertar: a estratégia alonga-se no tempo, demanda uma disponibilidade de todos os momentos, pode levar a viver acontecimentos penosos no plano afetivo... E que dizer da montanha de dados que o pesquisador deverá tratar ao término do estudo de campo!?

De outra parte, tal estratégia não deixa de levantar algumas questões no plano ético. Assim, se aceita cada vez menos que um pesquisador se cale sobre seu papel, que os participantes de uma pesquisa não sejam informados sobre isso e não tenham ocasião de recusar essa participação. O que pode às vezes ser uma fonte de complicações com as quais o pesquisador deverá conviver, pois toda pesquisa deve manter-se respeitosa para com as pessoas que dela participam. Ora, os participantes trazem uma contribuição não-negligenciável, é o menos que se pode dizer!

Estudo de caso

Freqüentemente, se ouvirão expressões do tipo "É um caso!" com o qualificativo "raro" ou então "grave", subentendido ou explícito. Os "belos casos" vão também, é claro, interessar pesquisadores que, na defesa de suas estratégias, previram exatamente estudos de caso. A denominação refere-se evidentemente ao estudo de *um* caso, talvez o de uma pessoa, mas também o de um grupo, de uma comunidade, de um meio, ou então fará referência a um acontecimento especial, uma mudança política, um conflito...

Tal investigação permitirá inicialmente fornecer explicações no que tange diretamente ao caso considerado e elementos que lhe marcam o contexto. Tomemos como exemplo o estudo que trata de uma greve particularmente longa e árdua. Para compreender-lhe os conteúdos e os limites, o pesquisador usou diversas técnicas de observação, mas também entrevistas em profundidade com alguns protagonistas da greve, dentre estes, os dirigentes patronais e sindicais; outras entrevistas mais curtas e estruturadas com grevistas, para conhecer, principalmente, seus recursos; da mesma forma, estudou diversos documentos, leis, convenções coletivas, etc. Acompanhou dia a dia o desenrolar dos acontecimentos, anotou as decisões tomadas, as iniciativas promovidas por cada uma das partes, etc. As análises da informação assim acumulada permitiram tirar uma série de conclusões, tais como a evidência de certos conluios entre o estado e os dirigentes da empresa afetada pela greve, para aproveitar-se da força de trabalho dos empregados.

Alguns se indagam sobre a utilidade de investigar campos que parecem tão estreitos como uma simples greve, aos quais, inicialmente, se limitam as conclusões. Pode-se desde logo responder que não há ganho inútil, concernente aos conhecimentos sobre as pessoas ou os fenôme-

> Se o estudo de caso incide sempre sobre um caso particular, examinado em profundidade, toda forma de generalização não é por isso excluída. Com efeito, um pesquisador seleciona um caso, na medida em que este lhe pareça típico, representativo de outros casos análogos. As conclusões gerais que ele tirará deverão, contudo, ser marcadas pela prudência, devendo o pesquisador fazer prova de rigor e transparência no momento de enunciá-las.

nos humanos, estes como aquelas conservam sempre características muito pessoais ou particulares cujo destaque aumenta a compreensão. Assim, o psicólogo que explora a fobia aos cães de que sofre um paciente o interroga sobre seu passado, seu ambiente, sobre as pessoas que lhe teriam transmitido esse medo irracional; torna explícitos, assim, acontecimentos e influências particulares concernentes a essa pessoa e a ajuda a melhor compreender a si mesma, o que não é um mau serviço a lhe prestar.

A vantagem mais marcante dessa estratégia de pesquisa repousa, é claro, na *possibilidade de aprofundamento* que oferece, pois os recursos se vêem concentrados no caso visado, não estando o estudo submetido às restrições ligadas à comparação do caso com outros casos. Ao longo da pesquisa, o pesquisador pode, pois, mostrar-se mais criativo, mais imaginativo; tem mais tempo de adaptar seus instrumentos, modificar sua abordagem para explorar elementos imprevistos, precisar alguns detalhes e construir uma compreensão do caso que leve em conta tudo isso, pois ele não mais está atrelado a um protocolo de pesquisa que deveria permanecer o mais imutável possível. Os elementos imprevistos, os detalhes, desse modo melhor conhecidos, podem obrigar a reexaminar alguns aspectos da teoria que sustenta a investigação: um caso evidentemente aberrante, de pessoa que sofre de fobia, na qual não se descobriria, aliás, nenhum traço de traumatismo em relação com sua fobia, obrigaria, sem dúvida, a interrogar-se sobre várias teorias psicológicas e poderia, na seqüência do trabalho, ser a fonte de enriquecimento e refinamento dessas teorias.

No entanto, o estudo de caso é freqüentemente criticado. A principal censura feita a ele é de resultar em conclusões dificilmente generalizáveis. Mesmo que o pesquisador queira escolher casos representativos de um conjunto, os que ele considera podem ser marginais, excêntricos, resultando, afirma-se, que essa abordagem dificilmente poderá servir à verificação de hipóteses gerais ou de teorias que ela terá, aliás, contribuído para fazer melhorar.

É verdade que as conclusões de tal investigação valem de início para o caso considerado, e nada assegura, *a priori*, que possam se aplicar a outros casos. Mas também nada o contradiz: pode-se crer que, se um pesquisador se dedica a um dado caso, é muitas vezes porque ele tem razões para considerá-lo como típico de um conjunto mais amplo do qual se torna o representante, que ele pensa que esse caso pode, por exemplo, ajudar a melhor compreender uma situação ou um fenômeno complexo, até mesmo um meio, uma época.

Voltemos ao exemplo da greve evocado antes. Para compreender o fenômeno das greves de uma maneira que não seja superficial, o pesquisador não pode considerar todas as greves. O campo a levar em conta, que se verifica imenso e complexo, vai, preferentemente, estudar uma manifestação particular, mas ele a escolherá como a mais exemplar, considerando o tipo de empresa, as particularidades do meio e outras características. Levará igualmente em consideração tais características no momento de tirar conclusões de suas investigações, de modo a poder eventualmente estendê-las às outras greves, sempre levando em conta, prudentemente, condições diferentes que podem, então, prevalecer. Isso trará nuanças, a exposição de todas as dimensões ou contexto dessas condições, em raciocínios muito transparentes e que dependem dessa operação de objetivação, já tratados em muitas ocasiões.

Tem-se aqui um exemplo em que uma situação se verifica ampla e complexa demais para ser abordada em seu conjunto, de maneira significativa. O pesquisador escolhe, pois, considerar um segmento para chegar a uma visão que não seja superficial e que possa, apesar de tudo, valer para o conjunto. A escolha do caso, ou dos casos particulares, exige um cuidado minucioso.

Há outros fenômenos dos quais já se pode ter uma experiência apreciável. Por exemplo, o universo das fobias que os psicólogos conhecem razoavelmente bem. O estudo de caso não serve mais então para abordar a exploração do domínio. É preferentemente usado para o fim de precisar os conhecimentos adquiridos, esclarecê-los, aprofundá-los, destacar, por exemplo, as particularidades ligadas a uma ou outra das fobias, atualizar a diversidade de suas manifestações em função dos indivíduos. Outros tantos casos enriquecem os saberes já adquiridos sobre um fenômeno.

Esses dois exemplos demonstram ainda mais uma vez que o estudo de caso visa sobretudo à profundidade. Assim, tal estudo bem conduzido não poderia se contentar em fornecer uma simples descrição que não desembocasse em uma explicação, pois, como sempre, o objetivo de uma pesquisa não é ver, mas, sim, compreender. Essa profundidade ligada ao caso particular não exclui, contudo, toda forma de generalização. Isso porque o pesquisador tem habitualmente uma idéia clara e precisa do que pesquisa e sabe escolher casos exemplares para logo considerar não somente os aspectos que lhe convêm em relação a suas expectativas ou opiniões, mas todos os que podem se verificar pertinentes. É aí que a objetivação desempenha um papel central. Encontra-se assim a idéia dos "belos casos" antes evocada e entendida desta vez no sentido de casos típicos, representativos, a partir dos quais o pesquisador pode extravasar do particular para o geral.

História de vida

Um pesquisador está intrigado: em uma comunidade indígena, assiste-se ao retorno de pessoas que haviam deixado a reserva no fim de sua adolescência para irem se integrar no meio dos não-indígenas, onde se desenvolveu uma grande parte de sua vida ativa. Agora, no momento de sua aposentadoria, elas mudam de novo seu quadro de vida e reencontram o caminho de suas origens.

Quais são os elementos motores destes deslocamentos? O que traduzem eles da identidade pessoal e cultural dessa gente? Como vêem elas seu papel social? Evoluíram seus pontos de vista? Ou viveram essas pessoas uma parte de sua existência em contradição com seus valores e crenças? Questões apaixonantes, para as quais as respostas, como em muitas situações, continuarão individuais. Respostas que, por outro lado, essas pessoas teriam dificuldade de exprimir se as questões fossem propostas diretamente. Mas essas respostas são, ao mesmo tempo, suscetíveis de lançar uma luz sobre as relações indivíduo-sociedade-cultura; daí o interesse de ir coletá-las.

Uma estratégia, elaborada por volta da metade do século e em seguida caída em desuso, há alguns anos revitalizou-se. Esta estratégia, pela importância que atribui aos indivíduos e à sua vivência, poderia prestar serviços ao pesquisador à procura de respostas às questões colocadas acima. Batizada de *história* ou *narrativa de vida*, pode ser definida como a narração, por uma pessoa, de sua experiência vivida.

[tirinha da Mafalda]
— BOM... EU NASCI E AOS CINCO MESES ME SAIU O PRIMEIRO DENTE
— DEPOIS, AOS DOIS ANOS EU JÁ FALAVA BEM DIREITINHO. DEPOIS FUI PARA O JARDIM DE INFÂNCIA...
— ...AGORA ESTOU INDO PARA A PRIMEIRA SÉRIE E... ENFIM... É SÓ ISSO
— O MAL DE SER PEQUENO É QUE A GENTE TERMINA DE CONTAR NOSSA VIDA NUM INSTANTE

Esta narração é autobiográfica, uma vez que é a própria personagem que a constrói e a produz, estimulada, mas o menos possível, influenciada ou orientada, pelo pesquisador que deve se mostrar discreto. O ponto de vista deve continuar o do autor-participante. A narrativa será forçosamente um amálgama de fatos de toda natureza, de julgamentos, de interpretações, que interessará tanto ao historiador apaixonado por "pequena história" para esclarecer a "grande", quanto ao homem de letras, o psicólogo e, claro, as pessoas preocupadas com os fenômenos sociológicos e culturais como nosso pesquisador, intrigado pelo retorno dos indígenas ao rebanho.

> A história de vida, como qualquer outro material empírico, permanece muda quando privada de problematização.

Como se desenvolve uma pesquisa baseada na história de vida? Do lado do pesquisador, ela é evidentemente guiada por uma ou algumas interrogações e mesmo algumas hipóteses inscritas em uma dada problemática. Mas o papel desses elementos, sempre capital, verifica-se em certos momentos mais discreto que em outras formas de pesquisa.

No início, essas perguntas e hipóteses servem para selecionar algumas escolhas; inicialmente a de um ou vários participantes (uma vez que com mais freqüência se falará de pesquisa baseada em histórias de vida) e escolhas também do que é abordado. Em nosso exemplo, toda a vida dos indígenas escolhidos pode ser abrangida, ao passo que em outras pesquisas o pesquisador se limitará a uma parte dessa vida, que corresponde aos seus interesses e às suas necessidades.

Depois, vem o momento da narração propriamente dita. A tarefa do pesquisador é de se apagar o mais possível diante do autor e seu relato, evitar toda intervenção que possa fazer desviar a trama: mesmo pedidos de explicações correm o risco de impelir o autor-participante a atribuir mais importância a alguns elementos, o que ele normalmente não teria feito. No máximo, aceitam-se algumas perguntas que visam a fazer precisar alguns detalhes factuais sobre datas, os lugares, as pessoas envolvidas..., questões cujas respostas constam de algumas palavras e correm menos o risco de perturbar o desenrolar do relato. Senão, o pesquisador se contentará em repor o participante nos trilhos ("Você me contava então que..." retomando eventualmente as últimas palavras pronunciadas), em incentivá-lo a prosseguir ("E então, o que aconteceu em seguida?"). Está visto: problema, questão, hipótese se dissimulam atrás de uma forma de neutralidade operatória, uma forma não-direta que afasta o menor sinal ou comentário que possa comportar uma forma de julgamento, devendo se manifestar somente um interesse geral pelo que é dito.

À narração devidamente registrada, depois transcrita — a menos, que o participante tenha ele mesmo escrito um texto a seu modo —, o pesquisador decide, em seguida, completar suas informações por meio de uma entrevista mais estruturada, que se apóia no relato e na qual pode mais levar em conta suas questões e suas preocupações. Depois, os textos assim coletados são normalmente submetidos a uma análise em que são aplicadas as técnicas correntes de análise de documentos ou de discurso descritas no capítulo 8.

Os documentos redigidos a partir das histórias de vida são, muitas vezes, extremamente vivos: neles descobrem-se pontos de vista originais sobre experiências pessoais, até mesmo íntimas em detalhes, nas quais se delineiam, de modo implícito às vezes, acontecimentos, se não históricos, pelo menos públicos, uma organização social e cultural que vive e evolui quando não é subitamente modificada. Obtêm-se assim belas ocasiões de compreender como as pessoas representam esses fenômenos e acontecimentos históricos, sociais ou culturais, como passaram por eles, vividos na indiferença ou em uma participação mais ativa. É uma maneira de recolocar o indivíduo no social e na história: inscrita entre a análise psicológica individual e a dos sistemas socioculturais, a história de vida permite captar de que modo indivíduos fazem a história e modelam sua sociedade, sendo também modelados por ela.

Mas essa maneira, às vezes, não é muito bem aceita como estratégia de pesquisa, criticando alguns sua estrutura um pouco imprecisa, principalmente quando o pesquisador coloca-se na retaguarda, no momento da construção do relato pelo participante, deixando uma grande liberdade a este como narrador. Em contrapartida, se é certo que problemática, questão e hipótese fazem sentir menos sua presença no momento em que o narrador se expressa, essa presença torna-se nitidamente mais forte nas etapas subseqüentes da leitura e da análise dessa narrativa.

Censura-se na história de vida a ausência de distanciamento do participante frente ao objeto de seu discurso; ele raramente pode, com efeito, tomar distância em relação ao que ele é, nem em relação a suas experiências de vida, podendo apenas, então, se distanciar no tempo.

Por outro lado, por sua própria natureza, o procedimento não será sempre empregado senão com um número reduzido de participantes. Daí a questão, constantemente colocada, da representatividade dessas pessoas, da generalização sempre delicada já evocada, tratando-se do

O que se disse da possibilidade de generalização a partir de um estudo de caso se aplica igualmente à história de vida. Esta pode, aliás, ser considerada como uma forma de estudo de caso.

estudo de caso. Sobretudo de que as análises de histórias de vida ficam freqüentemente muito limitadas, aparecendo então os relatos mais como simples imagens a observar e mais nada. Sabe-se no entanto que a função da pesquisa não é a de simplesmente descrever o observado, mas sim compreendê-lo, como já se assinalou em outras ocasiões.

Este capítulo sobre as estratégias de pesquisa nas ciências humanas encerra-se aqui: não porque a lista seja exaustiva — como, na verdade, falar de exaustividade em um domínio em que a imaginação terá sempre um papel a desempenhar? — mas porque o essencial nos parece dito.

Neste capítulo, constatamos que de um mesmo problema podem emergir questões diversas que conduzem a hipóteses diferentes. A verificação dessas hipóteses exige informações cuja natureza varia, o que nos levou a distinguir duas grandes categorias de pesquisa, aquelas em que os dados são engendrados ou criados pela experiência e aquelas baseadas em dados existentes.

Os dados criados supõem uma intervenção sobre o real, tendo em vista verificar a existência de uma relação de causa e efeito. O pesquisador atua sobre a variável dita independente associada à causa, para avaliar, habitualmente de modo quantitativo, os efeitos produzidos sobre a variável dependente ligada ao efeito. Consideramos diversos esquemas de experimentação possíveis. Com essas estratégias, o pesquisador visa a isolar o melhor possível essa causa e seu efeito, levando em conta, o mais estritamente que possa, imposições da realidade e sabendo que nenhuma abordagem, por mais sofisticada que pareça, assegura certeza absoluta em matéria de relação causal.

As pesquisas com dados existentes prendem-se menos a uma explicação das situações e dos fenômenos sob o ângulo da causalidade linear do que ao esclarecimento de diferentes aspectos ou fatores que podem contribuir para a sua compreensão. Sem modificar o real através de uma intervenção, estratégias como o estudo de correlações, a pesquisa de opinião, a enquete, a abordagem de tipo antropológico, o estudo de caso ou história de vida visam a explorar-lhe as propriedades e características, experimentando considerar toda a sua complexidade.

Essas estratégias de verificação demandam que se apele a técnicas e instrumentos, o que assinalamos várias vezes. Constatar-se-á que essa exigência nem sempre permite distinguir facilmente estratégias e técnicas, como no caso da pesquisa antropológica, freqüentemente designada pela técnica de observação participante que a caracteriza. O próximo capítulo abordará essas técnicas e os instrumentos de coleta da informação, que constituem o arsenal dos pesquisadores em ciências humanas. Depois virá o tempo da análise e das conclusões: essa será a proposta do capítulo 8.

PRÁTICA

Segunda etapa do trabalho de pesquisa (I): Preparação de sua estratégia

Eis aqui sumariamente apresentados alguns projetos de pesquisa sob forma de perguntas. Trata-se de explicar brevemente que estratégia de verificação parece apropriada a cada um. Como acontece muitas vezes, as estratégias possíveis não são únicas: quando você achou uma, veja se não existem outras delas. Depois, para cada uma, pergunte-se se há dificuldades a prever e precauções a tomar que permitiam contornar ou atenuar essas dificuldades. Assim, você será levado, talvez, a ajustar algumas variantes das estratégias; se não, você circunscreverá tudo, menos as forças e os limites: é em função destes que você deve fixar e justificar explicitamente sua escolha.

As perguntas que seguem apresentam-se, às vezes, vagas demais para constituir realmente questões de pesquisa; você sentirá então necessidade de precisá-las, enunciando, por exemplo, uma ou algumas hipóteses. Não hesite também em situar o contexto no qual a pesquisa poderia ser conduzida: como a hipótese, este pode trazer algumas obrigações que o ajudarão a orientar sua estratégia.

Projeto 1

A organização de um comitê de "boa vizinhança" que assegura principalmente uma vigilância das habitações e residências pelos vizinhos contíguos, quando da ausência dos moradores, faria diminuir o número de lamentáveis arrombamentos no bairro todos os anos?

Projeto 2

A degradação da qualidade da língua portuguesa escrita entre os estudantes universitários: mito ou realidade?

Projeto 3

Viver com um filho autista: como pais conciliaram as exigências dos cuidados físicos e afetivos, da vigilância, etc., com as obrigações de sua própria vida, trabalho, educação dos outros filhos da família, vida social e afetiva...?

Projeto 4

Um programa de educação sexual no colégio levaria os estudantes a melhor se protegerem por ocasião das relações sexuais?

Projeto 5

As moças que se orientam para carreiras não-tradicionais são diferentes das outras: mais dinâmicas, mais independentes, menos conformistas...?

Projeto 6

Como se vê a si mesmo o pai de família? Como um educador? Como um provedor de recursos? Os dois? Diferentemente? E como os membros de sua família o vêem?

Projeto 7

Por que os adolescentes se lançam sem proteção em sua primeira relação sexual?

Projeto 8

Vêem-se freqüentemente preços exibidos: R$ 7,95, R$10,95... Fazer com que jovens consumidores notem que preços de R$1,95 ou R$2,95 estão bem mais próximos de R$ 2 e R$ 3 do que de R$ 1 ou R$ 2 os levaria a julgar mais adequadamente suas despesas?

Projeto 9

É verdade que vivemos em uma sociedade cada vez mais violenta e perigosa?

Projeto 10

Todos os anos, a imprensa fala da volta dos "gaivotas" à praça de Youville, no Québec: os que ela designa assim não são pássaros, mas jovens de 13-14 anos, às vezes marginais por seu cabelo e suas roupas, mas mais ainda pela vida que levam. Quem são eles? O que procuram ? O que esperam? Quais são seus valores? Como os vivem? O que é, finalmente, ser "gaivota"?

Projeto 11

A instalação de uma passagem para pedestre protegida por sinais luminosos permitiria diminuir o número de acidentes que envolvem pedestres em tal cruzamento especialmente perigoso?

Projeto 12

Um curso de metodologia da pesquisa prepara os estudantes universitários para tirar mais proveito de suas aprendizagens ulteriores?

Projeto 13

Qual é a atuação do meio social na decisão das jovens mães solteiras de ficar com seu bebê em vez de dá-lo em adoção?

Projeto 14

Os manuais usados nos colégios são sexistas?

À lista desses projetos você já pode acrescentar o seu e começar a preparar a verificação de sua hipótese de trabalho respondendo às mesmas perguntas: A que tipo de dados você prevê que deva apelar? Que estratégia você selecionaria? Há outras opções possíveis? Quais as dificuldades que você teme? Seria possível reduzi-las ou contorná-las?...

Em Busca de Informações

CAPÍTULO 7

A informação constitui sempre a provisão de base dos trabalhos de pesquisa. É sobre ela que se estabelecem, de uma parte, o procedimento, principalmente indutivo, de construção do problema e da hipótese e, de outra, aquele, de preferência dedutivo, de verificação dessa hipótese.

Na primeira seção deste capítulo, nos deteremos nas fontes dessas informações: essas fontes podem ser pessoas, claro, mas muito freqüentemente serão documentos de várias naturezas. As outras seções do capítulo serão dedicadas às múltiplas técnicas e instrumentos que servem para a coleta desses dados: a segunda tratará da passagem da hipótese aos indicadores e variáveis, etapa obrigatória da escolha e da elaboração das técnicas e instrumentos, que aparecerão em seguida na terceira e última seção do capítulo.

> Se as informações empregadas no início da pesquisa são, às vezes, vagas ou incompletas, a coleta dos dados necessários à etapa da verificação deve ser sistemática, ordenada e a mais completa possível.

Como em botânica, a informação permanece uma condição essencial para o florescimento dos saberes.

Fontes de Informações

Certamente não há surpresa no fato de ver seres humanos empenhados em contribuir para a pesquisa em ciências humanas. Contudo, as modalidades dessa contribuição surpreenderão às vezes. Contrariamente ao que muitos acreditam, as pesquisas nas quais as pessoas são atingidas indiretamente, a partir de documentos – termo que engloba todas as formas de traços humanos –, são as mais numerosas no campo das ciências humanas. Não é, portanto, ao acaso que começaremos por abordar a fonte documental de dados, antes de passarmos às questões relativas à população e amostra.

Pesquisas com base documental

Um pesquisador precisava conhecer as emissoras de rádio preferidas dos automobilistas. Uma pesquisa de opinião junto a essas pessoas lhe parecia difícil de realizar; teve então a idéia de pedir aos frentistas de postos de gasolina que observando os painéis dos carros que passavam por suas mãos anotassem a estação radiofônica em que estavam sintonizados os rádios dos mesmos sem, no entanto, perguntar diretamente aos motoristas. Documento de forma inabitual, mas que forneceu ao pesquisador os dados necessários na tarefa muitas vezes árdua de coleta de informações. A imaginação constitui um elemento eficaz, até mesmo insubstituível!

Esse exemplo mostra que um documento pode ser algo mais do que um pergaminho poeirento: o termo designa toda fonte de informações já existente. Pensa-se, é claro, nos documentos impressos, mas também em tudo que se pode extrair dos recursos audiovisuais e, como ilustrado no capítulo anterior, em todo vestígio deixado pelo homem.

Entre as fontes impressas, distinguem-se vários tipos de documentos, desde as *publicações de organismos* que definem orientações, enunciam políticas, expõem projetos, prestam conta de realizações, até *documentos pessoais,* diários íntimos, correspondência e outros escritos em que as pessoas contam suas experiências, descrevem suas emoções, expressam a percepção que têm de si mesmas. Passando por diversos tipos de *dossiês* que apresentam dados sobre a educação, a justiça, a saúde, as relações de trabalho, as condições econômicas, etc., sem esquecer os *artigos de jornais e periódicos* nem as diversas *publicações científicas*: revistas, atas de congressos e colóquios.

Notemos de passagem que os dados estatísticos desempenham importante papel em muitas pesquisas. Os organismos nacionais ou internacionais são pródigos neles, a tal ponto que a maioria dos aspectos socioeconômicos de nossas vidas são objeto de tais dados: recenseamentos que comportam informações sobre a idade, o sexo, a organização familiar, o local de residência, a língua de uso e estatísticas sobre a saúde, a economia, a educação...; poucas coisas escapam aos bancos de dados numéricos.

O pesquisador pode ter todo o interesse em tirar proveito disso, na medida das necessidades de seu projeto: tais dados já coletados lhe custam pouco, tanto em esforços quanto em dinheiro. São, com freqüência, de fácil acesso e ele raramente terá de trabalhar com grandes quantidades de números brutos: repertórios como o *Anuário estatístico da UNESCO* e o *Anuário do IBGE* apresentam dados já tratados e organizados, muitas vezes com textos que analisam vários aspectos das realidades econômicas, políticas ou sociais e sua evolução. É, aliás, uma das vantagens de tais repertórios: como são publicados a intervalos regulares, permitem seguir a evolução dos fenômenos e das situações no tempo.

Acrescentemos, enfim, que um conjunto de bancos de dados criado pelo IBGE, reunindo informações estatísticas relativas à economia, à demografia, à geografia e a outros, encontra-se disponível através da Internet.

Os documentos sonoros e visuais são também portadores de informações úteis, ainda que ocupem menos espaço que os anteriores no campo da pesquisa. Dentre esses documentos, colocam-se os discos e fitas magnéticas, as fotos, pinturas, desenhos, os filmes e vídeos, etc. Em suma, tudo o que, em suporte audiovisual, pode veicular informações sobre o humano. Pode-se encontrar esses documentos nos serviços radiofônicos e televisivos, junto a organismos ligados ao cinema como a Cinemateca do Museu de Arte Moderna e o Museu da Imagem e do Som, ambos no Rio de Janeiro, bem como a Fundação Roberto Marinho e a Fundação Padre Anchieta que produzem uma infinidade de documentários sobre vários aspectos da vida brasileira. Inúmeras bibliotecas oferecem, aliás, serviços de empréstimo de filmes: algumas compreendem uma fototeca.

Mas, em geral, esses documentos são de acesso mais difícil do que os documentos impressos e se mostram de uso menos cômodo: no momento de utilizá-los, será sentida, muitas vezes, a necessidade de descrever as imagens e de transcrever as propostas para encontrar a forma mais usual do escrito.

Mas pouco importa sua forma, os documentos aportam informação diretamente: os dados estão lá, resta fazer sua triagem, criticá-los, isto é, julgar sua qualidade em função das necessidades da pesquisa, codificá-los ou categorizá-los... Onde, nesse caso, traçar o limite entre a coleta e a análise? Pois atribuir um código, associar a uma categoria, já é analisar, ou até interpretar. Para simplificar, pode-se concluir que a coleta da informação resume-se em reunir os documentos, em descrever ou transcrever eventualmente seu conteúdo e talvez em efetuar uma primeira ordenação das informações para selecionar aquelas que parecem pertinentes. A seqüência depende da análise de conteúdo que abordaremos no próximo capítulo.

População e amostra

A importância dos documentos nas pesquisas em ciências humanas não descarta todo recurso direto às pessoas: estas se mostram freqüentemente a fonte melhor adaptada às necessidades de informação do pesquisador. O que leva a algumas considerações sobre a escolha dessas pessoas que serão observadas ou interrogadas, selecionando, às vezes, alguns indivíduos, ou então populações inteiras, ou ainda partes dessas. Um exemplo nos servirá para descrever tudo isso.

Conhecem-se as dificuldades experimentadas no recrutamento de médicos para as regiões interioranas do país.

Uma questão prática impõe-se: em que condição(ões) médicos dos grandes centros aceitariam exercer sua profissão nas regiões interioranas?

Para conhecer essas condições, o mais simples ainda é perguntar aos próprios médicos. Poder-se-ia questionar somente alguns deles, o que permitiria estudar suas motivações profundas. Mas a questão colocada visa à solução de um problema e exige respostas mais globais, mais gerais. Preferir-se-á também, às vezes, submeter nossas questões ao conjunto da população abrangida na pesquisa, que deve ser definida com precisão: trata-se de todos os médicos, especialistas e clínicos gerais? Incluem-se os estudantes de medicina? Que se entende por "grande centro"? São Paulo? São Paulo e bairros da periferia (até onde)? Todo o estado de São Paulo?

Mas nem sempre é fácil nem mesmo possível alcançar assim toda uma população. Diversos embaraços freqüentemente levam a se traba-

---

Documentos e dados criados

Poder-se-ia ter uma pesquisa de base documental que seja com dados criados? A idéia parece *a priori* contraditória, sendo os documentos, dissemos, fontes já existentes de dados.

Mas não se deve confundir fontes existentes de dados e fontes de dados existentes. Vimos que os documentos não são arquivos ultrapassados, mas veículos vivos de informação. Imaginemos que um pesquisador queira saber se uma mudança de programação objetando melhor responder às necessidades dos automobilistas os leva a escutar mais tal estação de rádio. Ele pode, por exemplo, pedir aos garagistas que anotem a freqüência sintonizada nos receptores radiofônicos dos carros que passam por suas mãos. Depois, após a mudança na programação, ele procede, sempre da mesma maneira, a uma nova coleta de dados a fim de verificar se os hábitos mudaram.

Podem-se imaginar também pesquisas em que se usarão documentos mais "clássicos", as mídias, por exemplo, para julgar a influência de uma campanha de publicidade anti-racista, enumerando a quantidade de choques referidos antes e depois dessa campanha. Poder-se-ia até observar se o efeito dura no tempo, se uma retomada da campanha restabelecerá esse efeito. Não é maneira habitual de proceder, mas uma tal maneira pode fornecer indicações úteis com pequeno custo.

lhar apenas com uma parte, uma amostra dessa população. Salvo que se desejem, ainda assim, conclusões que se apliquem ao conjunto: é preciso, portanto, uma amostra que seja representativa da população, isto é, que forneça dela uma imagem fiel.

O caráter representativo de uma amostra depende evidentemente da maneira pela qual ela é estabelecida. Diversas técnicas foram elaboradas para assegurar tanto quanto possível tal representatividade; mas, apesar de seu requinte, que permite diminuir muitas vezes os erros de amostragem, isto é, as diferenças entre as características da amostra e as da população de que foi tirada, tais erros continuam sempre possíveis, incitando os pesquisadores a exercer vigilância e seu senso crítico.

No que se segue, vamos apresentar sucintamente os principais tipos de amostras, ditos probabilistas ou não-probabilistas, conforme suas técnicas de formação apelem ou não ao acaso. Precisemos que o termo *acaso* deve ser compreendido aqui no sentido matemático: a amostra de médicos será realmente formada ao acaso se todos têm uma oportunidade igual de fazer parte dela. Contudo, há casos em que o objetivo da pesquisa exige aumentar uma parte da população-alvo — o subgrupo dos médicos que faz tal especialidade, por exemplo. Alguns processos de amostragem o permitem, processos que permanecem probabilistas na medida em que o acaso desempenha sempre neles um papel central. Ademais, para falar de amostra *probabilista* bastará exigir-se que todos os membros da população tenham uma oportunidade *conhecida e não-nula* de pertencer à amostra. Pegar a lista telefônica dos médicos e apontar seus nomes "ao acaso", nas páginas, não é suficiente para formar uma amostra probabilista, isto porque alguns médicos não têm seu número de telefone nela publicado.

> AMOSTRA PROBABILISTA Amostra da qual todos os elementos de uma população têm oportunidade conhecida e não-nula de fazer parte. Uma amostra que não tenha essas características é dita Não-Probabilista.

Amostras não-probabilistas

As amostras não-probabilistas são as mais simples de compor. Sua qualidade, contudo, é desigual e a generalização das conclusões mostra-se delicada, principalmente porque é impossível medir o erro de amostragem.

A primeira e menos requintada dessas é a amostra dita *acidental*: escolhem-se simplesmente os médicos encontrados até o momento em que se estima ter interrogado suficientemente. Alguns não têm evidentemente chance de serem selecionados, ao passo que outros, que trabalham na vizinhança do pesquisador, por exemplo, quase não podem escapar disso. Segundo os modos de escolha e do meio pesquisado, as respostas obtidas correm o risco de ir em direções muito particulares e de representar muito mal a opinião do conjunto dos médicos.

Às vezes, quando a participação na pesquisa é exigente, ou por razões éticas, o tema abordado for delicado, apelar-se-á a uma *amostra de voluntários* fazendo um apelo para reunir pessoas que aceitem participar. O problema é que as pessoas têm então esta característica de serem voluntárias, o que, ainda aí, pode tornar ocasional a generalização das conclusões. Todavia, nem sempre é uma desvantagem importante.

Outras amostras são formadas em função de escolhas explícitas do pesquisador. É o caso da *amostra típica,* em que, a partir das necessidades de seu estudo, o pesquisador seleciona casos julgados exemplares ou típicos da população-alvo ou de uma parte desta: assim, ele poderia interrogar médicos que não querem de forma alguma deixar os grandes centros, para identificar vários dos obstáculos ao recrutamento de efetivos para as regiões.

A *amostra por quotas* depende de uma outra técnica em que o pesquisador intervém, desta vez para obter uma representação, a mais fiel possível, da população estudada. Seleciona um certo número de características conhecidas dessa população, o número de clínicos gerais e de médicos de cada especialidade, por exemplo, categorização que ele pode aprimorar, fazendo intervir outras variáveis como o sexo ou as faixas de idade. Depois, para cada uma das combinações, determina a proporção de médicos que as compõem no conjunto da população, para respeitar essa proporção no nível da amostra. Assim, se ele sabe que 2% dos médicos do grande centro são urologistas homens, de 25 a 34 anos, escolherá, com o auxílio de uma das técnicas anteriores, urologistas homens de 25 a 34 anos para formar 2% de sua amostra. Contudo, persiste um problema, o da representatividade dos eleitos que, dentro de cada subgrupo, não são mais escolhidos ao acaso.

> Na formação de uma AMOSTRA POR QUOTAS, o acaso não desempenha papel algum. Para aumentar a representatividade das pessoas escolhidas nos subgrupos, o pesquisador pode, contudo, decidir fazê-la intervir: é a técnica de amostragem por estrato que será tratada em seguida.

Amostras probabilistas

Uma amostra probabilista é composta a partir de uma escolha ao acaso, tendo todos os elementos da população uma chance real e conhecida de serem selecionados. Esse conhecimento das oportunidades de cada um permite ao pesquisador calcular o erro de amostragem, isto é, avaliar os riscos de se enganar, generalizando para toda a população as conclusões de seu estudo sobre a amostra. Estima-se também que as técnicas em jogo oferecem melhores garantias de objetividade, sendo o acaso, e não as preferências ou os caprichos do pesquisador o fator determinante na escolha das pessoas.

A *amostra aleatória simples* é a mais elementar das amostras probabilistas. Todos os médicos têm aqui a mesma oportunidade de ser selecionados: como se fossem escolhidos tirando-se seu nome de um chapéu. Na prática, o procedimento é um pouco diferente, listando-se os membros da população-alvo e atribuindo um número a cada um; o sorteio é então realizado com a ajuda de uma tabela de números aleatórios.

A técnica da *amostragem por grupos* igualmente apóia-se no acaso, mas nela selecionam-se grupos em vez de indivíduos. Efetua-se então a pesquisa, seja com os grupos inteiros, seja com uma parte dos elementos que os compõem. Pode-se até proceder a uma cascata de escolhas: selecionar, por exemplo, cinco bairros tomados ao acaso na cidade, depois, sempre ao acaso, duas clínicas por bairro e quatro médicos por clínica. A vantagem dessa maneira de proceder, em que um médico é escolhido após três tiragens aleatórias simples, é evitar a labuta, às vezes fastidiosa, de fazer a lista completa dos médicos. Em contrapartida, o recurso a três amostragens sucessivas aumenta os riscos de erros da amostra.

A última técnica, a da *amostragem por estratos,* é a mais requintada: divide-se a população, a de nossos médicos, por exemplo, em estratos ou subgrupos em função de certas características úteis aos fins do estudo, como foi feito na amostragem por quotas, para em seguida estabelecer uma amostra aleatória de cada um desses estratos. Essa maneira de fazer permite principalmente reduzir o erro de amostragem sem aumentar a extensão da amostra global. Será usada também para comparar diversos subgrupos entre si: isso leva, às vezes, um pesquisador a extrair subamostras cujas extensões não serão proporcionais às dos estratos correspondentes, quando um desses estratos, importante para o estudo, não o é por sua grandeza em relação aos outros.

Esses são os principais tipos de amostragem. Não entramos aqui no detalhe das técnicas e instrumentos matemáticos de que dispõe o pesquisador para praticá-los, pois existem manuais de fácil acesso que tratam disso. O essencial para nós é fixar que existem múltiplas maneiras de formar uma amostra. Nossa escolha nessa matéria será determinada em função das necessidades da hipótese e das exigências de sua verificação, do grau de generalização pretendido, levando em conta, de outra parte, as contingências mais terra-a-terra de tempo e de custo. Às vezes, uma amostra de voluntários ou uma amostra típica serão perfeitamente convenientes, ao passo que outras pesquisas demandarão uma ou outra forma de amostra probabilista. A natureza e o grau de homogeneidade da população-alvo devem também ser considerados neste capítulo, como no do tamanho da amostra: quanto maior a homogeneidade, menor poderá ser a amostra, sem que sua representatividade — qualidade essencial de qualquer amostra — se encontre gravemente afetada por isso. Mas pouco importa o modo de amostragem escolhido, não há nessa matéria de representatividade, como em muitas outras, nenhuma certeza absoluta.

Isso encerra nossa breve panorâmica das fontes de informações: os documentos, de um lado, vestígios escritos, sonoros, visuais ou outros,

---

AMOSTRA ALEATÓRIA SIMPLES. Amostra probabilista formada por sorteio, concedendo a todos os elementos da população uma oportunidade igual de serem escolhidos.

AMOSTRA POR GRUPOS. Amostra probabilista formada pela seleção de agrupamentos de elementos (e, eventualmente, por diversas ordens de subgrupos) em cujo interior serão finalmente escolhidos de modo aleatório.

AMOSTRA POR ESTRATOS. Amostra probabilista cujos elementos são escolhidos aleatoriamente no interior de estratos ou subgrupos, definidos por uma ou mais características particulares.

Normalmente, quanto maior o tamanho da amostra, mais forte é sua representatividade, pois as peculiaridades são diluídas na massa. A rigor, a amostra perfeitamente representativa compreenderia toda a população.

da presença e da atividade humana; de outro lado, os próprios seres humanos, que serão observados ou interrogados selecionando-se populações inteiras, quando de tamanho razoável, ou então, em outros momentos, amostra simplesmente de alguns indivíduos. Mas, para assim observar ou interrogar é preciso instrumentos: é na sua preparação que nos deteremos na seção que se segue, antes de descrevê-los na que virá em seguida.

Quadro operacional da pesquisa

Uma vez bem determinadas as fontes de dados necessários à verificação, vem o tempo de preparar a coleta e o tratamento desses dados. A hipótese guiará essa busca de informações, ao termo da qual a análise permitirá ver se ela resiste à prova dos fatos. Mas é preciso antes transpor uma etapa delicada: a elaboração do quadro operacional da pesquisa. O exemplo que segue permitirá compreender do que se trata.

> **FANATISMO**
> # Ritual de fogo
> *Seita apocalíptica deixa mais dezesseis mortos na França*
>
> **A**conteceu de novo. Pouco mais de um ano depois da morte de 53 pessoas na Suíça e no Canadá, a Ordem do Templo Solar, uma das seitas apocalípticas que proliferam pelo mundo, voltou a induzir uma tragédia espantosa. A polícia francesa descobriu no dia 22, num bosque na de Saint-Pierre-de-Cheren aprazível Grenob entre os

Revista Veja, 03/01/96

Um pesquisador, horrorizado com o suicídio coletivo de adeptos de alguma seita, escolheu estudar a dependência dessas pessoas em relação ao grupo em que se integraram, a ponto de chegar a esse funesto extremo. Sua hipótese é, na verdade, que *com o tempo, a perda de autonomia dos membros dessa seita torna-se tal que não podem mais escapar do movimento, mesmo que ele os conduza a uma saída fatal.*

Ora, toda hipótese pertence ao mundo das abstrações. Ainda que sua construção se tenha iniciado com a percepção de um problema bem real, ela em seguida foi explicitada e precisada ao longo da problemática, até expressar-se em um enunciado que põe em jogo um ou alguns conceitos que são essencialmente construções do espírito. Assim, a autonomia, conceito central da hipótese selecionada, não tem existência em si mesma, não pode ser vista, ouvida ou tocada diretamente. É uma representação mental tirada de um conjunto de observações e de experiências particulares. O termo *autonomia* abrange, aliás, um vasto leque de sentidos: não se fala da autonomia de vôo de um avião?

A verificação da hipótese exige, no entanto, uma avaliação explícita do grau de autonomia de algumas pessoas. Daí a necessidade de uma tradução que assegure a passagem da linguagem abstrata do conceito para a linguagem concreta da observação empírica, a fim de que se saiba o que pesquisar e o que selecionar como informações ao conduzir o estudo. Essa ponte entre o universo da hipótese e o de sua verificação empírica é essencial à operacionalização da pesquisa: daí seu nome de *quadro operacional*. Contrapartida do quadro conceitual que conduziu à abstração da hipótese, ele torna possível o retorno à realidade dos fatos, ao mesmo tempo que sua interpretação dos fundamentos teóricos do trabalho.

Estabelecer o quadro operacional de uma pesquisa consiste em especificar as manifestações observáveis empiricamente do ou dos conceitos em jogo e, se na verdade houver vários, explicitar as relações que deveriam aparecer entre suas respectivas manifestações.

Como conseguir isso na prática? Consideremos o conceito de autonomia selecionado no nosso exemplo. Está aí uma noção muito rica. Assim, devemos inicialmente escolher dentre suas *dimensões* possíveis, ou, caso se prefira, seus componentes, aquelas que correspondem à nossa definição do conceito e ao objetivo da pesquisa. A autonomia de movimento, no sentido daquela que se acha reduzida em alguns deficientes, não é aqui um aspecto pertinente. Podemos em contrapartida prender-nos à autonomia financeira ou psicológica das pessoas. Para cada uma dessas dimensões, selecionaremos *indicadores*, isto é, sinais tangíveis, observáveis na realidade, que nos permitirão concluir a presença da forma de autonomia considerada. Assim, a autonomia financeira pode se manifestar pela posse de bens, pela acumulação de poupanças, pelo fato de ter uma renda regular... A autonomia psicológica traduz-se pela capacidade de tomar decisões, fazer escolhas, emitir opiniões, criticar as dos outros, definir seus próprios valores... Poder-se-ia também falar de autonomia física quando a própria pessoa determina seu meio e seus hábitos e ritos da vida quotidiana, suas escolhas em matéria de cuidados de saúde... ou ainda autonomia social quando escolhe suas amizades, aceita responsabilidades, exerce seu direito de voto... E a lista poderia estender-se, visto que cada indicador poderia traduzir somente um dos aspectos da dimensão e que as dimensões podem multiplicar-se e aprimorar-se.

A partir de tais indicadores, torna-se possível elaborar uma grade de observação, preparar questões, munir-se de instrumentos que servirão para acumular informações. Do mesmo modo, os liames — que se

---

O termo 'conceito' já apareceu em alguns momentos nas páginas deste manual. Reveja-o, principalmente o que é dito nas páginas 89 a 94, capítulo 4.

QUADRO OPERACIONAL
Conjunto dos indicadores que estabelecem o vínculo entre os conceitos empregados pela hipótese e as observações empíricas necessárias à verificação dessa hipótese.

Alguns conceitos mais complexos demandarão uma composição mais elaborada: ter-se-ão dimensões, subdimensões... até que se chegue a manifestações que possam ser observadas concretamente.

terá o cuidado de explicitar — que conectam esses indicadores ao conceito permitirão analisar as atitudes, comportamentos, respostas e outras reações coletadas, interpretá-las, para finalmente formular um julgamento sobre a autonomia das pessoas.

Informações, indicadores e conclusões

Já ressaltamos, ao precisar o sentido a atribuir à expressão *dados existentes*: as informações não existem em estado puro, como frutos que esperam ser colhidos. O próprio pesquisador faz a informação. Assim, a autonomia ou a agressividade não existem em si mesmas: o que se encontra são pessoas que o pesquisador chega a definir como autônomas ou agressivas, baseando-se em critérios ou indicadores que ele mesmo fixou. A escolha dos indicadores é, portanto, crucial para o valor e a credibilidade das conclusões da pesquisa. Desse modo, selecionar somente a presença de ataques físicos como indicador da agressividade pode conduzir a desconsiderar uma agressividade, no entanto muito experimentada pelas vítimas de ataques verbais ou feridas por uma simulada indiferença. Ao contrário, pode-se fazer ainda mais: em algumas pesquisas sobre a violência, as atitudes e comportamentos descritos como violentos abrangem campos tão amplos, que se segue uma banalização do fenômeno, de modo a prejudicar a compreensão deste.

Como escolher ou construir os indicadores? A primeira tarefa é decompor o conceito: depois, para cada um dos componentes identificados, apela-se a seus conhecimentos e a suas experiências para imaginar manifestações concretas dele. Não se deve negligenciar também a experiência alheia: uma olhada nas pesquisas conexas ou, mais geralmente, nos trabalhos em que um ou outro dos conceitos em jogo em nosso estudo apareceram pode trazer muita coisa. Resta em seguida pousar um olhar crítico sobre o que foi assim acumulado, de início para operar uma triagem, mas também para referenciar as eventuais lacunas e preenchê-las, a fim de que todos os aspectos do conceito sejam representados.

Traduttore, traditore, dizem os italianos: Traduzir é TRAIR!

Essa representação, a exemplo de toda tradução, resta sempre imperfeita. Selecionam-se os indicadores que parecem trair menos o essencial do conceito.

É necessário assinalar que o indicador deve permitir mais do que um simples acúmulo de informação, mas conduzir a categorizações de pessoas ou objetos em função da característica do conceito que ele concretiza. Assim, no capítulo da autonomia financeira, o indicador *renda* leva a classificar as pessoas em função de seus ganhos mensais: é um exemplo de categorização *numérica*. Outras categorizações são ditas *ordinais,* quando suas diversas categorias são simplesmente hierarquizadas: as pessoas observadas no plano da autonomia psicológica serão, por exemplo, classificadas conforme tenham uma propensão fraca, média ou forte a criticar as idéias dos outros. Fala-se, enfim, de categorias *nominais*, quando elas são simplesmente colocadas lado a lado, sem ordem particular, como as que nos permitem distinguir as pessoas em função de suas crenças religiosas. Acrescentemos que, para serem realmente úteis, as categorias devem ser exaustivas, isto é, devem prever todas as possibilidades e serem também mutuamente exclusivas, quer dizer, não se recortarem. Em suma, uma vez efetuada a categorização, um elemento ou uma pessoa deve encontrar-se em uma — e somente uma — das categorias, se não, como interpretar o fato de que uma pessoa seja julgada, ao mesmo tempo, muito capaz de tomar uma decisão e medianamente capaz de executá-la... é o pesquisador então que não poderá mais decidir que conclusão tirar!

Isso nos leva aos critérios de qualidade dos indicadores. O bom indicador é, inicialmente, preciso, dizendo claramente quais manifestações observáveis ele inclui em tal categoria e quais ele rejeita. Deve também ser *fidedigno,* quer dizer, deve conduzir a categorizações que não flutuarão com o tempo ou o lugar. Enfim, é *válido,* quer dizer que representa bem o que deve representar. Um pesquisador que, na aplicação de uma pedagogia considerada estimulante da motivação dos alunos, apresentasse fotos de alunos sorridentes como manifestação da eficácia de sua abordagem, explicando "veja, eles gostam do que estão fazendo", não teria aí um indicador nem preciso, nem fidedigno, nem válido.

Uma última nota antes de encerrar essa seção. No capítulo anterior, apresentamos a noção de variável: os pesquisadores, contudo, não estão de acordo sobre seu *status*, a respeito dos conceitos e indicadores. Para evitar complicações fúteis, fixemos simplesmente que as variáveis encontram-se mais do lado abstrato da hipótese. Assim, no capítulo 6, incorporamos as variáveis aos conceitos em jogo em nosso primeiro exemplo, declarando que a participação nos encontros interculturais é uma variável independente e reconhecendo o nível de agressividade dos alunos como variável dependente. Ademais, para nós, o termo variável traduzirá simplesmente a cor particular assumida pelos conceitos nos estudos com dados criados, aqueles em que, por uma intervenção, o pesquisador quer evidenciar uma relação de causa e efeito.

À guisa de conclusão, lembremos que a elaboração do quadro operacional tem por objeto, inicialmente, concretizar a hipótese em vista de sua verificação empírica. Essa hipótese compreende, na verdade, um ou vários conceitos, e estes são abstratos: é preciso traduzir-lhes as dimensões sob forma de indicadores que possibilitem a delimitação de suas manifestações.

Mas o quadro operacional é mais do que uma simples escolha de indicadores: estabelece também a ligação entre a hipótese e o trabalho de análise e de interpretação, precisando o que necessita considerar para a verificação dessa hipótese. Explicitar-se-á principalmente a natureza das manifestações concretas e, se o objeto da pesquisa o determinar, a orientação de eventuais transformações, manifestações e transformações, cuja presença confirmaria a hipótese. Se vários conceitos estão em jogo, deve-se do mesmo modo precisar as relações que deveriam existir entre seus respectivos indicadores, a maneira pela qual os valores destes deveriam evoluir em função uns dos outros. Finda essa etapa, vem o tempo de se preocupar com técnicas e instrumentos de coleta dos dados. Isso será objeto da próxima seção.

Técnicas e Instrumentos de Coleta de Dados

Para coletar informação a propósito de fenômenos humanos, o pesquisador pode, segundo a natureza do fenômeno e a de suas preocupações de pesquisa, ou consultar documentos sobre a questão, ou encontrar essa informação observando o próprio fenômeno, ou ainda interrogar pessoas que o conhecem.

A questão dos documentos já foi tratada no início deste capítulo e retornará no capítulo 8, quando abordarmos a análise dos dados. Vimos também como o pesquisador pode proceder na escolha das pessoas junto a quem coligirá seus dados. Resta a questão do "como" desta coleta: aqui nos deteremos nas diversas técnicas de observação das pessoas e, igualmente, nas diversas maneiras de interrogá-las. Consideraremos as forças e limites de cada uma, AS ARMADILHAS a evitar e descreveremos os instrumentos aos quais se poderá ou se deverá recorrer.

Observação

A observação revela-se certamente nosso privilegiado modo de contato com o real: é observando que nos situamos, orientamos nossos deslocamentos, reconhecemos as pessoas, emitimos juízos sobre elas. Sem alongar inutilmente essa lista, convenhamos que, em nossas atividades quotidianas, não há quase exemplos que não deixem espaço à observação.

A observação participa também de uma ampla variedade de descobertas e de aprendizagens realizadas pelos homens. Pensemos em seu papel no desenvolvimento das crianças que, através dela, pouco a pouco se apossam do mundo que as rodeia.

Não é, pois, surpreendente que a observação tenha também um papel importante na construção dos saberes, no sentido em que a expressão é entendida em ciências humanas. Mas para ser qualificada de científica, a observação deve respeitar certos critérios, satisfazer certas exigências: não deve ser uma busca ocasional, mas ser posta a serviço de um objeto de pesquisa, questão ou hipótese, claramente explicitado; esse serviço deve ser rigoroso em suas modalidades e submetido a críticas nos planos da confiabilidade e da validade.

Essa exigência de rigor não impede a presença de um vasto leque de técnicas de observação das quais algumas, como a observação participante já evocada no capítulo anterior, acham-se pouco estruturadas, ao passo que outras o estão muito mais. Começaremos por passar em revista essas técnicas.

> Para ter informação sobre um acidente, pode-se ler o que o jornal refere ou interrogar as testemunhas, a menos que seja o próprio observador uma dessas testemunhas, tendo assim a informação "de primeira mão".

O verdadeiro olhar do pesquisador

A observação como técnica de pesquisa não é contemplação beata e passiva; não é também um simples olhar atento. É essencialmente um olhar ativo sustentado por uma questão e por uma hipótese cujo papel essencial — é um *leitmotiv* desta obra — mais uma vez reconhecemos.

Esse suporte da hipótese por vezes tomará a forma concreta de uma grade de observação: vê-se então explicitamente interviem os indicadores que orientam o olhar e organizam, em graus diversos, as observações coletadas. Em outros momentos, o suporte será menos explícito, mas será sempre sua preocupação de pesquisa que guiará o olho e o ouvido do pesquisador, levá-lo-á a ater-se a tal manifestação particular, deter-se em tal aspecto ou elemento.

Observação estruturada

No fim de um estudo sobre o consumo, um pesquisador quer conhecer o comportamento dos clientes ante a exposição dos cereais. O meio mais seguro para alcançar esse objetivo é constatar diretamente o que se passa.

Duas condições especiais são aqui atendidas: o pesquisador conhece bem o contexto em que vai operar e conhece também os aspectos que deverão chamar sua atenção no comportamento das pessoas. Pode, portanto, preparar um plano bem determinado de observação: adaptado às circunstâncias e ao objeto de estudo, esse instrumento vai permitir-lhe fazer uma ordenação de dados antecipada dentre o fluxo de informações e selecionar as que são pertinentes.

A construção desse instrumento alicerça-se evidentemente na hipótese, a serviço da qual, dizíamos na introdução, deve se colocar a observação. Mas como não são conceitos, mas, antes, atitudes e gestos reais e concretos que são observados, é por intermédio de seus indicadores que a hipótese suportará o instrumento.

Segundo a natureza do problema abordado e as condições de investigação, o instrumento pode assumir diversas formas. Às vezes é muito aberto, deixando ao observador uma grande margem na escolha e maneira de anotar as informações. Em contrapartida, como em nosso exemplo, pode também assumir a forma de uma grade fechada em que os comportamentos se vêem previamente definidos, de tal modo que o observador freqüentemente deve apenas assinalá-los para registrar sua presença.

Na prática, para bem delimitar a situação em estudo, a grade se aterá a duas grandes categorias de informações. A primeira dessas categorias agrupa os esclarecimentos de natureza contextual: descrição dos locais, das pessoas observadas e das razões de sua presença. Assim, para os locais, deverá ser precisado o tipo de estabelecimento considerado (supermercado, loja de conveniência...), a arrumação da vitrine (modo de classificação dos produtos, exibição dos preços...), etc. Quanto aos clientes, serão anotados seu sexo, idade aproximada, o fato de que estejam ou não acompanhados...

A segunda categoria diz respeito mais diretamente aos comportamentos desses clientes consumidores. Aí se encontram informações sobre sua passagem diante das prateleiras (duração, com ou sem parada, com ou sem escolha de um produto...), sobre a maneira pela qual se efetuou a escolha (em função dos tipos de cereais, das marcas, dos preços...), etc.

Conforme sua natureza, as informações serão ora registradas assinalando-se campos (marcando com cruzinhas), ou então assinalando-se uma posição em uma escala. Às vezes, algumas linhas permitirão ao observador inscrever anotações especiais. O esboço de uma grade é apresentado à página 179.

Uma grade desse tipo é acompanhada habitualmente por diretivas sobre sua utilização, sobretudo se não foi o observador que concebeu o instrumento. Determina-se, por exemplo, observar a quinta pessoa que chega diante da vitrine após o fim da observação anterior; caso se trate de um casal, escolher a pessoa que detém a lista da mercearia, ou se não houver, a primeira das duas pessoas que dá uma olhada nos produtos.

Indica-se como situar as pessoas nas escalas, que espécies de comentários são esperados, etc. Olhando-se esse exemplo, compreende-se facilmente por que se fala de observação estruturada: o observador tem sua atenção centrada em aspectos da situação que estão explicitamente definidos e para os quais são previstos modos de registro simples, rápidos, que não apelam para a memória e que reduzem os riscos de equívoco.

Essa maneira de proceder apresenta muitas vantagens. Assim, a influência do observador sobre o comportamento das pessoas — um problema freqüente — se acha muito reduzida, pois não há interação acentuada entre o observador e o cliente, não sabendo mesmo este último, muitas vezes, que é estudado. Por outro lado, a observação é sistemática, todos os participantes se vêem submetidos a um tratamento semelhante, embora mudem os observadores: diretivas precisas e um treinamento mínimo bastam para assegurar a homogeneidade das informações coletadas. Habitualmente o tratamento dos dados mostra-se simples, pois estes estão bem uniformizados: permitem um recurso fácil aos instrumentos estatísticos. Acrescentemos que esse gênero de observação pode ser facilmente usado nas pesquisas com dados criados, facilitando as diversas comparações que habitualmente devem ser estabelecidas. Isso permite precisar que, embora use a observação, o pesquisador pode muito bem intervir na situação objeto de sua investigação sem destruir-lhe o caráter natural. Assim, ele poderia muito bem mudar a localização ou a decoração da prateleira para ver se isso traz modificações ao comportamento dos possíveis compradores.

A observação estruturada tem, por outro lado, suas exigências e impõe certos limites. Demanda principalmente um sólido conhecimento do contexto no qual será realizada e igualmente uma análise minuciosa dos conceitos em jogo, pois se uma manifestação importante for esquecida ou não puder ser colhida, seria necessário, freqüentemente, retomar tudo. Ademais, sendo as observações muito delimitadas, o pesquisador depara-se, muitas vezes, com uma visão muito parcial, até mesmo superficial, da situação. Assim, no nosso exemplo, o comportamento diante das caixas de cereais é isolado do que aconteceu antes. Esse gênero de limite pode privar o pesquisador de um ponto de vista sobre a complexidade real de uma situação. Sem contar que, em função das circunstâncias e do número de observações que se quer efetuar por unidade de tempo, será necessário, às vezes, limitar o número de fatores selecionados na grade.

Observação pouco ou não-estruturada

Na outra extremidade do espectro aparece a observação sem verdadeira estrutura. Não que seja sem guia. Se ela se pretende científica, se baseia em uma hipótese, mesmo que menos explícita que no quadro anterior: o pesquisador não está sem segundas intenções ainda que queira evitar os *a priori*.

OBSERVAÇÃO PARTICIPANTE Técnica pela qual o pesquisador integra-se e participa na vida de um grupo para compreender-lhe o sentido de dentro.

A forma clássica é a *observação participante,* já encontrada quando da apresentação da estratégia de pesquisa dita abordagem antropológica, em que ela fora elaborada sobre esse exemplo do pesquisador que, interessado pela dinâmica interna de um grupo de punks, neste se integrou para estudá-lo de dentro. Nessa forma de observação, o pesquisa-

Esboço de uma grade de observação
Comportamento dos clientes diante da vitrine de cereais

A. Quadro geral de observação

1. Zona urbana
   favorecida ❏   média ❏   desfavorecida ❏

2. Gênero de estabelecimento
   supermercado ❏   mercearia ❏
   loja de conveniências ❏

3. Decoração
   moderna ❏   antiga ❏

B. Descrição da prateleira observada

4. Iluminação da exibição dos preços
   grande ❏   média ❏   fraca ❏

5. Facilidade de identificação dos produtos
   grande ❏   média ❏   fraca ❏

6. Os produtos são classificados por
   tipo ❏   marca ❏   preço ❏   formato ❏

C. Descrição do cliente observado

7. Sexo
   masculino ❏   feminino ❏

8. Idade aproximada
   ├──┼──┼──┼──┼──┼──┼──┼──┼──┤
   10 20 30 40 50 60 70 80 90 100

9. Aparência geral
   ├─────────────────────────┤
   Descontraída   Enervada

10. Presença de acompanhante(s)
    Criança (s): Número _____ Idades (s) _____
    Outro (s):   Número _____ Especificar _____

11. Outros comentários: _____
    _____

D. Passagem na prateleira

12. A pessoa observada
    passa sem parar ❏
    passa e depois volta ❏
    detém-se na primeira passagem ❏
    parte sem produto ❏
    escolhe um (alguns) produto(s) ❏
    [qual (is)? _____]
    volta e repõe o produto ❏
    volta para pegar o mesmo produto ❏
    volta e troca por um outro produto ❏
    (qual? _____)

13. Outros comentários: _____
    _____

14. Duração da presença diante da vitrina:
    _____ segundos

E. Critérios (modalidades) da escolha

15. Para sua escolha a pessoa parece sobretudo
    procurar uma marca particular ❏
    procurar um tipo de cereal ❏
    olhar na altura de seus olhos ❏
    olhar todas as prateleiras ❏
    ler as informações das caixas ❏
    comparar os preços ❏

16. Outros comentários: _____
    _____

17. Houve intervenção de acompanhantes?
    Criança(s):   sim ❏   não ❏
    Outro(s):   sim ❏   não ❏

18. Se sim, parece ter orientado a escolha?
    ├─────────────────────────┤
    De nenhum modo   Completamente

dor-observador não fica retirado como no exemplo da mercearia, mas se integra à situação por uma participação direta e pessoal.

O quadro de observação fica um pouco impreciso, sobretudo porque não se concretiza em uma grade ou outro instrumento do gênero. A coleta das informações deve, contudo, continuar metódica embora quase não seja possível ao pesquisador tomar notas durante sua observação: o risco de perturbar pessoas e acontecimentos muitas vezes o impede. Talvez poderá consignar discretamente algumas indicações em um pedaço de papel, mas ele fia-se sobretudo em sua memória e em seu senso da disciplina que o impelem a redigir uma exposição detalhada uma vez concluída sua observação. Essa disciplina é exigente, mas é o melhor método para evitar os esquecimentos e a confusão que poderiam resultar do acúmulo de sessões de observação.

As técnicas da observação participante na vida quotidiana

O juiz impacienta-se! A causa parecia simples; uma altercação vulgar entre dois indivíduos que se estapearam, a propósito da qual era preciso fazer a verificação das responsabilidades. Mas o incidente remonta a mais de um ano; testemunhas são imprecisas, incertas, chegando até a se contradizer.

Para evitar este tipo de constrangimento, recomenda-se freqüentemente às pessoas suscetíveis de serem chamadas a assim prestar contas de acontecimentos a anotar logo o que viram ou ouviram, antes que os detalhes esfumem-se, que a memória deixe escapar ou transforme alguns aspectos da situação. Em suma, sugere-se a essas testemunhas potenciais que se submetam à disciplina dos observadores, que conhecem bem o caráter evanescente das recordações e se apressam a retê-las muito tempo com toda a riqueza dos detalhes que lhes dão, muitas vezes, seu verdadeiro sentido.

As breves indicações registradas ao vivo, aquelas eventualmente acrescentadas com o tempo, e os relatórios mais exaustivos redigidos em seguida constituem as *notas descritivas* do observador: devem ser tanto quanto possível neutros e factuais para melhor corresponder à situação observada.

Outras notas, ditas *analíticas*, vêm juntar-se às *descritivas*. Nas notas *analíticas*, o pesquisador fala de suas reflexões pessoais; elas compreendem as idéias ou intuições freqüentemente surgidas no fogo da ação e logo registradas sob forma de breves lembretes. Esses lembretes e outras anotações mais elaboradas, redigidas fora da observação propriamente dita, dão conta da evolução do pesquisador no plano teórico. Alimentam esta evolução, permitindo um vaivém entre os dados descritivos colhidos e a reflexão que subentende o conjunto do procedimento. A isso se acrescentam habitualmente um diário de bordo e notas de planejamento. No primeiro, o pesquisador fala de sua vivência no curso da investigação, ao passo que as segundas servem para orientar o procedimento em função do que precede.

Constata-se que, se a técnica de observação revela-se menos estruturada, o pesquisador deve se mostrar ainda mais metódico se quer tirar proveito de seu trabalho. Porém os resultados podem revelar-se substanciais. Não impondo limite à investigação nem estrutura de análise definida *a priori,* a observação participante permite "ver longe", levar em consideração várias facetas de uma situação, sem isolá-las umas das outras; entrar em contato com os comportamentos reais dos atores, com freqüência diferentes dos comportamentos verbalizados, e extrair o sentido que eles lhes atribuem.

Vários pesquisadores vêem nesse gênero de observação uma técnica conveniente sobretudo à enunciação de hipóteses ou à explicitação de indicadores, hipóteses que serão em seguida verificadas com o auxílio de abordagens mais estruturadas. É verdade que esse papel, que se poderia qualificar de exploratório, é importante. Mas, em princípio, nada se opõe a que a observação participante sirva também para a comprovação de hipóteses, e isso até no caso de pesquisas com dados criados. Assim, um pesquisador que se integra em um meio de fumantes (sem necessariamente fumar) poderia estudar as mudanças de hábito induzidas pela nova política que proíbe o cigarro em ambientes públicos fechados.

Esse modo de observação também tem limites e inconvenientes. Principalmente sua *fidedignidade* e *validade,* às vezes, são questionadas por alguns, pois estão muito ligadas à maneira pela qual o pesquisador consegue integrar-se no grupo, à qualidade de sua memória, ao que ele veicula como valores, concepções e representações, fatores que, com outros, inevitavelmente influenciam o que ele seleciona de suas observações. Também se poderia acrescentar sua "chance" de estar ou não presente lá onde acontece tal fato significativo.

Um outro inconveniente tem a ver com a quantidade, muitas vezes espantosa, de dados de toda ordem que o pesquisador deve tratar no curso e ao término da investigação. Se a informação é essencial à pesquisa, sua proliferação representa às vezes um problema, quando não se torna um obstáculo.

Resta ainda a questão sempre presente da influência do observador sobre a situação e as pessoas observadas, pois, inevitavelmente, sua presença modifica essa situação e pode afetar o comportamento dos atores. Esses efeitos, quando muito, poderão ser minimizados. Sabe-se, por exemplo, que, com o hábito, a sensibilidade à observação atenua-se nas pessoas: o observador lhes dará, pois, tempo para se familiarizarem com sua presença antes de realmente começar seu trabalho. Cuidando da apresentação de seus objetivos, poderá também atenuar as reações de resistência ou ansiedade dos participantes.

> Um instrumento é dito VÁLIDO se ele faz bem seu trabalho, isto é, se permite trazer as informações para as quais foi construído.
> Um instrumento é dito FIDEDIGNO, se conduz aos mesmos resultados quando se estuda, em momentos diversos, um fenômeno ou uma situação que não deveria ter mudado no intervalo.

Não foi Claude Bernard, um dos pais do positivismo, que escreveu: "O observador deve ser o fotógrafo do fenômeno, sua observação deve representar exatamente a natureza..."?

Ele também pode ocultar sua condição de observador. Essa dissimulação causa, contudo, alguns problemas, dentre os quais as questões de ética não são as menores. Corre igualmente o risco de complicar o trabalho — os registros das notas, por exemplo, uma vez que o pesquisador não deve trair-se —, mas também a própria observação; integrando-se ao grupo, com um papel a desempenhar, o pesquisador limita sua disponibilidade como observador. Em contrapartida, essa integração pode levá-lo a participar mais intensamente da vida do grupo e, assim, alcançar uma qualidade e uma profundidade de informação, inacessíveis de outra forma.

Técnicas intermediárias de observação

Entre a observação mais estruturada e a que se pretende livre, há lugar para vários modos intermediários. Assim, o pesquisador que, no capítulo anterior, deve comparar o espírito de equipe de diferentes unidades de uma liga de basquetebol pode muito bem selecionar a observação para realizar suas avaliações, sem por isso integrar uma equipe como jogador nem inventar indicadores artificiais sobre uma atitude que não é fácil de circunscrever *a priori*.

Ele pode, na verdade, recorrer a uma abordagem adaptada à situação: escolher lugares e momentos pertinentes para observar uma equipe e acumular então o máximo possível de anotações sobre os acontecimentos, comportamentos, gestos ou palavras que podem ter sentido no que se refere à sua preocupação. Assim, instalado nas tribunas, no momento dos treinos ou das partidas, ele toma nota das interações entre os jogadores, dos estímulos ou admoestações trocados, dos gestos de colaboração ou de rivalidade. No vestiário, observará a maneira como os jogadores agrupam-se, sua capacidade de rir (ou de chorar) dos erros cometidos, de se alegrar com os bons lances ou de invejá-los...

Esse modo de proceder, situado entre as duas maneiras descritas anteriormente, pode se modular de diversas maneiras: o pesquisador pode dar-se tempo para se integrar mais no grupo ou dotar-se pouco a pouco de uma estrutura de observação mais elaborada, ou, ainda, combinar as duas. Ainda uma vez, o importante continua a ser o recurso a uma abordagem que convém ao objetivo perseguido, às intenções do pesquisador.

A observação não é também uma técnica exclusiva: ela se presta, às vezes admiravelmente, a casamentos com outras técnicas e instrumentos. Já falamos disso em outro lugar, ao descrever a estratégia de natureza antropológica, explicando então que os pesquisadores completarão às vezes suas observações com entrevistas. Falaremos desses casamentos após ter tratado deste outro grupo de técnicas e instrumentos.

Por enquanto, fixemos que a observação constitui um meio fundamental de colher informação. Para que esta informação seja útil, é indispensável, contudo, que sua busca seja seriamente orientada por uma preocupação definida de pesquisa, e que essa busca seja, também, organizada com rigor. O pesquisador deve principalmente estar atento a tudo o que diz respeito à sua hipótese e não simplesmente selecionar o que lhe permitiria confirmá-la.

As técnicas de observação variam por seu grau de estruturação e pelo grau de proximidade entre o observador e o objeto de sua observação: desde o observador que se mantém completamente afastado, munido de uma grade precisa e detalhada, até aquele que se integra em um grupo e em uma situação para selecionar o máximo de informações, podem-se imaginar tantas modalidades de observação quantas se quiser, sendo que o essencial é, ainda uma vez, escolher uma que convenha ao objeto da pesquisa.

Testemunhos

Além da observação dos fenômenos (instrumento de apreensão do real que as ciências humanas compartilham com as ciências naturais), uma maneira reconhecida e comprovada, própria das ciências humanas, de obter informação consiste em colher os depoimentos de pessoas que detêm essa informação. O recurso a esses depoimentos permite a exploração dos conhecimentos das pessoas, mas também de suas representações, crenças, valores, opiniões, sentimentos, esperanças, desejos, projetos, etc. As maneiras de chegar a esses objetos de estudo, e a muitos outros, são variadas: os termos — questionários e entrevistas — que anunciam as duas partes desta seção estão justamente no plural, pois recobrem um amplo espectro de técnicas e de instrumentos que servem para interrogar as pessoas. Iremos percorrer esse espectro desde o questionário normatizado até à entrevista não-estruturada.

Questionários

Para saber a opinião da população sobre uma escolha de sociedade como a da preservação dos programas sociais, é preciso, evidentemente, interrogá-la. Talvez não a população inteira, mas, seguindo a estratégia da pesquisa de opinião, uma amostra suficientemente grande, constituída com os cuidados requeridos para assegurar sua representatividade.

Para interrogar os indivíduos que compõem essa amostra, a abordagem mais usual consiste em preparar uma série de perguntas sobre o tema visado, perguntas escolhidas em função da hipótese. Para cada uma dessas perguntas, oferece-se aos interrogados uma opção de respostas, definida a partir dos indicadores, pedindo-lhes que assinalem a que corresponde melhor à sua opinião. Ou então, outra forma possível de questionário: enunciados lhes são propostos, cada um acompanhado de uma escala (freqüentemente dita escala de Likert), série de campos que lhes permite precisar se, por exemplo, estão em total desacordo, em desacordo, sem opinião, de acordo, ou totalmente de acordo com o enunciado considerado.

Que sua forma seja uma dessas ou uma outra em que a maneira de responder se acha determinada, o questionário em seguida é distribuído, pelo correio ou por outro meio; as pessoas que querem, respondem, depois o devolvem ao expedidor.

Dentre as vantagens desse tipo de questionário padronizado — diz-se também uniformizado —, pode-se lembrar que se mostra econômico

> As técnicas e os instrumentos que apelam para o testemunho são próprios das ciências humanas.

> Se o questionário padronizado é o instrumento privilegiado de sondagem, seu uso não se limita, todavia, a esta única estratégia de pesquisa.

no uso e permite alcançar rápida e simultaneamente um grande número de pessoas, uma vez que elas respondem sem que seja necessário enviar-lhes um entrevistador. A uniformização assegura, de outro lado, que cada pessoa veja as questões formuladas da mesma maneira, na mesma ordem e acompanhadas da mesma opção de respostas, o que facilita a compilação e a comparação das respostas escolhidas e permite recorrer ao aparelho estatístico quando chega o momento da análise.

Questão de forma e de ordem

A formulação, principalmente a escolha das palavras, e a ordem das questões revestem-se de muita importância quando se interrogam pessoas. Assim, elas não responderão a uma questão que fala de *despesas efetuadas* nos programas sociais necessariamente da mesma maneira que a uma outra que evoca as *somas comprometidas* nesses programas.

Da mesma forma, questões sobre essas somas, seguidas de outras questões sobre os impostos pagos pelo indivíduo, acarretarão reações diferentes daquelas suscitadas pelas mesmas questões que vêm após questões sobre o que lhe trouxe o regime de seguro-saúde.

Via de regra, faz-se um esforço para propor a formulação mais neutra possível e ordenar as questões de maneira a minimizar os efeitos de umas sobre as outras.

De outra parte, quando se fala de questionário uniformizado (e ocorrerá a mesma coisa no assunto das entrevistas, mais adiante), isso não exclui a presença de diferenças na seqüência das questões às quais o participante responde efetivamente. Algumas perguntas são às vezes acompanhadas de instruções que orientam a trajetória do participante em função de suas respostas:

> 5. Você recorreu aos serviços de saúde no curso dos três últimos meses?
>   Sim ☐ Passe à questão seguinte.
>   Não ☐ Passe à questão 13.

A uniformidade da ordem das questões não está, por outro lado, jamais perfeitamente assegurada. Como o interrogado coloca a si mesmo essas questões, ele pode às vezes voltar atrás ou mesmo borboletear de uma questão a outra. Pode-se lhe pedir que evite esse comportamento, mas não é garantido que ele respeite a instrução. Consegue-se um melhor controle sobre isso com a entrevista estruturada.

Oferecer apenas respostas predeterminadas pode parecer constrangedor. Mas isso apresenta vantagens. As escolhas de respostas ajudam inicialmente a esclarecer o sentido das perguntas que poderiam mostrar-se ambíguas, garantindo ao pesquisador que as respostas fornecidas serão da ordem das respostas esperadas, que corresponderão aos indicadores que ele estabeleceu. Deixado a si mesmo face à questão "Você está satisfeito com os serviços oferecidos pelo Estado?", um interrogado poderia escrever "sim" pensando nos serviços sociais (visados pelo questionário) que garantem um mínimo ao conjunto das pessoas, ou "não", julgando que eles lhe custam caro demais, ao passo que o pesquisador queria saber dele se foi recebido satisfatoriamente quando se apresentou em um desses serviços. Ao mesmo tempo, uma escolha de respostas preestabelecidas evita que o pesquisador deva interpretar as respostas dos interrogados: estes colocam a si mesmos nas categorias, apontando sua escolha.

O anonimato habitual garantido aos interrogados mostra-se uma outra vantagem desse gênero de questionário, pois pode facilitar a tarefa deles: um empregado poderá melhor dar parte de suas queixas, sentindo-se ao abrigo de eventuais represálias. Mas esse anonimato não pode garantir a sinceridade das respostas obtidas.

A utilização do questionário normatizado não deixa de ter certas exigências nem alguns inconvenientes. As primeiras têm muito a ver com a qualidade dos interrogados, com sua competência, sua franqueza e boa vontade, ao passo que os segundos decorrem freqüentemente de problemas nessa matéria.

Assim como os interrogados colocam a si mesmos as perguntas, deve-se presumir que eles compreendem seu sentido, que eles as interpretam como o pesquisador. É claro que as escolhas de respostas ajudam a esclarecer esse sentido, mas não asseguram invariavelmente a uniformidade das interpretações, e o pesquisador não pode sempre julgar facilmente ou levar em consideração a presença possível de interpretações diferentes.

De fato, nem sempre é possível que esse pesquisador julgue conhecimentos do interrogado e o valor das respostas fornecidas: um interrogado pode escolher uma resposta sem realmente ter opinião, simplesmente porque ele sente-se compelido a fazê-lo ou não quer confessar sua ignorância. Ou então, tendo uma consciência limitada de seus valores e preconceitos, fornecerá respostas bastante afastadas da realidade.

Que você faria se...?

A consciência que as pessoas têm sobre suas crenças, valores, preconceitos e atitudes é às vezes surpreendentemente fraca, a ponto de, freqüentemente, não poderem prever suas reações. Nos anos 30, quando as manifestações de racismo eram comuns, um pesquisador fez com que um casal de chineses fosse a várias dezenas de hotéis e restaurantes sem que tivessem sido barrados. Alguns meses mais tarde, o mesmo pesquisador mandou um questionário a cada um dos estabelecimentos visitados pelo casal, perguntando se clientes chineses eram aceitos. Mais de 90% das respostas recebidas foram negativas...

Alguns temas abordados podem, algumas vezes, deixar as pessoas incomodadas e compeli-las a esconder o fundo de seu pensamento, às vezes para proteger sua auto-imagem ou por outras razões que ficarão inevitavelmente ignoradas do pesquisador.

E depois, há a impositividade das respostas predeterminadas que pode também falsear os resultados, limitando a expressão correta e nuançada das opiniões. Um interrogado pode ver-se forçado a escolher uma resposta que não corresponda ao fundo de seu pensamento, simplesmente porque sua "verdadeira" resposta não aparece na lista: selecionando então a melhor aproximação dessa resposta, fornece uma indicação às vezes bastante afastada do que ele realmente pensa.

O acréscimo de opções do tipo "não pode responder" e "nenhuma dessas respostas" permite atenuar vários dos inconvenientes mencionados, salvo que se essas opções são muito freqüentemente selecionadas pelos interrogados, o pesquisador dificilmente poderá concluir. Mas ao menos saberá que é preciso ampliar o campo de seus indicadores para poder refletir bem a opinião das pessoas, o que é, sem dúvida, melhor do que descrevê-la a partir de respostas imprecisas ou inexatas.

Um problema importante no recurso aos questionários emerge da taxa amiúde muito baixa de retorno desses questionários, não se dando as pessoas o trabalho de respondê-los. Pode-se, todavia, estimular seu interesse por meio de uma carta de apresentação personalizada que, sem deixar dúvida sobre o anonimato do interrogado, explique-lhe as vantagens esperadas das conseqüências da pesquisa. Outras precauções ajudarão a aumentar a taxa de respostas: um questionário curto, atraente em sua apresentação, com questões simples e claras (o que não exclui obrigar o interrogado a refletir), um modo de resposta fácil de compreender e usar e, enfim, um envelope-resposta franqueado para assegurar o retorno dos questionários em caso de distribuição postal.

Se o pesquisador teme que os inconvenientes do recurso ao questionário uniformizado o impeçam de atingir seu objetivo, pode-se voltar para os outros instrumentos e técnicas que se prestam à coleta de testemunhos. Então algumas barreiras desaparecerão, mas outras vantagens também.

Um pesquisador pode, por exemplo, decidir usar um questionário de respostas abertas. Como o anterior, este compõe-se de questões cuja formulação e ordem são uniformizadas, mas para as quais não se oferecem mais opções de respostas. A impositividade evocada antes desaparece, o interrogado acha simplesmente um espaço para emitir sua opinião. Tem assim a ocasião para exprimir seu pensamento pessoal, traduzi-lo com suas próprias palavras, conforme seu próprio sistema de referências. Tal instrumento mostra-se particularmente precioso quando o leque das respostas possíveis é amplo ou então imprevisível, mal conhecido. Permite ao mesmo tempo ao pesquisador assegurar-se da competência do interrogado, competência demonstrada pela qualidade de suas respostas.

Em contrapartida, se uma questão é ambígua, o interrogado não tem mais referência para esclarecê-la. As respostas fornecidas podem assim estar muito longe das expectativas do pesquisador. Este corre o risco de surpresas, principalmente se não reconheceu todas as dimensões do ou dos conceitos em jogo.

Na etapa do tratamento dos dados, o pesquisador terá de construir categorias e ele mesmo deverá interpretar as respostas dos sujeitos em função dessas categorias. As comparações entre sujeitos serão também mais delicadas de estabelecer. Acrescentemos, enfim, que a obrigação de redigir uma resposta poderá provocar aversão a vários dos interrogados previstos, seja por preguiça ou porque não se sentem capazes: por isso, a taxa de respostas se achará reduzida.

Entrevistas

Se a fraqueza da taxa de resposta corre o risco de comprometer seu projeto, o pesquisador provavelmente terá vantagem em usar a entrevista. A entrevista estruturada, por exemplo, se constrói exatamente como um questionário uniformizado com suas opções de respostas determinadas, salvo se, em vez de serem apresentadas por escrito, cada pergunta e as respostas possíveis são lidas por um entrevistador que anota ele mesmo, sempre assinalando campos ou marcando escalas, o que escolhe o entrevistado. O trabalho pode ser feito por ocasião de um encontro entre entrevistador e entrevistado, mas será mais freqüentemente realizado por telefone. Pouco importa o modo usado, sabe-se que tal abordagem aumenta sensivelmente a taxa de resposta, sem dúvida porque é mais difícil dizer não a alguém do que jogar no lixo um questionário, e também porque o esforço exigido do interrogado é menor.

Salvo no que concerne à questão da taxa de resposta, encontra-se aqui a maior parte das vantagens e dos inconvenientes do questionário normatizado: principalmente os que têm a ver com a impositividade das repostas previstas antecipadamente, respostas que esclarecem as perguntas e orientam o interrogado para o quadro de referência do pesquisador, mas o impedem talvez de exprimir o verdadeiro fundo de seu pensamento. Por outro lado, a padronização permite proceder rapidamente, a custos razoáveis e com um grande número de pessoas, facilitando o tratamento dos dados graças aos instrumentos estatísticos cujo uso ela autoriza.

Ademais, é preciso encontrar pessoas para fazer as perguntas, mas estas necessitam de um treinamento mínimo para garantir a uniformidade do processo. Procedendo-se às entrevistas por contato direto, no campo, deve-se, todavia, tomar precauções em matéria de amostragem: os clientes de uma clínica médica não reagirão, necessariamente, como os de um centro esportivo a questões sobre seguro-saúde. O problema de amostra resolve-se mais simplesmente ao telefone, a tecnologia permitindo agora compor os números ao acaso e atingir até pessoas não inscritas na lista telefônica.

Sempre em função da hipótese e das exigências de sua verificação, o pesquisador pode também reduzir o caráter estruturado da entrevista e torná-la menos rígida e menos constrangedora. Inspirando-se, por exemplo, no que foi feito anteriormente com o questionário normatizado, pode-se conservar a padronização das perguntas sem impor opções de respostas.

O pesquisador consegue os mesmos ganhos que no caso do questionário, principalmente pelo fato de que, deixando o entrevistado formular uma resposta pessoal, obtém uma idéia melhor do que este realmente pensa e se certifica, na mesma ocasião, de sua competência.

Com as próprias perdas também: a da uniformidade das respostas, de sua inclusão forçada em seu quadro de referência, sem contar a necessária interpretação que ele deverá dar dessas respostas a fim de classificá-las por categorias. Os entrevistadores devem ser também muito treinados, especialmente para poder tomar nota convenientemente das palavras dos interrogados. Um gravador poderia facilitar-lhes grandemente a tarefa.

Assinalemos de passagem — poderíamos tê-lo feito a propósito dos questionários — que o pesquisador pode também usar uma forma mista de entrevista, em que algumas questões são acompanhadas de uma opção fechada de respostas enquanto outras serão abertas.

Mas a entrevista oferece maior amplitude do que o questionário, quanto à sua organização: esta não estando mais irremediavelmente presa a um documento entregue a cada um dos interrogados, os entrevista-

> Pode-se encontrar na página 151, uma alusão às técnicas modernas de amostragem.

Quem, então, deveria fazer as perguntas?

A preocupação com a neutralidade mostra-se habitualmente um traço fundamental do trabalho dos pesquisadores. Assim, não contentes de escolher minuciosamente a amostra dos interrogados para garantir sua representatividade, eles se dedicam do mesmo modo a formular as perguntas de maneira a dirigir o menos possível as respostas das pessoas interrogadas. O que não os põe ao abrigo de todos os vieses, como demonstrou uma experiência americana com resultados perturbadores.

A pesquisa apoiava-se no delicado problema das relações entre negros e brancos, e a cor da pele dos entrevistadores, parece, influenciou claramente as respostas obtidas. Sem entrar em detalhes, precisemos, por exemplo, que 63% dos brancos interrogados por um branco afirmam que os negros poderiam sair-se tão bem quanto os brancos se concordassem em fazer mais esforços. Essa porcentagem cai para 53% quando a pergunta é formulada por um negro. Ao contrário, 57% dos brancos interrogados por um branco reconhecem contar ao menos um negro entre seus amigos próximos, porcentagem que se eleva em 10 — a 67% — quando a entrevista é realizada por um negro. Obtiveram-se vários resultados semelhantes com interrogados negros. Se 67% afirmam a um entrevistador negro que têm um amigo branco, essa porcentagem atinge 80% quando o entrevistador é branco. Da mesma forma, os negros se sentem mais facilmente vítimas de discriminação diante de um negro do que diante de um branco.

Se nem todos os temas abordados na entrevista apresentaram números tão diferentes, muitas perguntas levaram a resultados desse tipo. Que concluir disso? Que seria necessário, evidentemente, conduzir a pesquisa de maneira que os interrogados não possam ver quem faz as perguntas, usando o telefone, por exemplo.

O *nó da questão* é que na experiência evocada, a pesquisa era justamente telefônica, a identidade dos pesquisadores não podia ser revelada a partir de indícios evidentes: esses não tinham sotaque especial, usavam todos um vocabulário uniforme...

Se você decidisse fazer uma pesquisa, por entrevista, sobre o feminismo, quem então deveria fazer as perguntas?

ENTREVISTA SEMI-ESTRUTURADA Série de perguntas abertas, feitas verbalmente em uma ordem prevista, mas na qual o entrevistador pode acrescentar perguntas de esclarecimento.

ENTREVISTA PARCIALMENTE ESTRUTURADA Entrevistas cujos temas são particularizados e as questões (abertas) preparadas antecipadamente. Mas com plena liberdade quanto à retirada eventual de algumas perguntas, à ordem em que essas perguntas estão colocadas e ao acréscimo de perguntas improvisadas.

dores permitem-se, muitas vezes, explicitar algumas questões no curso da entrevista, reformulá-las para atender às necessidades do entrevistado. Muitas vezes, eles mudam a ordem das perguntas em função das respostas obtidas, a fim de assegurar mais coerência em suas trocas com o interrogado. Chegam até a acrescentar perguntas para fazer precisar uma resposta ou para fazê-la aprofundar: Por quê? Como? Você pode dar-me um exemplo? E outras tantas subperguntas que trarão freqüentemente uma porção de informações significativas.

As características desse tipo de entrevista distanciam-se então daquelas de tipo estruturado, mas não sem inconvenientes: a flexibilidade adquirida se traduz por uma perda de uniformidade, que atinge agora tanto as perguntas quanto as respostas. Ainda que todas as entrevistas sejam feitas pela mesma pessoa, ainda que essa pessoa retome o mesmo núcleo de perguntas de uma entrevista a outra e não se autorizem senão variações em torno desse núcleo central, as diferenças correm o risco de ser grandes de uma entrevista a outra. As medidas e recursos à aparelhagem estatística tornam-se mais difíceis, se não impossíveis, e a análise deve tomar uma coloração nova.

Mas serão mesmo inconvenientes? Aqui, deve-se tomar consciência de que se acaba de mudar o registro: fazendo assim evoluir para uma maior flexibilidade as modalidades da entrevista, ficou-se afastado do mundo dos instrumentos adaptados aos estudos que envolvem um grande número de participantes ou que supõem o estabelecimento de comparações: o instrumento que emerge convém menos às pesquisas com dados criados e à sua busca de relações de causa e efeito. Em compensação, sua flexibilidade possibilita um contato mais íntimo entre o entrevistador e o entrevistado, favorecendo assim a exploração em profundidade de seus saberes, bem como de suas representações, de suas crenças e valores... em suma, tudo o que reconhecemos, desde o início, como o objeto das investigações baseadas no testemunho. Não há, pois, traição ao objeto de pesquisa, mas apenas evolução da intenção do pesquisador na perseguição deste objeto. Preferentemente à opinião de toda uma população sobre a preservação dos programas sociais, ou ainda à de uma amostra devidamente selecionada, o pesquisador julga esclarecedor perscrutar a fundo o ponto de vista de assistentes sociais, dirigentes de empresas ou pessoas da classe média: para colher suas opiniões, mas também para lhes conhecer as motivações a fim de obter uma melhor compreensão da realidade social.

Menos adaptada, dissemos, às pesquisas com dados criados, tal forma de entrevista pode prestar serviços em algumas enquetes em que será conjugada a outros instrumentos ou técnicas, questionários de pesquisa de opinião, por exemplo, alguns aspectos dos quais ela permitirá aprofundar. Mas é encontrada sobretudo nas pesquisas de natureza antropológica ou nos estudos de caso. Talvez também na busca de histórias de vida, se bem que, com essa última estratégia, se lançará mão sobretudo da entrevista não-estruturada.

A ausência de estrutura, porém, pode ser mais desenvolvida, ampliada: sempre em função das necessidades de seu projeto, alguns pesquisadores recorreram, às vezes, a entrevistas para as quais eles não tinham nem mesmo preparado perguntas precisas.

Imaginemos que um pesquisador queria explorar a situação de um grevista, circunscrevendo suas percepções e sentimentos face à greve que vive e suporta, os princípios que pensa respeitar e o sentido de suas atitudes no quadro do conflito. Compreende-se facilmente que vários fatores conjugados contribuem para a complexidade da situação vivida pelo grevista: fatores sociais como a inserção em um meio de trabalho, a necessidade de solidariedade sindical..., fatores familiares que podem impelir para uma direção diferente, resultando em uma possível angústia para a pessoa. Sem contar suas crenças e valores pessoais e os princípios que daí decorrem. Tantos elementos que o indivíduo deve fazer concordarem entre si.

Para desembaraçar esta meada de forças sociais, familiares, morais, afetivas, etc., o pesquisador vai selecionar um certo número de temas: a vida no ambiente de trabalho, a coesão entre esse ambiente e o ambiente familiar, o grau de cumplicidade existente entre esses dois mundos... Vai então levar o entrevistado a se exprimir sobre essas matérias, a traduzir seus sentimentos face ao trabalho e a seus colegas, face às suas responsabilidades familiares, face também às suas convicções, para distinguir o modo de articulação dessas forças nas opções de atitudes e de comportamentos. Para cada tema, ele prepara uma pergunta a fim de começar a entrevista, para logo seguir o interlocutor em seu terreno, improvisando então suas intervenções em função do desenrolar das interações.

Compreender-se-á facilmente que a dificuldade do recurso a tal abordagem está à altura da complexidade da situação que ela quer circunscre-

> **ENTREVISTA NÃO-ESTRUTURADA**
> Entrevista na qual o entrevistador apóia-se em um ou vários temas e talvez em algumas perguntas iniciais, previstas antecipadamente, para improvisar em seguida suas outras perguntas em função de suas intenções e das respostas obtidas de seu interlocutor.

ver. O pesquisador deve demonstrar uma grande habilidade se quer levar seu interlocutor ao essencial, preservando a espontaneidade e o caráter pessoal de suas respostas. Mas se ele chega lá, pode obter uma qualidade única de observação sobre uma faceta da realidade dos seres humanos. Essa informação nem sempre será generalizável, senão prudentemente, quando o participante houver sido escolhido em virtude de seu caráter típico, como já se viu ao falar do estudo de caso no capítulo 6. Mas ela poderá sempre abrir o caminho a novos domínios de pesquisa, permitindo descobrir as perguntas fundamentais, os termos que as pessoas implicadas usam para falar do assunto, etc. Este é o papel exploratório freqüentemente reconhecido às pesquisas que usam instrumentos pouco ou não-estruturados.

Acrescentemos que não há modelo único para esse tipo de entrevistas não-estruturadas. Assim, em alguns casos, o pesquisador mantém o controle das direções tomadas nas interações: às vezes, ele partilha esse controle, ao passo que, nos casos extremos, ele o abandona ao entrevistado, somente incentivando-o a se expressar livremente, contentando-se em retomar as últimas frases deste a fim de permitir-lhe prosseguir: esta última maneira de agir é prática corrente no recurso às histórias de vida.

Em todos os casos, o tratamento dos dados será exigente: é preciso com freqüência transcrever cuidadosamente as frases coletadas, habitualmente registradas em gravador, para logo proceder às análises de conteúdo, que são, em geral, mais delicadas do que as análises estatísticas.

Resumindo-se o que acaba de ser visto, pouco importa a técnica ou o instrumento utilizado, a coleta de testemunhos, abordagem própria das ciências humanas, exige que o pesquisador dirija-se a pessoas que querem responder as perguntas, que têm a competência para fazê-lo e que o fazem com honestidade. O recurso ao testemunho permite a exploração dos conhecimentos das pessoas, mas também de suas representações, crenças, valores, sentimentos, opiniões...

Os instrumentos usados, questionário ou entrevista, serão amiúde fortemente estruturados, encerrando o participante em opções de respostas previstas antecipadamente. Essa informação permite interrogar rapidamente, e com menor custo, um grande número de pessoas, e tratar os dados estatisticamente para deles tirar conclusões gerais. Outros instrumentos serão menos ou nada estruturados: com o desaparecimento das exigências da estrutura, a uniformização que possibilita o grande número de participantes e facilita as comparações apaga-se, acarretando o desaparecimento do recurso às medidas e às estatísticas. A flexibilidade adquirida permite obter dos entrevistados informações muitas vezes mais ricas e fecundas, uma imagem mais próxima da complexidade das situações, fenômenos ou acontecimentos, imagem cuja generalização será todavia delicada e exigirá cuidado e prudência por parte do pesquisador.

Espaço à imaginação

A pesquisa permanece um domínio em que a imaginação deve desempenhar um papel importante: não com o fim de "inventar a realidade", mas para melhor abordá-la, pois a partir das grandes categorias de instrumentos descritos naquilo que precedeu, tudo se torna possível. Cabe ao pesquisador imaginar e ajustar a técnica, os instrumentos que lhe permitirão delimitar o objeto de sua pesquisa, extrair deles a informação necessária à compreensão que ele quer ter para logo partilhá-la e contribuir assim para a construção dos saberes.

Nenhum instrumento é perfeito: aliás, temos insistido nas qualidades como nas falhas e limites daqueles que consideramos. Mas um pesquisador decide sempre usar mais de um instrumento e aproveitar assim as vantagens de cada um, minimizando alguns de seus inconvenientes.

Podem ser dois instrumentos dependentes de uma só técnica: um pesquisador poderá, por exemplo, aprofundar as informações colhidas com o auxílio de entrevistas estruturadas, prolongando sua entrevista com alguns assuntos, através de uma entrevista semi ou não-estruturada. Isso lhe permitirá verificar a competência desses participantes, verificar também se as respostas dadas à parte estruturada correspondem exatamente ao fundo do pensamento dessas pessoas, ou se são apenas grosseiras aproximações dele. E poderá ademais explorar os diversos fatores que puderam conduzir seus interrogados às opiniões emitidas: fatores afetivos, representações sociais, valores pessoais... O quadro assim extraído poderá ser ao mesmo tempo geral, caso se pense no que emergirá da parte mais estruturada, e aprofundado, pois fornecerá uma visão de certos elementos sobre os quais se baseiam as conclusões gerais.

Pode-se também imaginar casamentos entre instrumentos que dependem de técnicas diferentes. Assim, Piaget, um dos destaques da psicologia cognitiva, coordenou brilhantemente a observação e a entrevista, interrogando crianças pequenas e dando-lhes tarefas, para chegar a extrair de suas respostas e reações as informações que o levaram à sua teoria dos estágios no desenvolvimento da inteligência. Fato notável, seus instrumentos eram freqüentemente pouco estruturados e ele os usou com muito poucas crianças, o que não o impediu de chegar a conclusões cujo valor é ainda altamente reconhecido mesmo que, às vezes, tenham sido, desde então, aperfeiçoadas e nuançadas.

Testes

Dentre os instrumentos desenvolvidos para a exploração do humano, há uma categoria que merece ser distinguida das outras: os *testes*.

Existe uma espantosa variedade de testes, variedade que permite atingir uma enorme quantidade de caracteres que marcam a natureza humana. Às vezes muito estruturados, como os testes nos quais o interrogado deve indicar seu grau de concordância com enunciados, outros testes o são menos, quando, por exemplo, lhe é solicitado a contar uma história a partir de uma imagem.

Alguns testes são mais caricaturais, como os que se assemelham a jogos nas revistas: pede-se a você, por exemplo, para especificar quais seriam suas reações dentre algumas descritas em relação a situações fictícias, atribuindo-lhe pontos por cada opção; depois, em função de seu escore total, você é declarado emotivo ou racional, aventureiro ou caseiro...

Sendo ora instrumento de observação, quando, por exemplo, pede-se a alguém que desenhe um ser humano, ora questionário ou entrevista, ou ainda mistura dos dois, os testes têm como característica propor *stimuli* que podem acarretar diversas reações ou respostas. Essas respostas ou reações não são consideradas diretamente como se apresentam, mas interpretadas em função de um quadro preestabelecido. Essa interpretação é padronizada e é, em geral, baseada no conjunto de reações e não em função de cada uma das respostas, passando por uma medida, como no exemplo caricatural do parágrafo anterior.

Pouco importa o instrumento e o alvo visado, a interpretação toma a forma de inferências sobre, dentre outras coisas, os valores veiculados pela pessoa sobre suas atitudes. Apoiando-se em uma comparação com um grupo designado como "típico" ou "normal", que serviu por ocasião da elaboração do instrumento, poder-se-á traçar um perfil psicológico do testado, julgar sua auto-imagem, seu sentimento de pertencimento ou seu sentimento de solidão. Os psicólogos são amiúde ávidos desses instrumentos, que, em muitos casos, têm o mérito de serem fáceis de administrar e tratar, uma chave que fornece o "diagnóstico" muito rapidamente.

Não se deve crer que os testes são todos caricaturais; alguns foram elaborados com bastante cuidado e postos à prova para assegurar ao máximo sua validade, quer dizer que foi verificado se o teste mede bem o que pretende medir, e sua fidedignidade: o teste é considerado fidedigno se apresenta os mesmos resultados quando se mede várias vezes um caráter que não deveria ter mudado no intervalo. Mas várias pessoas continuam a ter dúvidas sobre o valor de tais instrumentos, sobretudo por causa das inferências sobre as quais se apóia seu uso, da distância que separa as respostas e reações das pessoas, do caráter que essas respostas e reações se presume manifestar. Deve-se, portanto, permanecer crítico.

Uma visão crítica sobre os testes

Em sua obra *La bombe et l'orchidée* o renomado vulgarizador científico canadense Fernand Séguin mostra-se severo em sua crítica aos testes psicológicos.

Explica principalmente que esses se apóiam em um postulado, oriundo das ciências naturais que prescreve que só se conhece bem o que se mediu. Daí a predileção dos psicólogos da Escola Quantitativa pelos testes que visam a numerar os caracteres humanos. "Foi assim que surgiram os testes de inteligência expressos por um quociente; sua simplicidade aparente fez com que sobrevivessem à compreensão, entretanto evidente, de que as faculdades intelectuais constituem uma rede demasiado complexa para ser reduzida a um só número". Os testes de aptidões e de orientação profissional e muitos outros se seguiram rapidamente, informa ele. Depois, descreve um desses testes, dentre os mais difundidos, que visa a determinar as fraquezas da personalidade, a partir de respostas fornecidas a mais de quinhentas perguntas. A medida da normalidade de uma pessoa é obtida, comparando-se o resultado dessa pessoa com o dos membros de um grupo, julgados normais. O problema é que esse grupo é formado "por cidadãs e cidadãos americanos, brancos, com idade média de 35 anos e com seis anos de instrução, escolhidos nos confins do Minnesota rural, no ápice da crise econômica dos anos 30". Eis o que pode desequilibrar qualquer um! sobretudo se fica sabendo que as correções recentemente feitas a esse teste chocaram-se contra vivas resistências.

"Após 20 anos de instrução, seu teste de aptidões demonstra que sua única habilidade é... fazer testes."

Técnicas e instrumentos originais

A pesquisa, já o dissemos, é um lugar de imaginação: muitos pesquisadores fazem prova disso elaborando maneiras originais e eficazes de abordar o ser humano, seus caracteres, atitudes e comportamentos. Pensemos naquele que pediu aos frentistas dos postos de sua cidade para tomarem nota da estação de rádio sintonizada no painel dos carros de seus clientes: ele usou uma maneira original de obter as informações de que necessitava.

Da mesma forma, um pesquisador em educação queria melhor circunscrever as diversas estratégias produzidas por alunos ocupados em resolver um problema de geometria. A observação direta não é muito eficaz em tal situação, pois as estratégias nem sempre são explicitamente visíveis, uma vez que os vestígios que delas deixam os alunos algumas vezes traduzem apenas parcialmente seu pensamento. Sem contar que não é fácil para alguém trabalhar sob o olhar de outrem. Uma entrevista que tivesse seguido o trabalho de resolução também não teria sido satisfatória: o aluno pode contentar-se em contar sua última tentativa, sobretudo se ela mostrou-se frutífera; mas o pesquisador queria muito mais: conhecer os primeiros ensaios, as tentativas, as pistas que resultaram em nada, ver como o aluno retificou sua direção... Ele também teve a idéia de agrupar os alunos aos pares e registrar suas frases no gravador. Contudo, isso não era suficiente, pois tudo o que se passava entre os dois alunos não era necessariamente expresso em palavras. Foi por isso que ele escolheu dois pares de alunos, isolando cada par em uma sala diferente; depois, submeteu a eles o mesmo problema e lhes deu como instrução suplementar trocarem mensagens a cada quarto de hora para se explicarem o que tinham tentado fazer durante esses 15 minutos. Tais mensagens e as gravações trouxeram-lhe uma massa de informações esclarecedoras sobre os modos de raciocinar dos alunos.

Os especialistas de marketing freqüentemente precisam conhecer as expectativas e necessidades dos consumidores, ora para orientar a concepção de um produto ou, mais simplesmente, a fim de organizar uma campanha de publicidade. Para algumas dessas enquetes, usam uma abordagem por grupos-alvo (*focus groups*, em inglês): reúnem um grupo de pessoas que representam os consumidores típicos do produto e os interrogam juntos ou em subgrupos, aproveitando suas respostas, mas também as interações entre as pessoas, as discussões que estabelecem, as reações que suscitam, tantas indicações que podem ser significativas e traduzir, pela espontaneidade que aí se manifesta, os sentimentos e opiniões das pessoas, os elementos aos quais poderão mostrar-se sensíveis. Vê-se de imediato que partido pode tirar de tais indicações aquele que elabora um novo produto ou que quer atrair a atenção dos clientes potenciais sobre sua existência.

Essa abordagem por grupo é na realidade uma técnica especial de entrevista dirigida a mais de uma pessoa ao mesmo tempo. O principal interesse é que seja recriada desse modo uma forma de contexto ou de ambiente social onde o indivíduo pode interagir com vizinhos, deve às vezes defender suas opiniões, pode contestar as dos outros. Essa abordagem possibilita também ao pesquisador aprofundar sua compreensão das respostas obtidas.

Para ser eficaz, a discussão não deve, todavia, reunir um número excessivo de participantes e deve ser centrada em um tema ou assunto claramente delimitado, sob pena de se perder. O animador deve preparar um certo número de perguntas para lançar e manter os diálogos entre os participantes. Essas perguntas devem ser abertas, pois se trata, antes de tudo, de permitir que as pessoas se expressem.

Cumpre, por outro lado, permanecer consciente do caráter artificial de tal contexto e das diversas influências às quais as pessoas que compõem o ambiente estão sujeitas e que vêm tingir suas reações. Um líder muito forte orientará as respostas de todos os outros: alguns poderão querer brilhar mais do que realmente exprimir suas convicções; outros as calarão por temor de serem julgados. E o animador pode também, indevidamente, influenciar as respostas se não se mostrar hábil e manifestar explícita e demasiadamente suas opiniões ou expectativas através de suas perguntas ou comentários. Em compensação, também se podem encontrar participantes que, encorajados pelo depoimento dos outros, acharão mais fácil emitir suas idéias.

Os grupos de discussão na televisão

A maioria das grandes redes de televisão apresenta agora programas em que se usa a técnica do grupo de discussão para abordar diversos assuntos. A natureza destes é muito variável: às vezes são simplesmente cômicos — pessoas são convidadas para contar uma violenta paixão — enquanto outros são mais sérios e se prestam a verdadeiros intercâmbios que trazem um esclarecimento significativo sobre fenômenos individuais ou sociais. Assim, por ocasião de um programa, tratou-se de reações de pais que vêem seus filhos voltar para casa, sempre sem emprego, após o fim de seus estudos.

Além dos problemas ligados de perto ou de longe ao marketing — experiências de campanhas publicitárias, avaliação de produtos... —, o grupo de discussão permite o estudo de comportamentos individuais, familiares e sociais. Um Ministério poderá fazer-se uma idéia da maneira como seu papel e os serviços que oferece são percebidos e recebidos pela população; uma empresa poderá estar em melhores condições de compreender as reações de seus empregados a uma nova iniciativa da diretoria.

Todas essas matérias e muitas outras podem ser abordadas através de diferentes ângulos: a forma particular de entrevista, que é a discussão de grupo, junta-se ao arsenal do pesquisador que, por seu lado, pode também imaginar outras maneiras de fazer, que se revelarão ricas pela qualidade das informações que permitirão coletar. Espaço, pois, à imaginação!

Em resumo, o pesquisador pode, para assegurar os progressos do saber, apoiar-se em várias fontes, o vasto leque de todos os tipos de documentos, de uma parte, e as próprias pessoas que vivem as situações, fenômenos ou acontecimentos ou que podem simplesmente testemunhá-los, de outra. Às vezes, será possível atingir todas essas pessoas, mas preferir-se-á, com muita freqüência, ater-se a uma amostra, consideradas as dificuldades que afetam a maioria dos trabalhos de pesquisa, a natureza do problema tratado e o objetivo pretendido ao abordá-lo.

Os modos de coleta das informações são muito diversificados e não têm por limite senão a imaginação fértil dos pesquisadores. Pode-se, todavia, reuni-los em torno dos dois grandes pólos que selecionamos: a observação e o testemunho.

Colhidos os dados, nem por isso a pesquisa está completa. Resta a etapa em que o pesquisador vai analisar o material acumulado, interpretá-lo e tirar conclusões. Na última parte de seu procedimento, ainda uma vez pilotada pela questão e pela hipótese, ele retornará enfim a seu problema de partida para fechar o círculo, expondo em que seu trabalho oferece pistas para respondê-lo ou resolvê-lo. É a esta parte da análise e das conclusões que é dedicado o próximo capítulo.

PRÁTICA

SEGUNDA ETAPA DO TRABALHO DE PESQUISA (II): ORGANIZAÇÃO DA COLETA DOS DADOS

Agora você está pronto para iniciar a segunda etapa do trabalho de pesquisa. Você já selecionou um problema de pesquisa, isto é, um problema suficientemente interessante para que se queira dar-lhe uma solução. Essa solução possível, você a imaginou e apresentou sob a forma de uma hipótese que é indispensável verificar agora.

A fim de preparar essa verificação, no fim do capítulo anterior, você já começou a prever o gênero de estratégia à qual você recorreu, o tipo de dados que será preciso colher. É chegado o momento de prolongar e precisar essa reflexão.

Em um primeiro momento, retome os projetos de pesquisa do fim do capítulo 6, ou ao menos alguns dentre eles. Para cada um desses projetos, você deverá:

- Identificar as fontes potenciais de informações. Seja preciso: caso se trate de pessoas, diga quais e onde você pensa encontrá-las; caso se trate de documentos, esclareça sua natureza e as fontes.
- Identificar os conceitos em jogo; especificar-lhes os indicadores ou variáveis. Isso exige que você enuncie uma hipótese se você ainda não o fez.
- Levar em conta esses elementos e a estratégia de pesquisa proposta no capítulo anterior para prever os instrumentos que você usará. Você pode escolher dentre os descritos ou imaginar variantes originais.

Em todos os casos, justifique sua resposta.

Agora, trata-se de perseguir sua reflexão em torno de seu próprio projeto.

- Quais serão suas fontes de dados? Sua pesquisa se apoiará em fontes documentais? Você necessitará recrutar participantes? Se afirmativo, quantas pessoas lhe serão necessárias? Como as selecionará?
- Você pode do mesmo modo construir seu quadro operacional. Quais os conceitos em jogo na hipótese? Quais são os indicadores deles e, se for o caso, as variáveis?
- Você precisará de instrumentos especiais? De que natureza? Esses instrumentos existem? Você terá de adaptá-los? Construir novos?

Trata-se, em suma, de preparar sua coleta de dados. Na seqüência, você sairá em busca das informações que lhe serão necessárias, depois você tratará, analisará e interpretará essas informações para enfim concluir. É este o propósito do próximo capítulo.

CAPÍTULO 8

Das Informações à Conclusão

Momento excitante para o pesquisador aquele em que se encontra enfim de posse de seus dados e em que se esforça em ver "no que isso vai dar"! Mas a impressão inicial se verifica amiúde decepcionante, sobretudo para aqueles que, menos experientes, não estão prevenidos: os dados, ainda em estado bruto, não "dão" quase nada. Os fatos e os números nunca falam espontaneamente, e a tarefa do pesquisador acha-se longe de ser finalizada. Falta-lhe muito a fazer antes que possa fechar o círculo que liga o que emergirá de sua investigação ao problema que a lançou. Por enquanto, ele está sempre na etapa da verificação em que deve ainda estudar seus dados em relação à hipótese, isto é, proceder à análise e à interpretação das informações colhidas para, em seguida, chegar à etapa da conclusão. Então, não lhe restará outra coisa senão acabar a redação de seu relatório de pesquisa.

Mas análise e interpretação não são imediatamente possíveis. Os dados que o pesquisador tem em mão são, de momento, apenas materiais brutos: respostas assinaladas em um formulário, frases registradas no gravador, notas trazidas por uma observação participativa, série de mapas antigos, fotocópias de artigos publicados por tal jornal ou coleções de jornais tratando de um tema particular... Esses dados precisam ser preparados para se tornarem utilizáveis na construção dos saberes. O pesquisador deve organizá-los, podendo descrevê-los, transcrevê-los, ordená-los, codificá-los, agrupá-los em categorias... Somente então ele poderá proceder às análises e interpretações que o levarão às suas conclusões.

Análise e interpretação estão intimamente ligadas: de hábito, fazem-se paralelamente, conjuntamente, em uma operação em que a fronteira entre as duas é muitas vezes impossível de traçar com precisão, salvo em alguns estudos em que a análise consiste essencialmente na aplicação de testes estatísticos cujos resultados são interpretados em seguida, em uma seção à parte.

E mesmo então!... Pois antes de recorrer aos testes, foi preciso preparar os dados, agrupá-los e classificá-los por categorias: tais classificações, que às vezes remontam à elaboração dos instrumentos, grades ou questionários, já supõem uma forma de análise e de interpretação das

> As etapas de verificação e conclusão evocadas são as do diagrama que nos serviu de guia. Esse diagrama é apresentado em vários momentos de maneira mais elaborada, principalmente na introdução da Parte III, página 130.

informações, estejam elas já presentes ou se trate daquelas que se pretende coletar. De sorte que se, para melhor descrever as diversas operações, distinguem-se, às vezes, preparação, análise e interpretação dos dados, deve-se ao mesmo tempo convir que as demarcações entre elas não são estanques, nem mesmo sempre claramente discerníveis.

Na seqüência dos primeiros tratamentos, os dados serão expressos sob forma numérica ou sob forma literal. Esta última forma tem a ver, seguramente, com aquela em que esses dados se apresentavam quando eles foram coletados, mas, também, com as intenções do pesquisador.

> O termo "literal" pode, às vezes, revelar-se ambíguo: é aqui tomado no sentido originário para designar os dados não numerados, expressos em letras e palavras.

A forma numérica permite o tratamento e a análise com a ajuda dos instrumentos estatísticos. Procede-se assim, mais freqüentemente, com os dados obtidos por instrumentos estruturados ou padronizados como os testes, grades de observação ou questionários com opções de respostas, ao passo que os dados que tomam forma literal serão objeto de uma análise de conteúdo. É principalmente o caso dos dados que se apresentam como um *discurso,* termo entendido aqui em um sentido muito amplo que engloba tanto os textos extraídos de diversos tipos de documentos quanto respostas obtidas nas perguntas abertas dos questionários ou entrevistas. Ressaltemos que algumas análises de conteúdo recorrem a uma abordagem em que as estatísticas desempenham um papel, mas esse recurso não é obrigatório e nem sempre útil como veremos.

> DISCURSO Conjunto de palavras organizadas de modo a veicular sentido.

Neste capítulo, estudaremos mais a fundo o trabalho de preparação, análise e interpretação dos dados. Na primeira seção, consideraremos o caso dos dados apresentados numericamente. Dedicaremos a segunda seção ao caso dos dados literais e a terceira, às conclusões que o pesquisador deve tirar de seu trabalho.

Instrumentos e Métodos de Análise Estatística

Para abordar a análise dos dados numéricos, encontremos esse pesquisador da página 177 que, ao fim de um estudo de marketing, propôs-se a observar o comportamento de consumidores diante da prateleira de cereais. Muniu-se de uma grade de observação cujo esboço aparece na página 179. Imaginemos que execute suas investigações em uma quinzena de estabelecimentos, dentre os quais quatro lojas de conveniências, também chamadas de lojas 24 horas, mercearias de bairro e oito supermercados, lojas divididas de maneira igual no conjunto do território de uma aglomeração urbana. Acha-se com mais de 1200 grades preenchidas: uma centena proveniente de cada uma das grandes mercearias de bairro e em torno de trinta de cada uma das lojinhas. Uma quantidade apreciável de informações que deve agora examinar a fim de aproveitar suas riquezas!

> Em uma grade normal, faz-se um esforço para uniformizar ao máximo a maneira de registrar as observações. No esboço proposto, elas são mais variadas a fim de proporcionar uma visão ainda incompleta de diversas possibilidades.

Ora, os dados coletados tomam formas díspares: campos assinalados, pontos em escalas, comentários escritos. As grades não são fáceis de usar tais e quais para comparar as observações, extrair tendências. Os dados brutos, reconhecíamos no início do capítulo, não dizem muita coisa espontaneamente: o primeiro cuidado do pesquisador será, pois, de colocá-los em ordem, transformar sua apresentação, reunindo as informações mais comodamente a fim de permitir sua análise e interpretação. Essa primeira parte do tratamento constitui a preparação, ou, ainda, a redução dos dados. Será seguida da própria análise estatística, que é habitualmente realizada em dois tempos: um primeiro em que se descrevem e caracterizam os dados e um segundo em que se estudam os nexos e as diferenças, em que se fazem inferências, etc. Como tais análises tomam a forma de cálculos matemáticos, a interpretação delas se distingue mais do que na análise de conteúdo. Isso não significa que seja preciso esperar o fim das análises para interpretar seus resultados: especifica-se bem freqüentemente o sentido desses à medida que surgem, sentido que pode guiar o pesquisador nas escolhas a efetuar na continuação.

O caso do pesquisador-observador e de sua grade vai aqui nos servir de exemplo. O procedimento descrito seria sensivelmente o mesmo se os dados proviessem de um outro tipo de instrumento estruturado, ou até de material muito pouco estruturado: lembremos que alguns modos da análise de conteúdo podem também originar análises do gênero daquelas descritas no que se segue.

Preparação dos dados

A preparação dos dados comporta três operações principais: codificação, transferência e verificação. Sem serem centrais, essas operações mostram-se, contudo, de uma importância não negligenciável no conjunto do processo, pois se não podem por si sós assegurar a qualidade das análises e interpretações, correm, no entanto, o risco de as obstaculizarem, quando realizadas sem o necessário cuidado.

Codificação dos dados

A codificação constitui a primeira operação na organização do material. Na prática, trata-se de atribuir um código a cada um dos dados coletados e de ordená-los por isso mesmo em categorias. Assim, para o primeiro objeto de sua observação, o nível socioeconômico da zona urbana onde se localiza o estabelecimento que ele considera, o pesquisador pode codificar 1 se essa é favorecida, 2 para média e 3 para desfavorecida. Pode também acrescentar um código 4 para os casos em que nenhum campo é assinalado. Ele define os códigos dessa maneira, cada vez que as observações são registradas, assinalando campos.

Alguns casos merecem uma atenção especial.

Algumas informações acham-se expressas numericamente, o que fornece diretamente códigos. Assim, para a presença de crianças observadas em 10, o pesquisador colocará 0, 1, 2 ou 3... seguindo seu número.

A) Quadro geral de observação
1. Zona urbana *não notado:* 4
   favorecida ☐   média ☐   desfavorecida ☐
         1   **2**   **3**
2. Gênero de estabelecimento
   supermercado ☐   loja ☐   oficina ☐

10. Presença de acompanhante(s)
  Criança(s): Número _____ Idade(s) _____
  Outro(s): Número _____ Precisar _____

11. ~~ comentári~~

C. Descrição do cliente observado

7. Sexo   *não notado: 3*
   masculino ☐ ₁   feminino ☐ ₂

8. Idade aproximada   *não notado: 0*
   | 1 | 2 | 3 | 4 | 5 | 6 | 7 | 8 | 9 |
   10 20 30 40 50 60 70 80 90 100

9. Postura geral   *não notado: 0*
   | 1 | 2 | 3 | 4 | 5 | 6 | 7 |
   Descontraída   Enervada

10. ~~Presença de acompanhante(s)~~

D. Passagem pela prateleira

12. A pessoa observada
                              não notado: 4
   a ⎰ passa sem deter-se   ☐ 1
      ⎨ passa depois volta   ☐ 2
      ⎱ detém-se na primeira passagem   ☐ 3
   b ⎰ parte sem produto   *não notado: X*   ☐ 0
      ⎨ escolhe um (alguns) produto(s)   ☐
      ⎱ [qual (is) _____   *número(s)*]
   c ⎰ volta e devolve o produto   ☐ 0
      ⎨ volta para pegar o mesmo produto   ☐ 1
      ⎨ volta e troca por outro produto   ☐
      ⎱ (qual? ___ *número* _____)

13. Outros comentários:

14. Duração de presença diante da prateleira:
    ___*número*___ número de segundos.

Se a informação é registrada em uma escala, como no caso da idade do cliente no item 8, o pesquisador dá um código a cada intervalo. E se os intervalos não são previstos antecipadamente, como no caso da descrição da postura geral do cliente no item 9, pode então determinar que numere, em seguida, como anteriormente.

No item 12, para descrever a passagem do cliente diante da prateleira, encontram-se oito campos que podem ser codificados de 1 a 8. Salvo que, aqui, mais de um campo poderia ver-se apontado por ocasião de uma observação. Para evitar os problemas, seria mais sábio agrupar as situações previstas em três subgrupos reunindo enunciados que se excluem mutuamente. O pesquisador distinguirá então a observação 12ª ("passa sem deter-se", codificado 1; "passa depois volta", codificado 2;...) de 12b em que ele pode pôr 0 se o cliente parte com as mãos vazias, e, tendo atribuído números aos produtos oferecidos, notar o ou os números daqueles que foram selecionados no caso contrário. Fará a mesma coisa em 12c, se nunca o cliente volta atrás.

Já o assinalamos, acontece às vezes que o observador não marca nada quando se trata de um objeto de observação, porque esquece ou não pode observá-lo. O pesquisador também deve prever códigos para traduzir as ausências de marcação, exatamente como em um questionário prevê-se uma indicação para a recusa ou a incapacidade de responder. Tais códigos foram acrescentados em alguns de nossos exemplos.

É necessário também codificar os comentários: o procedimento é o mesmo que o descrito para a construção de uma grade aberta, na seção em que abordamos a análise de conteúdo. De momento, contentemo-nos em dizer que o pesquisador faz um levantamento das notas observadas no conjunto ou na amostra das grades de observação completadas e opera um agrupamento dessas notas em função de seu sentido, obtendo assim um primeiro conjunto de categorias. Depois, ele reconsidera cada nota para ver se a categoria em que ela se encontra convém, se deve ser colocada alhures, ser definida uma nova categoria... reiterando a operação até a obtenção de categorias que o satisfaçam. Ele lhes atribui então códigos que servirão para classificar o conjunto dos comentários quando do inventário dos dados. Esse inventário poderá eventualmente originar certas revisões. Tentar-se-á evitá-las tomando no início uma amostra suficientemente ampla de comentários emitidos e, se o material não é muito considerável, examinando rapidamente o conjunto deste para determinar as observações que se destacariam realmente das outras.

A maneira pela qual os códigos e, portanto, as categorias foram definidos deve ser explicitamente justificada em função da natureza da observação e das intenções da pesquisa. Importa também que o pesquisador tome nota cuidadosamente da significação dos códigos: esta *chave de codificação* lhe facilitará grandemente a tarefa no momento de organizar de maneira definitiva seus dados e lhe permitirá encontrar-se nela quando quiser voltar sobre eles após um certo tempo. O trabalho é relativamente fácil quando o instrumento utilizado é um questionário com perguntas fechadas ou, como aqui, uma grade de observação: basta inscrever diretamente os códigos no instrumento, assim como o ilustramos em alguns dos exemplos que precedem.

Se o instrumento utilizado não permite proceder dessa maneira, ou se o pesquisador prefere um outro método, pode também fazer uma lista de seus códigos e conservá-la à parte. Para cada variável ou fator considerado, a zona urbana, por exemplo, especifica inicialmente a significação que está ligada a ele: zona urbana poderia entender-se no sentido geográfico, ao passo que aqui se trata mais de zona socioeconômica; depois, relaciona os diversos códigos associados a essa variável ou fator, precisando o caráter ou a categoria que traduz: 1 para "zona favorecida", 2 para "zona média", etc.

TABELA X
Exemplo parcial de uma chave de codificação

Nº	Variável	Descrição	Código	Categoria
1	Zona urbana	Nível socioeconômico	1	Favorecida
			2	Média
			3	Desfavorecida
			4	Não notada
8	Idade estimada	Dada por intervalos	1	10 a 19 anos
			2	20 a 29 anos
			3	30 a 35 anos
15	Tempo diante	Medido em segundos da prateleira	n	Número de segundos

Claramente identificados suas categorias e códigos, o pesquisador procede então à codificação do material reunido. Esta operação pode preceder, mas também ser geminada à da transferência dos dados.

Transferência dos dados

Transferir os dados é simplesmente transcrevê-los em um quadro mais funcional para o trabalho de análise e de interpretação, transformando-os às vezes, graças à codificação. Em alguns casos, o pesquisador codifica os dados no momento de transferi-los, enquanto que em outros casos, quando a atribuição de um código é mais delicada, como com os comentários dos observadores, ele preferirá separar as operações.

Outrora, no momento da transferência, os dados eram ordenados em um vasto quadro manuscrito, semelhante àquele de que reproduzimos uma pequena parte; esse gênero de quadro traduz bem o "espírito" do trabalho a efetuar mesmo que, hoje em dia, os dados sejam freqüentemente introduzidos em um quadro informatizado chamado de *base de dados*.

TABELA Y
Porção de uma base de dados

Nº de variável	1	2	3	4
Grade nº 1				
Grade nº 2				
Grade nº 3				
Grade nº 4	2	1	1	3
...				

> O computador mostra-se um instrumento precioso, mas não há obrigatoriedade de recorrer a ele. Muitas vezes, ver-se-ão pesquisadores trabalhar na velha máquina de escrever como antigamente. É especialmente o caso quando os dados não são muito numerosos ou por ocasião das primeiras análises, quando o pesquisador quer simplesmente ter uma idéia "do que isso dá".

Este quadro conta com uma coluna para cada uma das variáveis consideradas no estudo e tantas linhas quanto as pessoas interrogadas ou, no caso presente, clientes observados. Nos campos assim definidos, os dados codificados são colocados a partir do que se encontra em cada uma das grades utilizadas. Assim, os valores levados ao quadro indicam que a grade de observação número 4 corresponde a um cliente observado em uma zona urbana média (código 2, coluna 1), encontrando-se naquele momento em um supermercado (código 1, coluna 2), cuja apresentação é moderna (código 1, coluna 3)...

Assim reunidos, os dados podem ser compilados e tratados de diversas maneiras. O computador, com freqüência, facilita o trabalho, pois com o material captado pela máquina é possível, pressionando algumas teclas, efetuar em tempo mínimo diversos cálculos que, de outra forma, exigem paciência e minúcia sem por isso garantir a exatidão. Voltaremos, de outra parte, no momento de abordar as análises propriamente ditas, aos serviços prestados pelos instrumentos informáticos.

Os dados estão agora prontos para serem analisados. Mas, antes de empreender esta nova etapa, algumas verificações se impõem.

Verificação

A ordem de nossa apresentação aqui é enganosa, pois relega para o final da etapa de redução dos dados uma operação que, na realidade, é conduzida ao longo desta. De fato, o processo de verificação começa na recepção dos dados brutos: preocupado em não despender em vão suas energias, o pesquisador eliminará desde logo os dados que não podem servir a seus fins porque são incompreensíveis, incompletos, inadequados... Alguns podem ser demasiado fragmentários: os observadores talvez tenham, por exemplo, encontrado dificuldade em determinar quais clientes olharam todas as prateleiras; se um grande número de grades continuam vazias sobre o assunto ou se, em seus comentários, os observadores notem que suas observações desse aspecto são pouco seguras, o pesquisador escolherá verdadeiramente não levá-lo em conta. Outros dados podem finalmente verificar-se mais ou menos adequados, porque muito pouco *discriminantes*: se ninguém, ou quase ninguém, leu as informações fornecidas nas caixas de cereais, o pesquisador deixará de lado também essa variável. Como abandonará os relatórios preparados por um observador que não respeitou as instruções...

Quando um fator é excluído, o quadro dos dados perde uma coluna, ao passo que se uma ou algumas grades são eliminadas porque não fornecem informações fidedignas ou de outro modo satisfatórias, é uma linha ou um conjunto de linhas que desaparecerá.

> Dados são ditos DISCRIMINANTES quando permitem bem distinguir pessoas, fatos, situações, conteúdos de documentos...

A verificação não se detém aí, pois diversos erros podem também manchar o processo de organização dos dados; importa retificar esses erros antes de prosseguir. Fala-se então da correção — da limpeza — do dossiê. Pode-se certamente verificar cada um dos dados, o que é, muitas vezes, a solução mais eficaz; mas em alguns casos, como no nosso exemplo em que se encontram mais de 1200 grades comportando cada uma em torno de vinte elementos, é preciso achar meios mais rápidos de detecção das anomalias. Um truque experimentado consiste em "tirar" os dados acumulados por códigos em cada uma das colunas. Por exemplo, na coluna 4 (clareza da exibição dos preços), 4 códigos podem aparecer: 1, 2 ou 3, conforme a clareza da exibição seja "grande", "média" ou "fraca", ou então 4 se nenhuma observação foi registrada pelo observador. Arrolando simplesmente o número de entradas para cada um dos códigos, é então possível certificar-se que o cômputo total está aí, se não, verifica-se onde se encontra a falta e o que pode explicá-la. Da mesma forma, caso se queira fazer constar um código diferente daqueles cuja presença é legítima, ter-se-á o cuidado de indicá-lo no quadro de dados e de corrigi-lo retornando às informações originais. Ele pode, por exemplo, provir de um relatório de observação julgado aberrante, mas que não foi deixado de lado: basta encontrá-lo e fazê-lo tomar o caminho da cesta de lixo. Outros erros mais banais resultam de simples erro de "digitação", quando o pesquisador usa uma base de dados informatizada.

Algumas "aberrações" podem também chamar a atenção, sem por isso sempre testemunhar erros. É surpreendente, mas não impossível, ver uma pessoa de 98 anos fazer compras no supermercado. Será também preocupante a ausência total de uma categoria para uma variável especial: talvez a categoria não esteja em seu lugar..., ou talvez o pesquisador se tenha enganado de variável ao transferir seus dados.

Cuidadosamente codificadas as informações, transferidas e verificadas, é chegada a hora das análises.

Expulsar esse código que não posso ver

O exemplo que se segue mostra de onde podem vir códigos errados. Um pesquisador devia categorizar observações de espectadores-testemunhas que acabavam de examinar uma mensagem publicitária. Ele hesitara longamente entre duas classificações, A e B, que comportavam respectivamente cinco e três categorias. Tendo por fim selecionado B, infelizmente codificou algumas observações em função de A. A presença de códigos 4 e 5 em sua base de dados soou o alarme e deu trabalho ao pesquisador, apesar de feliz por ter podido descobrir a anomalia.

Análise estatística dos dados

Mesmo organizadas em uma base informatizada de dados, as informações coligidas das quase 1200 grades de observação constituem um mar de códigos e cifras no qual o pesquisador deve evitar afogar-se.

O que nos oferecem as estatísticas? Uma massa de instrumentos que podem nos desviar do caminho se tentamos aplicá-las ao material sem reflexão suficiente, mas que, usadas com discernimento, podem ajudar a melhor compreender e explicar os fenômenos e as situações, contribuindo assim para a construção dos saberes.

Para melhor achar-se em seus dados, o pesquisador deve inicialmente descrevê-los com o auxílio de algumas medidas que os resumem e os caracterizam ao mesmo tempo. Poderá, a seguir, estudar diversas relações que existem entre as variáveis e fatores considerados e ver, enfim, em que

Consultar um especialista?

No momento de usar instrumentos estatísticos é grande a tentação de consultar um especialista e lhe remeter os dados, dizendo para si mesmo que ele é o melhor situado para extrair o máximo deles. Ora, a finalidade do exercício é menos tirar esse máximo do que responder a uma pergunta, verificar uma hipótese. São essas preocupações que, mais uma vez, devem guiar a análise. Esta não requer necessariamente o recurso a instrumentos sofisticados, e o pesquisador pode, em geral, efetuar ele mesmo o trabalho. Se é preciso que consulte um especialista, deve dar-se o trabalho de dialogar com o *expert* para fazer com que este compreenda o que ele pretende e lhe explique os tratamentos sugeridos. Ele geralmente aceita estas sugestões, mas não pela única razão de que o *expert* é um *expert*: julga ele mesmo o mérito real delas, em vista das contingências e dos objetivos de sua pesquisa. Em suma, deve continuar a exercer um controle sobre o conjunto do processo.

medida suas conclusões podem estender-se para além da amostra dos clientes observados. São esses três aspectos que abordaremos nas subseções que se seguem. Precisemos que as descrições dos instrumentos estatísticos não irão até as fórmulas e maneiras de efetuar os cálculos. Insistir-se-á mais na utilização que se pode fazer desses instrumentos. As precisões encontram-se no Apêndice B, bem como nas obras especializadas.

Fazer os números falarem

As estatísticas constituem um poderoso instrumento para a análise das informações. O que não impede que as pessoas desconfiem delas às vezes, sob pretexto de que se pode "fazê-las dizer qualquer coisa". Mark Twain ia mais longe lançando sua célebre proclamação: "Há três espécies de mentiras: as mentiras, as malditas mentiras e as estatísticas". Outro autor, infelizmente não identificado, fez uma vez o seguinte comentário: "Muitíssimas pessoas usam as estatísticas como os bêbados usam os postes da rua: muito mais pelo apoio que eles lhes trazem do que pela luz que dispensam".

Isso para incentivar uma desconfiança de bom quilate frente aos números que se faz falar: como todo instrumento poderoso, as estatísticas são capazes do pior e do melhor. A qualidade e o valor de seu aporte são função da pessoa que as utiliza e de sua maneira de utilizá-las.

Caracterização dos dados

O primeiro cuidado do pesquisador será, portanto, o de descrever seus dados ou, mais precisamente, caracterizar o comportamento de cada uma das variáveis no conjunto de suas observações. Dois tipos de medidas vão servir-lhe para esse fim: as medidas de tendência central e as medidas de dispersão.

Comecemos pelas medidas de tendência central: elas permitem situar os dados em torno de um valor particular. As três principais são a *média,* a *mediana,* e a *moda.* A primeira é reservada às variáveis ditas numéricas, aquelas cujos valores são obtidos por enumeração ou outra forma de medida, como em nossa grade de observação do capítulo 7 (página 179), as variáveis "presença de acompanhantes" ou "duração de presença diante da prateleira". Quando a variável examinada é *ordinal,* isto é, quando seus estados são hierarquizados sem por isso corresponder a valores medidos, privilegia-se a *mediana.* Ao passo que, com uma *variável nominal,* cujos estados são simplesmente justapostos sem que uma ordem imponha-se aí naturalmente, só a *moda* é utilizável.

Esclarecedoras, as medidas de tendência central não dizem, porém, tudo de uma variável e de sua *distribuição.* Além do valor particular em torno do qual se reúnem as observações, o pesquisador vai querer também conhecer a "densidade" de sua reunião, a maneira como elas se desdobram: estão elas temerosamente encolhidas umas contra as outras bem junto do valor central ou se expõem amplamente? Assim, uma média de 38,6 anos de idade dos clientes de um supermercado pode significar que este é freqüentado sobretudo por pessoas de meia-idade, ou então por mais idosas ou mais jovens, ou, ainda, que todos os grupos de idade estão mais ou menos igualmente representados.

É aí que entram em jogo as medidas de dispersão. A mais simples é a *extensão* que dá a distância entre os valores extremos observados. Apoiando-se somente nesses extremos, casos freqüentemente excêntricos, ela se verifica um pouco sumária, de sorte que a ela se prefere muitas vezes o *desvio quartílico,* também chamado de *desvio interquartílico*: ele corresponde à distância que separa os valores da variável entre os quais se encontra a metade central das observações realizadas. Seu uso supõe evidentemente que os valores da variável sejam hierarquizados, isto é, que essa variável seja ordinal ou numérica. Quando a variável é numérica, pode-se então recorrer a medidas que fazem intervir o desvio que separa cada dado dessa medida central: *o desvio médio,* a *variância* e o *desvio padrão* são as mais usuais.

Além da tendência central e da dispersão das observações, outros aspectos da distribuição podem se mostrar significativos. É assim que se usa às vezes a freqüência relativa, habitualmente expressa em porcentagem, de cada estado da variável, sobretudo no caso das variáveis ordinais ou nominais, especificando, por exemplo, que 80% (12 sobre 15) dos estabelecimentos visitados exibem seus preços com uma clareza julgada média e que 13% são tidos como muito claros... No caso das variáveis numéricas, recorre-se de preferência a medidas ditas de posição que permitem situar as observações sobre intervalos. Assim, com os *quintiles,* as observações em torno de uma variável são divididas em

---

MÉDIA Soma do conjunto dos valores observados, dividida pelo número de observações; é também chamada MÉDIA ARITMÉTICA.

MEDIANA Valor da variável que separa o conjunto das observações em duas partes iguais.

MODA Valor da variável que reaparece mais seguidamente nas observações. Se dois ou mais valores da variável chegam em igualdade à testa das freqüências, a distribuição da variável é dita bimodal ou multimodal.

A DISTRIBUIÇÃO de uma variável é constituída pelo conjunto dos valores que esta variável pode tomar, vendo-se cada um desses valores associado à freqüência de suas ocorrências no conjunto dos dados.

cinco grupos de mesmo tamanho: o primeiro quintil reúne, por exemplo, as pessoas que passaram menos tempo pela prateleira onde eram observadas, o segundo agrupa os 20% seguintes, até ao quinto que reúne os que se detiveram mais tempo. Pode-se então precisar que estes últimos aí permaneceram mais de 94 segundos, que os do quarto quintil passaram aí de 76 a 94 segundos, etc. Os quartílicos e os decílicos seguem o mesmo princípio, sendo então o conjunto das observações fracionado em quatro ou em dez. Os detalhes sobre os modos de tomar essas medidas e outras, como os *Estanines* (contração de *standards nines*) ou os percentis, são expostos no Apêndice B e nos tratados de estatística.

Acrescentemos todavia que a maior parte dos *softwares* de base de dados permitem calcular rápida e exatamente medidas descritivas, tanto as de posição quanto as outras de tendência central ou de dispersão. Contudo, um alerta impõe-se: o computador não decide se o cálculo tem sentido ou não em relação à variável considerada. O pesquisador deve, portanto, certificar-se disso antes de apertar as teclas.

Ressaltemos também o aporte das apresentações visuais na descrição dos dados. Os quadros constituem uma maneira eloqüente de exibi-los de modo condensado, quer se trate de um quadro em uma entrada que dá a distribuição de uma variável, ou de um quadro com dupla entrada que coloca duas variáveis em relação; por exemplo, o número de crianças que acompanha o cliente observado e o tempo passado diante da prateleira. Os gráficos revelam-se um outro meio eficaz de resumir uma distribuição e existe todo um arsenal deles: na maioria desses gráficos, os estados ou valores da variável são colocados no eixo horizontal e as freqüências no vertical. Daí, seguindo a natureza da variável, tra-

DESVIO: É a diferença entre cada dado e a média dos dados.

DESVIO MÉDIO: Média dos desvios, ou seja, a soma de todos os desvios considerados como positivos, divididos pelo número de dados.

VARIÂNCIA: Soma dos quadrados dos desvios divididos pelo número de dados.

DESVIO PADRÃO: É a raiz quadrada da variância.

Algumas especificações sobre o uso correto dos quadros e gráficos aparecem mais adiante, na parte do manual que trata do relatório de pesquisa, assim como no Apêndice B.

"Teus pais te disseram em que percentil tu te encontras?"

çam-se diagramas em bastões, histogramas com ou sem polígono de freqüências, curvas de freqüências, diagramas circulares... todas as formas de representações abordadas nos manuais de estatísticas ou de métodos quantitativos.

Colhendo observações ou interrogando as pessoas, o pesquisador visa a um objetivo que ultrapassa a simples descrição de uma situação ou fenômeno, ainda que acompanhado de belos quadros e gráficos. Ele quer, lembremos novamente, resolver alguns problemas, responder perguntas, verificar hipóteses. Isso leva a evidenciar diversas relações entre as variáveis, a perscrutar diferenças entre subgrupos particulares de pessoas, a se inquietar com o caráter generalizável de suas observações. A continuação da análise prende-se a tais aspectos.

Testes estatísticos

Essa continuação da análise passa pelo recurso aos testes estatísticos. Estes vão ajudar o pesquisador a julgar a presença ou ausência de vínculos significativos entre as variáveis escolhidas em relação a suas ques-

---

O "sino" normal

A "lei" normal, dita também lei de Gauss-Laplace, é um dos exemplos importantes de distribuição de freqüências. Com efeito, são numerosas as situações em que se encontram variáveis pelas quais média, modo e mediana se confundem, a média reunindo o maior número de observações e separando o conjunto dessas exatamente em dois, ao passo que as freqüências diminuem rapidamente desde que se afastam dessa média. Traçando o gráfico dessas freqüências em função dos valores da variável, obtém-se uma curva que se assemelha ao perfil simétrico da curva em sino.

É correto dizer "assemelha-se", pois a situação representada por essa curva nunca se realiza perfeitamente: traduz o caso ideal para o qual tenderia a verdadeira distribuição se o conjunto das observações se tornasse infinitamente grande. Na prática, as distribuições teoricamente normais dão às vezes traçados fantasiosos como essas curvas de distribuição de resultados de exames em que se observam duas "elevações", que correspondem uma ao grupo dos fracos da classe e a outra, ao grupo dos fortes.

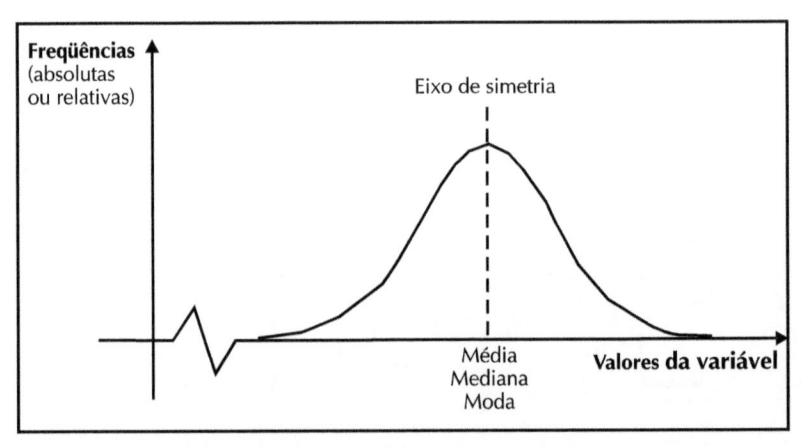

Isso não deixa de suscitar questões, pois inúmeros instrumentos, por outro lado extremamente úteis em probabilidades e em estatísticas, não têm sentido senão aplicados a variáveis que se conformam à lei normal. Até onde se pode ir para afirmar que uma distribuição é normal? Será suficiente dizê-la "teoricamente" normal? E em que momento cessa de ser legítimo querer normalizar um conjunto de resultados?...

A mesma coisa para os usos, às vezes discutíveis, da curva normal para apoiar algumas decisões. É assim que se justifica a implantação de caminhos menos penosos em educação, explicando que a curva normal mostrava que uma certa proporção dos alunos — fixada arbitrariamente ora em 12%, ora em 15%... — não poderia seguir programas regulares. Desta vez, é a lei normal que serviu para definir os "sinos"!

tões e hipóteses, e a determinar a intensidade desses vínculos. Sem entrar nos detalhes técnicos ou matemáticos — como se poderá encontrar no Apêndice B —, vamos dar uma olhada nesses testes para captar-lhes o alcance e os limites.

Uma das hipóteses de nosso pesquisador-observador das seções de especiarias poderia ser que *os clientes mais jovens são mais assíduos compradores de um cereal*. Tais hipóteses — embora habitualmente mais sutis — são com freqüência objetos de estudo por parte dos responsáveis pelo marketing, preocupados em especificar a composição da clientela de um produto para melhor atingi-la ou ampliá-la. Notemos de passagem que a variável "idade" vê-se aqui relacionada à variável "compra de um produto", mas essa relação não é necessariamente causal, pois diversos fatores podem explicar verossimilmente a propensão das pessoas a comprar um dos produtos.

Para verificar essa hipótese, o pesquisador estabelece de início a distribuição conjunta das variáveis, construindo um quadro de dupla entrada.

QUADRO Z
Idade do cliente e conclusão de uma compra
Freqüências relativas (%) por grupo de idade

Idade Compras	Menos de 20 anos	20 a 39 anos	40 a 59 anos	60 anos e mais	Total
Sim	51	46	41	40	43
Não	49	54	59	60	57
Total	1000	100	100	100	100
n	124	360	485	274	1243

À primeira vista, as observações colhidas parecem confirmar a hipótese: a porcentagem dos compradores decresce à medida que aumentam as faixas de idade. Se, ao contrário, essas variáveis não mantivessem nenhum vínculo entre si, as porcentagens deveriam permanecer constantes de uma faixa a outra, girando todas em torno dos 43% globalmente observados.

Mas é cedo demais para concluir: o pesquisador deve ainda assegurar-se do caráter significativo das diferenças ressaltadas entre os grupos de idade, verificar quais não são simples efeitos do acaso, antes de afirmar que traduzem a existência de uma verdadeira relação entre as variáveis.

Afirmar a presença significativa de tal relação é na verdade sustentar que, se as observações tivessem excedido a amostra para se estender a todas as pessoas que freqüentam supermercados, mercearias e lojas de conveniências, ter-se-iam obtido sensivelmente os mesmos resultados. Aliás, se o quadro que precede incidisse sobre toda a população dos clientes desses estabelecimentos, então se poderia concluir imediatamente a exatidão da hipótese.

Mas só uma amostra desses clientes foi considerada. E quem diz amostra, diz acaso, pois este último presidiu a formação do contingente dos observados. Ora, mesmo quando o acaso faz bem as coisas, encontram-se sempre diferenças entre uma população e uma amostra desta. Assim, é possível que os menores de 20 anos observados tenham comprado mais cereais do que o conjunto das pessoas de sua idade, bem como pode ser que as pessoas das outras faixas de idade tenham adquirido menos cereais do que aqueles e aquelas que os representam.

Resulta disso, portanto, uma saudável inquietude: por si sós, esses desvios eventuais entre o comportamento do conjunto das pessoas de uma dada faixa de idade e o dos membros desta faixa incluídos na amostra poderiam explicar as diferenças observadas entre os diversos grupos de compradores? Como saber se a relação presumida entre a idade do cliente e sua propensão a comprar é bem real ou se ela depende mais de uma forma de (má) sorte no momento de escolher as pessoas observadas? Aí está toda a questão do caráter significativo das diferenças assinaladas no quadro, questão que o pesquisador deve responder a si mesmo para estar apto a concluir: essas diferenças entre os quatro subgrupos da amostra são artificiais ou traduzem diferenças entre as fatias correspondentes do conjunto da população?

> A questão da existência de uma relação entre duas variáveis é, de fato, a da generalização ao conjunto de uma população de uma relação constatada no nível da amostra. Se, no exemplo, a observação tivesse incidido sobre o conjunto da população, não haveria mais pergunta a ser feita: saber-se-ia que, para essa população, o número de compradores de um produto decresce efetivamente com a idade dos clientes.

Uma vez que a observação de toda a população está excluída, a resposta a essa interrogação será fornecida por um *teste de hipótese* e se exprimirá sob forma de *probabilidade*: há tal porcentagem de chances de que a amostra represente convenientemente a população face às variáveis consideradas e que as diferenças observadas sustentem a hipótese de uma relação entre as variáveis.

A maneira de proceder nesses testes pode resumir-se assim: quase não conhecendo a população, imagina-se, no início, que não existe no seio dessa relação entre as variáveis. É a *hipótese* dita *nula*. Se, em nosso exemplo, essa hipótese mostra-se correta, isso significa ausência de diferença na proporção dos compradores que pertencem a cada uma das faixas de idade componentes dessa população. Seria, pois, surpreendente observar tais diferenças em uma amostra corretamente tirada dessa população. Os testes estatísticos, aliás, só têm valor se as amostras são aleatórias, isto é, todo elemento da população tem uma oportunidade conhecida e não nula de fazer parte delas. Mas já foi visto que a tiragem do acaso ocasiona habitualmente alguns desvios. O teste vai dizer se essas diferenças são surpreendentes, isto é, se elas ultrapassam aquelas que se deve esperar em virtude só do acaso. Se permanecem aquém do limite previsível, essas diferenças são julgadas não-significativas: a hipótese nula é então mantida, porque as observações realizadas na amostra não permitem concluir por uma relação entre as variáveis. Se, em contrapartida, os desvios vão além desse limite, reconhece-se então que o acaso sozinho não pode explicá-los e que eles são verdadeiramente a manifestação de uma relação entre as variáveis.

São numerosos os testes de hipóteses escolhidos em função das características das variáveis estudadas e de sua distribuição. Vários testes, os que se baseiam nas diferenças das médias ou na análise da variância especialmente, requerem variáveis numéricas cuja distribuição se conforma à lei normal. Como essas condições nem sempre são satisfeitas, são utilizados, muitas vezes, testes menos exigentes, como o qui-quadrado.

Os cálculos exigidos pela aplicação desses testes são freqüentemente fastidiosos: felizmente, dispomos agora de *softwares* muito práticos e eficazes, o SAS, o SPSS e outros como o SYSTAT para computador pessoal, que os efetua rapidamente por nós.

As relações causais

Se os testes de hipótese ajudam a julgar a existência de vínculos entre as variáveis, eles não especificam nada de seu caráter, principalmente da natureza, causal ou não, das relações estudadas.

Aliás, no que concerne às análises estatísticas, as pesquisas com dados criados pela experiência, que visam a estabelecer a presença de uma relação de causa e efeito, não exigem nenhum tratamento especial nem precaução particular. No máximo, será controlada, no início, a equivalência dos grupos experimentais e testemunhas, adotando-se uma medida preliminar e verificando a ausência de diferenças significativas entre eles.

A prova da existência de um elo de causalidade resulta de outra coisa que não dos testes. Ela depende mais da estratégia de pesquisa e da análise lógica. Assegura-se inicialmente que as variáveis em jogo mudam conjuntamente no sentido previsto pela hipótese; assegura-se do mesmo modo que o efeito medido, ligado à variável dependente, não precede a causa, encarnada nas mudanças da variável independente; verifica-se enfim que outros fatores puderam provocar esse efeito.

Pouco importa o teste escolhido e os instrumentos de cálculo usados, as indicações extraídas sobre a existência de um elo entre variáveis permanecem probabilistas por natureza: comportam sempre alguma possibilidade de erro. Esta possibilidade apresenta, contudo, a vantagem de poder ser avaliada. É aí que intervém *o limite de significação* do teste: ele traduz o *nível de confiabilidade* que se pode legitimamente atribuir-lhe.

> As expressões *nível de confiabilidade*, *nível de significação* ou *limite de confiabilidade* são também usadas para designar *limite de significação* de um teste.

Esse limite toma geralmente a forma de uma porcentagem. Declara-se, por exemplo, rejeitar a hipótese nula com um limite de 10% (ou 0,10): reconhece-se então o caráter significativo das diferenças observadas, mas admitindo igualmente ter 10% de chance de enganar-se, afirmando assim que essas diferenças entre grupos-amostras traduzem uma relação entre as variáveis, no interior da população inteira visada pela pesquisa.

Onde fixar o limite de confiabilidade? Nessa matéria, o erro julgado aceitável varia conforme a hipótese de pesquisa. Julgando o caráter significativo de uma diferença observada entre grupos-amostras, existem dois modos de erro:

- Afirmando a diferença significativa, acontece que se julgam diferentes populações idênticas. É o *erro de tipo I*, em que a hipótese nula se vê rejeitada injustamente.
- Declarando não-significativa a diferença, pode-se, em compensação, julgar como semelhantes que populações são, na realidade, diferentes. É o *erro de tipo II* em que a hipótese nula é aceita apesar de sua falsidade.

Quanto mais se eleva o limite de significação, menos chances há de cometer o primeiro erro, mas aumentam simultaneamente as chances de cair no segundo: pode-se decidir rejeitar a hipótese nula apenas se a probabilidade de erro for inferior a 1%; corre-se então o risco de aceitar essa hipótese nula injustamente e de negligenciar diferenças dignas de atenção.

O pesquisador deve, pois, decidir se um dos dois tipos de erros é mais grave do que o outro. Imaginemos que um psicólogo queira julgar o efeito de um remédio muito simples, barato e sem efeito colateral para ajudar as pessoas a livrarem-se de suas fobias. Aqui o erro seria mais grave ao rejeitar esse remédio enquanto eficaz, do que aceitá-lo mesmo que inútil: esse pesquisador poderá se contentar com um limite de confiabilidade de 10%, ao passo que ele teria exigido um limite de 1% se as conseqüências de uma aceitação errada corressem o risco de ser mais nefastas do que as de uma rejeição.

Mas seguidamente — é o caso em nosso exemplo de pesquisa em mercearia — nenhum dos dois tipos de erro mostra-se como o mais grave. Cumpre, portanto, decidir um ponto de equilíbrio razoável entre ambos: em ciências humanas, o limite de significação habitualmente tido como acordo aceitável é de 5%. Aceita-se assim reconhecer o caráter significativo de uma diferença quando este tem 95% de segurança; contudo, é uma forma de convenção que não transforma de modo algum uma probabilidade em certeza.

Se os testes de hipótese permitem julgar a presença ou a ausência de ligações entre variáveis, não dizem nada da intensidade dessas relações quando elas existem. Daí a presença de outros instrumentos, os *coeficientes de associação* para medir a força dessas ligações.

Como os testes de hipótese, esses testes de associação são diversos e se deve escolher aquele que melhor convém à natureza das variáveis em estudo. Um dos mais comumente usados em ciências humanas é, sem dúvida, o *coeficiente de contingência,* anotado como C, que se calcula a partir do qui-quadrado e do tamanho da amostra, o que o torna pouco exigente quanto às características e propriedades particulares das variáveis às quais ele é aplicado. Outros testes serão mais aplicados, requerendo, por exemplo, que as variáveis sejam numéricas. Esses exigem seguidamente cálculos mais pesados, mas aí, então, o computador vem em socorro.

> Ressaltemos de passagem que os resultados das observações sobre a relação entre a idade dos clientes e sua propensão a comprar se revelaram não-significativos nesse limite de 5% quando submetidos ao teste do qui-quadrado. Mesmo que, no exemplo, as diferenças intergrupos vão no sentido da hipótese do pesquisador, elas não são suficientes para confirmar essa hipótese.

O limite de confiabilidade: um exorcismo?

Em inúmeras pesquisas em que se recorre aos instrumentos estatísticos, a questão do limite de confiabilidade ocorre como um ritual rapidamente cumprido, depois esquecido em uma frase sinuosa que proclama que se julgam significativos os desvios em um nível de confiabilidade fixo em tal porcentagem.

No entanto, essa fórmula, longe de ser apenas um exorcismo destinado a afastar qualquer mau espírito, continua capital, pois traduz o grau de credibilidade dos resultados. Muito freqüentemente faz-se disso um encantamento que transforma em certeza o que, no entanto, é apenas plausível ou provável.

A presença do limite de confiabilidade deveria provocar uma certa desconfiança crítica face ao que muitíssimas pessoas consideram como "provas estatísticas" e que não são, na realidade, senão indicações numéricas do caráter razoável de certas conclusões. É necessário precaver-se de tomar muito rápido o exato por verdadeiro, pois, por mais aceitáveis que pareçam as relações medidas, nada afirma não terem sido esquecidos outros fatores que estariam mais ligados àqueles mantidos e essenciais a uma compreensão profunda dos fenômenos.

A armadilha da pesquisa informatizada

O computador revela-se um instrumento útil e apreciado em pesquisa. Ele alivia múltiplas tarefas ingratas, principalmente no que concerne às análises estatísticas em que se mostra sobremaneira eficaz, evitando ao pesquisador cálculos muitas vezes fastidiosos.

Esse progresso encobre, todavia, uma armadilha, a tentação de substituir a reflexão pelo dedilhar sobre o teclado: em torno de uma situação dada, o pesquisador identifica e mede tantas variáveis quantas pode imaginar; depois, com alguns golpes de dedos, faz a máquina regurgitar esses dados, que são cuspidos fora em quadros e gráficos após terem sido passados no espremedor de todos os testes possíveis. Seria surpreendente não ver sobressair no lote algumas relações estatisticamente significativas que nosso homem teria apenas que explorar habilmente.

Está aí uma caricatura de pesquisa, em que se concede demasiado espaço e valor ao número. O acaso não faz tão bem as coisas que torne automaticamente significativo nos planos humano, psicológico ou social o que existe no plano estatístico. É indispensável desconfiar sempre desses trabalhos em que os números dizem mais do que o pesquisador ou os partícipes. Pois os números não podem explicar as relações, ao passo que é nessas explicações que reside o progresso dos saberes: estas não devem, portanto, ser improvisadas *a posteriori,* a partir de alguns valores numéricos cuspidos por uma máquina.

Interpretação dos resultados estatísticos

Os testes estatísticos são apenas aplicações de procedimentos e de fórmulas que, de números, tiram outros números: estes últimos traduzem-se em enunciados de caráter probabilista, enunciados preferentemente simples, que constatam a presença de relações estatisticamente significativas e que apreciam sua intensidade. Mas, se contribuem desse modo, para a elucidação de fenômenos ou situações, esses instrumentos não possuem senão um poder limitado. São, dentre outros, desprovidos de poder explicativo: ajudam a ver as relações possíveis, mas só o pesquisador pode dar um sentido ao que é assim esclarecido. É aí, uma vez efetuados os cálculos, que intervém a etapa obrigatória da interpretação.

Assim, os números de uma enquete poderiam muito bem revelar uma proporção significativamente maior de mendigos, sem-teto e outros marginais na população de uma dada região do que no seio da população das regiões vizinhas. Mas como se deve compreender essa situação? Pode-se concluir que essa região é pobre, desprovida de recursos suficientes para assegurar uma vida decente ao conjunto das pessoas que nela habitam?

Para interpretar tais resultados, o pesquisador deve ir além da leitura apressada, para integrá-los em um universo mais amplo em que poderão ter um sentido. Esse universo é o dos fundamentos teóricos da pesquisa e o dos conhecimentos já acumulados em torno das questões aí abordadas. Em suma, trata-se da bagagem que levou o pesquisador à sua hipótese e que vai agora ajudá-lo a dar uma significação ao que a pesquisa trouxe, a captar os mecanismos das relações percebidas e a compreender o como e o porquê de sua presença. É, aliás, a razão pela qual, no quadro que descreve as etapas de uma pesquisa, fala-se de interpretação em relação à hipótese, cujo papel central sobreleva mais uma vez.

Assim, apoiando-se em seu conhecimento da região mencionada no exemplo que precede e no saber que presidiu seu estudo da população dos mais desfavorecidos, o pesquisador poderia explicar a proporção

> O que é significativo no plano estatístico não o é necessariamente nos planos psicológico ou social. Reconhecer a existência de uma relação, medir-lhe a intensidade, não é explicar as razões de sua presença, compreender o sentido a atribuir à sua existência.

maior dos marginais não pela pobreza da região, mas por sua relativa riqueza e pela generosidade de seus habitantes, o que permite aos menos dotados melhor garantir sua subsistência: eles são mais numerosos, porque sua vida aí é mais fácil.

Eis o que só os números não podem revelar: eles simplesmente confirmam a presença importante dos marginais, a diferença significativa de seu número de uma região a outra. Apoiando-se nessas considerações, o pesquisador constrói a explicação do fenômeno, expandindo essa constatação para uma reflexão lógica que se sustenta no conjunto dos elementos que lhe serviram para prever o que os números deviam dar, e que lhe permite agora especificar-lhes o sentido e o alcance. A partir daí, uma conclusão se tornará possível.

Porém, antes de abordar, na terceira seção, esta parte da conclusão, resta-nos ver rapidamente os dados literais que são o objeto de uma análise de conteúdo ou de uma análise de discurso. Esse será o propósito da próxima seção.

Análise de Conteúdo

Curioso pelas mudanças que marcaram o Brasil a partir da década de 40 do nosso século, um pesquisador se interroga, por exemplo, sobre a emergência e a evolução do discurso nacionalista.

A fim de melhor compreender essa evolução, põe-se à procura de documentos que lhe permitam descrevê-la; é assim que se encontra logo à frente de uma volumosa documentação que provém de diversas fontes: reportagens, editoriais, discursos, enunciados de políticas governamentais, tudo completado por testemunhos que pôde colher quando de entrevistas com homens de negócios, políticos, sindicalistas, etc.

Uma primeira organização dessa documentação mostra-se logo necessária, com freqüência realizada à medida dos progressos da coleta: as entrevistas são transcritas, o material é descrito em uma lista cronológica dos documentos, acompanhado de notas sobre a natureza e a fonte de cada um e, eventualmente, um breve apanhado de seu conteúdo. A finalidade é facilitar seu uso, permitir ao pesquisador encontrar-se rapidamente no momento da análise e da interpretação em função de suas questões e hipóteses. Questões e hipóteses que, aliás, guiaram a escolha dos documentos e orientam também esta primeira organização do material.

Mesmo organizado, o material continua bruto e não permite ainda extrair tendências claras e, ainda menos, chegar a uma conclusão. Será preciso para isso empreender um estudo minucioso de seu conteúdo, das palavras e frases que o compõem, procurar-lhes o sentido, captar-lhes as intenções, comparar, avaliar, descartar o acessório, reconhecer o essencial e selecioná-lo em torno das idéias principais... É este o princípio da análise de conteúdo: consiste em desmontar a estrutura e os elementos desse conteúdo para esclarecer suas diferentes características e extrair sua significação.

A análise de conteúdo, já foi visto, pode se aplicar a uma grande diversidade de materiais, como permite abordar uma grande diversidade de objetos de investigação: atitudes, valores, representações, mentalidades, ideologias, etc. Pode-se assim usá-la no estudo de embates políticos, de estratégias, ou, ainda, para esclarecer fenômenos sociais particulares, em matéria de comunicação, por exemplo, em que se poderiam examinar os postulados implícitos dos manuais escolares ou os estereótipos veiculados pela publicidade. Essa lista jamais acaba, é necessário muito mais.

Reestruturação dos conteúdos

Nosso pesquisador apronta-se, pois, para perseguir a evolução do discurso nacionalista. Na realidade, um longínquo trabalho de análise já foi iniciado com a coleta dos materiais e a primeira organização desses, pois essa coleta, orientada pela questão da hipótese, não é acumulação cega ou mecânica: à medida que colhe informações, o pesquisador elabora sua percepção do fenômeno e se deixa guiar pelas especificidades do material selecionado. Isso o conduz às vezes a explorar certos domínios particulares para completar essas informações: ele poderia, por exemplo, preocupar-se com o grau de perda da soberania nacional brasileira face aos acordos do livre-comércio e se pôr à procura de precisões sobre as intenções expressas em relação a isso, se percebesse que elas continuam vagas ou confusas no retrato elaborado ao longo dos dados colhi-

Retratos do Brasil. São Paulo: Ed. Três/política, 1984, v. 3.

dos. Simultaneamente, ele começa a distinguir categorias deveras significativas para classificar os conteúdos e enfocar-lhes a disposição, preparando assim as etapas por vir.

A análise de conteúdo não é, contudo, um método rígido, no sentido de uma receita com etapas bem circunscritas que basta transpor em uma ordem determinada para ver surgirem belas conclusões. Ela constitui, antes, um conjunto de vias possíveis nem sempre claramente balizadas, para a revelação — alguns diriam reconstrução — do sentido de um conteúdo. Assim, pode-se, no máximo, descrever certos momentos dele, fases que, na prática, virão às vezes entremear-se um pouco, etapas no interior das quais o pesquisador deve fazer prova de imaginação, de julgamento, de nuança, de prudência crítica...

Apresentamos, nas páginas seguintes, um modo de fazer. Não é evidentemente o único possível, mas corresponde a um procedimento freqüentemente proposto pelos especialistas.

Na continuação da fase preparatória recém-evocada em que explora seu material, o pesquisador completa-o e se inteira dele, decidindo a maneira como vai decompô-lo, depois recompô-lo a fim de melhor fazer surgir sua significação. O tipo de recorte selecionado e o modo como serão agrupados os elementos que emergirão serão determinantes para a qualidade da análise e a das conclusões. É a partir dessas decisões que ele poderá alcançar o sentido profundo do conteúdo ou que passará ao largo das idéias essenciais.

Uma vez fixadas as modalidades do recorte e determinada a escolha das categorias no interior das quais as unidades resultantes serão organizadas, o pesquisador pode proceder à classificação dessas unidades, depois ao estudo dos resultados assim adquiridos.

Recorte dos conteúdos

Nenhuma regra obriga a proceder em primeiro lugar ao recorte: pode-se fixar inicialmente as categorias para, em seguida, recortar os conteúdos. Aliás, como veremos, as duas operações de escolha das categorias e de recorte dos conteúdos são conduzidas de maneira paralela e se enriquecem mutuamente: os conteúdos sugerem novas categorias, que levam, por sua vez, a uma leitura mais profunda do discurso.

Uma das primeiras tarefas do pesquisador consiste, pois, em efetuar um recorte dos conteúdos em elementos que ele poderá em seguida ordenar dentro de categorias. Dado que a finalidade é evidentemente agrupar esses elementos em função de sua significação, cumpre que esses sejam portadores de sentido em relação ao material analisado e às intenções da pesquisa. Os elementos assim recortados vão constituir as unidades de análise, ditas também unidades de classificação ou de registro. A palavra importante aqui é *unidade* para significar que cada um desses fragmentos de conteúdo deve ser completo em si mesmo no plano do sentido. O tamanho das unidades selecionadas pode variar de uma análise de conteúdo a outra, como variam também os critérios e modalides de determinação delas.

O recorte mais simples de realizar prende-se às estruturas sintáticas dos conteúdos: quer se trate de estruturas lexicais como as palavras ou expressões, ou ainda de estruturas gramaticais como as frases ou as orações; essas têm a vantagem de serem claramente, para não dizer objetivamente, delimitadas.

A palavra constitui a menor unidade: nem todas interessarão igualmente ao pesquisador, que se deterá sobretudo em palavras-chaves que traduzam idéias conectadas direta ou indiretamente ao objeto de sua investigação. Assim, termos como "nação", "liberdade", "desenvolvimento", etc. prenderão certamente a atenção daquele que se preocupa com nacionalismo, ao passo que ele reagirá menos a " petróleo" ou "Brasil". A riqueza de sua análise será contudo aumentada se ele amplia seu interesse às expressões como "o petróleo é nosso", "pra frente Brasil"... Existem *softwares* que permitem recuperar e enumerar automaticamente a ocorrência de tais palavras ou expressões: os dados assim obtidos permanecem, todavia, superficiais, pois não levam em consideração nem o contexto nem mesmo o sentido exato que uma palavra ou expressão pode ter. Um estudo menos mecânico dessas palavras ou expressões ou, melhor ainda, a escolha de frases ou de parte de frases como unidades de análise podem se revelar mais eloqüentes.

Freqüentemente mais rico ainda, mas também mais delicado, será o recorte do conteúdo em temas, isto é, em fragmentos que correspondem cada um a uma idéia particular, quer se trate de um conceito como o de "liberdade política" ou, então, de "liberdade de expressão", ou que traduzem uma relação entre tais conceitos. A dificuldade nasce do fato de que esses temas exprimem-se, às vezes, de maneira mais ou menos manifesta, nem sempre são delimitados com clareza e se encontram freqüentemente misturados a outros temas. Sem contar outro fator a levar em consideração, a importância muito variável que lhes pode ser concedida no interior do conteúdo: alguns serão apenas aflorados, ao passo que outros ocuparão um lugar central.

> O termo *unidade* deve ser entendido como unidade de sentido porque as unidades compreendem, com muita freqüência, mais de uma palavra.

Em compensação, a pesquisa dos temas pode melhor aproximar o pesquisador do sentido do conteúdo pois ele se vê obrigado, mais do que com os fragmentos que dependem da estrutura lexical ou gramatical, a construir suas unidades de análise a partir de sua compreensão desse conteúdo. Alguns censurarão o caráter subjetivo das inferências necessárias, ao que se pode retorquir que toda análise compreende uma parte de interpretação em que o pesquisador explicita o que ele entende dos resultados obtidos.

Uma vez agrupadas as unidades, o pesquisador que quer submetê-las a um tratamento estatístico pode facilmente enumerar as palavras ou as frases. Mas, se ele escolheu os temas, se quer dar conta da importância de cada um, é preciso ir além da freqüência de sua ocorrência, para dar uma medida mais precisa de seu lugar no conjunto do conteúdo. Essa medida pode se traduzir por um número de minutos de gravação, um número de linhas ou de parágrafos.

Se os números originados de tais cálculos e a interpretação que deles se faz acrescentam significação a unidades assim tratadas, pode ser que prefiram construir em outro lugar e diferentemente esse suplemento de sentido. As unidades de análise serão ainda palavras, expressões, frases ou enunciados que se referem a temas, mas esses elementos, em vez de serem enumerados ou medidos, serão vistos em função de sua situação no conteúdo, em função do conjunto dos outros elementos aos quais vêem-se ligados e que lhes fixam o sentido e o valor.

Assim, em um texto que trate da questão da soberania nacional, a expressão pode fazer referência a uma grande quantidade de situações e, portanto, de significações conforme se trate do combate às ideologias políticas de esquerda na época da ditadura militar ou dos recentes embates em torno da questão da ameaça à soberania por parte do processo de globalização econômica.

O último exemplo mostra bem que o estudo de um conteúdo fundado sobre as freqüências de ocorrência e outras medidas, se esse permite dar conta de uma parte da significação desse conteúdo, corre o risco de deixar de lado nuanças importantes no que concerne a essa significação. Sem negar o interesse potencial da enumeração das ocorrências das palavras, frases ou outros elementos de estrutura, verifica-se muitas vezes necessário considerar também os contextos em que esses elementos aparecem.

Primeiro e segundo grau: Puff, o dragão mágico

Quando se analisa um conteúdo para encontrar-lhe o sentido, visa-se inicialmente ao mais imediato, ao mais evidente, ao que está explicitamente dito: é o que se chama o conteúdo *manifesto*. Em muitos estudos, é nesse conteúdo que nos fixamos como postulado, justificando essa análise dita de primeiro grau, que o essencial da significação encontra-se nesse "manifesto", sem que seja útil presumir a existência de elementos ocultos.

Alguns julgam insuficiente essa análise no primeiro grau e crêem necessário levar mais longe as interpretações a fim de atingir o não-dito, os conteúdos ocultos, os elementos simbólicos da mensagem. Pois o discurso implícito, afirmam eles, mostra-se igualmente portador de sentido, ajuda a esclarecer o explícito e contribui para o sentido profundo do conteúdo.

Até onde ir? Tudo depende, ainda e sempre, do problema examinado e das intenções da pesquisa. Mas é certo que se deve levar em conta o explícito, pois as intenções e vontades declaradas são a porta de entrada do não-dito. Quando se transpõe esta porta, cumpre fazê-lo com muita prudência crítica.

Nos anos 60, Peter, Paul e Mary, um grupo de cantores americanos, lançaram uma balada intitulada *Puff, the Magic Dragon,* canção que contribuiu muito para sua já grande fama. Depois, alguns anos mais tarde, o grupo teve alguns problemas, tendo um de seus membros sido detido por posse de algumas gramas de droga. Ora, eis que certos espíritos tão astutos quanto bem pensantes se inquietaram com o sentido profundo da balada, descobrindo nela uma mensagem subliminar horrível sob sua aparência infantil: a canção inocente tornou-se subitamente convite a consumir todas as espécies de produtos euforizantes! *Puff* (pronuncie "pofe", à inglesa), para começar, nome com uma consonância pelo menos evocadora. Depois, *magic* como os cogumelos... e *dragon* que, em inglês, se diz quase *drug on*. E isso é apenas o título: pense que o texto fala, entre outras coisas, de um rapaz que atribui toda sorte de *fancy stuff* a seu dragão imaginado... Atrás da gentil história de uma criança com imaginação fértil desenha-se, latente, o discurso tão pérfido quanto perverso da intoxicação!

Essa análise e o barulho que fez causaram um prejuízo imenso ao grupo que, por essa razão e um certo número de outras, teve de suspender suas atividades. Ora, teve de se convir depois, nada de tudo isso era justificado e até foi feita uma série de desenhos animados para as crianças bem pequenas em torno de Puff e de Jacky, os personagens da canção. Como contou mais tarde um dos membros do grupo, autor da balada, essa não tinha outro significado senão o mais evidente.

Esse exemplo, extrapesquisa, prova que as análises em que as pessoas se prendem ao conteúdo latente de um discurso requerem precauções: o estudo da significação de um conteúdo a partir do implícito, antes que do manifesto, obriga a inferências às vezes delicadas, e uma falta de cuidado, de prudência e de sentido da nuança nessas matérias pode conduzir a conclusões, no mínimo, lamentáveis.

Definição das categorias analíticas

O recorte dos conteúdos constitui uma das primeiras tarefas do pesquisador após a fase preparatória. A definição das categorias analíticas, rubricas sob as quais virão se organizar os elementos de conteúdo agrupados por parentesco de sentido, é uma outra tarefa que se reconhece primordial. A ordem desses dois momentos da análise de conteúdo pode variar: às vezes, o pesquisador define primeiro suas categorias, mas em outros casos sua determinação é precedida do recorte dos conteúdos, especialmente quando essas categorias são construídas de maneira indutiva, isto é, ao longo dos progressos da análise.

Três modos de definição das categorias apresentam-se ao pesquisador. Este em função de suas intenções, de seus objetivos e também de seu conhecimento da área em estudo pode na verdade abordar a análise de maneira aberta, fechada ou mista.

- Seguindo o *modelo aberto*, as categorias não são fixas no início, mas tomam forma no curso da própria análise.
- No *modelo fechado*, em contrapartida, o pesquisador decide *a priori* categorias, apoiando-se em um ponto de vista teórico que se propõe o mais freqüentemente submeter à prova da realidade.
- O *modelo misto* situa-se entre os dois, servindo-se dos dois modelos precedentes: categorias são selecionadas no início, mas o pesquisador se permite modificá-las em função do que a análise aportará.

No que segue, vamos tratar desses três modelos de um ponto de vista prático, considerando seus usos e seus méritos.

O Modelo Aberto O recurso a uma *grade aberta* é freqüente nos estudos de caráter exploratório, quando o pesquisador conhece pouco a área em estudo e sente necessidade de aperfeiçoar seu conhecimento de uma situação ou de um fenômeno a fim de enunciar hipóteses.

A abordagem é então indutiva: o pesquisador parte com um certo número de unidades, agrupando as de significação aproximada, para obter um primeiro conjunto de categorias rudimentares. Esse conjunto constitui o ponto de partida de um procedimento que, por etapas sucessivas, conduzirá às categorias finais. Desde já o pesquisador esforça-se por precisar as idéias identificando o que lhe parece a característica essencial de cada rubrica selecionada e pode eventualmente dar-lhe um nome provisório.

Assim, em suas categorias de enunciados, tirados dos discursos nacionalistas, nosso pesquisador poderia distinguir os enunciados de caráter "defensivo" daqueles que se verificam mais "construtivos" ou "ofensivos", para definir uma categoria cujo tema poderia ser "soberania nacional", uma outra que tratasse do "desenvolvimento", uma terceira, de "autonomia".

Vem em seguida um primeiro retorno crítico sobre o que foi assim elaborado, quando o pesquisador vê cada unidade de conteúdo e a categoria na qual foi colocada: essa unidade está realmente bem situada em tal

---

Pode-se estabelecer um certo paralelismo entre os modelos de análise aberta, fechada ou mista e o que foi dito dos instrumentos de observação e de entrevista no capítulo anterior: estes podiam ser muito estruturados inicialmente ou não, ou, ainda, parcialmente, deixando ao pesquisador a possibilidade de transformá-los no curso do caminho.

categoria? Uma outra lhe conviria melhor dentre as que existem? Seria preciso criar uma nova categoria para melhor considerar sua especificidade? Isso conduz a um eventual remanejo das categorias, algumas nascendo dessa reflexão, enquanto outras mudam ou desaparecem, e obriga a precisar suas características e os termos que as definem. Completado esse retorno crítico, ele é repetido tantas vezes quantas forem necessárias, cada vez que a categorização for modificada: pouco a pouco essa se estabiliza, suas rubricas desenham-se mais nitidamente, os enunciados ambíguos, de início deixados à parte, conseguem encontrar seu lugar, assumindo as categorias sua forma definitiva. Apoiando-se no que encontra aí, o pesquisador revisa então cuidadosamente as características de cada uma a fim de bem precisar o que a distingue das outras. Ele resume essas características em um título que vem encabeçá-la e permite falar sobre ela mais facilmente. Mas, o que é mais importante, essas características lhe servem para definir os critérios de pertinência, em virtude dos quais poderá decidir a inclusão das unidades de conteúdo na categoria, no momento de proceder à classificação final do conjunto desses conteúdos. As categorias e seus critérios de pertinência constituem a própria grade de análise.

A exploração do discurso da consciência cívica suscita assim algumas grandes categorias: salvaguarda das tradições, defesa da cultura e da autonomia econômica, para o que estava na origem, a categoria "soberania". E dentro da salvaguarda das tradições, o pesquisador selecionou duas subcategorias: tradições religiosas, outras tradições (familiares, cívicas...). Do mesmo modo, a categoria de início chamada "desenvolvimento" foi cindida em várias outras categorias: desenvolvimento da educação, afirmação da cultura nacional e, evidentemente, desenvolvimento econômico. Esta última rubrica comporta por sua vez várias subcategorias que dizem respeito respectivamente à energia, ao emprego, à poupança, ao empresariado... Quanto à autonomia, ela também foi estilhaçada em várias categorias: relações internacionais, cidadania, centros de decisões, recuperação dos poderes (estas duas últimas rapidamente fundidas em uma só: centros do poder...), etc.

Uma grade de análise aberta é habitualmente elaborada a partir de somente uma fração dos conteúdos, salvo se esses são reduzidos. Considerada a amplitude do que reuniu nosso pesquisador sobre o nacionalismo não terá realmente usado senão uma amostra limitada de seu material: resta-lhe então classificar o restante. Voltaremos a isso um pouco mais adiante, após ter descrito os modelos fechados e mistos.

O Modelo Fechado O pesquisador também decide usar uma *grade fechada*. A questão do nacionalismo é com efeito bem conhecida para se haver tornado e para se tornar ainda, junto aos brasileiros como em qualquer lugar do mundo, o objeto de múltiplos debates em que cada um de seus aspectos é examinado em detalhe. Inúmeras obras trataram disso, teorias de diversas naturezas (sociológica, econômica, política, psicológica) têm sido propostas e ajudam a circunscrever e a compreender o fenômeno. Um pesquisador poderia então recorrer a essa bagagem teórica para elaborar sua hipótese e em seguida colocá-la à prova.

O "petróleo é nosso"

Em meados dos anos 50, no contexto do nacionalismo populista da era Vargas, diversos setores da sociedade: alguns industriais, camadas médias urbanas, dentre elas os estudantes e o operariado – se unem na campanha "O Petróleo é nosso", opondo-se aos interesses da burguesia comercial importadora e exportadora, que se torna assim uma força de oposição ao governo.

"Estudantes protestam em defesa do monopólio do petróleo"

    A hipótese enunciada põe em jogo um certo número de conceitos cujas dimensões traduzem-se em indicadores, assim como vimos no capítulo anterior. Esses indicadores definem, por sua vez, uma grade que permite a categorização dos enunciados. Em muitos trabalhos, os pesquisadores apóiam-se em tal grade, construída *a priori* e de maneira dedutiva, para classificar os elementos do conteúdo; a grade é dita fechada na medida em que não é modificada depois, no curso da investigação dos dados. Alguns elementos dos conteúdos poderão às vezes escapar a essas categorias. Todavia, isso quase não afeta a pesquisa, pois se trata mais de assegurar a presença ou a ausência de elementos bem determinados antecipadamente, em função da hipótese e do sentido que se lhe pode atribuir, do que de determinar todos aqueles elementos que o material poderia conter.

    O recurso a uma grade fechada é freqüentemente recomendado. Inicialmente porque esse modo de análise revela-se seguro para o pesquisador, que não precisa inventar seu instrumento de análise à medida dos progressos desta: ele pode tranqüilizar-se com uma estrutura definida *a priori*. Mas, sobretudo, porque raros são os domínios e objetos de pesqui-

> Já foi destacado, uma pesquisa parte das preocupações do pesquisador, mas é elaborada apoiando-se em saberes já construídos que ela possibilita completar e aperfeiçoar.

sa para os quais não existe já uma base teórica. Seria lamentável que o pesquisador se privasse desses fundamentos com que normalmente conta para o enunciado de sua problemática. Com efeito, eles emergem e dão conta de uma experiência e de um saber acumulados ao longo de observações e de reflexões anteriores, experiência e saber que a nova pesquisa vem prolongar e aperfeiçoar, questionando novamente essas teorias existentes, situando-se assim em um *continuum* de contribuições aos progressos do conhecimento.

Contudo, várias pessoas desaprovam a extrema rigidez da grade fechada: a finalidade de uma pesquisa é renovar alguns de nossos conhecimentos e não simplesmente ratificar o valor do que se sabe. Essa renovação emergirá freqüentemente da presença de elementos de natureza imprevisível cuja importância exige uma atenção, uma abertura, que nem sempre esse tipo de grade garante. Eis por que nosso explorador do discurso nacionalista poderia preferir uma grade dita mista que oferece as vantagens da grade fechada, isto é, o conforto de uma estrutura predefinida fundada em teorias existentes e, ainda mais, com a flexibilidade do modelo aberto.

O Modelo Misto A construção de uma *grade mista* começa, pois, com a definição de categorias *a priori* fundadas nos conhecimentos teóricos do pesquisador e no seu quadro operatório. Mas essa grade não tem mais o caráter imutável da anterior, pois, em suas análises e interpretações, o pesquisador não quer se limitar à verificação da presença de elementos predeterminados; espera poder levar em consideração todos os elementos que se mostram significativos, mesmo que isso o obrigue a ampliar o campo das categorias, a modificar uma ou outra, a eliminá-las, aperfeiçoar ou precisar as rubricas... A primeira etapa de seu procedimento assemelha-se certamente ao que ele devia fazer no modelo fechado, mas a continuação corresponde mais ao trabalho efetuado no modelo aberto. O pesquisador agrupa inicialmente o melhor possível as diversas unidades de conteúdo nas categorias previamente fixadas, com o risco de deixar algumas à parte. Depois, se sucedem as revisões críticas tomando muitas vezes como ponto de partida os elementos não classificados na primeira vez, que podem acarretar a criação de novas categorias ou, então, a ampliação ou a subdivisão de categorias existentes e a definição de novos critérios de pertinência. Tais modificações forçam a rever a classificação do conjunto dos elementos. A operação é, pois, reiniciada, às vezes em várias retomadas, até que o todo se cristalize em torno de rubricas claramente definidas, deixando a cada elemento uma colocação que lhe convém e uma grade em que as regras de inclusão desses elementos em cada uma das categorias sejam bem explicitadas.

Uma vez elaboradas suas categorias analíticas e recortados os conteúdos em unidades, o pesquisador tem ainda um certo número de operações a realizar antes de chegar à conclusão. Deve, com efeito, proceder à categorização definitiva dos elementos desses conteúdos. Depois, em função dos objetivos perseguidos, cumpre decidir modalidades particulares que ele operacionalizará em seguida para a análise e a interpretação do *corpus* dos dados assim estruturado.

As qualidades de um bom conjunto de categorias

Pouco importam as modalidades que presidem sua elaboração, as categorias devem possuir certas qualidades caso se queira que a análise se mostre significativa. Exige-se delas que sejam:
- Pertinentes, isto é, convir aos conteúdos analisados, na falta do que a pesquisa não levará a parte alguma.
- Tão exaustivas quanto possível, para englobar o máximo dos conteúdos. Pode acontecer, todavia, que alguns elementos desses continuem inclassificáveis, o que é preciso aceitar, mais do que querer a qualquer preço atribuir-lhe um sentido que não seria o seu.
- Não demasiado numerosas, pois que a finalidade perseguida é de reduzir os dados. Os pesquisadores menos experientes têm freqüentemente a impressão de que quanto mais o número de categorias cresce, mais fina e nuançada torna-se a análise. Isso é verdade de certa maneira, mas não se deve exagerar, pois a rigor não haveria mais categorias, somente as unidades que resultam do recorte dos conteúdos.
- Precisas, isto é, definidas de maneira que se saiba claramente onde colocar as unidades de conteúdo, na falta do que as classificações correm o grande risco de variar no tempo ou em função das pessoas, o que compromete o valor da análise e a qualidade das conclusões.
- Mutuamente exclusivas — um elemento de conteúdo não podendo encontrar-se senão em uma só categoria — embora alguns pesquisadores mostrem-se aqui menos exigentes, na medida em que os enunciados nem sempre são unívocos. Assim, um enunciado que conclama "Pra frente Brasil" pode promover tanto um sentimento da unidade ideológica da nação (através do futebol, por exemplo) quanto a crença na grandeza nacional no campo econômico.

Categorização final das unidades de análise

A categorização final das unidades de análise não deveria normalmente apresentar maior dificuldade, mesmo que seja às vezes fastidiosa. Trata-se de considerar uma a uma as unidades à luz dos critérios da grade de análise para escolher a categoria que convém melhor a cada uma. Uma parte dos elementos dos conteúdos pode já ter sido colocada nas diversas categorias quando a grade, aberta ou mista, foi elaborada a partir desses elementos. A classificação do resto do material se verifica ainda mais fácil porque as unidades de análise são bem delimitadas, as categorias nitidamente diferenciadas e os critérios de inclusão em cada uma suficientemente claros e precisos para garantir a confiabilidade e a fidedignidade da operação. Os resultados desta não deveriam variar se ela recomeçou em um momento diferente ou se é retomada por uma ou várias pessoas trabalhando independentemente.

Acrescentemos que o pesquisador pode proceder à classificação de todos os conteúdos recolhidos ou, então, se a bagagem se revela excessiva, julgar suficiente fazer apenas a análise dos conteúdos de uma amostra prévia, aplicando à totalidade do material as regras e princípios da amostragem descritos no capítulo anterior.

Modalidades de análise e de interpretação

Nosso pesquisador deve agora decidir que modalidades particulares adotará na seqüência de seu trabalho: exatamente, por mais literal que seja o material aí tratado, a análise de conteúdo pode adotar um caminho quantitativo, bem como um caminho qualitativo.

Números ou letras

Na abordagem quantitativa, após ter reunido os elementos tirados dos conteúdos em categorias, o pesquisador constrói distribuições de freqüência e outros índices numéricos. Em seguida, põe em movimento o aparelho estatístico habitual, com seus cálculos de coeficientes, análises de variância e outros mecanismos de que falamos na primeira seção deste capítulo. Os adeptos dessa abordagem explicam que esses tipos de medidas veiculam uma boa parte, se não todo o sentido dos conteúdos, e que esse gênero de estudo é a maneira mais objetiva de alcançar esse sentido.

A abordagem qualitativa apóia-se, como a precedente, em uma categorização dos elementos. Mas antes de reduzir a uma simples freqüência

Alcançar o sentido com medida

O recurso ao número para extrair o sentido de uma mensagem não é desprovido de sentido! Desde que não se lance nisso não importa como, enumerando tudo o que se apresenta, desde que não se espere mais do que o número pode dar.

Assim, por ocasião da campanha presidencial brasileira de 1989, um pesquisador poderia propor uma autópsia numérica do debate televisivo entre os dois candidatos: Lula e Collor. Mas, para fazer isso, ele não se poria a contar sem antes colocar um certo número de questões: Os candidatos tiveram desempenho oratório diferente? Empregaram um estilo defensivo ou agressivo, ou ainda evasivo? Quais foram os temas de predileção de cada um dos candidatos? Depois, para cada uma dessas perguntas, seriam estabelecidos dados numéricos.

Quanto aos temas prediletos, por exemplo, poder-se-ia analisá-los a partir da escolha de palavras-chaves. "A escolha das palavras não é deixada ao acaso em um debate político, de sorte que a freqüência de um vocábulo é sintomática da importância que ela reveste para o locutor e indica os eixos de sua estratégia de comunicação". Ressaltemos que o pesquisador deve aqui permanecer prudente: a freqüência é, a seu ver, um sintoma e não uma medida precisa da importância de um termo. Por outro lado, ele não se interessa por todas as palavras, mas fixa mais, em seu quadro comparativo, só as expressões que voltaram um certo número de vezes à boca de um e de outro dos candidatos.

Neste sentido uma pesquisa realizada à época (5 de dezembro de 1989), pela DataFolha pode ser elucidativa.

Lula falou quatro minutos a mais do que Collor durante o debate de Domingo. Lula estourou o tempo em 27 das 31 intervenções e Collor em 25. Os medidores tiveram o bom senso de deixar esses avanços ocorrerem sem seguidas interrupções. No final, eles se compensaram e ninguém se prejudicou.

A aferição que o DataFolha fez do uso de palavras-chaves, dos dois candidatos durante o debate mostra que Collor estava mais preocupado com a Frente que dá sustentação ao seu adversário do que Lula. Collor citou 41 vezes a Frente Brasil Popular; Lula só quatro. O PRN foi citado quatro vezes por Lula e três por Collor. Lula, que acusou o concorrente de falar muito de si mesmo, usou a palavra **eu** 73 vezes, Collor a usou 51 vezes. Lula falou 54 vezes **nós**; Collor 43.

Analistas acham que o discurso de Collor é mais populista que o de Lula. No debate, Lula falou em **povo** 28 vezes e Collor quatro. Collor acusa Lula de não ser democrático. No debate, Lula falou em democracia oito vezes; Collor apenas duas.

Ao contrário do que muitos esperavam, Collor não se ateve muito aos temas que o tiraram do anonimato: falou de marajás só três vezes (Lula duas) e de corrupção quatro vezes (Lula uma). Já Lula abordou bastante o assunto que o tornou famoso: a classe trabalhadora apareceu 23 vezes com Lula no debate; com Collor, 14. O capitalismo não foi mencionado nenhuma vez pelos candidatos. Nem a social-democracia. Lula só falou de classe média (seis vezes) e dos pequenos e médios produtores (outras seis). Collor usou seu: "minha gente" cinco vezes e Lula não chamou ninguém de companheiro. Lula acusou Collor seis vezes de dizer inverdades.

todos aqueles reunidos sob uma mesma rubrica como se fossem equivalentes, o pesquisador detém-se em suas peculiaridades, nas nuanças que aí se expressam, do mesmo modo que nas relações entre as unidades de sentido assim construídas. Seu postulado subjacente é que a especificidade dos elementos do conteúdo e as relações entre esses elementos são portadoras da significação da mensagem analisada e que é possível alcançá-la sem mergulhar na subjetividade.

Duas modalidades opostas? Em suas versões radicais, certamente! Pois uma, temendo a subjetividade, concede importância à freqüência da ocorrência das palavras, expressões ou temas e a outros índices tomados como medidas objetivas do sentido do conteúdo. Para a outra, é menos a freqüência do que a presença (ou a ausência) de uma característica que importa, de sorte que nos ligamos ao que parece novo, significativo, ainda que alguns desses elementos ocorram de maneira fugaz. É claro, o julgamento que reconhece o novo e o eloqüente pode mostrar-se subjetivo; mas os números o serão tão menos quando o pesquisador deve determinar sua base de cálculo e, efetuados estes cálculos, interpretar os resultados deles?

Uma vez que nenhuma das modalidades poderia pretender uma objetividade perfeita, parece mais útil e realista contar com um esforço de objetivação, esforço por meio do qual o pesquisador explicita suas escolhas e interpretação das unidades de sentido, assim como as razões de suas maneiras de agir, e entrega o todo ao julgamento de outrem. As perspectivas quantitativas e qualitativas não se opõem então e podem até parecer complementares, cada uma ajudando à sua maneira o pesquisador a cumprir sua tarefa, que é a de extrair as significações essenciais da mensagem.

As múltiplas faces da análise de conteúdo

Persiste muita confusão em torno da idéia de análise de conteúdo.

Alguns a vinculam estreitamente aos estudos com base documental e fazem dela uma técnica, se não uma estratégia de pesquisa, incluindo nela a coleta de informação, por exemplo. Parece-nos mais claro e também mais justo vincularnos mais de perto ao sentido do termo *análise*, sem, por outra parte, restringir o termo *conteúdo* só ao material apresentado sob a forma de documentos escritos.

Outra fonte de confusão: nos anos 70, a expressão *análise de conteúdo* fazia referência a esse aparelho particular, de espírito mais quantitativo, de análise do discurso manifesto, privilegiando os cálculos de freqüência dos termos e expressões usados. Em continuação, não tendo essa abordagem dado todos os frutos esperados, ampliou-se simultaneamente o domínio e as modalidades do que continuou a se chamar de análise de conteúdo. Não podendo os psicólogos satisfazer-se sempre com o que é abertamente expresso, houve um transbordamento para a mensagem escrita integrada ao discurso. Também, ao lado das análises estatísticas, um pouco mais aperfeiçoadas, produziram-se abordagens qualitativas em que a lógica dos conteúdos é retardada pelo estudo das próprias unidades de sentido, das relações entre elas e do que delas emana.

> As preocupações quantificadoras tornam-se às vezes exclusivas ao ponto de obliterar o conteúdo. A medida será sempre mais precisa do que a mais descritiva exploração, mas se mostra amiúde menos pertinente.

Análises estatísticas de conteúdo

Se o pesquisador escolhe o recurso aos instrumentos estatísticos, cumpre inicialmente quantificar os dados reunidos em cada uma das categorias. O modo de quantificação mais usual se liga às freqüências: basta enumerar as unidades presentes sob cada rubrica, lembrar que se destacaram, por exemplo, cinco elementos referentes à defesa da consciência cívica, nove tratando da independência energética... O pesquisador usará, às vezes, outras referências numéricas, como as medidas do lugar ocupado pelos diversos temas descritos em um conteúdo. Essas medidas podem exprimir-se em número de palavras, de frases, de minutos de gravação: fixar-se-á então que o equivalente de 10 linhas de texto será dedicado à salvaguarda da consciência cívica, 30 à auto-suficiência em energia. Traduzem-se também sob forma de relatórios que comparam os temas entre si, ou de porcentagens que explicitam sua importância em relação ao conjunto do conteúdo: mais de 60% do texto discute independência energética, enquanto 20% trata das questões do civismo, poder-se-ia fazer notar.

Já foi visto, os pesquisadores e seus colegas estatísticos desenvolveram diversos índices, às vezes muito sofisticados, que podem prestar serviços significativos no que concerne à quantificação. Vários *softwares* foram também concebidos para referenciar, dentre outras, as unidades lexicais nos textos e enumerar automaticamente suas ocorrências. Alguns podem até dar conta das co-ocorrências de termos ou de expressões, uma maneira de conceder um pouco de atenção ao contexto. Mas esses instrumentos continuam rudimentares e ainda lhes falta sutileza.

Pouco importando a maneira pela qual foram obtidos e seu grau de sofisticação, os dados numéricos são logo submetidos aos diversos tratamentos estatísticos usuais; de início, com uma finalidade descritiva, depois, com uma finalidade de verificação de hipóteses, assim como foi visto na seção anterior. Essas análises estatísticas devem prolongar-se através da interpretação dos novos números, índices e coeficientes que delas emergem: é o momento do retorno ao sentido, aquele em que o pesquisador explica o que se deve entender dos resultados obtidos, a significação que se pode atribuir-lhes, o que traduzem do conteúdo inicial, o que indicam do valor das hipóteses formuladas.

É assim que, após ter medido as variações na ocorrência dos diversos temas, as mudanças de suas freqüências relativas, testado o caráter significativo dessas mudanças, nosso pesquisador sobre o nacionalismo interpretaria esses resultados em termos de evolução do discurso e faria inferências sobre a transformação das mentalidades e do contexto social que essa evolução traduz.

Análises qualitativas de conteúdo

O pesquisador pode também preferir uma abordagem diferente, pois, se o número permite apanhar uma parte da significação de um conteúdo através das freqüências e outros índices da importância relativa de seus elementos, uma outra parte corre o risco de desaparecer no processo, porque refratários a tais medidas. Daí o interesse de abordagens mais qualitativas que conservam a forma literal dos dados. O pesquisador decide prender-se às nuanças de sentido que existem entre as unidades, aos elos lógicos entre essas unidades ou entre as categorias que as reúnem, visto que a significação de um conteúdo reside largamente na especificidade de cada um de seus elementos e na das relações entre eles, especificidade que escapa amiúde ao domínio do mensurável.

As maneiras de proceder são aqui menos codificadas do que na abordagem anterior; não há regras tão formalmente definidas, ainda que análise e interpretação muitas vezes se confundam. O que não significa que o procedimento seja aleatório e subjetivo: é preciso, ao contrário, assegurar-se de que ela continue estruturada, rigorosa, sistemática. Isso já foi dito, a objetividade se apresentará sempre como uma busca constante que tem a ver com a transparência do procedimento, o esforço de objetivação pelo qual são explicitadas, explicadas e justificadas cada uma das etapas transpostas, cada uma das decisões tomadas.

Distinguem-se geralmente três modos ou estratégias de análise e de interpretação qualitativas.

Emparelhamento A primeira estratégia, que os anglo-saxões chamam de *pattern-matching,* consiste em emparelhar ou, mais precisamente, em associar os dados recolhidos a um modelo teórico com a finalidade de compará-los. Essa estratégia supõe a presença de uma teoria sobre a qual o pesquisador apóia-se para imaginar um modelo do fenômeno ou da situação em estudo. Cumpre-lhe em seguida verificar se há verdadeiramente correspondência entre essa construção teórica e a situação observável, comparar seu modelo lógico ao que aparece nos conteúdos, objetos de sua análise. A qualidade da organização lógica do quadro operacional mostra-se aqui primordial, pois a grade de análise que dela emerge torna-se não só o instrumento de classificação, mas também o de toda a análise-interpretação dos conteúdos.

Análise Histórica A segunda estratégia constitui, na realidade, um caso particular da precedente. De fato, o pesquisador baseia-se, ainda aqui, em um quadro teórico explícito, para elaborar desta vez um roteiro sobre a evolução do fenômeno ou da situação em estudo, previsões que sua análise submete à prova da realidade dos dados colhidos. O esquema não é, portanto, fundamentalmente diferente daquele precedente, mas é selecionado por causa de sua importância. É verdadeiramente a esse tipo de análise que recorrerá o pesquisador que se debruça sobre o discurso nacionalista, uma vez que é exatamente a evolução desse discurso que o interessa.

Construção Iterativa de uma Explicação A terceira estratégia, dita *construção iterativa de uma explicação*, distingue-se das duas primeiras pelo fato de que não supõe a presença prévia de um ponto de vista teórico. O processo de análise e interpretação é aqui fundamentalmente iterativo, pois o pesquisador elabora pouco a pouco uma explicação lógica do fenômeno ou da situação estudados, examinando as unidades de sentido, as inter-relações entre essas unidades e entre as categorias em que elas se encontram reunidas. Essa modalidade de análise e de

---

ITERATIVO Que é repetido. Um processo é dito iterativo quando progride por aproximações sucessivas. A construção das categorias da grade aberta é um exemplo de tal processo.

interpretação, que lembra a construção da grade aberta, convém particularmente aos estudos de caráter exploratório quando o domínio de investigação não é bem conhecido do pesquisador, a ponto de este julgar preferível não elaborar hipótese *a priori*. Esta é então simultaneamente desenvolvida e verificada, ainda que em parte, em um vaivém entre reflexão, observação e interpretação, à medida que a análise progride.

Não se disse tudo sobre a análise de conteúdo, visto que resta muita coisa a inventar nesse domínio. Mas se reconhece aí uma grande riqueza de possibilidades, um campo em que os pesquisadores podem e devem fazer prova tanto de imaginação quanto de rigor.

Rigor e imaginação

A análise de conteúdo assemelha-se a técnicas que se mostram delicadas ao uso, que exigem tempo e, portanto, paciência e perseverança por parte do pesquisador. Elas também demandam disciplina, uma organização sistemática que, no entanto, não venha podar suas intuições, sua imaginação nem sua sutileza e perspicácia. Essas exigências são contraditórias sob vários aspectos e o pesquisador deve encontrar um justo equilíbrio, como deve encontrá-lo entre a exatidão, o rigor, de um lado, e a profundidade que é justo reconhecimento da complexidade, de outro lado.

Algumas análises de conteúdo continuam simplistas, como aquelas em que é suficiente um tratamento estatístico sumário após a enumeração das ocorrências de certas palavras-chaves. Abusou-se, ai de nós!, às vezes, dessas quantificações rudimentares que conduzem a evidências. Felizmente, os estudos desse gênero ganham em refinamento: a definição das categorias analíticas testemunha a presença de uma sólida bagagem teórica, e a seleção das unidades de conteúdo se torna mais sofisticada. Essas unidades mais complexas prestam conta melhor do sentido desses conteúdos, forçando o pesquisador a um recuo, a uma reflexão em relação a suas interpretações espontâneas.

O trabalho continua sempre delicado sem que a confiabilidade ou a validade do que dele ressalta possam ser asseguradas por testes, como se encontra nos estudos de caráter mais estatístico. É preciso, pois, cuidar especialmente suas análises, retomá-las às vezes sob diversos ângulos, e até, se for o caso, mandá-las refazer por outros para em seguida comparar os resultados.

Em contrapartida, esse tipo de análise abre a porta ao estudo do implícito tanto quanto do explícito e se aplica a todo material literal, até àquele que não é absolutamente organizado em função da pesquisa, dando assim acesso a minas de informações, de outra forma, difíceis, se não impossíveis, de alcançar.

CONCLUIR
Invalidar, confirmar ou modificar a hipótese
Traçar um esquema de explicação significativo
Quando possível, generalizar a conclusão

Completadas suas análises, o pesquisador deve prolongar sua reflexão através de um retorno aos fundamentos teóricos do trabalho, através de um questionamento dos saberes anteriormente adquiridos e dos outros elementos da problemática. Decorrerá daí, eventualmente, uma revisão da hipótese ou de novas questões de pesquisa: entramos aqui na conclusão do trabalho em que o pesquisador deve "fechar o círculo" e abrir novos horizontes.

Conclusão da pesquisa

A análise dos dados e a interpretação que a segue ou acompanha não vêm concluir o procedimento de pesquisa. Deve-se ainda tirar conclusões: pronunciar-se sobre o valor da hipótese, elaborar um esquema de explicação significativo, precisar-lhe o alcance bem como os limites e ver que horizontes novos se abrem à curiosidade dos pesquisadores. Este é o propósito da última etapa a aparecer no quadro que nos guia desde o começo.

Fechar o círculo, abrir novos horizontes

Já vimos, todo projeto de pesquisa nasce de uma intenção, de uma necessidade de saber mais, de resolver um problema, de responder a uma questão. O procedimento não poderia estar completo sem um retorno a essa intenção original, à necessidade sentida no início, a fim de determinar em que medida essa necessidade está satisfeita, o problema resolvido, uma resposta dada à questão. Somente assim o círculo será fechado, o trabalho despendido terá dado seus frutos.

Essa solução ao problema, essa resposta à questão foi objeto de uma antecipação apresentada sob a forma de hipótese. O primeiro cuidado do pesquisador será apreciar-lhe o valor à luz do que a pesquisa trouxe como informações e do sentido que ele pôde atribuir-lhes. Ao termo da análise e da interpretação, tal elo de causa e efeito ficou efetivamente claro? Tal relação pressentida entre os elementos de uma situação — o conhecimento de outras culturas e a agressividade intercultural, por exemplo — patenteou-se? Tal evolução prevista de um fenômeno no tempo desenvolveu-se como se esperava? Em outras palavras, os resultados da pesquisa confirmam a hipótese? Invalidam-na? Obrigam a modificações, nuanças?

A conclusão não se detém aí: resta ainda fornecer um esquema que explique a situação, o fenômeno. Se a hipótese se verifica como o esperava o pesquisador, a tarefa mostra-se relativamente fácil. Porém, na medida em que a hipótese deve, às vezes, ser modificada, a explicação torna-se mais árdua. Ela exige com muita freqüência um retorno aos fundamentos teóricos do trabalho e um questionamento dos saberes utilizados na elaboração da problemática e na explicação do problema, bem como da solução presumida.

A conclusão deve ser também a ocasião de um retorno crítico às escolhas metodológicas e sua operacionalização. Essas se revelaram adequadas, tanto nos planos da estratégia adotada, dos instrumentos e ferramentas selecionados quanto das modalidades da análise? Vieses puderam introduzir-se no processo de verificação? Dificuldades especiais surgiram que teriam influenciado os resultados?...

Uma "boa" pesquisa suscita, no mínimo, tantas questões novas quantas não consegue responder.

Colocados esses julgamentos, torna-se possível para o pesquisador determinar o alcance e os limites de seu estudo, precisar o que este permite afirmar e o que é preciso evitar que ele expresse. Depois disso, ele pode falar dos novos horizontes que se abrem graças a seu trabalho.

Esses horizontes são de toda natureza. Alguns estão ligados aos próprios saberes produzidos, saberes teóricos do mesmo modo que práticos, e às suas consequências humanas e sociais que o pesquisador deve explicitar. Outros têm a ver com os domínios, situações ou fenômenos aos quais as conclusões poderão eventualmente se estender. Há também as perspectivas de novas pesquisas, esses horizontes ainda vagos que se delineiam sob forma de problemas, questões, projetos complementares sugeridos pelos resultados obtidos na pesquisa ou, também muito importante, pelo que ela não permitiu dizer. Tudo isso sem contar as inovações metodológicas que ela propiciou e que tornam possíveis explorações novas.

Adivinha-se que a conclusão constitui um momento importante da pesquisa, a ocasião por excelência de fazer justiça à qualidade do trabalho realizado. É indispensável, pois, elaborá-la com cuidado e minúcia, mesmo que a pressa de terminar nos atinja. É uma etapa amiúde simples de transpor, principalmente porque se situa no prolongamento direto das etapas precedentes que ela vem naturalmente coroar, retomando vários de seus elementos. Voltaremos a essa etapa de maneira mais prática no capítulo 9, em que tratamos da comunicação da pesquisa. A construção das conclusões será descrita na segunda parte em que serão explicitadas as matérias essenciais do relatório de pesquisa.

> É freqüentemente pela conclusão que as pessoas interessadas tomam conhecimento de um trabalho de pesquisa.

Algumas observações para concluir sobre o método

É chegado o momento de fechar esta parte sobre os métodos de pesquisa. Ela nos permitiu inicialmente mostrar as diversas estratégias que se oferecem ao pesquisador, tomar conhecimento dos principais instrumentos e técnicas de coleta da informação, e abordar enfim os diversos modos de tratamento, de análise e de interpretação desses dados a fim de poder chegar a conclusões que se pretendem uma contribuição à construção do saber.

Antes de passar à comunicação dos resultados, duas observações impõem-se. Lembremos em primeiro lugar que se a escolha, a elaboração e a operacionalização de um método exigem muito do pesquisador e influenciam grandemente a qualidade de seu trabalho, a ponto de apresentar-se, às vezes, como elementos centrais do procedimento, elas não ficam menos subordinadas ao problema e à hipótese, constituindo esta última a verdadeira espinha dorsal do empreendimento.

É preciso enfim ter em mente que, se toda pesquisa se pretende rigorosa, este rigor não repousa somente no aparelho metodológico; ela poderia ser garantida por uma forma qualquer de rigidez mecânica de que o pesquisador poderia fazer prova em sua operacionalização. O rigor autêntico não é uma questão de formalismo técnico. Ao contrário, acomoda-se com flexibilidade nessa matéria, na medida em que essa flexibilidade leva a uma maior coerência do conjunto do procedimento, desde o enunciado do problema inicial até a conclusão, passando pelos fundamentos teóricos que regem seu desenvolvimento.

PRÁTICA

Segunda Etapa do Trabalho de Pesquisa (III): Coleta e Análise de Dados. Conclusão

Ao final do capítulo precedente, você empreendeu a segunda etapa de seu trabalho de pesquisa. Selecionou uma estratégia, determinou a fonte de seus dados, elaborou seu quadro operacional e preparou os instrumentos necessários à coleta das informações. Se isso já não está feito, é tempo de proceder a essa coleta.

Você começará então o processo de análise e de interpretação dos frutos de sua investigação.

Em um primeiro momento, em função da natureza de sua hipótese, de um lado, e daquela de seus dados, de outro, você deve se pronunciar sobre as modalidades dessa análise: Será ela uma análise de conteúdo? Terá você acesso ao aparelho estatístico? Você pode também ter em vista uma fórmula mista, se o material reunido se prestar a isso. O importante aqui é fixar que não há abordagem superior em si mesma, mas que o valor de sua análise tem a ver com a coerência de suas escolhas relativamente aos diversos elementos de seu trabalho.

Em seguida, você terá de preparar as informações assim reunidas, sejam numéricas ou literais. Se você escolher privilegiar a abordagem estatística, deverá proceder à codificação, à transferência e à verificação de seus dados. Depois virá a análise propriamente dita, com a etapa de caracterização dos dados, depois a da aplicação dos testes aos quais você julgará pertinente recorrer. Então lhe restará fazer a leitura dos resultados obtidos desses testes, para ver que significação você pode lhes atribuir.

Se você opta, de preferência, por uma análise de conteúdo, deverá fixar suas escolhas de categorias e recortar os conteúdos coletados, depois proceder à categorização do material reunido. Virá então o momento da reconstrução do sentido dos discursos estudados, seja por uma abordagem quantitativa ou por uma abordagem qualitativa, a escolha dependendo aqui da natureza do discurso e das intenções da pesquisa.

Uma vez completada a análise, seguindo o que foi explicado no capítulo que acabamos de encerrar, resta a você tirar conclusões: Sua hipótese foi confirmada? Que nuança você deve trazer a ela? Ou talvez você deva modificá-la de maneira mais substancial? Suas respostas a estas questões devem ser explicitadas em função dos resultados da análise e da interpretação. Elas o levarão a lançar um olhar para trás, aos elementos que, no início, o conduziram à sua hipótese, bem como a lançar um olhar para frente, às perspectivas que se abrem na continuação de seu trabalho.

PARTE IV

O Relatório de Pesquisa

Chegamos agora na redação do relatório de pesquisa propriamente dito. O pesquisador encontra-se diante da página em branco, diante de sua máquina de escrever, como os personagens abaixo, ou, melhor ainda, diante de seu computador, pois seria pena não aproveitar as vantagens que o computador e o processamento de texto oferecem para a escrita do relatório de pesquisa. É efetivamente dessa escrita que se trata aqui.

A redação do relatório é a última fase do movimento de pesquisa que conduziu o pesquisador de sua conscientização de um problema à idéia de uma solução plausível (Parte II), depois à comprovação dessa solução (Parte III). Nesse momento, empenha-se em divulgar o que se deve reter dessa comprovação, ou seja, suas conclusões, e para que se possa bem compreendê-las, empenha-se também em relembrar o itinerário seguido para chegar a elas e em que se baseiam suas conclusões.

```
┌─────────────────────────────────────────────────────────────────────────┐
│  ┌──────────────────┐                                                    │
│  │ Conscientizar-se │                                                    │
│  │ de um problema   │─┐                                                  │
│  └──────────────────┘ │                                                  │
│                       │   ┌──────────────────┐                           │
│  ┌──────────────────┐ │   │ PROPOR E DEFINIR │                           │
│  │ Torná-lo signi-  │ ├──▶│   UM PROBLEMA    │                           │
│  │ ficativo e       │─┤   └──────────────────┘      ┌──────────────────┐ │
│  │ delimitá-lo      │ │              │              │ Analisar os dados│ │
│  └──────────────────┘ │              │           ┌─▶│   disponíveis    │ │
│                       │              ▼           │  └──────────────────┘ │
│  ┌──────────────────┐ │   ┌──────────────────┐   │                       │
│  │ Formulá-lo em    │ │   │   ELABORAR UMA   │   │  ┌──────────────────┐ │
│  │ forma de pergunta│─┘   │     HIPÓTESE     │───┼─▶│ Formular a hipó- │ │
│  └──────────────────┘     └──────────────────┘   │  │ tese tendo cons- │ │
│                                     │            │  │ ciência de sua   │ │
│                                     │            │  │ natureza prov.   │ │
│                                     │            │  └──────────────────┘ │
│                                     │            │  ┌──────────────────┐ │
│                                     │            └─▶│ Prever suas im-  │ │
│                                     │               │ plicações lógicas│ │
│                                     ▼               └──────────────────┘ │
│  ┌──────────────────┐                                                    │
│  │ Decidir sobre    │                                                    │
│  │ novos dados      │─┐                                                  │
│  │ necessários      │ │                                                  │
│  └──────────────────┘ │   ┌──────────────────┐                           │
│                       │   │    VERIFICAR     │                           │
│  ┌──────────────────┐ ├──▶│   A HIPÓTESE     │      ┌──────────────────┐ │
│  │   Recolhê-los    │─┤   └──────────────────┘   ┌─▶│ Invalidar, con-  │ │
│  └──────────────────┘ │              │           │  │ firmar ou modi-  │ │
│                       │              │           │  │ ficar a hipótese │ │
│  ┌──────────────────┐ │              ▼           │  └──────────────────┘ │
│  │ Analisar, ava-   │ │                          │  ┌──────────────────┐ │
│  │ liar e interpre- │ │   ┌──────────────────┐   │  │ Traçar um esque- │ │
│  │ tar os dados em  │─┘   │     CONCLUIR     │───┼─▶│ ma de explicação │ │
│  │ relação à hipó-  │     └──────────────────┘   │  │  significativo   │ │
│  │ tese             │                            │  └──────────────────┘ │
│  └──────────────────┘                            │  ┌──────────────────┐ │
│                                                  └─▶│ Quando possível, │ │
│                                                     │ generalizar a    │ │
│                                                     │ conclusão        │ │
│                                                     └──────────────────┘ │
└─────────────────────────────────────────────────────────────────────────┘
```

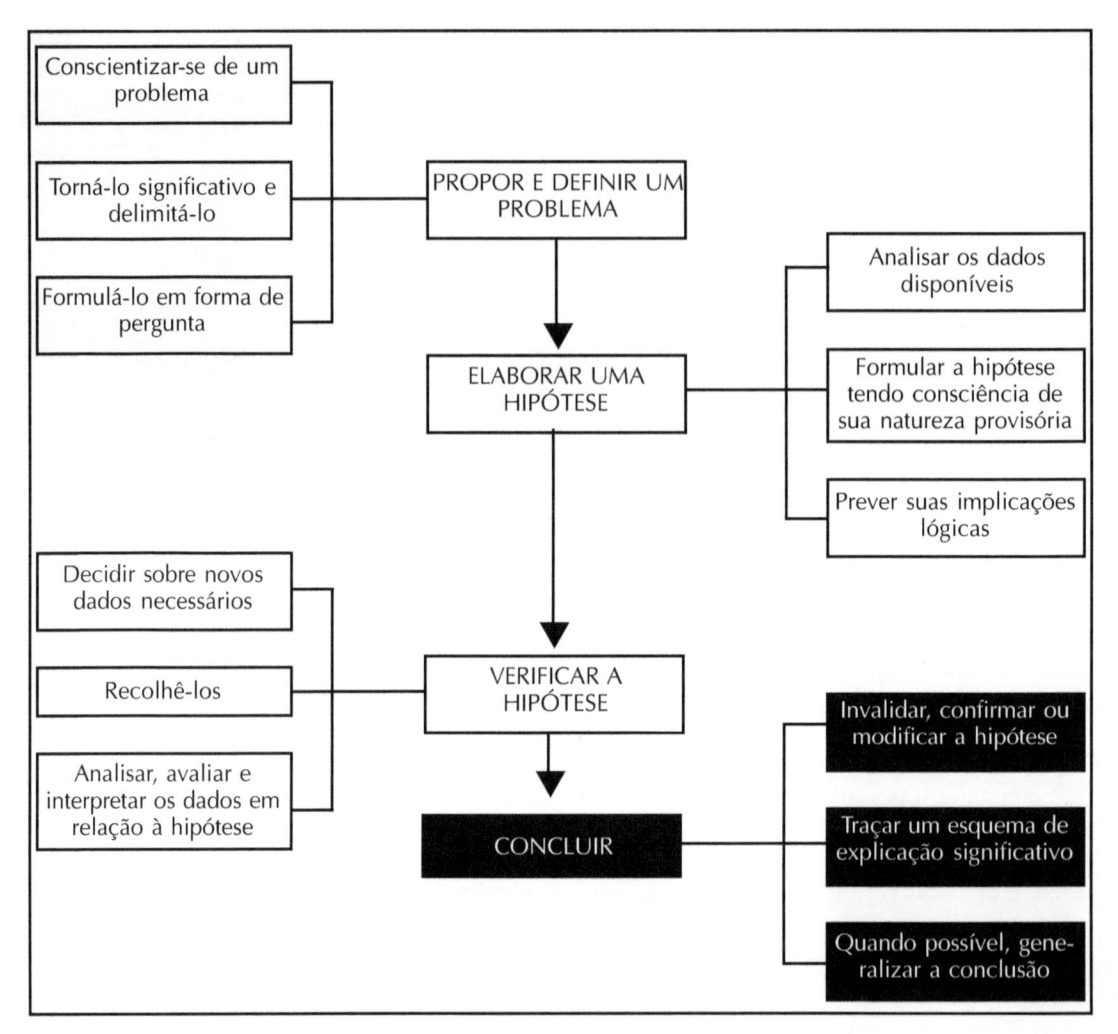

Fonte: Inspirado em Barry Beyer, *Teaching in Social Studies*, Columbus (Ohio): Charles E. Merrill, 1979. p. 43.

Nesta etapa, o pesquisador dispõe, portanto, do conjunto de sua pesquisa, que agora chega ao fim, e seu trabalho é mais de comunicação do que de produção de novos saberes. É igualmente um trabalho de formalização, particularmente no que concerne às conclusões. Seu esforço essencial, fora o esforço geral de escrita do conjunto do relatório, se concentrará na expressão ordenada e eficaz de suas conclusões. Daí, no quadro acima, reproduzido novamente, a ênfase em "concluir", "invalidar, confirmar ou modificar a hipótese", e sobretudo "traçar um esquema de explicação significativo" e, "quando possível, generalizar a conclusão". São elementos já tratados nas últimas páginas do capítulo precedente e que aqui serão retomados de um modo prático.

Os dois capítulos desta parte consagram-se a relembrar os princípios que o redator de um relatório de pesquisa deve considerar (capítulo 9) e a salientar alguns usos técnicos da apresentação do relatório (capítulo 10).

Uma aprendizagem complementar acompanha naturalmente esses capítulos: a produção de um relatório de pesquisa. É o ponto de chegada necessário de toda pesquisa e essa aprendizagem é proposta no final da parte. No entanto, como é interessante que um relatório de pesquisa possa atingir a um maior público possível, o capítulo 9 propõe inicialmente um outro pequeno exercício: o de preparar uma versão vulgarizada do relatório.

> Muitas vezes, no decorrer das principais etapas da pesquisa, o pesquisador prepara seu relatório final. Desenvolve os detalhes de seu plano, seleciona entre suas anotações e seus arquivos aqueles que guardará, ordena-os, deles produz sínteses, se for o caso, fixa o conteúdo das diferentes partes, procede, por vezes, até mesmo a uma primeira escrita do estado da questão, por exemplo. É a partir desses materiais que reinicia no momento de redigir seu relatório final, dispondo então de uma visão completa da pesquisa e de cada um de seus elementos.

CAPÍTULO 9

A Comunicação Científica

A cada ano, dezenas de milhares de livros, revistas e periódicos difundem pelo mundo os frutos da pesquisa em ciências humanas, bem como centenas de milhares de comunicações científicas, artigos de revistas e provavelmente outras tantas peças informativas sobre as pesquisas nos meios de comunicação, e talvez milhões de relatórios de pesquisa produzidos por estudiosos e estudiosas... É que a pesquisa deve ser comunicada. A primeira parte deste capítulo diz o porquê; a segunda destaca algumas das características essenciais de um relatório de pesquisa.

A Pesquisa Deve Ser Comunicada

Poder-se-ia imaginar Einstein conservando para si as conclusões de suas pesquisas sobre a relatividade? Que interesse teria uma pesquisa sobre a evasão escolar, se ela precisasse permanecer confidencial?... De fato, a

---

Uma verdadeira explosão

A comunicação científica apresenta uma verdadeira explosão. Tomemos as revistas científicas, por exemplo. As primeiras apareceram na metade do século XVII e, no século seguinte, elas já são contadas em uma centena no mundo. Ao redor de 1900, elas chegam a 10.000. Depois da Segunda Guerra Mundial, a *World List of Scientific Periodical* registra 50.000, e o dobro, em 1981. Desde então, o ritmo de crescimento acelerou-se ainda mais — os computadores, ao facilitar a produção das revistas, estão aí para tudo! —, estimando-se que, se mantida essa tendência, haverá um milhão de revistas científicas em todo o mundo no começo do terceiro milênio. Cerca da metade dessas revistas interessam às ciências humanas.

    Alguns se preocupam com uma tal explosão das publicações científicas. Como poderia um pesquisador se manter informado da pesquisa em sua área? Serão essas revistas suficientemente seletivas? Não haveria o risco de uma deterioração da qualidade, provocada, em particular, pela facilidade permitida pelo computador e pelas modernas técnicas de edição e difusão? Chegou-se até mesmo a falar, nos Estados Unidos, de *junk publications*, neologismo construído a partir de *junk food*. Mas haveria verdadeiramente motivos de preocupação? Sabe-se que o número das publicações evolui ao ritmo do número de pesquisadores e que estes são mais numerosos do que nunca: de fato, estima-se que vivem atualmente 90% de todos os pesquisadores que surgiram desde o início da humanidade.

pesquisa só tem valor quando comunicada. É desse modo que ela contribui para o progresso dos conhecimentos de que dispomos. Também é desse modo que ela pode contribuir para melhorar nossa qualidade de vida e nossa vida em sociedade. Isso é particularmente verdadeiro para disciplinas que, como a história, raramente possuem incidências práticas diretas. Pois, mesmo que a história tenha começado a desenvolver aspectos de ciência aplicada, ela ainda não está solidamente estabelecida como tal. Enquanto que a sociologia pode propor uma política concreta a partir, por exemplo, de uma sondagem de opiniões, a economia ou a administração podem oferecer o programa prático de desenvolvimento de determinada empresa, e a psicologia pode sugerir uma intervenção específica contra uma patologia, a história oferece apenas interpretações, das quais só podem servir-se, para estabelecer suas identidades ou justificar projetos, aqueles a quem foram comunicadas. Para que a pesquisa em história e em outras ciências humanas possa exercer sua função social, isto é, dar sua contribuição para a sociedade, é indispensável que seja comunicada.

Porém, a pesquisa em ciências humanas não é uma abstração. É algo que é praticado por indivíduos, pelos pesquisadores. São eles que assumem amplamente a responsabilidade pela função social das ciências humanas, são eles que devem devolver à sociedade os conhecimentos que esta lhes confia constituir de diferentes modos.

O retorno à sociedade começa, na maioria das vezes, pelos pares – os outros pesquisadores – pois estes geralmente são os mais bem situados para julgar o valor de uma pesquisa. Ali encontraremos o princípio antes sublinhado da objetivação da pesquisa, desta vez acompanhado por um princípio associado, o de transparência.

Objetivação e transparência

No início deste capítulo, perguntamos: "Que interesse teria uma pesquisa sobre a evasão escolar, se ela precisasse permanecer confidencial?". Nenhum, certamente, pois uma tal pesquisa não será de interesse, se não se puder atingir uma maior compreensão do fenômeno ou, eventualmente, se puder intervir melhor para impedi-lo. Porém, suponhamos que o autor da pesquisa, em lugar de mantê-la confidencial, nos diga: "Vejam, fiz uma pesquisa sobre a evasão escolar, são estas as minhas conclusões!". Avaliaremos que, provavelmente, as conclusões não são o suficiente. Gostaríamos de saber, além disso, de onde elas vêm, como foram constituídas, em que perspectiva, com quais dados, etc. Gostaríamos de saber qual foi a problemática do autor e como, precisamente, ele passou de sua problemática para suas conclusões. Dito de outra forma, queremos conhecer todos os fatores que levou em conta, que discutiu, que *objetivou* para si mesmo, quando da concepção e realização da pesquisa; desejamos conhecê-los todos, desejamo-los *transparentes*, para poder julgar a pesquisa e o valor das conclusões. Objetivação e transparência, eis os dois princípios associados de um relatório de pesquisa.

As regras da transparência podem variar. Por muito tempo, em uma pesquisa de tipo experimental, esperava-se conhecer os dados com pre-

"Mas, tente compreender, Gérson — mesmo que essa partícula seja pequena demais e demasiado efêmera para ser detectada, mesmo assim não podemos nos fiar apenas em sua palavra..."

cisão, para poder reproduzir exatamente a pesquisa e chegar aos mesmos resultados. Mesmo que este desejo continue, o que hoje importa é conhecer a hipótese formulada, suas coordenadas e suas modalidades de construção, as conclusões tiradas de sua verificação, para poder, dispondo dessas informações, considerar uma outra, e eventualmente *refutar* o conhecimento produzido. Aliás, para toda pesquisa, é com esse espírito que se espera receber as informações que permitam acompanhar seu encaminhamento, indagando se seria possível proceder de outra forma e chegar a outra coisa.

> O princípio de REFUTAÇÃO consiste em estimar que um enunciado científico não tem valor, a não ser que possa ser refutado. Ele é devido a Karl Popper, sendo amplamente aceito hoje em dia.

Transparência e avaliação

Os membros da comunidade científica institucionalizaram, em diversos graus, a avaliação da forma como o pesquisador explica a objetivação dos elementos de sua pesquisa e de sua prática do princípio de transparência. Assim, quase todas as revistas científicas possuem comitês de redação (ou de leitura), formados por especialistas da área de pesquisa envolvida, que recebem os projetos de artigos, examinam-nos, os criticam, às vezes propõem modificações, sugerem aperfeiçoamentos, e decidem finalmente publicar ou não o artigo. Os editores de livros científicos geralmente também submetem a especialistas os manuscritos que recebem.

O pesquisador que solicitasse ajuda de um organismo público de subvenção (e, muitas vezes, até mesmo privado) veria sua pesquisa avaliada ainda mais cedo... a partir de um simples projeto. Cada vez mais, as comunicações a serem apresentadas em um congresso ou colóquio devem ser antes aceitas por um comitê de avaliação.

"É isso que se chama de opiniões construtivas dos especialistas?"

Até mesmo os pesquisadores iniciantes são submetidos às regras de objetivação e transparência, quando suas pesquisas são avaliadas por outros. Dessa forma, os relatórios de pesquisa dos estudantes são julgados pelos professores, e às vezes também por seus pares, quando as pesquisas lhes são apresentadas. Aliás, vê-se, em certos colégios e universidades, operações de avaliação pelos pares feitas com muito cuidado: grades de avaliação construídas pelos estudantes, trocas críticas, etc.

O estudante-pesquisador da universidade, que apresenta uma dissertação ou uma tese, conhece ainda mais essas avaliações, feitas então por pesquisadores e professores experimentados na área e em presença de outros estudantes-pesquisadores: a obtenção do estatuto de pesquisador diplomado passa pela comunicação eficaz de seu relatório de pesquisa e, portanto, por suas capacidades de objetivação e transparência.

O Relatório: Uma Demonstração

Quando o pesquisador prepara e realiza sua pesquisa, entrega-se a uma operação de objetivação que o ajuda a controlar todos os elementos discutindo-os. Já dissemos isso antes. A seguir, torna os resultados desta objetivação disponíveis aos que desejarem conhecer sua pesquisa. Esta é a regra de transparência de que acabamos de falar. O objetivo visado é, então, mostrar ao leitor ou ouvinte o valor da pesquisa e a legitimidade das conclusões tiradas, e fazer sua demonstração por meio do relatório de pesquisa. Pois o relatório de pesquisa é essencialmente uma demonstração, por meio da qual o pesquisador nos inclui em seu raciocínio, até sua conclusão; uma demonstração cuja regra essencial é a eficácia.

A regra de eficácia

Ser eficaz em uma demonstração é dar, em primeiro lugar, ao leitor tudo o que é necessário para compreender e julgar a pesquisa. Tudo aquilo que poderia ser insuficientemente compreendido ou mal interpretado deve ser explicado com cuidado e precisão.

Como qualquer outra comunicação, isso passa, inicialmente, por uma linguagem eficaz. O pesquisador jamais se separa de um bom dicionário — por exemplo, um que tenha a vantagem de oferecer sinônimos —, de uma gramática e, quando necessário, de um dicionário das dificuldades da língua.

Também conta muito o estilo. O de um relatório de pesquisa é mais direto do que o estilo literário ordinário. As frases são curtas. O vocabulário é preciso, em particular, evidentemente, para os conceitos-chaves na pesquisa. Reduzem-se os adjetivos e os advérbios. As partes, as subpartes e as ligações entre elas são bem marcadas, postas em evidência por ocasião das introduções, conclusões e anúncios intermediários, para bem

"Olha, dizia eu a Leonardo (da Vinci), até onde nossa tecnologia nos levou." E Leonardo respondeu: "Explique-me como tudo isso funciona". Foi então que acordei.

sublinhar o encaminhamento do pensamento e o encadeamento das idéias. Não se deve esquecer que, se a língua portuguesa previu o tempo passado e o futuro, além do presente, é para facilitar a expressão, e que empregá-los com conhecimento de causa contribui para a eficácia do discurso.

O estilo despojado e rigoroso do relatório de pesquisa não exclui a arte de bem escrever. Ao contrário, isso também pode ser um penhor de eficácia na demonstração. Dessa forma, é freqüentemente recomendável dar a conhecer ao leitor nosso encaminhamento intelectual de pesquisa, levá-lo a percorrê-lo conosco. De fato, a realidade de um encaminhamento de pesquisa não é simplesmente tão linear como o esquema utilizado em cada uma das introduções de partes do manual pode levar a crer. Esse esquema é uma simplificação lógica. Se ele mostra os movimentos essenciais de um encaminhamento de pesquisa, não traduz o fato de que, na realidade, o espírito do pesquisador nem sempre procede de forma tão linear e ordenada (sobretudo quando se adquire experiência, e, dominando bem as diversas operações de pesquisa, pode-se realizá-las com mais liberdade). Realmente, ocorre que o pesquisador veja um problema sob diversos aspectos ao mesmo tempo, e possa considerar diversas hipóteses, simultaneamente, atribuindo-lhe valores variáveis, indo de uma para outra, voltando sobre seus passos, fixando-se por um momento em um aspecto de sua pesquisa, afastando provisoriamente outros, ajustando suas perspectivas, modificando-as, etc. Finalmente, o essencial, para o pesquisador, é explicar o que irá preservar de seu encaminhamento. Mas nada o obriga a apresentá-lo de maneira insossa, como em um inventário. Ao contrário, pode ser pertinente levar o leitor a acompanhar sua reflexão, fazê-lo participar de seu encaminhamento real. O leitor tirará disso mais interesse e uma melhor compreensão da pesquisa, como se a visse de dentro.

Esse trabalho de encenação e redação, não há dúvida, leva tempo; mesmo os pesquisadores mais treinados se satisfazem com quatro a cinco páginas por dia, em média. Porém, depois de todo o trabalho consagrado à pesquisa, não valeria a pena dedicar esforços comparáveis àquilo que lhe dá vida: sua comunicação?

> Rever o começo desta parte, na página 234.

As matérias essenciais

Quais são as matérias essenciais, em um relatório de pesquisa? O capítulo 10 tratará da apresentação dessas matérias. Aqui, sublinharemos a natureza das três grandes partes essenciais: a apresentação do problema, o corpo do relatório e a conclusão.

O problema

"Você pode lembrar exatamente qual é o seu problema?": certamente, esta é a pior pergunta que poderá ser feita a um pesquisador por um membro do auditório ao qual ele está apresentando, durante uma hora, sua pesquisa. No entanto, isso acontece! A apresentação do problema de pesquisa é, sem dúvida, uma parte capital do relatório de pesquisa, para

O *nós* científico

O usual, em um relatório de pesquisa, é utilizar o pronome pessoal *nós*, em lugar de *eu*. O verbo é posto então no plural, mas os adjetivos ou os particípios são escritos no singular, concordando em gênero com o nome ao qual se referem: "Nós estamos persuadidos..."

Este é um antigo uso que, segundo o *Dictionnaire historique de la langue française*, remonta ao século XIII.

Esse *nós* não deve ser confundido com o *nós* dito "majestoso", que os soberanos empregavam ("Nós, rei de França", dizia Luís XIV). O da comunicação científica é um *nós* "de modéstia". Possui uma função precisa, uma função simbólica que consiste em lembrar que o pesquisador não está sozinho, que participa de uma vasta comunidade científica, que sua pesquisa é uma contribuição ao saber comum e também lhe é em parte devida.

Essa idéia de um pesquisador que se define por sua participação na comunidade científica em seu conjunto foi defendida por Claude Bernard, no século XIX, para o método experimental. Acrescentava a esta uma outra idéia: a de que o pesquisador nada mais é do que um mediador que deve se apagar diante dos fatos científicos.

> *O método experimental é o método científico que proclama a liberdade do espírito e do pensamento, escreveu ele em sua* Introduction à la médicine expérimentale. *Ele sacode não apenas o jugo filosófico e teológico, mas tampouco admite a autoridade científica pessoal. Esse não é ponto de orgulho e de jactância; o experimentador, ao contrário, demonstra humildade ao negar a autoridade pessoal, pois, desse modo, duvida de seus próprios conhecimentos, submete a autoridade dos homens à da experiência e das leis da natureza.*

O *nós* de modéstia está na encruzilhada dessa dupla influência que as ciências humanas adotaram para a comunicação científica.

Em inglês, sobretudo nos Estados Unidos, para atingir os mesmos objetivos, prefere-se utilizar o neutro: "*It seems that...* (Parece que...)", escrever-se-á. "*The data shows...* (Os dados mostram...)". Acontece até mesmo que o pesquisador fale de si na terceira pessoa: "*The researcher has found...* (O pesquisador encontrou...)".

que possa ser acompanhado (tanto por escrito como verbalmente). De fato, se não lhe é possível prender seu público, que repercussões esperar de sua pesquisa?

É então importante que o problema seja levado em consideração desde as primeiras palavras do relatório, de forma a atrair imediatamente a atenção do leitor. Forneçamos uma explicação disso. Sobre o problema da evasão escolar (que já nos serviu como exemplo), poder-se-ia imaginar um pesquisador abrir seu relatório da seguinte maneira: "Esta pesquisa refere-se à evasão escolar no ensino fundamental". Isso seria correto quanto à questão de fundo, mas provavelmente menos capaz de chamar a atenção do leitor do que introduções como as que se seguem:

- Durante nossos estudos secundários, observamos vários colegas desistirem de estudar no meio do caminho, sem motivos aparentes e sem que pudéssemos imaginar uma explicação razoável. O fenômeno nos intrigou e sentimos vontade de compreendê-lo. Começamos, então, esta pesquisa...
- Dados oficiais assinalam que de cada 100 crianças que entram na 1ª série do ensino fundamental, apenas 56 concluem a 5ª série; essa taxa apresenta-se ainda mais elevada nas regiões norte

e nordeste do país. Como explicar uma tal situação? A pesquisa que produzimos refere-se justamente....

É preciso, pois, sempre que possível, apresentar bem seu problema. Resta, depois, situá-lo mais precisamente em seu contexto, sublinhar sua importância e o interesse que haveria em resolvê-lo (no plano de conhecimentos que faltam ou de eventuais intervenções), explicar em que perspectiva se pretende abordá-lo, ou seja, comunicar sua problemática. Isso passa, geralmente, por aquilo que chamamos de *estado da questão*. Depois disso, resta apenas indicar o que se espera da pesquisa, seja pelo de uma ou mais hipóteses, seja explicando simplesmente os objetivos visados pela pesquisa. Entrega-se tudo sem esconder seus limites, desejados ou não, pois o leitor tem o direito de saber de tudo aquilo que tem importância.

A verificação

A parte mais longa do relatório de pesquisa é, geralmente, a que apresenta a verificação das expectativas, mais exatamente da forma como foram colhidos os dados apropriados e o que se fez com eles. Porém, como esta é geralmente uma parte mais factual, é bastante fácil de escrever, mesmo quando comporta tratamentos estatísticos.

Esta parte começa, geralmente, pela escolha do método. Essa escolha deve ser justificada e até mesmo discutida; se forem consideradas várias possibilidades, procura-se então dizer que vantagens particulares poder-se-ia esperar do método escolhido. Essas considerações, que são então da ordem da reflexão sobre o método, levam o pesquisador a falar de metodologia — o estudo dos princípios e métodos de pesquisa — e não do método propriamente dito.

Depois, faz-se a escolha do método. Se a pesquisa consistir em verificar uma hipótese única sobre o modo experimental, o caminho a seguir é bastante estereotipado: em função das variáveis em jogo, assinala-se a proveniência dos dados e a técnica utilizada para colhê-los; menciona-se, a seguir, o tratamento que receberam e os resultados de sua análise. Quando forem necessárias considerações éticas, igualmente é nessa parte que elas devem ter lugar.

Se a pesquisa for do tipo que considera várias hipóteses ao mesmo tempo e não for realizada segundo um modo experimental, ou se estiver baseada em documentos, como em uma pesquisa histórica, permite-se mais flexibilidade para organizar o corpo do relatório, desde que ele respeite as necessidades de uma demonstração eficaz. É provável, por exemplo, que, no caso da pesquisa histórica, o relatório seja ordenado segundo as análises dos documentos, as interpretações pontuais que se tiram deles e o entrelaçamento dessas interpretações pontuais em interpretações cada vez mais gerais.

Porém, seja qual for o modo de pesquisa, continua sendo essencial fornecer, no corpo do relatório, todas as informações necessárias para reproduzir, eventualmente, a pesquisa.

A conclusão

A conclusão volta ao início da pesquisa. Ela começa, portanto, lembrando sumariamente o problema inicial, as intenções da pesquisa e o trabalho realizado.

A seguir, explica as conclusões que disso resultaram. Em uma pesquisa experimental, trata-se de relatar se a hipótese foi demonstrada, e em que medida. Freqüentemente, no corpo do trabalho, foram discutidos os resultados obtidos quando da análise dos dados; não se precisa agora senão reunir o essencial das constatações, evidenciando-as bem.

Em outros tipos de pesquisa, também se procurará reunir as principais constatações em uma ou mais conclusões significativas em relação ao problema inicial, às hipóteses consideradas, se for o caso, ou aos objetivos da pesquisa.

Pode ocorrer que uma ou várias hipóteses não tenham sido confirmadas. É preciso, então, dizê-lo e tentar explicar o porquê. Porém, na realidade, isso não acontece com muita freqüência, pois o pesquisador, se for atento e minucioso, habitualmente encontra no caminho indícios que o levam a reconsiderar, em tempo útil, as hipóteses frágeis. Nesse caso, em lugar de continuar em um caminho que poderia revelar-se sem saída, ele prefere voltar atrás, revisando, ajustando ou modificando suas hipóteses antes de prosseguir seu trabalho. Não é freqüente que um pesquisador, se tiver um pouco de experiência, precise confessar que sua hipótese não se manteve, ao contrário do pesquisador iniciante, para quem, além disso, não é tão fácil o reajustamento. Isso é tanto mais verdadeiro quando se trata de uma pesquisa experimental, na qual a escolha das variáveis, uma vez fixada, conduz o pesquisador até o término da pesquisa, sem que possa intervir muito durante sua realização. Mas, mesmo assim, com experiência e vigilância, o pesquisador logo aprende a formular hipóteses confiáveis, apoiando-se em variáveis pertinentes.

De qualquer maneira, espera-se do autor da pesquisa que indique francamente, em sua conclusão, todos os limites de sua pesquisa, quer se refiram à sua definição do problema, à forma como ele o circunscreveu, ao método escolhido e sua aplicação, etc. Isso deve ser feito particularmente quando se trata de questão de método, pois é sobre o método que repousa grande parte da validade dos saberes construídos.

Além de assinalar os limites de sua pesquisa, espera-se que o pesquisador considere, ao contrário, sua ampliação. Sua conclusão poderá aplicar-se a fenômenos semelhantes ou aparentados ao estudado? Há pesquisas complementares, sugeridas por sua conclusão? Mesmo no caso de uma pesquisa aplicada, é oportuno tentar relações com o conhecimento por si próprio ou com a teoria, quando for possível, o que às vezes exige voltar a conhecimentos considerados na revisão da literatura. Dessa forma, ao se preocupar em estender sua conclusão, o pesquisador destaca sua contribuição particular à ciência em geral, ciência que se desenvolve pela acumulação dos conhecimentos, bem como por sua confrontação.

Diferentes públicos

Os princípios gerais, que acabam de ser apresentados, podem variar conforme os públicos aos quais é dirigido o relatório de pesquisa, por exemplo, se for destinado a ser apresentado verbalmente, a dar origem a um artigo em uma revista científica ou preparado sob a forma de monografia. Como pesquisador, deve-se conhecer essas variações, a fim de prepará-lo de forma adequada. Também é útil conhecê-las como usuário de pesquisas, para fazer bom uso delas, sabendo o que se pode esperar das diversas formas de relatórios. De fato, não devemos esquecer que tanto o estudante como o pesquisador utilizam mais relatórios de pesquisa do que os produzem.

A apresentação verbal

A apresentação verbal do relatório de pesquisa é feita pelo estudante/pesquisador ou pelo pesquisador, em congressos ou colóquios.

A apresentação do estudante deveria se ocupar, principalmente, em mostrar uma boa compreensão e uso adequado do método, pois este é, geralmente, o objeto central da aprendizagem. Pelo contrário, não se espera um problema completamente inovador e original, nem que a pesquisa faça avançar o conhecimento científico (exceto se for uma apresentação de tese de doutoramento; voltaremos a isso mais tarde). Sobre o problema, não se trata, pois, senão de dizer o que é preciso para captar a atenção do auditório, insistindo, depois, na forma como se discutiu a problemática, se consideraram as possíveis escolhas metodológicas, como se praticou o método escolhido, com quais dificuldades (se houver) e com quais resultados. Não se deve esquecer de sublinhar aquilo que, à luz da experiência, poderia ter sido feito melhor ou de outra maneira.

A comunicação feita em um colóquio ou congresso não mostra tantas dessas preocupações, pois o pesquisador, dirigindo-se a seus pares, não precisa deter-se em expor longamente a natureza do problema e o método empregado: os pares sabem a que se remeter. Em vez disso, são destacados principalmente os caracteres originais das hipóteses ou das conclusões, a contribuição particular à renovação do conhecimento, para discuti-lo, formar opiniões, reações. Escuta-se em primeira versão aquilo que mais tarde poder-se-á, eventualmente, ler nas revistas científicas.

> O *colóquio* distingue-se do *congresso* porque reúne menos pessoas, considerando-se nele uma questão ou um tema previamente fixado por todos. Um grupo especializado, em um congresso, poderia se reunir em colóquio.

O artigo

Nas revistas científicas, o artigo é provavelmente o meio por excelência para a comunicação da pesquisa. É nas revistas que se vê melhor e mais rapidamente a ciência que se faz; é nelas que a comunidade pode avaliar a justa medida da pesquisa, pois o pesquisador precisa dizer o essencial, e com concisão, pois as páginas são limitadas. Problema, problemática, método, tipos de dados considerados, conclusões tiradas e suas incidências sobre o saber em evolução são expostos no artigo com precisão. Isso é nele exposto, sem que seja necessário reproduzir os dados em pormenor, nem elaborar longamente sobre os instrumentos utilizados para colhê-los e os tratamentos particulares que receberam, pois os leitores dos artigos, desde que tenham um pouco de experiência em pesquisa, habitualmente sabem a que se remeter.

O relatório de pesquisa apresentado como trabalho escolar – na situação de um curso como "Metodologia da pesquisa em ciências humanas", por exemplo – é semelhante ao artigo. No entanto, o destaque é posto mais sobre o caminho seguido e o método empregado do que em uma eventual contribuição original ao conhecimento.

A monografia

Entende-se por monografia um estudo aprofundado de determinada questão. Em comunicação científica pensa-se, principalmente, em livros, em relatórios de pesquisa não publicados e também em teses.

A monografia é certamente a forma mais elaborada do relatório de pesquisa. Por isso, é um suporte incontornável do conhecimento científico e um recurso insubstituível para o pesquisador e o estudante.

O livro é o vetor por excelência da monografia. Se não comunica todos os últimos avanços da pesquisa tão rapidamente quanto os artigos de revistas, pode ser mais completo e mais duradouro.

É particularmente completo, quando se destina, em primeiro lugar, aos pares da comunidade científica. Encontra-se nele então tudo aquilo que pode servir para julgar a pesquisa, inclusive, às vezes, por meio de longos apêndices, a pormenorização dos dados e sua análise, os instrumentos empregados para a coleta, elementos do tratamento, se for o caso, a descrição das populações consideradas, etc.

Os pesquisadores também procuram, freqüentemente, tornar suas monografias acessíveis a um auditório maior do que apenas seus pares, o que lhes permite afirmar sua responsabilidade como cientistas junto a um público maior. Eles se esforçarão em facilitar a leitura do texto aos não-especialistas, reduzindo as referências teóricas, simplificando o vocabulário, destacando o factual, mas afastando suas peças documentais, reduzindo o aparato estatístico, se houver, deixando as notas e as referências no final do capítulo ou do livro, simplificando-as, etc.

Pode ocorrer que o relatório de pesquisa não publicado, ou simplesmente reproduzido em alguns exemplares, tenha essa preocupação com a simplicidade, sobretudo quando se trata de uma pesquisa aplicada e que outras pessoas, além do pesquisador, possam utilizar seus resultados. Para tanto, devem-se sublinhar então as conclusões, seus fundamentos e as incidências esperadas, particularmente quando se trata de uma pesquisa aplicada financiada. Neste caso, para o financiador, o problema estudado está claro, pois foi ele quem solicitou o estudo e, geralmente, contribuiu para definir sua problemática. O que ele espera desse tipo de pesquisa são conclusões que desemboquem em recomendações a serem aplicadas, daí, um relatório de pesquisa que vise a destacar claramente essas matérias.

Quanto ao relatório de pesquisa remetido pelo pesquisador ao organismo público de subvenção, terá uma apresentação equilibrada do conjunto da pesquisa, da mesma forma que o livro destinado a um público científico. Aliás, irá provavelmente desembocar em um livro ou pelo menos um artigo.

A tese de doutoramento ou a dissertação de mestrado são provavelmente as comunicações mais exigentes, considerando-se as regras estritas que as enquadram; também são a comunicação científica destinada ao público mais informado: o composto de especialistas da área de pesquisa considerada, professores e pesquisadores, que irão fazer sua avaliação. Essa avaliação abre a porta à comunidade dos pesquisadores, em particular no caso da tese de doutorado, da qual se espera uma contribuição original para o avanço do saber. A obrigação de satisfazer em pormenor a todas as regras de objetivação e de transparência do relatório de pesquisa a destina, principalmente, a esse público de especialistas; felizmente, as teses e as dissertações são freqüentemente tornadas mais leves, sob a forma de livro ou artigo.

A vulgarização científica

As teses e as dissertações, bem como os outros tipos de relatórios de pesquisa, são às vezes traduzidas de uma forma acessível a um público maior do que o especializado. Este é o objeto da vulgarização científica, que é uma forma, para os pesquisadores, de tornar mais conhecidos seus trabalhos pela sociedade em seu conjunto, assegurando, assim, de uma forma mais ampla, sua função social.

Há revistas especializadas na vulgarização científica em ciências humanas. Desse modo, por exemplo, são as revistas *Super Interessante* e *Exame*, nas quais pesquisadores reconhecidos comunicam ao grande público o fruto de seus trabalhos.

Encontra-se a divulgação da pesquisa em outros meios de comunicação. Em particular, na televisão e no cinema. No cinema, pensamos, por exemplo, no filme *I comme Icare*, de Henri Verneuil, que, em uma de suas seqüências, retoma a experiência de Milgram (da qual se falou na página 62); ou melhor, o filme de Alain Resnais, *Mon oncle d'Amerique*, todo ele consagrado a ilustrar e demonstrar uma tese de psicobiologia do pesquisador Henri Laborit; ou, ainda, o magnífico *Retour de Martin Guerre*, de Daniel Vigne, tirado de uma pesquisa da historiadora Natalie Davis.

Da mesma forma, vêem-se freqüentemente os frutos da pesquisa em ciências humanas nos Jornais e periódicos destinados ao grande público. Nestes, não se pode entediar o leitor com demasiadas considerações metodológicas. Elas são, pois, reduzidas ao mínimo. Da mesma forma, o vocabulário é adaptado para ser compreendido por todos. Quanto aos problemas considerados, certamente que já ocupam seu lugar na atualidade, sendo mais fácil comunicá-los e apresentá-los. Um artigo sobre a evasão escolar, por exemplo, não precisa de uma apresentação longa e complexa para chamar a atenção do leitor. Porém, nesse gênero de comunicação, são sobretudo as conclusões que se precisa apresentar, destacando tanto o que se deve fazer como seu interesse para a comunidade.

Pesquisar, comunicar

Como a vulgarização científica é, provavelmente, o meio ideal de uma ampla comunicação entre a pesquisa e a sociedade em seu conjunto, jovens pesquisadores e estudantes poderiam se servir dela para difundir suas pesquisas. Por que, por exemplo, não oferecer sínteses aos jornais locais? Por que não umas três ou quatro páginas no jornal da escola?

PRÁTICA

O Relatório de Pesquisa (I):
Uma Versão Vulgarizada

Os frutos da pesquisa em ciências humanas possuem pouco interesse, dizia esse capítulo, se não forem devolvidos à sociedade. A comunicação científica é um meio de fazê-lo; a vulgarização científica é outro. Esta última visa a um público maior e deve, para ser eficaz, ser feita tão metodicamente quanto a pesquisa e a comunicação científica.

Seu público vasto e não-especializado que leva o divulgador a centrar a comunicação sobre os resultados da pesquisa, deslizando, sem esquecê-los, sobre suas características metodológicas. Sobre estas, o leitor deve assim mesmo conhecê-las bastante bem, para que a pesquisa lhe pareça ter credibilidade. A arte do vulgarizador consiste, portanto, em encontrar o equilíbrio justo.

Nesse estágio do manual, o estudante que tiver acompanhado o encaminhamento estará provavelmente muito ocupado em preparar seu relatório de pesquisa. Esta é, efetivamente, a tarefa principal de que trata este capítulo, e que continuará a ser tratada no capítulo 10. Pelo contrário, poderia igualmente ser interessante, nesta etapa, apropriar-se de um outro pequeno exercício muito formador (podendo realizá-lo mais tarde): a preparação de uma versão vulgarizada de seu relatório.

Poder-se-ia, então, para um texto de três a quatro páginas, imaginar o seguinte andamento, a seguinte ordem de reflexões:

1. *O público.* Uma vez escolhida a mídia pela qual será comunicada a versão vulgarizada do relatório (um periódico local, o jornal da Universidade, a televisão comunitária, etc.), quais são as características dos leitores (ou ouvintes) que se deveria levar em conta para facilitar o sucesso do empreendimento?

2. *O título.* Qual título escolher para ao mesmo tempo chamar a atenção do leitor e transmitir explicitamente o conteúdo do artigo? Para um artigo de vulgarização, é bom centrar-se nas conclusões da pesquisa, mas também é preciso que, por intermédio do que se escolheu dizer, transpareça claramente o problema.

3. *A introdução.* Como escrever as primeiras frases de abertura do artigo — o que os jornalistas, em seu jargão, chamam de o *lead* — de forma a captar desde o começo a atenção do leitor (ouvinte) e propor o fio condutor que irá guiá-lo até o final do artigo?

4. *O corpo do texto.* Como, a seguir, redigir o restante do artigo, de modo que a atenção do leitor (ouvinte) continue centrada no essencial, sabendo que esse essencial, para o grande público, são principalmente as conclusões da pesquisa, sabendo-se que o leitor (ouvinte) deve conhecer bastante sobre as perspectivas e método de pesquisa para dar credibilidade às conclusões?

5. *A conclusão.* Como, finalmente, reunir as conclusões desse artigo de vulgarização científica, de modo que o leitor (ouvinte) perceba bem a importância social ou pessoal daquilo que sobressai da pesquisa?

As qualidades de vulgarizador científico são qualidades que os melhores pesquisadores em ciências humanas preocupam-se em adquirir e desenvolver. Por que não exercitá-las desde agora?

CAPÍTULO 10

A Apresentação

Os princípios de eficácia e transparência levaram ao estabelecimento de um certo número de regras para a comunicação científica e a apresentação do relatório de pesquisa. Essas regras servem para facilitar a comunicação, mas visam, sobretudo, a auxiliar o leitor a se encontrar nos elementos do relatório, em particular naqueles que asseguram seu valor.

As regras que serão aqui apresentadas são as Normas Brasileiras, recomendadas pela a ABNT – Associação Brasileira de Normas Técnicas –, as quais são amplamente aceitas e adotadas no país. Há outros sistemas de regras diferentes das apresentadas, como, por exemplo, as regras clássicas francesas, também de aplicação genéricas, que são amplamente utilizadas nas ciências humanas. Outras regras são aquelas que atendem particularmente a uma área, como por exemplo, as editadas pela American Psychological Association (APA). Por outro lado, não se deve esquecer que, se a pesquisa a apresentar for feita em uma situação de estudos universitários, poderá existir na instituição um conjunto de orientações sobre a utilização destas, que é preciso levar em conta. O importante, para o pesquisador, será, em todos os casos, aplicá-las de forma rigorosa, metódica e com homogeneidade. Esclarecemos que, para um relatório de algumas páginas, o pesquisador iniciante terá, certamente, de aplicar menos regras de apresentação do que nas centenas de páginas às vezes necessárias para explicar uma pesquisa de alta complexidade. Não obstante, como eventualmente se chegará a pesquisas mais elaboradas, as regras são apresentadas prevendo-se essa situação.

De qualquer modo, seja qual for o sistema escolhido, não proporemos aqui todas as regras que se aplicam à apresentação de um relatório de pesquisa. Principalmente porque algumas dessas regras são da ordem da expressão correta ordinária, dos métodos de trabalho intelectual em geral, e, se for preciso lembrá-las ou confirmá-las, há várias obras de fácil acesso como, por exemplo, os manuais *Metodologia do trabalho científico* de Antônio Joaquim Severino, e *Estrutura e apresentação de publicações científicas* de Cláudio Moura Castro. Quanto a certas regras especializadas, próprias do relatório de pesquisa, das quais não falaremos, assim como do conjunto das outras regras, pode-se consultar o

"Richard, precisamos falar das margens e do tamanho dos relatórios."

Manual para normalização de publicações técnico-científicas, de Júnia Lessa França. É um guia simples e amplamente difundido, principalmente no meio universitário.

O Plano do Relatório

O pesquisador que chega ao final de sua pesquisa encontra-se diante de uma grande quantidade de material documental. Esta é a substância de seu relatório de pesquisa. Ele se servirá dela para construir uma demonstração eficaz e, para isso, começa por estabelecer um projeto.

Fazer seu plano

Este material documental consiste em diversas observações, fichas, notas de leituras, referências, extratos de texto fotocopiados, dados brutos e construídos, etc., dos quais ele sabe que irá empregar apenas o que for necessário à sua demonstração. O resto deverá ser afastado (mesmo que às vezes isso cause uma dor no coração!). O pesquisador também já tem uma idéia bastante boa da forma como irá organizar seu relatório de pesquisa. Sabe, pelo menos, que deve passar do anúncio do problema estudado às conclusões tiradas, conhecendo o fio condutor que pode relacioná-los, pois a pesquisa prática já foi concluída.

O pesquisador parte, portanto, sempre com uma certa idéia de plano. Uma boa forma de fazer é então preparar, para cada uma das partes consideradas (poderia ser para cada um dos capítulos), em um relatório um pouco longo, uma pasta vazia, dando a ela um nome, distribuindo, em seguida, o material documental nas pastas apropriadas. Para algumas peças, ele talvez hesite entre duas pastas. Neste caso pode-se decidir em colocar a peça numa pasta e na outra pasta uma referência à peça: uma ficha, uma fotocópia. Mais tarde, tomará a decisão, quando voltar ao conjunto.

Há peças que não conseguirá classificar de maneira alguma. Conserva-las-á então, provisoriamente em uma pasta à parte. Talvez encontre uma classificação adequada para elas, em outra ocasião. Porém, talvez não a encontre, se inserir mal a peça documental em sua demonstração, ou, se ela for completamente inútil, não hesitará em jogá-la fora. Ao contrário, durante toda a primeira classificação, o pesquisador poderá encontrar idéias que possam servir para a futura escrita do relatório. Anota essas idéias que forem surgindo em fichas de escrita, colocando-as nas pastas correspondentes.

Uma vez feita esta primeira organização, o pesquisador pode considerar melhor um outro plano ou uma modificação do previsto inicialmente. Ele reajusta, então, em conseqüência, revendo a distribuição das peças documentais.

Volta novamente ao conjunto. O conteúdo das pastas está equilibrado? Pode-se subdividir algumas delas em outras pastas? Se for o caso, realizará essa redistribuição, o que poderia levar, eventualmente, a incluir em seu plano novas partes ou subpartes. Há sempre peças que não encontram seu lugar? São elas verdadeiramente úteis, necessárias? Tomar-se-ão outras decisões a seu respeito. Há pastas que parecem finas demais, incompletas? Se houver, será um problema de organização ou de falta de informações? Neste último caso, é preciso colhê-las imediatamente.

Após duas ou três compilações, o pesquisador deveria se encontrar diante de uma pilha de pastas organizadas de acordo com a ordem desejada das partes de seu relatório de pesquisa: grosso modo, já possui seu plano. Cada pasta não deveria conter senão o necessário, mas todo o necessário; de preferência, sabendo que a etapa seguinte é a escrita, tenta-se até mesmo colocar o material documental, bem como as notas de escrita, eventualmente colhidas durante a classificação, na mesma ordem que se considerou como sendo a da redação da parte.

O plano: suas partes

Em geral, espera-se que o projeto do relatório de pesquisa compreenda as partes enumeradas no quadro da página seguinte.

Mas, atenção, o que esse projeto prevê, e nos termos em que prevê, não é de aplicação automática e obrigatória. Desse modo, por exemplo, as partes que antecedem a introdução e as que se seguem à conclusão têm seu lugar em um relatório de pesquisa volumoso, em um livro, em uma tese; mas, geralmente não se espera encontrar um prefácio, um sumá-

> FOLHA DE ROSTO (inclui essencialmente o título e subtítulo, o autor e a data)
> DEDICATÓRIA E AGRADECIMENTOS
> APRESENTAÇÃO OU PREFÁCIO
> LISTAS DE GRÁFICOS OU TABELAS, ETC.
> SUMÁRIO
>
> INTRODUÇÃO
>   O problema, sua origem, sua importância
>   A pesquisa realizada
>   O que apresenta a seguir seu relatório
>
> PROBLEMA E PROBLEMÁTICA
>   Elaboração do problema, suas coordenadas pormenorizadas
>   Revisão da literatura e o que se sabe em relação ao problema
>   Hipótese(s): o que se pretende mostrar, demonstrar; o objetivo visado
>
> MÉTODO (OU METODOLOGIA)
>   A escolha do método
>   Os dados
>   A análise dos dados
>
> CONCLUSÃO
>   Resumo da pesquisa
>   Principais conclusões, resultados ou considerações finais
>   Implicações e generalização eventual
>   Ampliação
>
> BIBLIOGRAFIA
> ANEXOS (ou APÊNDICES)
> GLOSSÁRIO
> ÍNDICE REMISSIVO

rio e listas em um artigo (ou relatório curto). O relatório de pesquisa em forma de artigo começa pela introdução; uma introdução às vezes precedida, nas revistas, por um resumo de cerca de 12 linhas. Se o artigo compreender dados bibliográficos, estes nem sempre são colocados no fim, como no livro, podendo-se encontrá-los no rodapé. Os anexos e/ou apêndices não são muito freqüentes, excepcionalmente pode-se encontrar um glossário e jamais um índice remissivo.

As partes centrais de um relatório de pesquisa, as que vão da introdução à conclusão – exceto, talvez, estas duas –, tampouco poderão ser apresentadas da forma estereotipada empregada no plano para destacar as matérias que se espera encontrar no relatório de pesquisa. De acordo com a natureza da pesquisa e a arte do pesquisador para atingir seu propósito e conduzir sua demonstração, elas poderiam ser apresentadas de diversas maneiras. O pesquisador, para tanto, goza de muita liberdade. Fornecemos três exemplos do que às vezes é visto:

- Ainda que cuidando para que tenham uma extensão razoável em relação ao conjunto, o pesquisador apresenta, na introdução de seu problema, as coordenadas deste e o que se espera da pesquisa. É, grosso modo, o conteúdo que o plano previu na parte "problema e problemática". No caso desta escolha, cai esta última parte. As outras partes centrais são então dedicadas, uma ao

método, e outra a sua aplicação e ao que disso decorre. A conclusão conserva sua natureza. Esse tipo de organização não é raro na pesquisa de tipo experimental ou aparentada.
- A parte "método ou metodologia", incluindo as subpartes "escolha do método", "dados" e "análise dos dados", freqüentemente constitui um único bloco nas pesquisas de tipo experimental ou nas pesquisas por sondagens ou investigações cujos dados são quantificados. Porém, para as pesquisas que repousam, por exemplo, nas análises de discursos ou de documentos, tais como as pesquisas antropológicas ou históricas, às vezes prefere-se ter um número maior de partes, definidas de acordo com a ordem das matérias examinadas. Sendo essas partes consagradas à análise da informação, pode então ocorrer que a apresentação do método escolhido esteja no final da parte "problema e problemática" (ou seu equivalente) — e até mesmo que todas essas matérias que antecedem a análise sejam remetidas à introdução.
- Nada obriga o autor de um relatório de pesquisa a ritmar seu encaminhamento de uma parte para outra com títulos e subtítulos tão simples como "problemática", "método", "análise dos dados", etc. Na realidade, ele freqüentemente prefere escolher títulos evocativos, definidos em função das matérias particulares que considera, dos conteúdos de que trata. Desse modo, não são raros os relatórios de pesquisa cujos títulos e subtítulos não contêm as palavras antes mencionadas ou semelhantes. Foram substituídos por outros títulos e subtítulos, escolhidos a propósito, que também orientam bem o leitor através daquilo que se deseja comunicar a ele. É aí que o pesquisador deve exercer sua arte.

Em suma, se há regras que, por convenção, são aplicadas ao relatório de pesquisa, elas são flexíveis, dando ao pesquisador bastante espaço para realizar, com arte, imaginação e, não obstante, com rigor, a tarefa de comunicação de sua pesquisa.

O Relatório: Algumas Partes

Foi lembrado, no capítulo anterior, o que se espera de cada uma das principais partes do relatório de pesquisa. O plano que acaba de ser exposto resumiu o essencial; voltar-se-á a isso, se necessário. Também se lembrou que, segundo as necessidades particulares da pesquisa, essas partes do relatório podem ser organizadas de diversas formas. Consideraremos agora algumas dessas partes e seu conteúdo em relação às regras de apresentação ou a usos particulares. São, em especial, as páginas preliminares, as citações e referências, as tabelas e gráficos e a bibliografia.

Páginas preliminares

Entendem-se por *páginas preliminares* as páginas que, em um relatório de pesquisa, antecedem a introdução. Para distingui-las das outras páginas, costuma-se paginá-las com algarismos romanos minúsculos (i, ii, iii, etc.). Além da capa e da folha de rosto, essas páginas podem compreender o prefácio, o resumo, eventuais listas e o sumário. Como já se disse anteriormente, isso não é encontrado, habitualmente, exceto a folha de rosto, em um relatório de pesquisa de apenas algumas páginas ou em um artigo, ainda que, no primeiro caso, possa ser útil incluir um projeto ou um curto sumário reduzido.

O título

O título para um relatório de pesquisa deve ser perfeitamente explícito. Ele deve dizer, de uma forma precisa, de que se trata a pesquisa. Para uma pesquisa de natureza experimental, é bom que compreenda as principais variáveis ou conceitos em causa.

Isso poderá dar títulos pouco atrativos. É por isso que se terá, às vezes, de recorrer a um subtítulo, para tornar o título mais atraente. Assim, já vimos o título seguinte: "As motivações dos jovens que desistem da escola: a escola não é o futuro!".

Um pesquisador, por menos experimentado que seja, sabe, por outro lado, que a informação sobre a existência de sua pesquisa apoiar-se-á em grande parte nos repertórios e nos índices e que ela será referida a partir de palavras-chaves, por descritores. Ora, às vezes, estes são escolhidos a partir dos títulos. Portanto sugere-se ao pesquisador que inclua em seu título termos que, em sua opinião, melhor representem o conteúdo do trabalho.

O prefácio

Tem-se, às vezes, a tendência a negligenciar o prefácio. No entanto, ele permite ao pesquisador exprimir-se de uma forma mais pessoal do que no restante do relatório. Aliás, o prefácio geralmente é escrito na primeira pessoa do singular (*eu*, ao contrário do *nós* do restante) e pode ser assinado com as iniciais do pesquisador.

O pesquisador serve-se do prefácio para apresentar sua pesquisa, mas, em particular, para indicar as circunstâncias que o levaram a ela e, mais precisamente, para assinalar os limites da pesquisa e as dificuldades que encontrou, se houver lugar para fazê-lo. É a esse título, sobretudo, que o prefácio é cômodo: quando, por exemplo, um pesquisador não teve acesso a certos documentos que teriam sido necessários e que previra poder consultar; ou se os constrangimentos de tempo ou uma imprevista falta de recursos fizeram-no afastar certas análises pertinentes. É preciso, evidentemente, que os motivos invocados sejam razoáveis.

O prefácio, que não deveria ultrapassar duas páginas, pode muito bem terminar pelos agradecimentos. Muitas vezes, de fato, o pesquisador recebeu auxílio de pessoas ou organismos. Agradece-se a eles com mais delicadeza, ao concluir um prefácio, do que em uma página intitulada simplesmente "agradecimentos".

O sumário e as listas

Quando um relatório de pesquisa ultrapassar 15 páginas, é bom fazê-lo preceder de um sumário, e isso se torna indispensável, quando o volume aumenta.

Há várias formas de preparar o sumário. Inicialmente, divide-se o relatório em partes, depois em subpartes, eventualmente em subsubpartes e até mesmo mais: os níveis de subdivisão estão geralmente em função do tamanho do relatório. A seguir, procura-se organizá-los de forma compacta e explícita, para que o leitor possa vislumbrar o desenvolvimento da exposição.

A mais adequada parece ser a forma clássica de ordenar as partes, hierarquizando-as com algarismos arábicos, e as alíneas com letras minúsculas. Porém, a normalização brasileira indica a numeração decimal para nominar progressivamente as partes de um documento (1, 1.1, 1.1.1...; 1.2, 1.2.1, 1.2.2, etc.), recomendando utilizar até a seção quinária. Outros preferem ainda um sumário de forma mais literária, no qual os vários assuntos são alinhados uns após os outros, para cada capítulo; mas esta forma, que não convém a um sumário pouco elaborado, caiu em desuso.

Se o relatório de pesquisa compreender tabelas, isto é, séries de dados dispostos em colunas, faz-se uma lista separada, que vem antes do sumário. Pode-se então intitulá-la *índice* ou *lista de tabelas*. Estas são numeradas em algarismos arábicos, fornecendo-se seu título completo; segue-se seu número de página, na margem da direita.

Da mesma forma, o relatório pode conter gráficos, fotos, mapas, planos, etc. Se forem muito numerosos, em uma determinada categoria, organiza-se uma lista separada: lista dos gráficos, por exemplo. Se não, reúnem-se em uma lista denominando-a lista das figuras. Como nas tabelas, sua numeração é feita em algarismos arábicos, com os títulos referidos por completo, sendo que os números das páginas continuam à direita.

> Para maiores esclarecimentos sobre a elaboração de tabelas, ver a norma NBR-6024 da ABNT.
>
> No caso de tabelas mais complexas pode-se consultar as normas do IBGE.

Citações e referências

Encontram-se poucos relatórios de pesquisa sem citações nem referências a outros escritos. É por meio delas que se manifestam, em grande parte, os processos de objetivação e transparência. De fato, é da própria natureza da pesquisa situar-se em relação a outras, inspirando-se nelas, nelas buscando apoio para seus pontos de vista, nelas encontrando ilustrações, exemplos e modelos.

Habitualmente, são bastante numerosas as citações e referências na parte dedicada à apresentação do problema e elaboração da problemática, em particular quando se trata de proceder à revisão de literatura, relacionada à questão. Todavia, pode-se também encontrá-las na parte do método e nas outras partes do relatório, por exemplo, quando se trata de justificar determinada escolha metodológica ou se realizou o exame de uma série documental. Em todos os casos, deve-se tomar cuidado

Sumário clássico, decimal

Eis dois exemplos de sumário: à esquerda, conforme o modo mais livre; à direita, conforme o modo de numeração progressiva. São exemplos fabricados e que não são desenvolvidos por completo; em cada um dos índices está detalhada uma das partes — a "B", à esquerda, e a "1.2", à direita —, para sublinhar as principais diferenças entre um modo e outro.

Prefácio
Listas
Introdução
 	
Capítulo I: A evasão escolar
A. A natureza do problema
B. Diversas explicações
  1. Os fatores econômicos
    a) O mercado de trabalho
    b) Os rendimentos dos pais
    c) O sistema de bolsas
  2. O meio social
    a) O nível familiar de escolaridade
    b) As aspirações sociais
    c) O exemplo dos próximos
  3. O contexto escolar
    a) Uma pedagogia inadaptada
    b) Excesso de teoria
    c) Falta de enquadramento
C. Soluções possíveis
 	
Capítulo II: Os objetivos da pesquisa
	Capítulo I: A evasão escolar
	Prefácio
	Listas
	Introdução
	1 A evasão escolar
	  1.1 A natureza do problema
	  1.2 Diversas explicações
	    1.2.1 Os fatores econômicos
	      1.2.1.1 O mercado de trabalho
	      1.2.1.2 Os rendimentos dos pais
	      1.2.1.3 O sistema de bolsas
	    1.2.2 O meio social
	      1.2.2.1 O nível familiar de escolaridade
	      1.2.2.2 As aspirações sociais
	      1.2.2.3 O exemplo dos próximos
	    1.2.3 O contexto escolar
	      1.2.3.1 Uma pedagogia inadaptada
	      1.2.3.2 Excessiva teoria
	      1.2.3.3 Falta de Enquadramento
	  1.3 Soluções possíveis
	Capítulo II: Os objetivos da pesquisa

São visíveis as principais diferenças na organização desses sumários. Poder-se-ia variar mais, já que o tratamento do texto permite a utilização, entre outros, dos caracteres em negrito. O importante, todavia, é ter uma disposição clara e eficaz, para facilitar a leitura do relatório.

Evidentemente, cada um dos títulos e subtítulos deve ser acompanhado, na margem da direita, pelo número da página na qual é apresentado o assunto anunciado.

Também observamos, de passagem, que, no modo clássico francês, a introdução é chamada simplesmente de "Introdução", mesmo que, pelas normas brasileiras, à semelhança das regras norte-americanas, ela constitua o primeiro capítulo.

para não abusar das citações, reservando-as para os testemunhos de apoio e não para que digam em nosso lugar o que muito bem poderíamos dizer nós mesmos.

A apresentação das citações e das referências deve obedecer a regras bastante rígidas. Lembraremos aqui as principais. Construímos, para tanto, um relatório de pesquisa imaginário. Construído como uma ilustração dos tipos de citações e de referências, ele servirá de reservatório de exemplos para o que virá a seguir. Todavia, esclarecemos que, para oferecer exemplos suficientes, ele contém mais referências do que normalmente se poderia permitir em um texto tão curto; um autor que o fizesse assim pouco mostraria de pessoal. Neste exemplo, as referências das citações estão sempre indicadas em notas de rodapé, que se dividem em notas explicativas e notas bibliográficas.

Como a floresta amazônica tornou-se o jardim da humanidade*

Em 1998, após os grandes incêndios que haviam devastado a floresta, e as décadas de negligência e degradação que os haviam precedido, a floresta amazônica parecia condenada a desaparecer ou, pelo menos, a se afundar em uma deterioração incessantemente aumentada.[1] Ora, cinqüenta anos mais tarde, transformada no jardim da humanidade, ela desperta a admiração e o desejo do mundo inteiro.[2] Como essa reviravolta pôde efetuar-se? É o problema que preocupava inúmeros pesquisadores.

Delimitar todas as coordenadas do problema e proceder à revisão da literatura não foi fácil.[3] Com efeito, nos anos 2020, a confiança quase religiosa que se tinha na informática havia feito crer que se poderia doravante dispensar o impresso e, até mesmo, a gravação audiovisual clássica.[4] O numérico, pensava-se, os substituiria vantajosamente, e as economias de papel, material e armazenagem seriam consideráveis. Ora, o célebre vírus informático, que, na noite de primeiro de janeiro de 2039, devastou os computadores do planeta, destruiu a maioria dos bancos de dados.[5]

Foram, então, necessários anos para que os pesquisadores pudessem retraçar os acontecimentos que haviam conduzido à salvação da floresta amazônica. Desses acontecimentos, achou-se o vestígio nas poucas bibliotecas e acervos impressos que conservadores pouco confiantes na revolução informática insistiram em preservar; por exemplo, na biblioteca do Vaticano. Acharam-nos igualmente nas recordações de alguns contemporâneos dos acontecimentos, mesmo que suas recordações fossem raras e, muitas vezes, vagas, pois eles também haviam confiado na memória informática.

Parece, portanto, que, desde os anos 1980, várias pessoas já se inquietavam com a ruína na qual mergulhava a floresta amazônica.[6] Biólogos, ecologistas e diversos outros especialistas do meio ambiente, alguns antropólogos igualmente, percorriam a floresta para estudar as causas de sua degradação. Outros antropólogos, sociólogos, cientistas políticos e mesmo economistas também se preocupavam com isso, ainda que permanecessem na cidade, essas selvas urbanas onde, desconfiava-se, nascia o problema.[7] Os especialistas encontravam-se, em seguida, em grandes congressos internacionais, em Paris ou Miami, onde partilhavam suas inquietações sobre o destino da floresta (e, na ocasião, sobre a queda do real e a fragilidade do dólar), mas sem maiores conseqüências.[8]

A inquietação expressava-se também em diversos grupos de ativistas e de jovens idealistas. Um deles, o cantor de rock Sting, dizia sentir como uma dor viva – sting, em inglês, significa picada – os ataques de seus contemporâneos contra a floresta: "É preciso salvar o pulmão do planeta", declarava a quem quisesse escutá-lo.[9] Ele tentou mobilizar a opinião pública, quando de grandes concertos anuais.[10] Milhares de jovens assistiram a tais concertos, não se seguindo, no entanto, nenhuma mobilização. Deve-se dizer que, nessa época, na qual um dos slogans da juventude era *"no future"*, se preferia mais gozar o presente do que pensar no futuro.[11]

---

* SILVESTRE, Verdinando (Org.). *The revival of amazonian forest*. Proceedings of the International Conference. Ouagadougou: United Africa University Press, [s.d]. (A publicar.)

[1] Ver compilação de documentos feita por PAU-BRASIL, Florinda (Comp.). *Pajelamazônia*: dos mitos à ciência. Mato Grosso: Indo-Amazônica, 2041. 450 p.

[2] KRENACK, Riobaldo. *O retorno ao éden*. 2.ed. Belo Horizonte: Burlemax, 2043. 330 p.

[3] Sobre a natureza da revisão da literatura, ver o capítulo 5 em LAVILLE, Christian, DIONNE, Jean. *A construção do saber*: manual de metodologia da pesquisa em ciências humanas. Porto Alegre: Artes Médicas do Sul. Ed. UFMG, 1998. .....p. (Adap. Lana Mara de Castro Siman)

[4] ROM, C. D. How many megaoctets is God's weight? *Journal of the Universal Faith in Computer*, Londres, v. 5, n. 2, p. 21-27, abr. 2018.

[5] ROM, C. D. God Fooled us: the sin was in the computer. *Review of the Universal Disbelief in Computer*, Londres, v. 1, n.1, p. 3, jan. 2040.

[6] Ver PAU-BRASIL, op. cit., p.3.

[7] A respeito desse assunto, pode-se ler LÉWISTROUXE, Antônio et al. A selva urbana: seus predadores e suas presas. *Revista de Reflorestamento Urbano*, Manaus, v.4, n.3, p.56-88, out. 2001.

[8] Esses congressos deixaram poucos vestígios impressos. Encontrou-se, no entanto, um grande número de contas de despesas.

[9] Sua entrevista em *Olhe*. São Paulo, ano 32, n.5, p.3-5, maio 1989.

[10] Os lucros desses concertos foram destinados à Rainforest Foundation.

[11] HANTRO, Polog. *O futuro? bah!*: estudo sobre o presentismo dos jovens. São Paulo: Paz e Amor, [s.d.]

A hipótese de uma mobilização geral para salvar a floresta foi, portanto, rapidamente abandonada pelos pesquisadores.[12] Preferiu-se uma outra: a degradação da floresta, provocando uma queda do nível de oxigênio na atmosfera, resultando em conseqüências graves para a economia e a qualidade de vida, o que forçava a busca de uma solução para o problema.

Efetivamente, a queda da quantidade de oxigênio tinha conseqüências importantes. Todo o setor energético era atingido, pois uma boa parte da energia provinha da combustão e, salvo no setor nuclear, quem fala em combustão fala em consumo de oxigênio.[13] Os aparelhos que funcionavam à lenha, carvão ou petróleo viram sua eficácia reduzida. Começou a fazer mais frio nas casas. Os automóveis com menor desempenho são menos vendidos. A produção de aço despencou. Progressivamente, o conjunto da economia foi afetado, mas não se viu qualquer movimento geral de população para entravar o mal, e poucos prestaram atenção às advertências do sultão de Brunei que temia por suas vendas de petróleo e sua fortuna.[14] Os pesquisadores tiveram, desse modo, que abandonar sua hipótese.

Apenas muito recentemente que, ao reencontrar algumas antigas coleções de jornais, pesquisadores enfim puderam melhor compreender o que desencadeou uma reação: "a exemplo dos outros humanos", relatava *O Globo*, "os desempenhos dos jogadores de futebol profissionais desabaram com a queda da taxa de oxigênio"[15], como conta um dos historiadores que estudou a questão,

> *a bola parecia menos redonda, o campo maior, as pernas mais pesadas, [...] as partidas tornavam-se insuportavelmente tediosas. Assistiu-se, então, à revolta dos espectadores que, buscando seus últimos recursos para encher seus pulmões e gritar seu desgosto, desertaram dos estádios. "Salvem a floresta para salvar nosso futebol", bradavam aos milhões. O clamor não deixou de inquietar a classe política: o que aconteceria se todas essas pessoas, não se distraindo mais com o esporte espetáculo, transformassem suas manifestações em revolução?*[16]

Os governos sentiram a urgência e logo adiantaram os reais, dólares e euros necessários à salvação da floresta. Seguindo a sugestão do Canadá,[17] os países do Mercosul decretaram a criação de um fundo especial de solidariedade. O Banco Mundial descobriu, inclusive, ter uma vocação humanitária, tornou-se o novo campeão da ecologia e da saúde popular e abriu amplamente seus caixas.

Mas o que fazer exatamente? "Um grande jardim, o grande jardim da humanidade!", decidiu unanimemente a Assembléia Geral da ONU, mediante a proposição de sua presidente, neta de um certo Castro, fundador da democracia cubana.[18]

O empreendimento não foi fácil: as revistas científicas são tomadas de discussões dos especialistas, relatórios científicos, resumos de experiências que testemunham uma certa confusão,[19] os fracassos parecendo suceder aos quase-sucessos. Até que se pense em se dirigir aos únicos especialistas verdadeiros desse meio particular, os Ameríndios, que o conheciam melhor que ninguém. A partir do momento em que estes tomaram a direção dos trabalhos, a floresta reencontrou pouco a pouco seu vigor. É, sem dúvida, a razão da atribuição do Prêmio Nobel do ano passado aos que são agora denominados os jardineiros da América e que tanto contribuíram para a manutenção do futebol e da paz no mundo.[20]

---

[12] Sobre a natureza da hipótese, ver o capítulo 5 em LAVILLE, op. cit.

[13] HEINZ-STEIN, Albert. Les atomes ne manquent pas d'air. *Recherche Atomique Pacifiste*. Bagdá, v. 73, n.5, p.17-21, nov. 2015.

[14] "Tomem meu petróleo, ele contém oxigênio!", obstinava-se a propor, segundo inúmeras testemunhas. Ver BOLKIAH, Hassanal, Sultão de Brunei. *Tempo*, Belo Horizonte, 26 jan. 2030. Caderno Econômico, p. 12. (Entrevista concedida a Tâmara Caiapó)

[15] 13 de janeiro de 2035, citado por PAU-BRASIL ver p.231, Florinda (Comp.). *Pajelamazônia....* p. 126.

[16] Dezenas de estudos sobre a catástrofe foram difundidos na internet; devido à importância do problema, alguns foram publicados. Ibid p.98-170.

[17] Deve-se dizer que o Canadá tinha interesse nisso: no ar rarefeito do norte, o inverno era ainda mais doloroso.

[18] Ver declaração da Assembléia Geral, [s.n.], realizada em regime de urgência em Manaus, em janeiro de 2036.

[19] Encontra-se agora essa documentação nas bibliotecas tradicionais, uma vez que, após o célebre vírus informático de 2039, foram reerguidas (ainda que permaneçam subfinanciadas!). Para uma síntese da questão, ver TREMBLAY, Joseph. *Le problème de la forêt amazonienne vu de loin*. Inuvik: Presses Universitaires Inuit, 2038.

[20] *O Globo*, de sábado 11 novembro de 2048 consagrou, aliás, todo seu caderno esportivo ao recebimento desse prêmio Nobel.

As citações

Em um relatório de pesquisa, pode-se ter citações literais (textuais), quando se incorporam as próprias palavras de um texto ao nosso, ou citações livres (paráfrases), quando se retira do texto a informação ou a idéia, apresentando-a com nossas próprias palavras.

No caso das citações literais de até três linhas, incorporá-las ao texto e, se forem mais longas, colocá-las em parágrafo independente com recuo (um centímetro pelo menos de cada lado) e entrelinha simples. Tomemos como exemplo uma parte de nosso relatório imaginário:

> Apenas muito recentemente que, ao reencontrar algumas antigas coleções de jornais, pesquisadores enfim puderam melhor compreender o que desencadeou uma reação: "a exemplo dos outros humanos", relatava *O Globo*, "os desempenhos dos jogadores de futebol profissionais desabaram com a queda da taxa de oxigênio"[15], como conta um dos historiadores que estudou a questão:
>
> > *a bola parecia menos redonda, o campo maior, as pernas mais pesadas, [...] as partidas tornavam-se insuportavelmente tediosas. Assistiu-se, então, à revolta dos espectadores que, buscando seus últimos recursos para encher seus pulmões e gritar seu desgosto, desertaram dos estádios. "Salvem a floresta para salvar nosso futebol", bradavam aos milhões. O clamor não deixou de inquietar a classe política: o que aconteceria se todas essas pessoas, não se distraindo mais com o esporte espetáculo, transformassem suas manifestações em revolução?*[16]

As citações textuais são precedidas e seguidas de aspas ou destacadas tipograficamente.

Observa-se que, nas citações com aspas, a pontuação, se fizer parte da citação, antecede as aspas de fechamento.

Também se deve observar que a *chamada de nota* (o pequeno algarismo na entrelinha superior) vem logo após a pontuação e, como na citação do extrato, as aspas de fechamento antecedem a chamada de nota.

A primeira citação do extrato compreende um inciso, "dizia o jornalista". Ele é colocado entre vírgulas. É preciso fechar as aspas na parte da citação que o precede, reabrindo-as na parte seguinte: "a exemplo dos outros humanos", relatava *O Globo*, que se mostrava particularmente preocupado com o problema, " os desempenhos dos jogadores de futebol profissionais desabaram com a queda da taxa de oxigênio".

No extrato reproduzido, a citação em recuo contém colchetes no qual se encontram três pontos ([...]): representando que omitiu-se uma parte do parágrafo citado. Se tiver sido omitido todo um parágrafo ou mais, seria preciso fechar as aspas e colocar uma expressão de ligação do tipo: "mais adiante o mesmo autor afirma que" abrem-se aspas e inicia a outra citação textual.

Uma última observação: no quinto parágrafo do texto completo vê-se uma citação em língua estrangeira: "no future". Em geral, as citações e as palavras em língua estrangeira são em itálico, dando-se uma tradução no idioma do texto. Se o autor do relatório de pesquisa fizer ele próprio a tradução de uma citação, esta é acompanhada pelas palavras

"Nossa tradução" (N. Trad., abreviado) e não "tradução livre", que permitiria pensar que se poderiam ter tomado liberdades com a tradução, o que seria incompatível com um trabalho científico.

As notas e as referências

Viu-se que as citações são acompanhadas de chamadas de nota: as notas fornecem a referência bibliográfica da citação, isto é, sua proveniência, sua fonte.

As notas também podem servir para complementar o texto. Estas podem ser de esclarecimentos, definições, comentários e explicações úteis ao texto, mas não essenciais à sua compreensão. Não foram, portanto, inseridas no texto evitando torná-lo pesado.

O ideal é colocar as notas no rodapé. Esta é a maneira recomendada pela normalização e a maioria dos editores de texto oferece uma função simples para fazê-lo. Porém, houve um tempo em que, quando os textos eram datilografados, às vezes colocavam-se as notas no final de cada parte, para não ter de refazer várias páginas, em caso de alterações do texto. Isso tinha o inconveniente, todavia, de obrigar o leitor a passar, constantemente, de uma página para outra, se não quisesse perder nada. Hoje em dia, ainda se procede da mesma maneira, quando se acha que não-especialistas poderão apreender a substância do texto sem recorrer às notas e referências.

As notas, em particular as bibliográficas, são submetidas a um certo número de regras. Lembremos as principais, servindo-nos das notas do relatório imaginário a respeito da origem do jardim da humanidade.

> Se o relatório de pesquisa for dividido em capítulos, as notas são, habitualmente, numeradas de forma contínua, em cada um dos capítulos, recomeçando-se a cada vez do 1.

A referência bibliográfica

Embora existam vários sistemas de Normalização Bibliográfica, estes se assemelham no objetivo de apresentar os elementos fundamentais que identificam as obras. O que muda basicamente é a disposição destes elementos.

Os elementos básicos para a citação de um livro, segundo as normas brasileiras, obedece à seguinte ordem e pontuação:

SOBRENOME, Prenome. *Título*. Local de publicação: Editora, Ano da edição. Número de páginas ou volume.

Desta forma, a mesma nota 2 do relatório imaginário se apresentaria assim:

KRENACK, Riobaldo. *O retorno ao éden*. 2.ed. Belo Horizonte: Burlemax, 2043. 330p.

Observa-se que o título do livro está em itálico; habitualmente, havendo um subtítulo, este é escrito em estilo normal. Atenção! Como regra geral, só se usa maiúscula na primeira letra e nos nomes próprios de um título.

Se houver dois autores, escreve-se: Sobrenome, Prenome 1 e Sobrenome, Prenome 2, como na nota 3; se forem três autores, citar os três, sempre na ordem em que aparecem na capa ou folha de rosto do documento referenciado e sempre o sobrenome dos autores, todo em maiúsculas; se houver mais de três, o sobrenome, prenome do primeiro autor seguido de "et al.", abreviatura de *et alii*, que quer dizer, em latim, "e outros" (nota 7).

Em uma citação de artigo de revista, o título do artigo é apresentado em estilo normal, sendo em itálico o nome da revista, seguido do local e da indicação do volume, número, página ou páginas inicial-final e data de publicação, ou seja, mês ou estação do ano e ano. Assim, por exemplo, na nota 7:

> LÉWISTROUXE, Antônio et al. A selva urbana: seus predadores e suas presas. *Revista de Reflorestamento Urbano*, Manaus, v. 4, n. 3, p. 56-88, out. 2001.

Em um jornal em que se toma uma simples informação factual, pode-se contentar em dar o nome do jornal, em itálico, e sua data de publicação, como na nota 20. Porém, quando se referir a um artigo assinado, a um estudo ou reportagem, proceder-se-á antes como para um artigo de revista (no entanto, sem o volume e o número, mas sempre com a data e se for o caso com número ou título do caderno, seção ou suplemento e a página ou páginas inicial-final, como na nota 14).

Em um livro, assim como em um artigo de revista ou jornal, se elementos da referência já estiverem no texto, antes da chamada da nota, pode-se dispensar de repeti-los na referência (nota 9).

Quando uma referência a uma obra se repete, seria longo e trabalhoso reescrevê-la a cada vez. Utilizam-se, então, as abreviaturas latinas *ibid., op. cit., loc. cit.* (em itálico).

Ibid. (ibidem: na mesma obra): emprega-se nos casos em que a referência é igual à anterior. Acrescenta-se a página, se esta for diferente. Ver a nota 16 do relatório imaginário.

Op. cit. (opere citato: na obra citada) e *loc. cit. (loco citato*: no local citado): empregam-se estes termos para repetir uma referência a um livro, no primeiro caso, ou a um artigo, no segundo, que não anteceder imediatamente a referência. Repete-se, então, o nome do autor, seguido por *op. cit.* ou *loc. cit.*, conforme o caso, e depois a indicação da página, como nas notas 6 e 12, desde que a referência anterior não esteja em páginas diferentes. Se estiver mais distanciada ou se já foram antes citadas várias obras do mesmo autor, prefere-se referir o título abreviadamente, como na nota 15: PAU-BRASIL, Florinda (Comp.). *Pajelamazônia: dos mitos à ciência*.

Outros sistemas de referências

Há outra forma de fazermos referência a citações utilizadas. Aparentemente mais simples, todavia tem o inconveniente de tornar o texto pesado, devido à inclusão das referências entre parênteses, que dificultam sua leitura. Esse sistema obriga o leitor a navegar constantemente entre as páginas do texto principal e as páginas de referências, que geralmente seguem o texto. Também priva o autor do relatório de uma certa flexibilidade de expressão, que permite a integração, em uma mesma página, do texto principal e das notas bibliográficas. Mostremos como os dois primeiros parágrafos de nosso relatório imaginário de pesquisa seriam apresentados de acordo com esse modelo.

Como a floresta amazônica tornou-se o jardim da humanidade**

Em 1998, após os grandes incêndios que haviam devastado a floresta, e as décadas de negligência e degradação que os haviam precedido, a floresta amazônica parecia condenada a desaparecer ou, pelo menos, a se afundar em uma deterioração incessantemente aumentada (PAU-BRASIL, 2041).[1] Ora, cinqüenta anos mais tarde, transformada no jardim da humanidade, ela desperta a admiração e o desejo do mundo inteiro (KRÉNACK, 1043, p.58).[2] Como essa reviravolta pôde efetuar-se? É o problema que preocupava inúmeros pesquisadores.

Delimitar todas as coordenadas do problema e proceder à revisão da literatura não foi fácil.[3] Com efeito, nos anos 2020, a confiança quase religiosa que se tinha na informática havia feito crer que se poderia doravante dispensar o impresso e, até mesmo, a gravação audiovisual clássica (ROM, 2018, p.21-27).[4] O numérico, pensava-se, os substituiria vantajosamente, e as economias de papel, material e armazenagem seriam consideráveis. Ora, o célebre vírus informático, que, na noite de primeiro de janeiro de 2039, devastou os computadores do planeta, destruiu a maioria dos bancos de dados (ROM, 2040, p.3).[5]

NOTAS

* texto apresentado na conferência internacional sobre o renascimento da floresta amazônica. Cf. SILVESTRE, [s.d].
1. Ver a documentação compilada por PAU-BRASIL, Florinda. p.3-360
2. A respeito da natureza do estado da questão, LAVILLE, cap. 5

REFERÊNCIAS BIBLIOGRÁFICAS

ROM, C.D. God fooled us: the sin was in the computer. *Review of the Universal Disbelief in Computer*, Londres: v. 1, n. 1, p.3-7, jan. 2040.
ROM,C.D. How many megaoctets is God's weight? *Journal of the Universal Faith in Computer*, Londres: v. 5, n. 2, p.21-27, abr. 2018.
KRENACK, Riobaldo. *O retorno ao éden*. 2.ed. Belo Horizonte: Burlemax, 2043. 330p.
PAU-BRASIL, Florinda (Comp). *Pajelamazônia:* dos mitos à ciência. Mato Grosso: Indo-Amazônica, 2041. 450p.

No Brasil, usa-se mais freqüentemente (Org.), de organizador, mas temos também (Coord.) para coordenador e (Adapt.) para adaptadores e (Ed.) para editores.

As referências vão no fim do texto; são colocadas em ordem alfabética e, para um mesmo autor, em ordem cronológica regressiva. Os prenomes, se necessário, são reduzidos às iniciais. Não há obrigatoriedade quanto à indicação do número de página de livro.

Tabelas e gráficos

Um relatório de pesquisa compreende, com muita freqüência, tabelas e gráficos, em particular nas partes referentes ao tratamento das informações. As tabelas servem, em especial, para reunir os dados tratados; os gráficos para destacar visualmente algumas características dos dados.

Uma tabela e um gráfico devem ser completos em si mesmos, porém integrados e explorados no texto. A tabela ou o gráfico só serão úteis se acrescentarem algo ao texto. Deve-se desconfiar daqueles que nada mais fazem do que repetir coisas já ditas no texto ou que poderiam ser ditas facilmente em texto; desconfiar, particularmente, da abordagem "sanduíche": o texto antes da tabela (ou gráfico) diz uma coisa, a tabela a repete, e o texto seguinte o diz mais uma vez. Só têm lugar, em um relatório de pesquisa, as tabelas e gráficos verdadeiramente necessários. É preciso lembrar também que uma tabela ou gráfico nada mais é do que o testemunho daquilo que os textos que os antecedem e os seguem querem demonstrar.

As tabelas e gráficos devem ser apresentados da forma mais simples possível. São intitulados e habitualmente numerados em seqüência (em algarismos arábicos) na parte superior da tabela; na parte inferior, no gráfico. Se for o caso, indicar-se-á sua fonte ou as notas igualmente embaixo. Eis um exemplo de tabela.

TABELA 1
Principais imigrantes no Brasil segundo a nacionalidade — 1926 a 1966 (em %)

	Espanhóis	Italianos	Portugueses
1926	7,5	10,1	32,7
1936	2,8	3,6	36,2
1946	1,6	8,1	48,6
1956	17,7	13,5	37,5
1966	5,7	7,9	33,1

Fonte: HUGON, Paul. *Demografia brasileira*; ensaio de demoecononomia brasileira. São Paulo: Atlas/Ed. USP, 1973, p.100-101.

No caso dos gráficos, é importante que sua forma seja o mais eloqüente possível. Pode-se escolher assim, de acordo com a necessidade, entre as diversas formas de gráfico, das quais as principais são o histograma (gráfico em colunas) a curva, o gráfico em *pizza*. Em todos os casos, deve-se ter um cuidado particular com as escalas. Vejamos alguns exemplos de gráficos, compostos com o auxílio dos dados da tabela anterior.

Para uma simples comparação, convém muito bem o histograma. Também o gráfico em *pizza*, quando os dados forem pouco numerosos e estáticos.

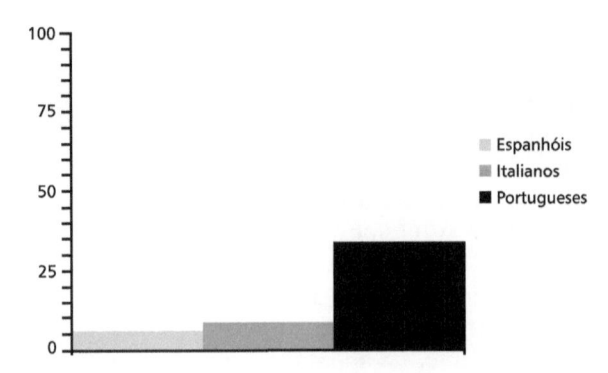

GRÁFICO 1. Principais imigrantes no Brasil segundo a nacionalidade, 1996 (em %)

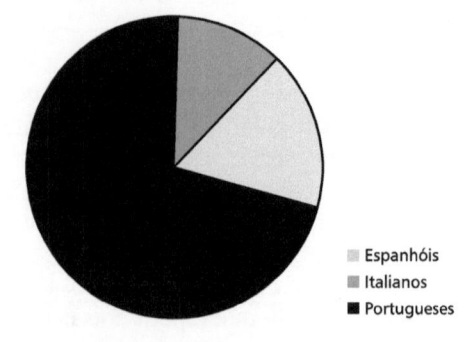

GRÁFICO 2. Principais imigrantes no Brasil segundo a nacionalidade, 1996

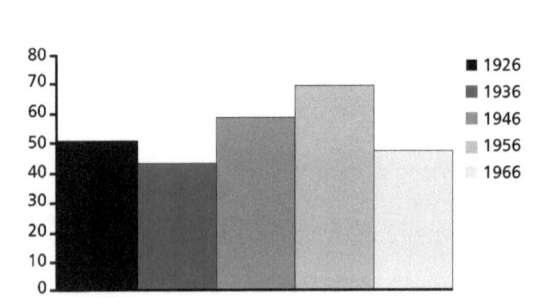

GRÁFICO 3. Principais imigrantes no Brasil segundo a nacionalidade – 1926 a 1966 (em %)

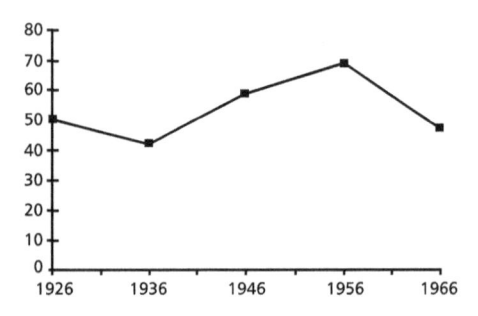

GRÁFICO 4. Principais imigrantes no Brasil segundo a nacionalidade – 1926 a 1966 (em %)

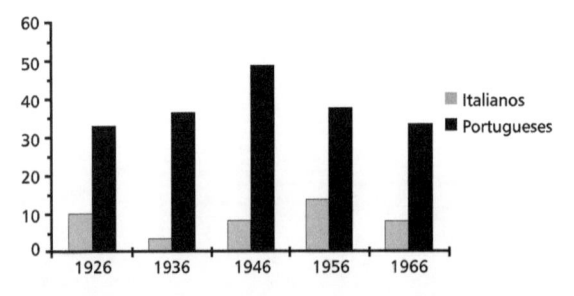

GRÁFICO 5. Principais imigrantes no Brasil segundo a nacionalidade – 1926 a 1966 (em %)

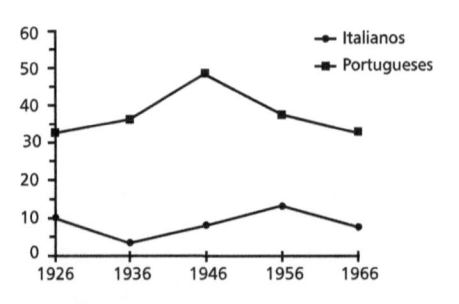

GRÁFICO 6. Principais imigrantes no Brasil segundo a nacionalidade, 1926 a 1966 (em %)

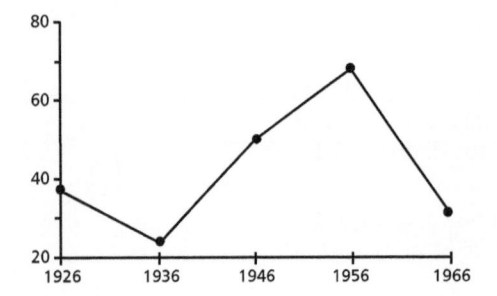

GRÁFICO 7. Principais imigrantes no Brasil segundo a nacionalidade – 1926 a 1966 (em %)

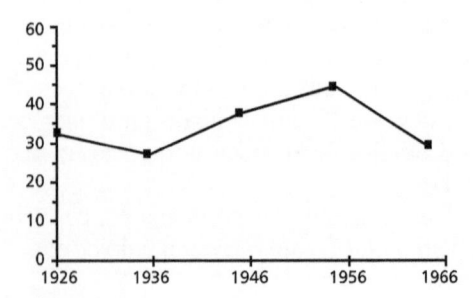

GRÁFICO 8. Principais imigrantes no Brasil segundo a nacionalidade, 1926 a 1966 (em %)

Atualmente, há programas de uso fácil para preparar as tabelas e os gráficos, com o auxílio de um microcomputador; a maioria dos editores de texto possui uma função tabela. Os gráficos e as tabelas que serviram de exemplo, aliás, foram preparados dessa forma.

Bibliografia, apêndice e índice remissivo

O rigor na citação das fontes que inspiraram o pesquisador, assim como dos escritos que lhe serviram para delimitar o problema e conduzir sua pesquisa e, ainda, o rigor na elaboração das notas e referências garantem o princípio de transparência no relatório de pesquisa.

Em virtude desse princípio, espera-se encontrar nas referências bibliográficas todos os títulos que realmente serviram para realizar a pesquisa, mesmo que não tenham levado a um préstimo direto, sob a forma de citação, por exemplo. Uma obra consultada que nada nos tenha oferecido não deverá ser mencionada.

No relatório, as referências bibliográficas são colocadas após os anexos ou apêndices. Houve um tempo em que elas eram colocadas antes da introdução, para destacar a natureza e a importância das contribuições externas; isso caiu em desuso, embora, em algumas disciplinas, como em história ou em antropologia, ainda seja às vezes praticada, quando se quer dar a conhecer, sem demora, as fontes utilizadas.

A bibliografia de base

Num relatório de pesquisa considera-se como bibliografia básica a lista das obras que se utilizou. Esta lista é ordenada por ordem alfabética e, para um mesmo autor, em ordem cronológica regressiva, preservando os mesmos elementos e ordem de apresentação utilizados nas notas bibliográficas que figuram nos rodapés.

Se se quisesse estabelecer a bibliografia do relatório de pesquisa imaginário do qual nos servimos antes, obter-se-ia o que está a seguir. Poder-se-ia ver nela alguns outros usos correntes: para os autores múltiplos; para uma edição que não for a primeira; para os subtítulos (sempre mencionados na bibliografia); para a indicação do nome da coleção na qual o livro está inscrito, se for o caso. Lembramos que, para um livro, a descrição bibliográfica é colhida na página de rosto (às vezes, no verso, para o ano de edição, se ele não estiver na página de rosto) e não na folha de cobertura.

BOLKIAH, Hassanal, Sultão de Brunei. *Tempo*, Belo Horizonte, 26 jan. 2030. Caderno Econômico, p.12. (Entrevista concedida a Tâmara Caiapó).

ROM, C.D. God Fooled Us: the sin was in the computer. *Review of the Universal Disbelief in Computer*, Londres: v. 1, n. 1, p. 3, jan. 2040.

HEINZ-STEIN, Albert. Les atomes ne manquent pas d'air. *Recherche atomique pacifiste*, Bagdá, v. 73, n. 5, p.17-21, nov. 2015.

ROM, C.D. How many megaoctets is God's weight? *Journal of the Universal Faith in Computer*, Londres, v. 5, n. 2, p.21-27, abr. 2018. (Em CD-Rom).

LAVILLE, Christian, DIONNE, Jean. *A construção do saber:* manual de metodologia da pesquisa em Ciências Humanas. Porto Alegre: Artes Médicas Sul Ltda./ Ed. UFMG, 1998. 340p. (Adapt. Lana Mara de Castro Siman).

LÉWISTROUXE, Antônio et al. A selva urbana: seus predadores e suas presas. *Revista de Reflorestamento Urbano,* Manaus, v. 4, n. 3, p. 56-88, out. 2001.

HANTRO, Polog. *O futuro? bah!*: estudo sobre o presentismo dos jovens. São Paulo: Paz e Amor, [s.d.].

TOSTÃO, Neto et al. Cambaleantes e atordoados. *O Globo,* Rio de Janeiro, 11nov., 2048. Caderno de Esportes, p.25-35.

TREMBLAY, Joseph. *Le problème de la forêt amazonienne vu de loin.* Inuvik: Presses universitaires inuit, 2038.

A bibliografia comentada

Há várias outras maneiras de estabelecer uma bibliografia. Uma delas é a bibliografia comentada, que pode ser apresentada de diversas formas.

A maneira mais elementar consiste em destacar a natureza particular dos elementos da bibliografia, classificando-os em categorias. Esta forma é particularmente cômoda nas bibliografias longas nas quais a abundância de títulos tornaria a consulta difícil. As categorias vão, habitualmente, do geral ao particular: instrumentos de trabalho (orientações bibliográficas, dicionários ou enciclopédias especializadas, etc.); bibliografia das fontes brutas, se for o caso, como às vezes acontece nas pesquisas históricas ou antropológicas; obras gerais; estudos específicos. Evidentemente, as categorias são estabelecidas em função das necessidades e das particularidades da pesquisa, da qual se apresenta o relatório.

A bibliografia comentada mais elaborada é a bibliografia analítica e crítica. Trata-se de dizer, para cada um dos títulos, em poucas palavras (de duas a cinco linhas, geralmente), do que trata e o interesse que se poderá encontrar nele. Particularmente esclarecedor para o leitor, esse tipo de bibliografia só pode ser considerado se o número de títulos não for muito grande.

Os apêndices ou anexos

Prefere-se falar de apêndices, em um longo relatório de pesquisa, e de anexos, em um relatório de poucas páginas. Os apêndices ou os anexos servem, por um lado, para agregar ao texto as informações que seriam difíceis de incluir no texto ou em nota; por outro, fornecer informações não essenciais, mas das quais se deseja que o leitor possa tomar conhecimento, se o quiser. Pode se tratar de testemunhos, registros parciais e totais de entrevistas, documentos históricos, tabelas longas demais para serem inseridas no texto, listas de dados brutos, dos questionários utilizados para a pesquisa, fotografias, etc.

Os apêndices ou anexos começam no início de uma página, sendo habitualmente identificados por uma letra maiúscula (Apêndice A, Apêndice B, etc.). Dá-se a eles um título.

O índice remissivo

O índice remissivo estabelece a lista alfabética pormenorizada dos assuntos contidos no relatório; indica, para cada um, a página ou páginas em que se encontram, este se difere do sumário. O sumário é apresentado no início do relatório, não deve ir muito longe nos pormenores e tem como objetivo apresentar a estrutura do documento e servir de guia para o leitor. O índice, apresentado após os anexos, no final do relatório, tem por finalidade localizar os assuntos tratados no texto com rapidez e precisão.

O índice remissivo é cada vez menos utilizado nos dias de hoje. Dever-se-ia, no entanto, conservar seu uso nos relatórios de pesquisa longos, sobretudo quando estes comportam muitas informações factuais, como nomes de pessoas ou de lugares. A maioria dos editores de texto oferece uma função que permite estabelecer facilmente o índice remissivo de um relatório.

Eis alguns dos elementos de apresentação de um relatório de pesquisa — página de rosto, índice, citações e referências, tabelas e gráficos, bibliografia... — que parece de interesse considerar aqui. Porém, repetimos, todas as regras de apresentação e suas variantes não podem ser recordadas em poucas páginas. Conforme as necessidades, completar-se-á com um bom guia de apresentação, do tipo daqueles mencionados no início deste capítulo.

PRÁTICA

O Relatório de Pesquisa (II): Assegurar a Versão Final

Chegamos, pois, ao fim de nosso itinerário de pesquisa. Temos agora em mãos o texto completo do nosso relatório. Sua elaboração foi, como sempre, demorada; cuidar dos últimos pormenores quase sempre também o é.

Agora, antes de tirar sua cópia final em sua impressora favorita, pensamos ser prudente gastar uma hora ou duas a mais para nos certificarmos de não ter esquecido nada. Para tanto, eis uma lista de controle que poderia nos auxiliar.

O problema

- Meu problema de pesquisa está indicado, na medida do possível, de forma atraente?
- Está claramente exposto em que medida ele constitui um verdadeiro problema, isto é, uma situação que estaria melhor, se se dispusesse de mais conhecimentos a seu respeito ou se se interviesse para corrigi-la?
- O problema está bem situado, em relação aos conhecimentos de que já se dispõe, das pesquisas feitas a seu respeito?
- Suas coordenadas teóricas e conceituais são expostas com clareza?
- Minhas próprias perspectivas para abordá-lo estão suficientemente explicitadas?
- Podem-se ver claramente minhas hipóteses, ou aquilo que pretendo mostrar ou demonstrar ao fazer esta pesquisa? Vê-se bem que informações serão necessárias?

A pesquisa

- A escolha do método para conduzir a pesquisa é justificada adequadamente?
- Diz-se claramente onde e como serão coletados os dados?
- Os resultados da coleta são descritos com precisão?
- O tratamento dos dados e sua interpretação são referidos de forma explícita?
- As conclusões tiradas decorrem efetivamente dos dados colhidos? São congruentes com as hipóteses ou os objetivos da pesquisa? Contribuem para a eventual solução do problema, como era de se esperar?

O relatório de pesquisa

- O título de meu relatório diz explicitamente do que ele trata?

- O plano do relatório permite conduzir o leitor por meio de uma demonstração eficaz, e seu sumário reflete isso?
- O relatório se limita ao essencial, afastando o supérfluo ou não-pertinente? É escrito em um estilo o mais simples e preciso possível?
- O leitor encontra nele todas as informações e referências de que precisa para assegurar-se da validade da pesquisa?
- As regras de apresentação do aparelho crítico (citações, notas e referências, bibliografia, etc.) são aplicadas de forma metódica e homogênea?
- As tabelas e figuras, se houver, são apresentadas de maneira uniforme, com seus títulos e legendas?
- A bibliografia é bem completa, bem como cada uma de suas menções?
- Se um guia de apresentação de um relatório de pesquisa se mostrar útil, para algumas verificações, eu o tenho à mão?

E finalmente

Se eu tivesse a oportunidade de recomeçar esta pesquisa e preparar um novo relatório, haveria algo que eu faria de modo diferente?

Conclusão

Chegamos ao final de nossa aprendizagem da metodologia da pesquisa em ciências humanas. Este livro visava, de um lado, a aumentar nossa capacidade de fazer pesquisa e, de outro, a nos fazer apreciar seus frutos.

Nossa conclusão irá considerar os dois aspectos objetivados.

FAZER PESQUISA

Nem todo mundo irá se tornar pesquisador profissional em sua vida. Longe disso. Poucas pessoas, no entanto, escapam da necessidade de fazer pesquisas. Desse modo, várias situações de se entregar à pesquisa, de aplicar os saberes e os *savoir-faire* adquiridos e desenvolvidos aqui se apresentarão, e, com isso, mais elevado será o nível de estudos.

De qualquer modo, estejamos ou não implicados pessoalmente na pesquisa, os estudos de nível superior nos obrigarão a consumir uma quantidade sempre crescente dos frutos da pesquisa, e pesquisas cada vez mais avançadas. Falaremos mais tarde desse consumo da pesquisa.

Primeiramente, lembremos, contudo, que mesmo em nossa vida cotidiana comum, qualquer que seja nosso campo de atividade, é raro não ter que, um dia ou outro, preparar um questionário, um formulário ou uma pesquisa de opinião, conduzir uma entrevista, observar comportamentos para deles tirar informações, medir os efeitos de uma intervenção, interpretar dados estatísticos... e, mais freqüentemente ainda, fazer análises de conteúdo. Mesmo em nossa vida pessoal, existem numerosas ocasiões de exercer, com vantagem, nossa competência em pesquisa: de fato, a cada vez que um problema se apresenta a nós e que desejamos "resolvê-lo" de modo eficaz, devemos apreciar sua importância, recolher as informações necessárias e considerar as diversas soluções possíveis para, finalmente, tomar a decisão mais apropriada. Pois levar nossa vida com método, isto é, aplicando estas "regras precisas e fáceis [...] sem aí desperdiçar inutilmente as forças de sua mente", como dizia Descartes, citado na introdução deste volume, é provavelmente um dos principais benefícios esperados de uma aprendizagem da metodologia de pesquisa.

Consumir Pesquisa

A vida cotidiana também faz de nós, quer desejemos ou não, grandes consumidores de pesquisas. Com efeito, é provável que não se passe um dia sem que nos sejam apresentados os resultados de uma pesquisa — sobretudo através da mídia ou da publicidade, mas também nos discursos públicos, em nossas trocas com os outros, etc. Nossa sociedade, como dissemos, tornou-se uma sociedade da informação. Uma boa quantidade dessa informação serve-se dos resultados de pesquisa.

> Quantas vezes na vida escutamos: "a pesquisa demonstrou..."?

A aprendizagem da metodologia da pesquisa nos ajuda a ser consumidores esclarecidos, bem como eventuais produtores de pesquisas. Cada uma das partes deste manual aplicou-se a isso.

A *parte I* lembrava como viemos a considerar que o saber construído é preferível a outro. Vimos se elaborarem as perspectivas e a metodologia das ciências humanas, primeiro inspirando-se nos princípios do positivismo, depois, muito recentemente em nosso século, centrando-se na idéia de problema a resolver e objetivando suas ambições frente aos saberes produzidos e às regras da objetividade. Sabemos, agora, que não existe saber absoluto ou definitivo em ciências humanas, mas saber proposto como mais adequado, cujo valor podemos julgar, sabendo em qual ótica e como foi construído.

Essa primeira parte também nos lembrou o importante papel que os saberes em ciências humanas têm em uma sociedade como a nossa e as responsabilidades que, conseqüentemente, pesam sobre os pesquisadores que constroem esses saberes.

A *parte II* do volume trata desta etapa do encaminhamento do pesquisador que o conduz de uma percepção inicial de um problema à tentativa de explicação provisória, a hipótese. De onde vem um problema, perguntamo-nos: de um conjunto de fatores, de conhecimentos brutos e construídos especialmente, que dão, a cada um, um olhar particular sobre o real. Olhar orientado igualmente por valores: a pesquisa e o saber não são neutros. É importante não esquecê-lo. Então, para um consumo esclarecido dos produtos da pesquisa, deve-se saber estabelecer, em seus conceitos, as teorias, os valores em jogo, os fatores que orientam as pesquisas. É por isso que esperamos que o pesquisador conduza sua operação de objetivação com cuidado e precisão; que determine claramente as perspectivas subjacentes a seu quadro conceitual e teórico; que sua pesquisa esteja bem inscrita no movimento de conjunto da pesquisa e que isso se manifeste através de sua revisão da literatura para, finalmente, chegar a um enunciado explícito de sua problemática racional.

Uma vez vencida essa etapa, resta ao pesquisador realizar a parte prática da pesquisa, ou seja, verificar se suas suposições sobre o problema considerado têm fundamento e, para isso, deve examinar os dados que permitem essa verificação. Foi o objeto da *parte III* do livro, na qual foram consideradas as fontes de dados, conforme devam ser criadas ou recolhidas, para, em seguida, delas tirar, de modo confiável, as informações aptas à verificação da hipótese, tendo em vista os objetivos da pesquisa.

A *parte IV*, enfim, lembra que, como a pesquisa apenas tem validade quando divulgada e submetida à eventual crítica, espera-se encontrar

A Construção do Saber

Preconceito racial já existe na pré-escola

FGV produz questionário sobre hábitos culturais

Crise das Bolsas derruba aprovação a FHC

Excluídos são 59% da população brasileira

Pesquisa mostra juventude deprimida

17 cidades têm mais de 50% fora da escola

Derrubando mitos
Ao pesquisar mais de 1 000 leis, a cientista política constata que o Congresso nunca atrapalha o governo e só não é mais ativo porque não quer

"Uns congressistas nada querem mudar porque são da elite. Outros porque não querem mesmo ir às sessões"

no relatório que dela é feito um certo número de elementos. Em virtude dos princípios de objetivação e de transparência, deveríamos sobretudo aí achar com precisão as coordenadas do problema considerado pelo pesquisador, os motivos e as perspectivas que o movem, a justificativa do procedimento adotado e a exposição crítica dos resultados obtidos. Também, para que possamos facilmente encontrar e julgar esses elementos no relatório de pesquisa, lembramos algumas das regras que se aplicam a esse gênero de relatório para facilitar sua consideração.

A aprendizagem da metodologia das ciências humanas nos torna, portanto, aptos, de um lado, à construção dos saberes pela pesquisa, mas também a se poder, de outro, dispor de tais saberes conhecendo seus modos e seus princípios de construção.

Há uns 30 anos, em maio de 1968, os estudantes de Paris, e depois os de outros lugares do mundo ocidental, manifestaram-se em grande número contra a ordem social e econômica da época. Dentre suas reivindicações estava o acesso ao saber, à informação: "A informação é poder", dizia um de seus *slogans* favoritos. Muitos achariam que esse *slogan* permanece muito atual. Existe, efetivamente, um grande poder intelectual na capacidade de dispor da informação e na construção do saber. A metodologia da pesquisa em ciências humanas não é um meio prático de se chegar a esse poder intelectual?

Um certo olhar sobre a pesquisa

Que alegria, diz a Eternidade,
Ver o filho de minha esperança
Apaixonar-se pela pesquisa,
Pois em sua mente
Coloquei inúmeros de meus sonhos
E gostaria tanto que se tornassem realidade.
    A pesquisa,
    Começou a explicar a Eternidade,
    É, antes de qualquer coisa, o gesto do jovem camponês
    Que se vai,
    Revolvendo a pedra dos campos,
    Descobrindo lesmas e gafanhotos,
    Ou milhares de formigas atarefadas.
A pesquisa,
É a caminhada pelos bosques e pântanos
Para tentar explicar,
Vendo folhas e flores,
Por que a vida apresenta tantos rostos.
    A pesquisa,
    É a fusão, em um só crisol,
    De observações, teorias e hipóteses
    Para ver se cristalizar
    Algumas parcelas de verdade.
    A pesquisa,
    É, ao mesmo tempo, trabalho e reflexão
    Para que os homens
    Achem todos um pouco de pão
    E mais liberdade.

Também é o olhar para o passado
Para encontrar nos antigos
Alguns grãos de sabedoria
Capazes de germinar
No coração dos homens de amanhã.
>A pesquisa,
>É o tatear em um labirinto,
>E aquele que não conheceu a embriaguez de procurar seu rumo
>Não sabe reconhecer o verdadeiro caminho.

A pesquisa
É a surpresa, a cada descoberta,
De se ver recuar as fronteiras do desconhecido,
Como se a natureza, cheia de mistérios,
Procurasse fugir de seu descobridor.
>A pesquisa,

Diz finalmente a Eternidade,
>É o trabalho do jardineiro
>Que quer se tornar,
>No jardim de minha criação,
>O parceiro de minhas esperanças.

Gérard-B. Martin
Au fil des événements, 6 de dezembro de 1994.
(Jornal da Universidade Laval)

APÊNDICE A

Fontes Documentais em Ciências Humanas

Este apêndice apresenta as fontes de informação mais comuns nas ciências humanas no Brasil e no mundo. É claro, como se trata de uma seleção, várias fontes, mesmo de valor, nele não se encontram.

Fizemos esta seleção considerando os seguintes fatores:

- As coleções das bibliotecas variam; não poderíamos especificar as características de cada uma. A seleção foi, portanto, amplamente realizada, considerando-se que as bibliotecas podem não conter todos os títulos mencionados. Podem, entretanto, possuir títulos equivalentes que não foram aqui mencionados.
- As principais categorias são acompanhadas, quando necessário, de algumas considerações de apresentação geral. Mas lembremo-nos de que essas categorias já foram apresentadas na parte "A revisão da literatura" do capítulo 5. A ordem das categorias permanece, aliás, essencialmente a mesma, indo do geral ao particular. Os títulos são seguidos, se for o caso, de algumas especificações sobre sua natureza; com economia, no entanto, pois, muitas vezes, as palavras empregadas nos títulos dão uma boa idéia do que se trata.
- A documentação científica empregada no Brasil é sobretudo de origem americana e francesa. Assim, não surpreenderá o grande número de títulos em inglês e francês. Contudo, um esforço particular em se considerar as fontes em língua portuguesa, bem como as de origem espanhola, foi realizado. Para algumas fontes que freqüentemente possuem seu título em inglês e francês e para outras semelhantes, o duplo título foi dado para facilitar sua localização.
- As fontes recentes foram privilegiadas. Mas algumas fontes mais antigas, dependendo do objeto da pesquisa, foram consideradas. Para essas fontes, como para todas as fontes documentais em ciências humanas, e para o conhecimento e entendimento destas fontes, bem como para o de todas as fontes documentais, poder-se-á consultar uma obra como a de: CAMPELLO, Bernadete.

Fontes de informação especializada; características e utilização. 2.ed. Belo Horizonte: Ed. UFMG, 1993.

Guias Bibliográficos

Bibliografias gerais em ciências humanas e sociais

HERRON, Nancy L. (Ed.). *The social sciences.* A cross-disciplinary guide to selected sources. Englewood: Libraries Unlimited, 1989. 287p.
LI, Tze-Chung. *Social science reference sources;* a practical guide. 2.ed. rev. e aum. Nova Iorque: Greenwood Press, 1990. 590p.
WEBB, William H. et al. *Sources of information in the social sciences;* a guide to the literature. 3.ed. Chicago: American Library Association, 1986. 777p.

A menos que se preferir começar por uma bibliografia geral com referências sobre o conjunto das disciplinas, tal como:

ÍNDICE de bibliografia brasileira. Rio de Janeiro: INL/MEC, 1963.
SHEEHY, Eugene (Ed.). *Guide to reference books.* 10.ed. Chicago: American Library Association, 1986. 1560 p. (Um suplemento para 1985-1990 em 1992, Robert Balay (Ed.).).
WALFORD, A. J. (Ed.). *Walford's guide to reference material.* London: Library Association, 1987. 3 V.

Para bibliografias gerais semelhantes, referentes ao Brasil, poder-se-ia consultar (mesmo não sendo recentes):

BIBLIOGRAFIA brasileira mensal. Rio de Janeiro: Biblioteca Nacional, 1967-1972. (Absorveu o Boletim Bibliográfico da Biblioteca Nacional do Rio de Janeiro, publicado de 1918 a 1951. A partir de 1983, publicada em microficha, substituiu a Bibliografia Brasileira).

Bibliografias gerais por disciplina

ABY, Stephen H. *Sociology;* a guide to reference and information sources. Littleton: Libraries Unlimited, 1987. 231p.
BART, Pauline, FRANKEL, Linda. *The sociologist's handbook.* 4.ed. Nova Iorque: Random House, 1986. 291p.
BERRY, Dorothea M. *A bibliographic guide to educational research.* 2e éd. Metuchen: Scarecrow Press, [1980]. IX. 215p.
BIE. *Sources d'information bibliographiques courantes sur l'éducation.* 4e éd. Bulletin du Bureau International d'Éducation. Paris: UNESCO, 66e année, n. 264, juil.-août 1992. XV. 107p.
BREWER, Deborah J. (Ed.). *ARBA guide to education.* Litleton: Librairies Unlimited, 1985. X. 232p.
BROWN, Barbara E. *Sources d'information économiques et commerciales cannadiennes.* 3e éd. Ottawa: Canadian Library Association, 1992. 675p.
BUTTLAR, Lois J. *Education;* a guide to reference and information sources. Englewood: Libraries Unlimited, 1989. XIV. 258p.

ENCYCLOPEDIA of geographic information sources; international volume. 4.ed. Detroit: Gale Research, 1988. 479p.

ENCYCLOPEDIA of geographic information sources; US volume. 4.ed. Detroit: Gale Research, 1987. 437p. (Bibliografia por tema. Para cada um, a hierarquia das fontes.)

ENGLEFIELD, D., GARVIN, D. (Ed.). *Information sources in politics and political science;* a survey worldwide. Londres: Butterworths, 1984. 509p.

FLETCHER, J. (Ed.). *Information sources in economics*. 2.ed. Londres: Butterworths, 1984. 339p.

FRITZE, R. H., BRIAN E. C., VYHNANEK, L. A. *Reference sources in history;* na introductory guide. Santa Bárbara: ABC-Clio, 1990. 319p.

HAMELIN, Jean (Coord.). *Guide du chercheur en histoire canadienne*. Quebec: Presses de l'Université Laval, 1986. 808p.

HARRIS, C. D. (Ed.). *A geographical bibliography for american libraries*. Washington: Association of American Geographers, 1985. 437p.

HOLLER, Frederick L. *Information sources of political science*. 4.ed. Santa Bárbara: ABC-Clio, 1986. 417p.

KALVALAGE, C., MELONE, A. P., SEGAL, M. *Bridges to knowledge in political science;* a handbook for research. Pacific Palisades: Palisades Publ., 1984. 153p.

KIBBEE, Josephine Z. *Cultural anthropology;* a guide to reference and information sources. Englewood: Libraries Unlimited, 1991. 205p.

LAVIN, Michael R. *Business information;* how to find it, how to use it. 2.ed. Fênix: Oryx Press, 1992. 459p.

MCLINNIS, R. G. *Research guide for psychology*. Westport: Greenwood Press, 1982. 281p.

NORTON, M. B. (Ed. Ger.). *The american historical association's;* guide to historical literature. 3.ed. Nova Iorque: Oxford University Press, 1995. 2 V., 1024p.

REED, J. G., BAXTER, P. *Library use;* a handbook for psychology. 2.ed. Washington: American Psychological Association, 1992. 177p.

WEEKS, John M. *Introduction to library research in anthropology*. Boulder: Westview Press, 1991. 281p.

WILSON, John F., SLAVENS, T. P. *Research guide to religious studies*. Chicago: American Library Association, 1982. 192p.

WOODBURY, M. *A guide to source of education information*. 2ᵉ éd. rév. Arlington: Resources Press, 1982. 430p.

WOY, James (Ed.) *Encyclopedia of business information sources*. 8.ed. Detroit: Gale Research, 1993-1994. 896p.

Alguns desses guias bibliográficos por disciplina são anualmente publicados. Especializados em livros, são realizados a partir das aquisições anuais de grandes bibliotecas, tais como as da Harvard University, da cidade de Nova Iorque, ou a biblioteca do Congresso em Washington. Eis aqui alguns títulos. (As datas no final da referência indicam o primeiro ano de publicação.)

BIBLIOGRAPHIC guide to antropology and archaelogy. Boston: G. K. Hall, 1988—.
BIBLIOGRAPHIC guide to business and economics. Boston: G. K. Hall, 1975—.
BIBLIOGRAPHIC guide to north american history. Boston: G. K. Hall, 1977—.
BIBLIOGRAPHIC guide to psychology. Boston: G. K. Hall, 1976—.

No Brasil tinha-se, até o início da década de 1980, larga produção deste tipo de obra de referência, que eram editadas sob a responsabilidade do IBICT. Deste então descentralizou-se a produção e poucas publicações continuaram correntes, destacando-se:

BIBLIOGRAFIA brasileira de educação. Brasília: INEP/MEC, 1993.
BIBLIOGRAFIA brasileira de direito. Brasília: Senado Federal, 1995.

Para pesquisa retrospectiva, anterior a 1980, existem bibliografias interrompidas ou não correntes em diversas disciplinas: comunicação, economia, história, demografia, ciências sociais, por exemplo:

BIBLIOGRAFIA brasileira de ciências sociais. Rio de Janeiro: Ibbd, 1954—.

Outros guias bibliográficos relacionam bibliografias publicadas sobre um determinado assunto, *bibliografias temáticas*. No que se refere à bibliografia brasileira, eis aqui um bom exemplo:

BIBLIOGRAFIA brasileira. Rio de Janeiro: Fundação Biblioteca Nacional, 1983-(publicação quadrimestral em microficha).
FUNDAÇÃO CARLOS CHAGAS. *Mulher brasileira*; bibliografia anotada. São Paulo: Brasiliense, 1981.
INSTITUTO NACIONAL DE ESTUDOS E PESQUISAS EDUCACIONAIS. *Alfabetização*. Brasília: INEP/REDUC, 1989.
MENDES, Evelyse M. F. *Bibliografia do pensamento político republicano 1870-1970*. Brasília: Ed. UnB, 1981.

Pode-se consultar também o Cadastro Geral da Base Bibliodata Calco, editada pela Fundação Getúlio Vargas, e o Catálogo Coletivo Nacional de Publicações Seriadas, editado pelo IBICT. O primeiro trata-se da base, construída de forma cooperativa, pela maioria das bibliotecas universitárias brasileiras, e o segundo relaciona e descreve as principais coleções de periódicos e outras publicações seriadas existentes no Brasil.

Dicionários e Enciclopédias, Léxicos

Os dicionários e as enciclopédias científicas distinguem-se e são, com freqüência, nomeados em função de seu tamanho, sendo as enciclopédias mais volumosas que os dicionários, embora este não seja um critério absoluto: existem dicionários de tamanhos enciclopédicos e vice-versa. De modo geral, os dicionários e as enciclopédias analisam um determinado objeto de pesquisa ou um conceito dentro de um artigo que pode ir de algumas linhas a várias páginas. Muitas vezes, esses artigos, nas enciclopédias especialmente, são acompanhados por uma curta bibliografia e remissões (correlatas) a outros artigos da obra.

ANTAS, Luiz Mendes. *Dicionário de siglas e abreviaturas*; (decodificação). São Paulo: Traço Editora, 1984.
BAILLY, Antoine, FERRAS, Robert, PUMAIN, Denise (Dir.). *Encyclopédie de la géographie*. Paris: Economica, 1992. 1132p.

BARROW, Robin, MILBURN, Geofrey. *A critical dictionary of education concepts*; an appraisal of selected ideas and issues in educational theory and practice. 2.ed. New York: Teachers College Press, 1990. Xii. 370p.

BELLOCH, Israel, ABREU, Alzira A. (Coord.). *Dicionário histórico-bibliográfico brasileiro 1930-1983*. Rio de Janeiro : Forense Universitária, 1984. 4V.

BENN, A. E. *Dicionário de administração*. Belo Horizonte: Itatiaia, 1964.

BENNER, David G. (Ed). *Baker encyclopedia of psychology*. Grand Rapids: Baker Book House, 1985. 1223p.

BERNARD, Yves, COLLI, Jean-Claude. *Dictionnaire économique et financier*. 5ᵉ ed. atual. e aum. Paris: Seuil, 1989. 1412p.

BOBBIO, Norberto. *Dicionário de política*. Brasília: Ed. UnB, 1995.

BOGDANOR, Vernon. *The blackwell encyclopedia of political institution*. Oxford: Blackwell, 1987. 667p.

BONTE, Pierre, IZARD, Michel (Dir.). *Dicionário crítico de sociologia*. Trad. M. Letícia G. Alcofadado, Durval Artico. São Paulo: Ática, 1993. 653p.

BORGATTA, Edgar F., BORGATTA, Marie (Ed.). *Encyclopedia of sociology*: New York: Macmillan, 1992. 4V.

BOTTOMORÉ, Tom (Ed.). *Dicionário do pensamento marxista*. Rio de Janeiro: J. Zahar, 1988.

BOUDON, Raymond, BOURRICAUD, François. *Dictionaire critique de la sociologie*. 4ᵉ éd. atual. Paris: Presses Universitaires de France, 1994. 714p.

BRÉMOND, Janine, GÉLÉDAN, Alain. *Dictionnaire économique et social*. 4ᵉ éd. Aum. Paris: Haiter, 1990. 416p.

BRUNNER, Reinhard. *Dicionário de psicopedagogia e psicologia educacional*. Petrópolis: Vozes, 1994. 320p.

BRUNET, Roger, FERRAS, R., THÉRY, H. *Les mots de la géographie*. Dictionnaire critique. 2ᵉ éd. ver. Montpellier/Paris: RECLUS/ La Documentation Française, 1992. 470p.

BURGUIÈRE, André (Org). *Dicionário das ciências históricas*. Trad. Henrique de A. Mesquita. Rio de Janeiro: Imago Ed., 1993. 776p. (Série Diversos)

CABANNE, Claude (Dir.) *Lexique de géographie humaine et économique*. 2ᵉ ed. Paris: Dalloz, 1992. 449p.

CACCIATORE, Olga G. *Dicionário de cultos afro-brasileiros*; com a indicação da origem das palavras. Rio de Janeiro: Forense Universitária, 1988. 263p.

CAPUL, Jean-Yves, GARNIER, Olivier. *Dictionnaire d'économie et de sciences Sociales*. Paris: Hatier, 1993. 475p.

CASCUDO, Luis da Camara. *Dicionário do folclore brasileiro*. Belo Horizonte: Itatiaia, 1993. 811p.

CHAGNOLLAUD, Dominique (Dir.). *Dictionnaire de la vie politique et social*. Paris: Hatier, 1993. 252p.

CHATELET, Francois (Ed.). *Dicionário de obras políticas*. Rio de Janeiro: Civilização Brasileira, 1993.

COELHO NETO, J. Teixeira. *Dicionário de política cultural*; cultura e imaginário. São Paulo: Iluminuras, 1997. 383p.

COLETI, Giovanni D. *Dicionário histórico-geográfico de la America Meridional*. Bogota: Banco de la Republica, 1974. 2V.

CORSINI, Raymond J.(Ed.). *Encyclopedia of psychology*. 2.ed. Nova Iorque: John Wiley & Sons, 1994. 4V.

COTTA, Alain. *Dicionário de economia*. Trad. Álvaro de Figueiredo. Lisboa: Dom Quixote, 1977.

DE LANDSHEERE, Gilbert. *Dictionnaire de l'évaluation et de la recherche en éducation*. 2ᵉ éd. ver. et augm. Paris, PUF, 1992. 377p.

DICIONÁRIO de política internacional. Trad. Antonio Simões Neto. Lisboa: Avante, 1988.

DICTIONNAIRE de la pensée politique. Hommes et idées. Trad. David Miller. Paris: Hatier, 1989. 854p.

DONATO, Hermâni. *Dicionário das batalhas brasileiras.* São Paulo: IBDC, 1987. 542p.

DORON, Roland, PAROT, François (Dir.) *Dictionnaire de psychologie.* Paris: Presses Universitaires de France, 1991. 761p.

DUARTE, Sérgio Guerra. *Dicionário brasileiro de educação.* Rio de Janeiro: Antares, Nobel, 1986. 175p.

DUNKIN, Michael J. (Ed.). *The international encyclopedia of teaching and teacher education.* Oxford: Pergamon, 1986. 878p.

ÉCHAUDEMAISON, Claude-Daniel et al. (Dir). *Dictionnaire d'économie et de sciences sociales.* Nova edição atualizada e aumentada. Paris: Nathan, 1993. 447p.

ELIADE, Mircea (Ed.). *The encyclopedia of religion.* Nova Iorque: Macmillan, 1987. 15V.

ENCYCLOPÉDIE géographique. Paris: Le Livre de Poche, 1991. 1113 p.

EYSENCK, Michael (Ed). *The blackwell dictionary of cognitive psychology.* Oxford: Blackwell Reference, 1990. 390p.

FREITAS, Gustavo de. *Vocabulário de história:* política, social, econômica, cultural, geral. Lisboa: Platano, 198?. 294p.

FUNDAÇÃO Getúlio Vargas. *Dicionário de ciências sociais.* Rio de Janeiro: FGV, 1986. 1.422p.

GEORGE, Pierre (Dir.). *Dictionnaire de la géographie.* 5ᵉ éd. reform. Paris: Presses Universitaires de France, 1993. 499p.

GREENWALD, Douglas (Ed.). *Encyclopedia of economics.* Nova Iorque: McGrawHill, 1982. 1.070p.

GREFFE, Xavier, MAIRESSE, Jacques REIFFERS, Jean-Louis (Dir.). *Encyclopédie économique.* Paris: Économica, 1990. 2V.

GRESLE, François et al. *Dictionnaire des sciences humaines*: sociologie, psychologie Sociale, anthropologie. Paris: Nathan, 1990. 381p.

HENDERSON, David, R. (Ed.). *The fortune encyclopedia of economics.* Nova Iorque: Warner Books, 1993. 876p.

HILLS, P. J. (Ed.). *A dictionary of education.* Boston: Routledge & Kegan Paul, 1982. 284p.

HINNELLS, J. R. (Org.). *Dicionário das religiões.* Trad. Octavio M. Cajado. São Paulo: Cultrix, 1984.

HOWATSON, M. C. (Dir.). *Université d'Oxford.* Dictionnaire de l'antiquité; Mythologie, Littérature, Civilisation. Trad. Jeannie Carlier. Paris: Robert Laffont, 1993. 1.067p.

HUNTER, David E., WHITTEN, Phillip (Ed.). *Encyclopedia of anthropology.* Nova Iorque: Harper and Row, 1976. 411p.

HUSEN, Torsten, P.STLETHWAITE (Ed.). *The international encyclopedia of Education.* Research and Studies. Oxford: Pergamon Press, 1985. 10V. (Des. Suppléments depuis 1989).

IBARROLA, Jesus, PASQUARELLI, Nicolas. *Nouveau dictionnaire économique et social.* Paris: Éditions sociales, 1981. 715p.

INGOLD, Tim (Ed.). *Companion encyclopedia of anthropology.* Londres: Nova Iorque: Routledge, 1994. 1127p.

JOHNSON, R. J., GREGORY, Derek, SMITH, David M. (Ed.). *The dictionary of human geography.* 3.ed. Oxford: Blackwell, 1993. 724p.

KUPER, Adam, KUPER, Jessica (Ed.). *The social science encyclopedia.* ed. rev. Londres: Routledge and Kegan Paul, 1989. 916p.

LACHMAN, Richard (Ed.). *The encyclopedic dictionary of sociology*. 4.ed. Guilford: The Dushkin Publ. Group, 1991. 321p.
LACOSTE, Yves (Dir.). *Dictionnaire de géopolitique*. Paris: Flammarion, 1993. 1680p.
LEGENDRE, Renald (Dir.). *Dictionnaire actuel de l'éducation*. 2e éd. Montréal, Guérin, 1993. 1.500p.
LEWY, Arieh (Ed.). *The international encyclopedia of curriculum*. Oxford: Pergamon Press, [1991]. 1.064p.
MARSHALL, Gordon. *The concise oxford dictionary of sociology*. Oxford University Press, 1994. 573p.
MATHER, George A, NICHOLS, Larry A. *Dictionary of cults, sects, religions and the occult*. Grand Rapids: Zondervan Publ. House, 1993. 384p.
MOURRE, Michel. *Dictionnaire encyclopédique d'histoire*. 9e ed. Paris: Bordas, 1986. 8v.
OUTHWAITE, William, BOTTOMORE, Tom (Ed.). *The blackwell dictionary of twentieth-century social thought*. Oxford: Blackwell, 1993. 864p.
PAGE, G. Terry, THOMAS, J. B. (Ed.). *International dictionary of education*. Londres: Kogan Page, 1977. 381p. (Autre édition : Cambridge, Mass., MIT Press, 1980. 384p.)
PAULET, Jean-Pierre. *Dictionnaire d'économie*. Paris: Eurolles, 1992. 265p.
PEARCE, David W. (Ed.). *The MIT dictionary of modern economics*. 4.ed. Cambridge: MIT Press, 1992. 474p.
PLANO, Jack C., OLTON, Roy . *The international relations dictionary*. 4.ed. Santa Bárbara: ABC-Clio, 1988. 446p.
RAMACHANDRAN, V. S. (Ed*.)*. *Encyclopedia of human behavior*. São Diego: Academic Press, 1994. 4v.
REBER, Arthur S. *The penguin dictionary of psychology*. Harmondworth: Penguin Books, 1985. 848p.
RITTER, Harry. *Dictionary of concepts in history*. Westport: Greenwood Press, 1986. 490p.
ROBERTS, Geofrfey K. *Dicionário de análise política*. Rio de Janeiro: Civilização Brasileira, 1972.
ROMEUF, Jean (Dir.). *Dicionário de ciências econômicas*. Barcelona: Labor, 1966.
SANDRONI, Paulo (Org.). *Novo dicionário de economia*. São Paulo: Círculo do Livro, 1994. 380p.
SELDON, Arthur. *Dicionário de economia*. Trad. Nelson de Vicenzi. Rio de Janeiro: Bloch, 1983.
SEYMOUR-SMITH, Charlotte. *Dictionary of anthropology*. Boston: G. K. Hall, 1986. 305p.
SILLAMY, Norbert, (Dir.). *Dictionnaire encyclopédique de psychologie*. Paris: Bordas, 1980. 2V.
SILLAMY, Norbert, *Dictionnaire de psychologie*. 9e éd. atual. Paris: Larousse, 1991. 273p.
SILLS, David L. (Ed.). *International encyclopedia of the social sciences*. Nova Iorque: Macmillan, 1969-1991. 19V.
SILVA, M. B. M. N. *Dicionário da história da colonização portuguesa no Brasil*. Lisboa: Verbo, 1994. 839p.
STRATTON, Peter, HAYES, Nicky. *Dicionário de psicologia*. Trad. Esmeria Rovai. São Paulo: Pioneira, 1994. 244p.
SUTHERLAND, Stuart. *The international dictionary of psychology*. Nova Iorque: Continuum, 1989. 491p.
THINÈS, Georges, LEMPEREUR, Agnès (Dir.). *Dicionario geral de ciências humanas*. Lisboa: Ed. 70, 1984.

VELHO SOBRINHO, João F. *Dicionário bio-biográfico brasileiro...* Rio de Janeiro: Irmãos Pongetti, 1937.
WOLMAN, Benjamin B. (Ed*.). Dictionary of Behavioral Science.* 2.ed. São Diego: Academic Press, 1989. 370p.

Além dos dicionários e das enciclopédias científicas, as grandes enciclopédias gerais podem igualmente ser muito úteis ao pesquisador. Desse modo:

ENCYCLOPAEDIA Universalis. 2ᵉ éd. Paris, Encyclopædia Universalis, 1989. 27V.
L'ENCYCLOPÉDIE du Canada. Montreal: Stanké, 1987. 3V. (Tradução de *The Canadian Encyclopedia.* Edmonton, Hurtig Publ., 1985.)
NEW Encyclopædia Britannica. 15.ed. Chicago: Encyclopædia Britannica, rev. 1992. 32V.

Também pensar na série Primeiros Passos publicada pela Editora Brasiliense, cujas centenas de títulos cobrem uma imensidão de assuntos.

Existem igualmente *léxicos* especializados no vocabulário (os conceitos) de pesquisa, por exemplo:

ANTAS, L. Mendes. *Dicionário de termos técnicos.* São Paulo: Traco, 1980.
LEFRANÇOIS, Richard. *Dictionnaire de la recherche scientifique.* Lennoxville: Les Éditions Némésis, 1991. 220p.
PIGEON, E. Richard. *Méthodologie de recherche scientifique*: vocabulaire et lexique anglais-français. Montreal: Les Éditions de la Chenelière, 1991. 57p.
VIDOSSICH, Franco. *Dicionário de novos termos de ciências e tecnologia:* empréstimos, locuções, siglas, cruzamentos e acronismos. São Paulo: Pioneira, 1996.
VOCABULÁRIO científico y técnico. Madrid: Espasa, 1996 (Real Academia de Ciencias Exactas, Fisicas y Naturales).

Você também encontrará *léxicos* especializados no vocabulário das ciências humanas e sociais, tal como:

GRAWITZ, Madeleine. *Lexique des sciences sociales.* 6ᵉ éd. Paris: Dalloz, 1994. 399p.

Índices e Inventários

Vários índices e inventários mencionados a seguir também existem informatizados. Você os achará, mais tarde, na seção bancos de dados informatizados.

Artigos

É principalmente para procura de artigos de revistas científicas que se consulta esses grandes índices e inventários. Mas, em vários, também se acham livros, teses, resenhas, comunicações, etc.

ABC pol.sci.; advance bibliography of contents — Political science v government. Santa Barbara: ABC-Clio, 1969—.

ABSTRACTS in anthropology. Amytyville (NY): Baywood Publ., 1970—.

AMERICA; history and life — Articles, abstracts and citations of reviews and dissertations covering the United States and Canada. Santa Barbara: Clio Press, 1964—.

BIBLIOGRAPHIE internationale d'anthropologie sociale et culturelle/International bibliography of social and cultural anthropology. Londres: Routledge, 1955—.

BIBLIOGRAPHIE internationale d'économie / International bibliography of economics. Londres: Routledge, 1952—.

BIBLIOGRAPHIE internationale de science politique/International bibliography of political science. Londres: Routledge, 1952 —.

CURRENT index to journals in education (CIJE). Phoenix: Oryx Press. (ERIC).

FRANCIS, bulletin signalétique. *520, Sciences de l'Éducation*. Paris: CNRS.

REPERTOIRE canadien sur l'éducation/Canadian education index. Toronto: Association Canadienne d'éducation.

RESOURCES in education (RIE). Washington: U.S. Government Printing Office. (ERIC).

THE EDUCATION index. New York: Wilson.

BIBLIOGRAPHIE internationale de sociologie / International bibliography of sociology. Londres: Routledge, 1951—.

BULLETIN analytique de documentation politique, économique et sociale contemporaine. Paris: Fondation nationale des sciences politiques, 1946—.

BUSINESS periodicals index. Nova Iorque, H. W. Wilson, 1957—.

CANADIAN index. Toronto: Micromedia, 1993. (Fusão de *Canadian Business Index* (1984—), *Canadian Magazine Index* (1985—) e *Canadian News Index* (1971—)).

CANADIAN periodical index / Index de périodiques canadiens. Toronto: Globe and Mail Publ., 1928—. (Ampla seleção de revistas e de jornais canadenses e americanos).

COMITÉ INTERNATIONAL DES SCIENCES HISTORIQUES. *Bibliographie internationale des sciences historiques*. Munique: K. G. Saur, 1926—.

CURRENT index to journals in education (CIJE). Fênix, 1969—.

DOCUMENTATION politique internationale / International political science abstracts. Paris: Association Internationale de Science Politique, 1951—.

FRANCIS, bulletin signalétique. Vandœuvre-Lès-Nancy: Centre national de la recherche scientifique, 1991—. (Seção 521: sociologia; 522: história das ciências e das técnicas; 527: história e ciência das religiões; 528: ciências administrativas; 529: etnologia. Antes: *Bulletin signalétique* (1947-1991). A seção 531 destina-se à geografia, que continua a *Bibliographie géographique internationale* começada em 1893).

GEOGRAPHICAL abstracts. Human geography. Norwich: Elsevier, Geo Abstracts, 1989—.

HISTORICAL abstracts. Part A: Modern History Abstracts, 1450-1914; Part B: Twentieth Century Abstracts, 1914—. Santa Barbara: ABC-Clio, 1971—.

HUMANITIES index. New York: H. M. Wilson, 1974—. (Antérieurement, *Social Sciences and Humanities Index* (1965-1974).

INDEX of economic articles in journals and collective volumes. Homewood: R. D. Irwin, 1966—.

JOURNAL of economic literature. Nashville: American Economic Association, 1962—.

L'ANNÉE philologique; bibliographie critique et analytique de l'antiquité gréco-latine. Paris: Les Belles Lettres, 1924—.

L'INDEX des affaires. Montreal: Documensa, 1988—.

PAIS international in print. New York: Public Affairs Information Service, 1991—. (Compreende a *PAIS Bulletin*, para as publicações em língua inglesa (1915-1990), e o *PAIS Foreign Language Index*, para as outras línguas (1968-1990)).

PASCAL. Bibliographie internationale. Vandœuvre-Lès-Nancy: Centre national de la recherche scientifique, 1990—. (Seção 65: psicologia. Antes: *Pascal explore*, seção E 65 (1984-1990), *Bulletin signalétique*, seção 390 (1971-1984)).

PSYCHOLOGICAL abstracts. Washington: The American Psychological Association, 1927—.

RELIGION index. Evanston: American Theological Library Association. (1: Periodicals (desde 1949); 2: Multi-Author Works (após 1960)).

REPÈRE, index analytique de périodiques de langue française. Montreal: Service documentaire multimédia, Biblioteca Nacional do Quebec, 1994—. (Antes: *Point de repère*, 1984—.).

RESOURCES in education *(RIE)*. Fênix: Oryx Press, 1979—.

SOCIAL sciences index. Nova Iorque: H. W. Wilson, 1974—.

SOCIOLOGICAL abstracts. São Diego: Sociological Abstracts, 1952—.

WOMEN'S studies abstracts. New Brunswick: Rush Publ., 1972—.

Resenhas

AN INDEX to book reviews in the humanities. Williamston: Philip Thomson, 1960-1990.

BOOK review digest. Nova Iorque: H. W. Wilson, 1905—.

BOOK review index. Detroit: Gale Research, 1965—.

CLASSICAL review. Oxford: Oxford University Press, 1887—.

CONTEMPORARY psychology; a journal of reviews. Washington: American Psychological Association, 1956—.

CONTEMPORARY sociology; a journal of reviews. Washington: American Sociological Association, 1972—.

INDEX to book reviews in religion. Evanston: American Theological Library Association, 1986—.

JOURNAL of economic literature. Nashville: American Economic Association, 1962—.

REVIEWS in anthropology. Yverdon: Gordon and Breach Science Publ., 1974—.

Teses

BRASIL. Instituto da Educação e Cultura. *Catálogo do banco de teses*. Brasília: MEC, 1976- (Publicado anualmente até a década de 1980).

COMPREHENSIVE dissertation index. Ann Arbor: University Microfilm. (Refonte a cada cinco anos. v. 3 e 4: *Social Sciences and Humanitiers*, nos suplementos.)

DISSERTATION abstracts international. Ann Arbor: Xerox University Microfilm,1940—. (Seção A: ciências humanas e sociais; seção C: o mundo. Psicologia na seção B: Sciences and engineering).

DOSSICK, Jesse J. *Thèses de doctorat concernant* le Canada et les Canadiens/ Doctoral research on Canada and Canadians, 1884-1983. Ottawa: Biblioteca Nacional do Canadá, 1986. 559p.

INSTITUTO DE FÍSICA. *Ensino de física no Brasil*: catálogo analítico de dissertações e teses: 1972-1992. São Paulo: IF/USP, 1992. (Exemplo de catálogo de teses temático).

MASTER'S theses in education. Cedar Fall, Ia, Research Publications.
MASTER'S abstracts international. Ann Arbor: University Microfilm International, 1962—. Completado por *Research Abstracts*, en *addendum*, após 1991.
PRODUÇÃO histórica no Brasil 1985-1994: catálogo de dissertações e teses dos Programas e cursos de pós-graduação em história. São Paulo: Faculdade de Filosofia, Letras e Ciências Humanas, Departamento de História – USP, 1995. (Exemplo de catálogo de teses por disciplina)
REYNOLDS, Michael M. *Guide to theses and dissertations:* an international bibliography of bibliographies. 2.ed. rev. e aum. Fênix: Oryx Press, 1985. 263p.
ROBITAILLE, Denis, WAISER, J. *Thèses au Canada: guide bibliographyque / Theses in Canada: Bibliographic guide*. 2.ed. Ottawa: Biblioteca Nacional do Canadá,1986. 72p.
THÈSES canadiennes / Canadian Theses. Ottawa: Biblioteca Nacional do Canadá, 1969—. Em microfichas. Também no banco de dados informatizado DOBIS. As teses de 1960 a 1990 estavam também inventariadas em *Canadiana. La bibliographie nationale du Canada*, Ottawa, Biblioteca Nacional do Canadá.
THÈSES de sciences de l'éducation. Paris: Université René Descartes.
UNIVERSIDADE DE SÃO PAULO. Sistema Integrado de Bibliotecas. *Catálogo da* produção técnico-científica e artística do corpo docente, pesquisadores e teses da *USP*. São Paulo: SIBI/USP, 1997 (em CD-ROM). (As grandes instituições produzem os seus próprios catálogos de teses e o da USP é um exemplo de regularidade na periodicidade).

Jornais

CANADIAN index. Toronto: Micromedia, 1993—. (Segue o *Canadian News Index* (1971—), reunido com o *Canadian Business Index* (1984—) e o *Canadian Magazines Index* (1985—)).
INDEX analytique du journal; Le Monde diplomatique, 1954-1983. Quebec: Microfor e Collège F.-X. Garneau, 1984. 941p.
INDEX de l'actualité. Montreal: Documensa, 1988—.(Compreende *Le Devoir, La Presse, Le Soleil, Le Journal de Montréal* e várias revistas de negócios quebequenses. Antes: *Index de l'actualité vue à travers la presse écrite,* 1966-1988. *Le Monde. Index*. Reading (GB), Research Publ. International. 1987—. Antes: *Le Monde. Index analytique.* 1967-1987, mas cobre após 1944).
NEW York Times Index. Nova Iorque: New York Times, 1913—. Cobre após: 1851.
THE TIMES Index. Reading : Research Publ. International, 1973-. (Antes: *Index to* The Times, 1914—.).

Também existem publicações anuais que fazem *resumos da atualidade* ou publicam sínteses sobre assuntos importantes da atualidade do ano passado.

CURRENT History. Philadelphie: Current History, 1941—. (Uma revista de história atual).
FACTS on File Yearbook. Nova Iorque: Facts on File, 1941—.
JOURNAL de l'Année. Paris: Larousse, 1967—.
KEESING'S Records of World Events. Londres: Longman, 1988-. (Segue à *Keesing's Contemporary Archives*, 1931-1988).

MONIÈRE, Denis (Dir.). *L'année politique au Québec*. Montreal: Québec/Amérique, 1988—.

O MUNDO HOJE; anuário econômico e geopolítico mundial. São Paulo: Editora Ensaio 1993-. Versão brasileira do *L'état du monde;* annuaire économique et géopolitique mondial. Paris: Découverte.

Vários jornais brasileiros já disponibilizam o acesso ao índice de artigos publicados e até mesmo ao texto integral destes artigos via Internet.

Outros índices e inventários

Publicações governamentais

BIBLIOGRAFIA de publicações oficiais brasileiras. Brasília: Centro de Documentação e Informação, Câmara dos Deputados, 1981—.

Biografias

BELOCH, Israel, ABREU, Alzira A. *Dicionário histótico-biográfico brasileiro;* 1930-1983. Rio de Janeiro: Forense-Universitária, 1984. 4V.
BIO-Base. Detroit: Gale Research, 1978. (Em microfichas. Estados Unidos, Canadá, Grã-Bretanha).
BIOGRPHY index. Nova Iorque: H. W. Wilson, 1946—. (principalmente Estados Unidos).
CURRENT biography yearbook. Nova Iorque: H. W. Wilson, 1940—.
DICTIONNAIRE biographique du Canada / Dictionary of canadian biography. Quebec: Toronto: Presses de l'Université Laval; University of Toronto Press, 1966—. (Uma dezena de volumes publicados).
INTERNATIONAL who's who. Londres: Europa Publ., 1935—.
QUEM é quem na economia brasileira. São Paulo: Sociede editorial Visão, 1967- (Suplemento anual da Revista Visão).
MONTEIRO, Norma de Goes (Coord.). *Dicionário biográfico de Minas Gerais*: período republicano, 1891-1991. Belo Horizonte: UFMG; Assembleia Legislativa do Estado de Minas Gerais, 1994. 2V.
WHO'S who in Brazil. São Paulo: Who's who in Brazil Editorial, 1969-.

Organismos

BRASIL. Ministério da Ciência e Tecnologia. Conselho Nacional de Desenvolvimento Científico e Tecnológico. Guia de fontes de financiamento à ciência e tecnologia. Brasilia: CNPq, 1993.
DIRETÓRIO de entidades atuantes em ciências e tecnologia em Minas Gerais. Belo Horizonte: Secretaria de Estado de Ciências e Tecnologia, 1978.
Encyclopedia of Associations. Detroit: Gale Research, 1961—.
Encyclopedia of International Organizations. Detroit: Gale Research, 1989—.
Répertoire des associations du Canada / Directory of Associations in Canada. Toronto: Micromédia, 1974—.
UNION of International Associations. Annuaire des organisations internationales /Yearbook of international organizations. Munique: Saur, 1948—.

Estatísticas

IBGE. *Anuário estatístico do Brasil.* Rio de Janeiro: IBGE, 1991.
IBGE. *Estatísticas históricas do Brasil*: séries economicas, demográficas e sociais de 1550-1988. Rio de Janeiro: IBGE, 1990.
IIS Index to International Statistics. Abstracts. Bethesda: Congressional Information Service, 1983—.

Bancos de Dados Informatizados

O número, a variedade e a extensão dos bancos de dados informatizados úteis à pesquisa crescem em um ritmo muito rápido. Os bancos de dados, que, antigamente, somente eram acessíveis através de comunicação telefônica — ficava-se então *on-line* —, são agora oferecidos, cada vez mais, em CD-ROM. É, por outro lado, nessa forma que estão apresentados aqui, mas um asterisco, após seu título, indica que permanecem também acessíveis *on line*, quando for o caso. Alguns são agora acessíveis pela Internet. Para se achar na soma dos bancos de dados, existem excelentes inventários, inclusive:

GALE Directory of Databases. Detroit: Gale Research. (Volume 1: On line Databases; Volume 2: CD-ROM.Publicado duas vezes ao ano).

Como a maioria dos bancos de dados informatizados corresponde a índices ou a inventários impressos, indicamos ao que correspondem, caso o título não seja explícito. Os títulos das versões *on-line* dos bancos também são indicados, se variam, como às vezes acontece.

ABC POL SCI on Disc. (Correspond à *ABC POL SCI*: Advance Bibliography ofContents: Political Science and Government).
SBI / INFORM GLOBAL°. (Em administração.)
ACTUALITÉ Québec. (Reproduz os textos dos jornais e periódicos *Le Soleil, Le Devoir, La Presse, Le Droit, L'Actualité, Voir).*
AMERICA: History and Life.°
Amérique française: histoire et civilisation. (Compreende diversos guias e index, inclusive o *Guide du chercheur en histoire canadienne* de Hamelin e HISCABEQ: *bibliographie de l'histoire du Québec et du Canada* de Aubin e Côté).
Annuaire des organisations internationales / Yearbook of international organizations.
Annuaire statistique des Nations Unies / United Nations statistical yearbook.
ATLA religion database. (Corresponde à *Religion Index*).
Bibliography of canadian politics and society.
Bibliography of native north americans on disc. (Corresponde à *Ethnographic Bibliography of North America*).
Bibliothèque québecoise. (Comprende diversos index de publicações quebequenses, inclusive *l'Index de l'actualité* e *l'Index des affairs*).
Biography and genealogy master index.° (On-line: *Biography Master Index.* Contém mais de 8 milhões de citações biográficas).
Biography index.° (Aproximadamente 160.000 citações).

Book review index°.
Business periodicals index°.
Canadian business and current affairs (CBCA)°. (Corresponde ao *Canadian Index*).
Canadian Periodical Index / Index de périodiques canadiens.
CD-Thèses°. (Teses feitas na França desde 1972. On-line: *Téléthèses*).
CDThèque francophonie. (Produzido pelo Secrétariat d'État du Canada: um conjunto de dados bibliográficos sobre os 44 países participantess do cume da francofonia).
Dissertation abstracts°. (*Corresponde à Dissertation Abstracts International* e *Comprehensive Dissertation Abstract*).
E-STAT. (Compreende séries cronológicas de estatísticas estabelecidas por *Statistique Canada* (existem igualmente em disco compacto *CANSIM*) e dados do último recenseamento).
EconLit°. (Corresponde ao *Journal of Economic Literature* e *Index of Economic Articles*. On-line: *Economic literature index*.
ERIC°. (Corresponde ao *Current Index to Journals in Education (CIJE)* e *Resources in Education (RIE)*).
Film / Vidéo Canadiana. (Descrição de 26.000 filmes em vídeo produzidos ou co-produzidos no Canadá).
FRANCIS.
GEOBASE. (Corresponde ao Geographical Abstracts). *Historical Abstracts*°.
Humanities Index°.
International Statistical Yearbook. (Reúne aproximadamente 350.000 séries estatísticas provenientes da Comunidade Econômica Européia, da Organização de Cooperação e de Desenvolvimento Econômico, do Fundo Monetário Internacional, etc.
Microlog. Index de recherche du Canada / Canadian research index°.
PAIS°.
PASCAL°.
PsyLit. (Corresponde ao *Psychological Abstract*. On-line: *PsyInfo*).
Religion Indexes. (Compreende uma parte de *ATLA Religion Database* [títulos após 1975]).
REPÈRE°.
Social Sciences Index°.
SocioFile°. (Corresponde ao *Sociological Abstract*. On-line: *Sociological Abstracts*).
The Globe and Mail and Financial Times of Canada°. (On-line: *The Globe and Mail Online*).
UNESCO Databases. (Múltiplos aspectos das ciências humanas, inclusive uma lista de 4.650 periódicos na seção DARE. [Em CD-ROM]).
DOBIS; Canadian online library system. (Segue *Canadiana*, a publicação da Biblioteca Nacional do Canadá para as publicações canadenses ou relativas ao Canadá.)

Periódicos

Revistas

A comunicação científica, como foi lembrado no início do capítulo 9, conhece uma verdadeira explosão, que se manifesta principalmente pela quantidade de revistas científicas cujo número bem poderia logo atingir um milhão. A metade delas, aproximadamente, refere-se às ciências humanas. Aqui, achar-se-á somente uma seleção das principais revistas brasileiras e internacionais em diversos campos das ciências humanas. Mas se desejando saber mais sobre as revistas existentes, poder-se-ia consultar um grande inventário como os que seguem:

Liste mondiale des périodiques spécialisés dans les sciences sociales / *World List of Social Science Periodicals*. 8ᵉ éd. Paris: Unesco, 1991. (Corresponde à seção DARE de *UNESCO Databases CD-ROM* que apresenta 4.650 periódicos.)

Ulrich's International Periodicals Directory. New Providence: R. R. Bowker. 1961—. Annuel. Existe também em *CD-ROM: Ulrich's Plus*.

Brasil

Arquivos brasileiros de psicologia
Bib: boletim informativo de ciências sociais
Cadernos de pesquisa
Cadernos do Cedes
Cadernos PUC
Ciência & trópico
Ciência e cultura
Ciências sociais hoje
Conjuntura econômica
Correio da Unesco
Dados: revista de ciências sociais
Didática
Economia: revista da ANPEc
Educação brasileira
Educação e sociedade
Educação em revista
Estudos feministas
Estudos em avaliação educacional
Hífen
História
Humanidades
Intercom: revista brasileira de comunicação
Kriterion
Leopoldianum
Nova economia
Proposta
Psico
Psicologia (USP)
Revista da Faculdade de Educação (USP)
Revista brasileira de administração
Revista brasileira de administração da Educação
Revista brasileira de economia
Revista brasileira de educação
Revista brasileira de estatística
Revista brasileira de estudos pedagógicos
Revista brasileira de estudos políticos
Revista brasileira de geografia
Revista brasileira de política internacional
Revista de administração

Revista de administração de empresas
Revista de antropologia
Revista de ciência política
Revista de cultura Vozes
Revista de finanças públicas
Revista de história
Tecnologia Educacional
Trabalho e educação
Universidade e sociedade

Outros países

Actes de la recherche en sciences sociales
American Anthropologist
American Economic Review
American Historical Review
American Journal of Psychology
American Journal of Sociology
American Political Science Review
American Sociological Journal
American Sociological Review
Annales. Histoire, Sciences sociales
Annals of the Association of American Geographers
Archives de Sciences sociales des religions
Cahiers internationaux de psychologie sociale
Géographie et culture
Histoire, économie et societé
International Journal of Research in Marketing
International Studies Quarterly
Journal for the Scientific Study of Religion
Journal international de psychologie / International Journal of Psychology
Journal of Business Research
Journal of Historical Geography
Journal of Political Economy
Journal of Social History
Journal of Social Psychology
L'espace géographique
L'homme. Revue française d'anthropologie
Psychological Review
Psychologie française
Quarterly Journal of Economics
Recherche et applications en Marketing
Relations internationales
Revue économique
Revue française de marketing
Revue française de science politique
Revue internationale de psychologie sociale / International Review of Social Psychology
Revue internationale des sciences administratives
Revue internationale des sciences sociales
Social Psychology Quarterly
Sociétés. Revue des sciences humaines et sociales
Sociological Review
Sociology and Anthropology of Religion

Studies in Political Economy
The Journal of American History
The Journal of Religion
Vingtième siècle. Revue d'histoire

O pesquisador apressado em conhecer o conteúdo das revistas, na medida de sua publicação, poderia consultar a publicação semanal *Current Content*, que reproduz os índices das revistas publicadas. Para as ciências humanas, ver as seções *Social and Behavioral Sciences* e *Arts and Humanities*. É oferecida em versão impressa, em CD-ROM e *on-line*. No Brasil diversos serviços de bibliotecas também publicam os Sumários Correntes por disciplina

Outros periódicos e anuários

Entre as numerosas publicações periódicas, acham-se as publicadas com regularidade, às vezes anualmente, por grandes organismos, especialmente séries estatísticas.

ANNUAIRE démographique / Demographic yearbook. Nova Iorque: Nações Unidas. 1948—.
ANNUAIRE statistique / Statistical yearbook. Nova Iorque: Nações Unidas. 1948—.
ANNUAIRE statistique du commerce international / International trade statistics yearbook. Nova Iorque: Nações Unidas. 1950—.
OCDE. *Principaux indicateurs économiques* / Main economic indicators. Paris: OCDE, 1959—.
RAPPORT sur le développement dans le monde. Washington: Banco Mundial, 1978—. (Estudos temáticos sobre, por exemplo, a pobreza, o desenvolvimento e o meio ambiente, os desafios do desenvolvimento).

Existem igualmente para várias disciplinas das ciências humanas revistas anuais cuja vocação é analisar algumas grandes questões de pesquisa. Desse modo:

ANNUAL review of anthropology. Palo Alto: Annual Reviews, 1972—.
ANNUAL review of psychology. Palo Alto: Annual Reviews, 1950—.
ANNUAL review of sociology. Palo Alto: Annual Reviews, 1969—.
ENTWISTLE, Noel (Ed. Ger.). *Handbook of educational ideas and practices*. Londres: Routledge, 1990.
JACKSON, Philip W. (Ed.). *Handbook of research of curriculum*. New York: Macmillan, [1992]. 1.088p.
KEEVES, John P. (Dir.). *Educational research methodology and measurement*. An Inter-National Handbook. Oxford: Pergamon Press, 1988. 832p.
REVIEW of Educational Research. Washington: American Educational Research Association.
REVIEW of Research in Education. Itasca: P. E. Peachck.
SHAVER, James P. (Ed.). *Handbook of research on social studies teaching and learning*. New York: Macmillan, [1991], 661p.

Elementos de Análise Estatística

APÊNDICE B

Retomamos aqui alguns dos elementos de análise estatística apresentados no capítulo 8 do manual e a eles acrescentamos alguns outros. A perspectiva adotada pretende ser, todavia, mais técnica: surgirão especialmente fórmulas matemáticas e métodos de cálculo. Não se trata contudo de um tratado completo e detalhado sobre os métodos quantitativos, mas de um complemento de informações no qual alguns dos conceitos mais importantes são abordados e alguns dos instrumentos e testes mais usuais são rapidamente descritos. O apêndice não deveria impedir a tão necessária consulta a obras especializadas em estatística.

No que se segue, apresentamos a análise estatística como uma seqüência de operações: o modo de proceder dos pesquisadores pode variar, as escolhas que fazem são, muitas vezes, diferentes, mas o procedimento global corresponde habitualmente ao aqui descrito. A primeira parte – batizada análise univariada – é a da descrição e caracterização das diversas variáveis, enquanto a segunda – análise bi ou multivariada – trata do estudo das relações entre essas variáveis. Esta apresentação é acompanhada de conselhos práticos tais como, por exemplo, os modos de como tirar proveito do potencial da informática, ou mesmo do de uma simples calculadora que, em muitos casos, pode fornecer serviços surpreendentes.

ANÁLISE UNIVARIADA

O exame de cada uma das variáveis constitui a primeira etapa de qualquer análise estatística de dados; fala-se então de análise *uni*variada, já que as variáveis são consideradas uma a uma.

Distribuição de freqüências

O primeiro cuidado do pesquisador normalmente será estabelecer a distribuição de cada uma das variáveis, ou seja, construir uma tabela onde cada valor ou estado da variável esteja associado a sua freqüência de aparecimento no conjunto dos dados. Muitas vezes, a freqüência relativa também será acrescentada, isto é, para cada freqüência, especificar-se-á a porcentagem do número total de casos que ela representa. Uma tal distribuição tanto facilita os cálculos a serem efetuados quanto permite uma visão global do comportamento da variável, considerando-se a própria tabela de distribuição, como no exemplo abaixo, ou sua tradução em forma de gráfico.

Desse modo, retornando-se à grade de observação fornecida na página no Capítulo 7, poder-se-ia obter a seguinte tabela resumindo as observações sobre o modo de classificar os produtos (ponto 6 da grade) na quinzena de estabelecimentos visitados. A variável "modo de classificação dos produtos" aqui considerada é uma variável nominal, ou seja, suas modalidades ou estados estão simplesmente justapostos, não tendo a ordem de seu aparecimento qualquer significado verdadeiro.

TABELA 1
Modo de classificação dos produtos

Estado da variável	Código	Freqüência observada	Freqüência relativa (%)
Tipo	1	4	26,7
Marca	2	8	53,3
Preço	3	0	0
Formato	4	3	20,0
Freqüências totais		15	100,0

A tabela pode ser completada acrescentando-se, por exemplo, uma coluna onde as freqüências relativas (%) são acumuladas: isso é sobretudo útil no caso de variáveis ordinais, nas quais a ordem dos estados corresponde a uma verdadeira hierarquia, ou no caso de variáveis numéricas, cujas modalidades são verdadeiramente valores mensurados que se exprimem através de números. Assim, em relação à variável ordinal sobre a clareza da afixação dos preços, poder-se-ia construir a seguinte tabela:

TABELA 2
Clareza da afixação dos preços

Estado da variável	Código	Freqüência observada	Freqüência relativa (%)	% acumulada
Muito fraca	1	3	20,0	20,0
Fraca	2	5	33,3	53,3
Média	3	6	40,0	93,3
Grande	4	1	6,7	100,0
Muito grande	5	0	0	100,0
Freqüências totais		15	100,0	

Vê-se então que três dos quinze estabelecimentos visitados propõem uma afixação muito pouco clara, que cinco têm uma afixação pouco clara, etc. Voltando-se para a coluna das freqüências (%) acumuladas, pode-se a partir dela ler que mais da metade dos estabelecimentos (53,3%) apresentam uma afixação pouco ou muito pouco clara, ao passo que a grande maioria deles (93,3%) propõe indicações de preços cuja qualidade revela-se, no máximo, média. No entanto, na descrição de uma variável nominal como a da tabela 1, variável cuja ordem de aparecimento das modalidades é aleatória e não reveste qualquer significação particular, as freqüências acumuladas não acrescentam qualquer sentido.

A utilização da informática facilita a preparação de tais distribuições: um *software* como o SPSS (Statistical Package for the Social Sciences) permite construí-las rapidamente. Explicaremos o procedimento de maneira geral, pois se os diversos *softwares* de tratamento estatístico oferecem possibilidades muitas vezes parecidas, o modo de acessar essas possibilidades – os comandos – variam de um sistema a outro. É aqui que a consulta ao manual que normalmente acompanha os *softwares* pode ser de grande valia. Notemos, entretanto, que o uso desses sistemas não requer verdadeiramente conhecimentos particulares em informática, sendo os comandos habitualmente apresentados em linguagem corrente ou então, com freqüência, em inglês. Por outro lado, um mínimo conhecimento dos termos estatísticos impõe-se para que a utilização desses comandos seja correta.

A primeira e mais importante etapa é a de introduzir corretamente os dados no sistema. O modo de fazê-lo varia de um sistema a outro, cada um tendo suas exigências particulares e seu modo de apresentação, mas, grosso modo, em todos acha-se um comando ou uma série de comandos que conduzem às seguintes operações:

1) Identificação das diversas variáveis: basta introduzir cada uma dando seu nome – sua "etiqueta"–, indicando, por vezes, com a ajuda de um símbolo particular, se ela é ou não numérica.
2) Gravação dos dados brutos: sob cada nome ou etiqueta de variável, grava-se cada aparecimento de um de seus valores, o que leva a compor na memória do computador uma tabela semelhante à Tabela Y do Capítulo 8.

Essa operação pode mostrar-se bastante longa e cansativa: tem-se consolo ao pensar que, bem feita, não precisará ser repetida. Uma vez completada, pode-se, pressionando-se algumas teclas, obter do computador tabelas de distribuição como as tabelas 1 e 2 apresentadas anteriormente, onde os aparecimentos de cada valor das variáveis consideradas foram desmembrados para o estabelecimento das freqüências; igualmente, a máquina terá prazer em traçar histogramas ou outros gráficos ilustrando essas distribuições, gráficos como os exemplificados no Capítulo 10.

O estabelecimento da distribuição de uma variável nos fornece uma primeira idéia de seu comportamento. Mas isso não basta para caracterizá-la. É aqui que as medidas de tendência central, de posição e de dispersão intervêm.

Medidas de tendência central

Como mencionado no capítulo 8, existem 3 grandes medidas de tendência central: a média, a mediana e a moda. A primeira convém, antes, às variáveis numéricas, a segunda pode ser utilizada com qualquer variável ordinal, numérica ou não, enquanto a última vale para todos os casos, mesmo quando a variável é simplesmente nominal.

Média

A *média*, também denominada média aritmética, é a soma dos valores (X_i) observados da variável, soma dividida pelo número n dessas observações; n constitui o que se chama de "tamanho" da amostra ou da população. A média é tradicionalmente indicada por µ quando se trata de uma característica de uma população, ao passo que, se caracteriza sobretudo uma amostra, como nos exemplos aqui apresentados, é indicada por $\overline{X}$ (que se lê "X barra"), X sendo a letra que designa a variável em jogo.

$$\overline{X} = \frac{\sum X_i}{n} = \frac{X_1 + \bullet \bullet \bullet + X_n}{n}$$

Desse modo, se em uma pequena mercearia observou-se a passagem de 9 clientes na seção dos cereais e se está interessado no número de crianças acompanhando cada um (ponto 10 da grade da página 179), pôde-se notar os seguintes valores:

TABELA 3a
Número de acompanhantes crianças (caso 1)

Nº do cliente	1	2	3	4	5	6	7	8	9
Nº de crianças	2	0	1	3	1	0	0	1	0

A média é então

$$\frac{2+0+1+3+1+0+0+1+0}{9} = \frac{8}{9} = 0,89 \text{ criança},$$

ou seja, há, em média, menos de uma criança acompanhando cada cliente.

Esse cálculo simples pode, contudo, tornar-se difícil se, em vez de 9 casos, devem ser considerados 1.199: é aqui que o estabelecimento de uma distribuição das freqüências onde os dados estejam reunidos mostra sua utilidade. Assim, poder-se-ia ter a seguinte distribuição:

TABELA 3b
Número de acompanhantes crianças (caso 2)

Valores da da variável (X_i)	Freqüências observadas (f_i)	Freqüências relativas (%)	% acumulada
0	828	69,06	69,1
1	267	22,27	91,33
2	81	6,76	98,09
3	0	0,00	98,09
4	23	1,91	100,00
Total	1199	100,00	

Para obter a soma total dos valores observados, não é mais preciso adicioná-los um por um, basta multiplicar cada um dos valores de X_i por sua freqüência f_i. Essa soma dividida pelo número total de observações dá a média:

$$\overline{X} = \frac{\sum X_i \times f_i}{n} = \frac{(X_1 \cdot f_1) + \cdots + (X_k \cdot f_k)}{n}$$

o que, no exemplo da tabela 3b, equivale a:

$$\frac{(0 \times 828) + (1 \times 267) + (2 \times 81) + (3 \times 0) + (4 \times 23)}{1199} = \frac{521}{1199} = 0,43 \text{ criança}$$

O cálculo da média, como o de todas as outras medidas descritivas que se seguem, foi muito facilitado pelo emprego da informática: basta pedir a medida desejada e a máquina a fornece. No SPSS, por exemplo, existe um subprograma no qual se deve apenas especificar o nome da ou das variáveis que nos interessam e clicar o comando ALL para obter toda a bateria das medidas de tendência central e de dispersão para cada uma dessas variáveis. A menos que se prefira ser mais específico e escolher uma ou outra dessas medidas, o que também é possível.

A média em uma calculadora

Nas ciências humanas, trabalha-se freqüentemente com pequenas amostras de algumas dezenas de pessoas. Uma simples calculadora pode então ser bastante útil. Desse modo, com uma calculadora aritmética de base, pode-se calcular uma média.

Se os dados são brutos como no caso dos 9 clientes da pequena mercearia (Tabela 3A), basta adicioná-los utilizando-se a tecla +, ou melhor, a tecla M+. Pode-se assim omitir os casos em que o valor observado da variável é nulo, mas o número desses valores nulos devem ser contados no n que fornece o tamanho da amostra. Tecla-se, portanto, na ordem:

2 M+ 1 M+ 3 M+ 1 M+ 1 M+

Pressionando-se a tecla MR, a soma 8 estampa-se, soma que basta então dividir por 9, número total de observações.

Se os dados estão reunidos em uma distribuição de freqüências (Tabela 3B), deve-se então calcular cada um dos produtos $X_i \times f_i$ e adicioná-los executando-se a seguinte seqüência:

0 [x] 828 [=] [M+] 1 [x] 26 [=] [M+] 2 [x] 81 [=] [M+] 4 [x] 23 [=] [M+]

Notemos que, neste caso, omitiu-se o valor 3 da variável, uma vez que esta não foi observada, sua freqüência sendo nula.

Calcula-se, em seguida, a soma das f_i:

828 + 267 + 81 + 23 = 1199

e se divide a soma (521) dos $X_i \times f_i$, que se faz surgir teclando [MR], através do número:

521 ÷ 1199 = 0,43

Se a calculadora possui um modo estatístico, o trabalho torna-se mais simples. No caso dos dados brutos, deve-se

- ativar o modo estatístico;
- zerar as memórias;
- introduzir cada um dos dados pressionando-se, a cada vez, a tecla [M+] ou [DATA] (conforme o modo da calculadora). Notemos que, desta vez, deve-se adicionar todos os dados observados, mesmo os valores $X_i = 0$, para que sejam considerados no cálculo do tamanho n da amostra;
- pressionar a tecla [X] para que apareça a média; essa tecla requer habitualmente o recurso à tecla [SHIFT] ou [2ND].

Com as freqüências reunidas, ativa-se igualmente o modo estatístico e zera-se as memórias. Depois, para cada valor X_i (mesmo nulo) da variável, inscreve-se esse valor, pressiona-se o sinal [x] de multiplicação seguindo-o da freqüência f_i e tecla-se [M+] ou [DATA]. Uma vez completado esse cálculo da soma dos $X_i \bullet f_i$, resta apenas teclar [X] para obter a média. Ainda aqui omite-se os valores não observados da variável, aqueles cuja freqüência é zero.

A média é uma medida freqüentemente interessante, pois considera cada um dos dados, dando o "centro de gravidade" da distribuição. Por outro lado, é fortemente influenciada pelos valores extremos, não convém às variáveis nominais e raramente às ordinais ainda que, neste último caso, o recurso a essa medida não deva ser obrigatoriamente afastado. Desse modo, calculando-se uma média dos códigos associados às modalidades da variável "clareza da afixação dos preços" (tabela 2), obtém-se o valor 2,33, situando a média da qualidade da afixação próxima de 2, ou seja, próxima da modalidade "fraca", indicação que não está desprovida de sentido.

Mediana

Mas, no caso das variáveis ordinais, privilegia-se normalmente o recurso à *mediana*. Far-se-á o mesmo com variáveis numéricas, quando a distribuição é alterada por alguns valores muito excêntricos ou por uma super-representação de um valor localizado em uma extremidade da distribuição. A mediana não é, com efeito, sensível ao conjunto dos valores, refletindo, antes, o centro da distribuição.

Para calculá-la, deve-se distribuir os dados em ordem crescente:

- Se há um número ímpar de dados, como no caso da Tabela 3A, obtém-se a seqüência dos dados ordenados

  0   0   0   0   1   1   1   2   3
                     Md

  A mediana é então o valor (1) que aqui separa a amostra em duas partes iguais.

- Se há um número par de dados, como na seqüência

  0   1   1   2   ↓   5   6   6   7
                   Md

  a mediana encontra-se entre os valores 2 e 5; toma-se assim o ponto médio entre esses valores: (2 + 5) / 2 = 3,5

- Se os dados estão reunidos, como na tabela 2 sobre a clareza da afixação dos preços, fica fácil ver que o valor da mediana corresponde à modalidade "fraca", visto que é aqui que se ultrapassa a barra dos 50% da amostra. Infelizmente, certos casos podem ser mais complexos; desse modo, na tabela 4a abaixo, os dados sobre a idade dos clientes (ponto 8 da grade da página 179) aparecem em forma de classes:

TABELA 4
Idade dos clientes observados

Idade	Freqüência observada (f_i)	Freqüência acumulada
0-19	124	124
20-39	360	484
40-59	485	969
60-79	269	1238
80-99	4	1242
Freqüência total	1242	

Para facilitar a tarefa, logo se acrescentou uma coluna com as freqüências acumuladas. Como há 1.242 observações, sabe-se que a mediana deve se situar na 621ª. observação (1.242 ÷ 2), isto é, que se encontra na classe dos 40-59 anos, classe definida como *mediana*. A mediana tomará, portanto, um valor compreendido entre os valores 39,5 e 59,5 que limitam essa classe, certamente mais perto de 39,5 anos do que de 59,5 anos. Pode-se, com efeito, representar as classes com seus limites da seguinte maneira:

0 - 19 ↓ 20 - 39 ↓ 40 - 59 ↓ 60 - 79 ↓ 80 - 99
    19,5   39,5   59,5   79,5

De 0 a 39,5 anos, já se encontram 484 participantes. Como há 485 pessoas na classe dos 40-59 anos, a 621ª encontrar-se-á no 137/485 do intervalo, indo de 39,5 a 59,5 anos. O tamanho do intervalo sendo de 59,5-39,5 = 20,0 anos, os 137/485 de 20 dão 5,7, ou seja, a 621ª pessoa encontra-se no valor 39,5 + 5,7 = 45,2 anos. Esse cálculo resume-se na bela fórmula:

$$Md = b + (B - b)\left(\frac{n/2 - f_{<Md}}{f_{Md}}\right)$$

onde

- Md designa a mediana;
- b e B, os limites inferior (39,5) e superior (59,5) da classe mediana;
- n, o efetivo total (1242 pessoas);
- $f_{<Md}$, o efetivo total das classes que precedem a classe mediana (484 pessoas);
- f_{Md}, o efetivo da classe mediana.

Ainda aqui, o recurso à informática evita muitos inconvenientes, a máquina efetuando esses cálculos correta e rapidamente em nosso lugar, se lhe ordenarmos a ordem após ter sido estabelecida a distribuição da variável.

A moda

Com um valor nominal, a ordem dos estados da variável não significa nada, de modo que a idéia de centro da distribuição não tem mais sentido. Utiliza-se então *a moda*, que é simplesmente o valor ou o estado da variável ao qual a freqüência mais elevada se relaciona. Assim, na tabela 1, a moda corresponde à modalidade "marca". Na tabela 2, onde a variável é ordinal, é o valor "média" que deve ser guardado, ao passo que nas tabelas 3a e 3b serão os valores 4 e 0 respectivamente. Se a distribuição é agrupada por classe como na tabela 4a, falar-se-á então de classe modal, que será aqui a classe dos 40-59 anos. Notemos que uma distribuição pode ser bi ou multimodal e que a moda somente é uma medida verdadeiramente significativa quando uma modalidade ou valor destaca-se sensivelmente dos demais.

Medidas de posição

A mediana divide a distribuição de uma variável em duas partes iguais. Pode-se generalizar essa noção e achar conjuntos de valores, os *quantis*, que dividem a distribuição em quatro, cinco, dez ou cem pedaços, conjuntos de valores respectivamente batizados *quartis*, *quintis*, *decis* e *centis*. Uma vez que permitem situar um dado quantitativo particular em uma coleção ordenada de dados, os quantis constituem o que se denominam medidas de posição.

Para ilustrar o modo de cálculo dos quartis, consideremos esta lista de dados que mostra o número de segundos passados diante de uma prateleira por oito clientes de uma mercearia.

14   32   38   44   56   74   81   97

Esses dados foram evidentemente organizados em ordem crescente. O primeiro quartil Q_1 será o número de segundos que marca o limite do primeiro quarto da distribuição. Situa-se aqui entre a segunda e a terceira observação, de modo que será igual à média desses dois valores:

$$Q_1 = \frac{32 + 38}{2} = 35$$

Igualmente, o segundo quartil Q_2, que corresponde à mediana, estará situado entre os valores 44 e 56 e valerá 50, enquanto o terceiro, marcando os três quartos da distribuição, será de 77,5.

14   32   ↓   38   44   ↓   56   74   ↓   81   97
         $Q_1 = 35$ $Q_2 = 50 = Md$ $Q_3 = 77,5$

Portanto, para o cálculo de Q_1:

- se o número n de dados é divisível por 4, n/4 é um inteiro e corresponde exatamente a 25% desse número de dados. Q_1 será então a média do dado de posição n/4 e do seguinte de posição (n/4) + 1;
- se o número de dados não é divisível por 4, arredonda-se n/4 ao valor inteiro seguinte para obter a posição do dado correspondente a Q_1.

Essa dupla regra aplica-se do mesmo modo para que se determine Q_2 e Q_3, salvo que se considera 2n/4 – ou seja, n/2 – e 3n/4, respectivamente, em vez de n/4 nos cálculos.

Desse modo, com a seqüência dos dez valores seguintes,

5   7   8   13   13   18   19   22   23   25

Q_1 será 8, pois deve corresponder ao terceiro valor: com efeito, 10/4 = 2,5, que se arredonda para o valor inteiro superior, 3.

Para Q_2, efetua-se o cálculo 2n/4. Aqui isso dá 2 x 10/4 = 5. 5 sendo um valor inteiro, Q_2 será a média dos termos de posição 5 e de posição 6, seja $\frac{13 + 18}{2} = 15,5$, valor da mediana.

Q_3 tomará o valor do oitavo termo, ou seja, 22, pois 3n/4 dá 3 x 10/4 = 7,5 que se deve arredondar para 8.

Procede-se de modo análogo para os outros quantis:

- para os quintis, far-se-á os cálculos com os valores n/5, 2n/5, 3n/5 e 4n/5;
- para os decis D_i, tomar-se-á n/10, 2n/10, ..., até 9n/10;
- para os centis C_i, será n/100, 2n/100, ..., até 99n/100.

O cálculo é diferente quando os dados são reagrupados. Deve-se, então, aplicar a fórmula elaborada para o cálculo da mediana ajustando-se os símbolos e valores. Assim, para o cálculo dos quartis Q_i, tomar-se-á a fórmula da página 306, substituindo:

Md	por	Q_1	ou	Q_3
n/2	por	n/4	ou	3n/4
$f_{<Md}$	por	$f_{<Q1}$	ou	$f_{<Q3}$
f_{Md}	por	f_{Q1}	ou	f_{Q3}

o que dá para Q_1: $Q_1 = b + (B - b)\left(\dfrac{n/4 - f_{<Q1}}{f_{Q1}}\right)$

onde B e b são os limites da classe correspondente ao quartil visado.

No exemplo proposto na tabela 4a, onde o efetivo total é de 1.242 pessoas, obtêm-se n/4 = 310,5 e 3n/4 = 931,5, que se arredondam para 311 e 932 respectivamente. Q_1 encontra-se, portanto, na classe dos 20-39 anos, cujos limites são 19,5 e 39,5, o que nos dá:

$$Q_1 = 19,5 + (39,5 - 19,5)\dfrac{(311 - 124)}{360} = 29,9 \text{ anos}$$

Q_3 estará na classe dos 40-59 anos:

$$Q_3 = 39,5 + (59,5 - 39,5)\dfrac{(932 - 484)}{485} = 58,0 \text{ anos}$$

Transformações análogas fornecem as fórmulas permitindo determinar os demais quantis. Esses cálculos podem parecer um pouco complexos, mas felizmente os subprogramas já citados da maioria dos *softwares* estatísticos os efetuam para nós.

Medidas de dispersão

As medidas de tendência central e de posição permitem situar uma distribuição em torno de um ou de alguns valores que se destacam. Nada dizem, entretanto, sobre a densidade dessa distribuição: os dados estão amplamente espalhados ou amontoam-se na vizinhança da tendência central? É o que revelam as medidas de dispersão.

Dispersão de uma variável qualitativa

As medidas de dispersão descritas nas páginas que se seguem aplicam-se sobretudo às variáveis numéricas. Pode-se entretanto aplicar uma medida simples de dispersão para uma variável nominal da qual se conhece o moda: é a *relação de variação*, definida como a proporção dos dados que se encontram fora da classe modal.

Na tabela 1, por exemplo, o moda corresponde à modalidade "marca". As outras modalidades apresentam freqüências de 4, de 0 e de 3 para um total de 7, ao passo que o efetivo total é de 15: a relação de variação é, portanto, de 7/15 = 0,47. Na tabela 2, o moda corresponde à modalidade "média" e a relação de variação é, portanto, de (3 + 5 + 1 + 0)/15 = 0,60.

A relação de variação encontra-se sempre compreendida entre 0 e 1. Quanto mais os dados estiverem agrupados na classe modal, mais perto de zero estará a relação. Se, pelo contrário, os dados encontram-se muito dispersos, essa relação irá aproximar-se de seu máximo 1.

Extensão

A mais simples dessas medidas é a *extensão*, definida como a distância que separa o maior do menor valor observado:

Ex = maior dado - menor dado

Assim, no exemplo proposto na tabela 3b, a extensão é 4, diferença entre o maior número observado de acompanhantes (4) e o menor (0). Medida sumária baseando-se apenas nos dois valores mais extremos, a extensão é muito sensível à presença de valores excêntricos e apresenta, com freqüência, uma imagem deformada da dispersão dos dados.

Desvio interquartílico e semi-interquartílico

Para evitar a armadilha desses extremos, recorre-se, por vezes, ao *desvio interquartílico*, que corresponde à distância que separa os valores da variável entre os quais se encontra a metade central dos dados.

É, portanto, igual a extensão que separa o primeiro quartil do terceiro: $Q_3 - Q_1$. No entanto, prefere-se normalmente o *desvio semi-interquartílico*, igual à metade do primeiro:

$$\text{Desvio semi-interquartílico} = \frac{(Q_3 - Q_1)}{2}$$

Voltando ao exemplo da tabela 4a, para o qual já calculamos os valores de Q_1 e Q_3, conclui-se facilmente que o desvio semi-interquartílico é de (58,0 - 29,9) / 2 = 14,1 anos.

Outras medidas são mais interessantes na medida em que eles levam em conta, diretamente, cada um dos dados.

Desvio médio

Poder-se-ia, por exemplo, calcular a distância que separa cada dado X_i da média $\overline{X}$ e estabelecer a média de todos esses valores. Infelizmente, encontrar-se-á infalivelmente 0 como resultado, visto que os valores repartem-se igualmente em torno de sua média, seu centro de gravidade, os desvios positivos e negativos anulando-se:

$$\frac{\sum (X_i - \overline{X})}{n} = 0$$

Para evitar isso, deve-se tornar positiva cada uma das distâncias $(\overline{X}_i - X)$ tomando os valores absolutos. Obtém-se, assim, o *desvio médio*

$$Dm = \frac{\sum |X_i - \overline{X}|}{n} = 0$$

ou no caso de dados agrupados

$$Dm = \frac{\sum f_i |X_i - \overline{X}|}{n}$$

Pode-se, desse modo, retomar o exemplo da tabela 3b onde a média era de 0,43 criança. O cálculo das $|X_i - \overline{X}|$ para cada um dos valores (0, 1, 2 e 4) observados da variável nos dá 0,43, 0,57, 1,57 e 3,57. De onde o desvio médio:

$$\frac{(828 \times 0{,}43) + (267 \times 0{,}57) + (81 \times 1{,}57) + (23 \times 3{,}57)}{1199} = \frac{717{,}51}{1199} = 0{,}60$$

Trabalhando-se com classes como na tabela 4a, toma-se o ponto médio m_i de cada classe como valor X_i.

Os cálculos que fazem intervir uma fórmula com valor absoluto tornam-se rapidamente complexos e cansativos, de modo que se prefere utilizar uma outra forma de tornar positivos todos os desvios da média.

Variância, desvio padrão e coeficiente de variação

A outra maneira de tornar positivas todas as diferenças $(X_i - \overline{X})$ é elevá-las ao quadrado: obtém-se então uma nova medida de dispersão chamada de *variância*, que, quando se refere a uma população inteira, é notada σ^2 (que se lê "sigma quadrado"). Lembrando-se que a média de uma população é notada μ, obtém-se a seguinte fórmula:

$$\sigma^2 = \frac{\sum (X_i - \mu)^2}{n}$$

Se os dados estão reunidos por freqüências, a fórmula torna-se

$$\sigma^2 = \frac{\sum f_i (X_i - \mu)^2}{n}$$

Pode-se também calcular a variância de uma amostra de tamanho n: consideram-se, ainda, os desvios da média ($X_i - \overline{X}$) que são elevados ao quadrado antes de se fazer a soma. Salvo que, em vez de se dividir essa soma por n, divide-se, preferencialmente, por n - 1, pois os estatísticos descobriram que as amostras têm o mau hábito de apresentar variâncias inferiores às das populações das quais são tiradas. Tomando-se um divisor menor, o equilíbrio é reestabelecido e se obtém uma melhor idéia da variância real do conjunto da população. A variância de uma amostra é notada s^2 e é calculada com a ajuda da fórmula:

$$s^2 = \frac{\sum (X_i - \overline{X})^2}{n - 1}$$

ou, para os dados agrupados por freqüências:

$$s^2 = \frac{\sum f_i (X_i - \overline{X})^2}{n - 1}$$

Desse modo, no exemplo dado na tabela 3b, a média era de 0,43 criança, tem-se então:

TABELA 3c
Número de acompanhantes crianças (caso 2, continuação)

Valores da variável (X_i)	Freqüências observadas (f_i)	($X_i - \overline{X}$)	($X_i - \overline{X}$)^2
0	828	-0,43	0,18
1	267	0,57	0,32
2	81	1,57	2,46
3	0	2,57	6,60
4	23	3,57	12,74

De onde:

$$s^2 = \frac{(828 \times 0,18) + (267 \times 0,32) + (81 \times 2,46) + (21 \times 12,74)}{1199 - 1}$$

$$= \frac{149,04 + 85,44 + 199,26 + 267,54}{1198} = 0,59$$

Considerando-se os cálculos efetuados, dever-se-ia aqui dizer que a variância é de 0,59 criança^2... Eis por que se definiu uma outra medida batizada *desvio padrão*, que é a raiz quadrada da variância. Tem-se portanto:

Desvio padrão de uma população $\quad \sigma^2 = \sqrt{\sigma^2} = \sqrt{\dfrac{\sum (X_i - \mu)^2}{n}}$

Desvio padrão de uma amostra $\quad s^2 = \sqrt{s^2} = \sqrt{\dfrac{\sum (\overline{X}_i - X)^2}{n - 1}}$

E para os dados agrupados, essas fórmulas tornam-se respectivamente:

$$\sigma^2 = \sqrt{\sigma^2} = \frac{\sqrt{\sum f_i (X_i - \mu)^2}}{n} \quad \text{e} \quad s = \sqrt{s^2} = \frac{\sqrt{\sum f_i (\overline{X}_i - X)^2}}{n-1}$$

Voltando-se à tabela 3c, o desvio padrão seria, portanto, $s = \sqrt{s^2} = \sqrt{0{,}59} = 0{,}77$ criança. No caso do exemplo dado na tabela 4, os valores de s^2 e de s são calculados como acima, considerando-se mais uma vez os pontos médios m_i das casas como valores X_i (ver o próximo quadro).

Algumas observações importantes devem ser aqui acrescentadas.

- Quanto maiores forem a variância e o desvio padrão, mais dispersos estarão os dados. Define-se, aliás, o *coeficiente de variação*, notado CV, como a relação, expressa em porcentagem, entre o desvio padrão e a média:

$$CV = \frac{s}{\overline{X}} \times 100 \quad \text{ou} \quad CV = \frac{\sigma}{\mu} \times 100$$

Esse coeficiente fornece o grau de homogeneidade da distribuição: freqüentemente, uma distribuição é considerada homogênea, se seu CV é inferior ou igual a 15%. Além desse valor, é considerada preferentemente como heterogênea.

- Se a distribuição de uma variável segue uma lei normal, então, em um intervalo de dois desvios padrões centrado na média, encontram-se aproximadamente 68% dos dados e, se o intervalo é alargado para quatro devios padrões (dois de cada lado da média), acham-se aí mais de 95% dos dados.

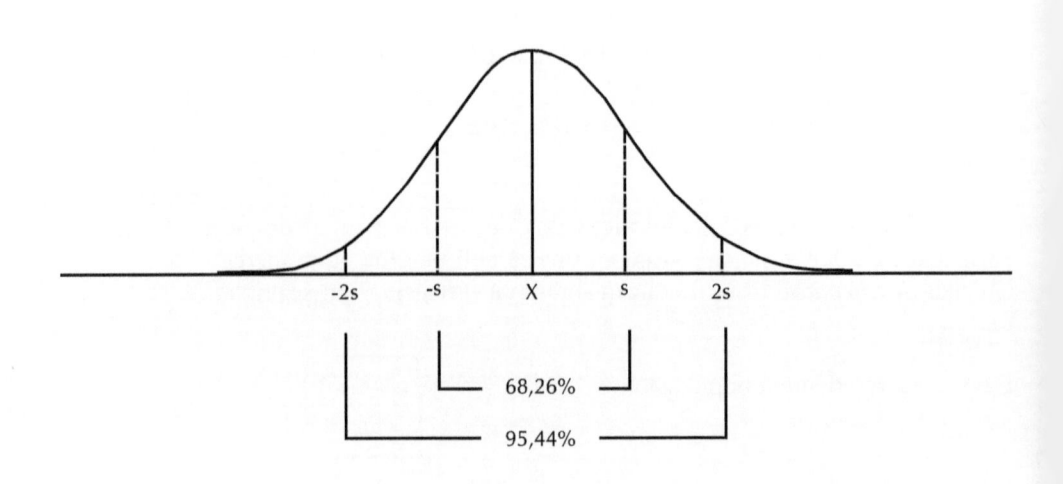

- Existem fórmulas equivalentes às que vimos para o cálculo da variância (e, portanto, do desvio padrão). Nós as damos aqui para uma amostra com $\overline{X}$ e s^2, havendo fórmulas análogas para uma população com m, s e n, ao invés de n - 1, no denominador:

$$s^2 = \frac{\sum (X_i - \overline{X})^2}{n - 1} = \frac{\sum X_i^2 - n\overline{X}^2}{n - 1} = \frac{\sum X_i^2 - (\sum X_i)^2/n}{n - 1}$$

ou

$$s^2 = \frac{\sum (X_i - \overline{X})^2}{n - 1} = \frac{\sum X_i^2 - n\overline{X}^2}{n - 1} = \frac{\sum X_i^2 - (\sum X_i)^2/n}{n - 1}$$

Concluímos esta parte lembrando que os *softwares* estatísticos podem fornecer todas essas medidas, tanto as de dispersão quanto as de tendência central ou de posição. Basta chamar o subprograma que convém, o qual se chama, por vezes, STATISTICS ou então, como no SPSS, CONDESCRIPTIVE, depois especificar as variáveis que se deseja ver tratadas, bem como as medidas que se espera; a menos que se escolham todas ativando-se o comando apropriado: basta, muitas vezes, apenas clicar ALL. O computador fornece então docilmente as informações solicitadas.

A variância e o desvio padrão em uma calculadora

O recurso ao computador nem sempre é possível. A calculadora permite, muitas vezes, que se resolva o problema. Já se sabe como dela fazer uso para avaliar uma média. Vejamos como calcular a variância e o desvio padrão retomando o exemplo da tabela 4a.

a) Com uma calculadora aritmética de base

Com uma calculadora aritmética de base, a variância é mais facilmente avaliada com a ajuda de uma ou outra das últimas fórmulas apresentadas. Desse modo, com os dados reunidos na tabela 4a, escolher-se-ia a fórmula:

$$s^2 = \frac{\sum f_i X_i^2 - n\overline{X}^2}{n - 1}$$

Os valores X_i a serem considerados aqui são os pontos médios m_i de cada uma das classes: eis porque se acrescenta uma coluna à tabela:

TABELA 4b
Idade dos clientes observados

Idade	m_i	Freqüência observada(f_i)	Freqüência acumulada
0 – 19	9,5	124	124
20 – 39	29,5	360	484
40 – 59	49,5	485	969
60 – 79	69,5	269	1238
80 - 99	89,5	4	1242
Total		1242	

Deve-se, primeiramente, calcular a média como se aprendeu a fazer no quadro precedente:

$$\overline{X} = \frac{\sum f_i \times m_i}{n} = \frac{54\ 859,0}{1242} = 44,2$$

Teremos também necessidade do valor $n\ \overline{X}^2 = 1242 \times (44,2)^2 = 2\ 426\ 420,9$.

Deve-se, em seguida, achar a soma das $f_i \times m_i^2$: o mais simples é introduzir cada valor m_i, elevá-lo ao quadrado, multiplicá-lo pela f_i correspondente e acrescentar o total à memória. Executa-se, portanto, a seguinte seqüência após se ter zerado a memória:

9,5	x^2	x	124	=	M+
29,5	x^2	x	360	=	M+
49,5	x^2	x	485	=	M+
69,5	x^2	x	269	=	M+
89,5	x^2	x	4	=	M+

Se não há tecla x^2, faz-se 9,5 x 9,5 ⨰ 124 = M+ e o mesmo para as demais linhas da seqüência. Pressionando-se, em seguida, MR, surge o resultado 2 844 230,5, do qual se deve subtrair $n\overline{X}^2$, seja 2 426 420,9, antes de dividir a diferença por n - 1, isto é, 1241. Faz-se, portanto:

2 844 230,5 ⊟ 2 426 420,9 = ÷ 1241 =

e se obtém o valor da variância s^2 que é de 336,7. Resta apenas extrair a raiz quadrada para achar a variação típica: s = 18,4.

b) Com uma calculadora estatística

Se a calculadora comporta um modo estatístico, o trabalho é simplificado. Como isso foi descrito no quadro precedente, calcula-se primeiro a média:

- ativando o modo estatístico;
- zerando as memórias;
- introduzindo os valores X_i, aqui os m_i, cada um seguido do sinal de multiplicação x e de sua freqüência f_i; deve-se, em seguida, pressionar M+ ou DATA. Efetua-se, portanto, a seguinte seqüência:

  9,5 ⨰ 124 M+ 29,5 ⨰ 360 M+ 49,5 ⨰ 485 M+ 69,5 ⨰ 269 M+ 89,5 ⨰ 4 M+

- pressionando-se a tecla $\overline{X}$ (recorrendo-se a SHIFT ou 2ND).

A média 44,2 então surge. Para ter a variação típica, tecla-se XσN-1 ou s (XσN ou σ, tratando-se de uma população e não de uma amostra) e se obtém diretamente seu valor 18,4.

Uma vez terminado o estudo descritivo de cada uma das variáveis com a ajuda das tabelas de distribuição, das figuras e gráficos e das diversas medidas que acabam de ser apresentadas, chega o momento da análise das relações que existem entre essas variáveis.

ANÁLISE BIVARIADA

As análises mais simples e corriqueiras relacionam-se às variáveis tomadas duas a duas: fala-se, então, de análise *bi*variada.

Distribuição conjunta

Como na análise univariada, na qual primeiramente se estabelecia a distribuição de cada uma de suas variáveis, o primeiro cuidado do pesquisador será o de construir tabelas de *distribuição conjunta* onde as modalidades dos pares de variáveis, das quais se deseja estudar as relações, se entrecruzem. Essas distribuições conjuntas tomam a forma de matrizes, com os estados da primeira variável, X, localizados horizontalmente na primeira linha e os da outra variável, Y, aparecendo verticalmente na primeira coluna; em cada uma das casas ij da tabela assim definida encontram-se inscritos os efetivos, ou seja, o número de observações apresentando, ao mesmo tempo, a modalidade X_j da variável X e a modalidade Y_i da variável Y. A tabela 5 exemplifica uma tal distribuição conjunta: estuda-se nela a relação entre a idade (variável X) dos clientes observados diante de uma prateleira e o número de compras (variável Y) que efetuaram. Esse tipo de tabela constitui o que também se denomina uma *tabela de correlação* ou *tabela de contingência*, visto que, em seguida, ajudará a determinar até que ponto as variáveis dependem uma da outra. Lê-se aí sobretudo que dentre as 485 pessoas de 40-59 anos observadas, 272 nada compraram, 114 escolheram um só produto, ao passo que 86 e 13 compraram, respectivamente, 2 e 3. Ou então, olhando, por exemplo, a linha referente aos 356 compradores de um só produto, pode-se notar que 43 tinham entre 0 e 19 anos, que 107 achavam-se na classe dos 20-39 anos e, assim por diante, até o único comprador de 80 anos ou mais.

TABELA 5
Idade dos clientes *versus* número de compras

Nº de compras (Y)	Idade (X)					
	0 –19	20 –39	40 -59	60 - 79	80 – 99	Totais
0	61	194	272	161	3	691
1	43	107	114	91	1	356
2	19	57	86	15	0	177
3	1	2	13	2	0	18
Totais	124	360	485	269	4	1242

A última linha da tabela, intitulada Totais, constitui a *distribuição marginal* da variável X, isto é, a distribuição estudada quando se tem unicamente interesse em X: encontram-se nela as freqüências já fornecidas nas tabelas 4a ou 4b. Igualmente, a coluna da extrema direita da tabela, também intitulada Totais, fornece a distribuição marginal de Y.

A parte central da tabela é constituída pelas *distribuições condicionais* das variáveis X e Y. Desse modo, a linha dos valores de X, localizados na linha correspondente ao valor 1 de Y, fornece a distribuição condicional de X quando Y = 1, ou seja, a distribuição da variável X quando se considera apenas as pessoas tendo efetuado uma só compra. Do mesmo modo, cada coluna j constitui a distribuição condicional de Y quando X = X$_j$: por exemplo, quando j = 3, isto é, quando se considera apenas os indivíduos tendo de 40 a 59 anos, a coluna 3 da tabela dá a distribuição do número de compras entre as pessoas dessa faixa etária.

O computador e os *softwares* estatísticos podem, ainda aqui, facilitar enormemente a tarefa de construir as tabelas de distribuições conjuntas: não se lamenta o tempo empregado na gravação dos dados brutos! Basta, com efeito, chamar o subprograma conveniente e esclarecer-lhe nossas necessidades para que ele efetue os cálculos necessários e forneça as tabelas de contingência desejadas, passando, inclusive, as variáveis no rol dos testes prescritos. Assim, no SPSS, o subprograma que deve ser ativado chama-se CROSSTABS: para cada tabela julgada necessária, basta especificar as variáveis a serem consideradas utilizando a palavra-chave TABLES seguida do sinal = e das etiquetas identificando as variáveis separadas pela preposição BY. O nome da variável da qual se deseja ver surgir as modalidades ou valores na coluna da esquerda da tabela – geralmente a variável dependente, tratando-se de um estudo com dados criados – vem primeiro, antes do BY, ao passo que o da variável – a variável independente, caso exista uma – que surgirá na primeira linha da tabela deve seguir esse BY. Se o estudo não visa ao estabelecimento de uma relação de causalidade, não há variável dependente ou independente e a ordem das variáveis não tem mais importância. Se nada mais for acrescentado, a tabela surge semelhante à tabela 5. Pode-se, no entanto, especificar OPTIONS: por exemplo, solicitando a OPTIONS 4, o computador fornecerá, além das freqüências observadas, as freqüências relativas para cada uma das casas da tabela. Pode-se também pedir STATISTICS, caso no qual o computador fornecerá, em função de nossas escolhas, os resultados de testes, como o teste do χ^2, o Gama ou qualquer outro do qual falaremos nas páginas seguintes.

Testes estatísticos

Uma vez estabelecidas as distribuições conjuntas, vem o momento dos testes que permitem estudar a existência de associações estatísticas entre as variáveis e medir sua intensidade. Não se deve, entretanto, confundir presença de uma associação estatística entre duas variáveis e existência de uma relação entre essas variáveis: a associação estatística é uma condição necessária mas não suficiente para que haja efetivamente relação. Ela não prova sua existência, podendo apenas quantificá-la ou medi-la. A descrição de uma relação entre variáveis supõe uma explicação, uma análise a mais da relação lógica que existe entre ambas.

Associação estatística entre variáveis

Duas variáveis estão associadas no plano estatístico quando há correspondência entre os valores tomados por uma e por outra em uma população ou uma amostra. Diz-se então que são interdependentes. Caso as duas variáveis *variem juntas*, fala-se de *covariação* ou de *correlação* no caso de variáveis ordinais ou numéricas, o termo *co-ocorrência* sendo preferido quando se trata de variáveis nominais ou, mais geralmente, qualitativas.

VARIÁVEIS NOMINAIS — Imaginemos o caso no qual se deseja, por exemplo, estudar as relações entre o gênero dos estabelecimentos (supermercado ou mercearia de bairro) onde se comercializam produtos de mercearia e a organização (moderna ou antiga) desses estabelecimentos. Visitando todos os estabelecimentos de um bairro, poder-se-ia obter a seguinte tabela:

TABELA 6a
Tipo de estabelecimento *versus* organização

	Tipo (X)		
Organização (Y)	Supermercado	Mercearia de bairro	Totais das linhas
Moderna	14	7	21
Antiga	6	12	18
Total das colunas	20	19	39

Existe associação entre essas variáveis? Para responder a essa pergunta, calcula-se, para cada tipo e depois para o conjunto da população desses comércios, a porcentagem de "modernos" e de "antigos", ou seja, as freqüências condicionais relativas de Y para cada um dos valores de X, assim como as freqüências marginais relativas de Y. Obtém-se a tabela 6b:

TABELA 6b
Tipo de estabelecimento *versus* organização

	Tipo (X)		
Organização (Y)	Supermercado (%)	Mercearia de bairro (%)	Totais das linhas (%)
Moderna	70	36,8	53,8
Antiga	30,0	63,2	46,2
Total das colunas	100,0	100,0	100,0

A porcentagem de supermercados e de mercearias de bairro julgadas modernas mostra-se diferente: quando a variável "tipo de estabelecimento" passa de "supermercado" a "mercearia de bairro", essa porcentagem cai de 70 para 36,8. Parece, portanto, haver aí associação: com efeito, se as variáveis fossem independentes, as freqüências relativas condicionais de Y teriam sido iguais, a ausência de relação devendo ser traduzida por proporções idênticas de estabelecimentos modernos nas duas colunas, proporções girando em torno de 53,8%.

De modo geral, diz-se que há associação estatística entre duas variáveis X e Y, se as freqüências relativas condicionais das modalidades de uma variam seguindo as modalidades da outra, isto é, se as freqüências relativas relacionadas às categorias de uma mudam conforme às da outra.

Podendo-se assim julgar a presença de uma relação estatística, resta determinar sua força. No exemplo considerado, a relação parece forte, pois se observa uma diferença notável entre as diversas porcentagens de estabelecimentos julgados modernos. Veremos mais adiante como avaliar numericamente a força de uma tal associação.

VARIÁVEIS ORDINAIS — É próprio das variáveis ordinais estabelecer uma ordem entre os dados: afirmar a existência de uma associação estatística entre duas variáveis ordinais equivale a dizer que a ordem estabelecida por uma dessas variáveis está em correspondência com a ordem estabelecida pela outra. Utiliza-se habitualmente o termo *correlação* para designar tal associação. Desse modo, visitando estabelecimentos comerciais, poder-se-ia ter interesse pelas duas variáveis "clareza da afixação dos preços" e "facilidade de localização dos produtos": as categorias associadas a essas duas variáveis são ordenadas da mesma forma, de muito fraca a muito grande, passando por fraca, média e grande. Imaginemos que se avaliem cinco estabelecimentos (A, B, C, D e E) em relação a essas variáveis. Caso cada estabelecimento classifique-se da mesma maneira em relação a uma e outra das variáveis consideradas, poder-se-ia ter a tabela e o gráfico seguintes:

TABELA 7a
Clareza dos preços (X) *versus* localização dos produtos (Y)

Estabelecimento	clareza (preço)	facilidade (localização)
A	TF	TF
B	F	F
C	M	M
D	G	G
E	TG	TG

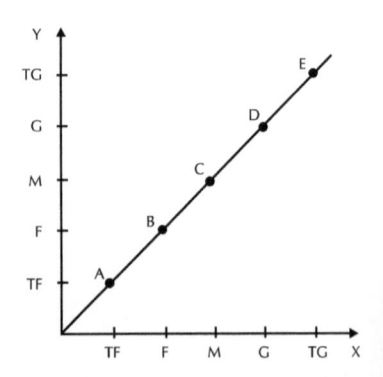

Todos os pontos estão em uma mesma reta. Diz-se, então, que a correlação entre as classificações é *perfeita*: o conhecimento da primeira nos permite determinar precisamente a outra. Essa correlação também é *positiva*, pois uma boa classificação de um estabelecimento em relação a uma escala significa igualmente uma boa classificação em relação à outra.

Poder-se-ia imaginar a situação na qual a ordem em relação a uma das variáveis estaria invertida, o estabelecimento classificando-se o melhor possível no que concerne à clareza dos preços e tornando-se pior no que concerne à facilidade de localização dos produtos e assim por diante, para os demais estabelecimentos. Ter-se-ia, então, a situação ilustrada a seguir:

TABELA 7b
Clareza dos preços (X) vs localização dos produtos (Y)

Estabelecimento	clareza (preço)	facilidade (localização)
A	TF	TG
B	F	G
C	M	M
D	G	F
E	TG	TF

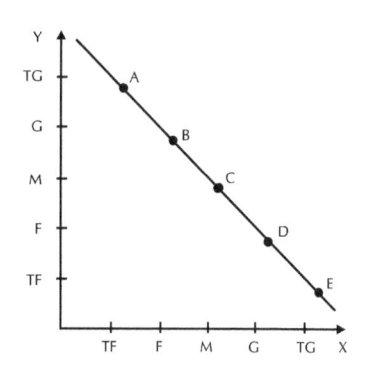

Existe ainda uma relação perfeita entre as variáveis, uma vez que sempre se pode determinar precisamente a posição de um estabelecimento em relação a uma das variáveis conhecendo-se sua posição em relação à outra. A correlação é contudo *negativa*, pois a correspondência entre as posições nas duas classificações está invertida, de acordo com o princípio "os primeiros serão os últimos...".

Entre essas duas situações, pode-se ter casos de correlações menos perfeitas, ou seja, onde as classificações em relação a uma e outra das variáveis não são nem idênticas, nem opostas:

TABELA 7c
Clareza dos preços (X) *versus* localização dos produtos (Y)

Estabelecimento	clareza (preço)	facilidade (localização)
A	TF	TF
B	F	F
C	M	G
D	G	M
E	TG	TG

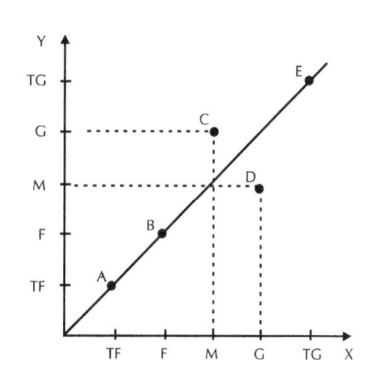

O conhecimento da classificação em função de uma variável não mais permite deduzir tão seguramente a classificação em função da outra, mesmo que a relação entre ambas permaneça estreita. Falar-se-ia, ainda, de correlação positiva neste caso, mesmo não sendo perfeita. Existem casos onde qualquer traço de correlação desaparece com as variáveis comportando-se de modo aleatório uma em relação à outra.

VARIÁVEIS NUMÉRICAS – Pode-se também estabelecer correlações entre variáveis numéricas, como, por exemplo, a variável "idade do cliente" (X) e a variável "tempo passado diante da prateleira" (Y). Imaginemos que se tenha observado 30 clientes em relação a essas variáveis. É possível construir um *diagrama de dispersão* ilustrando as observações, isto é, um diagrama cartesiano no qual cada pessoa observada é representada por um ponto cujas coordenadas (X_i, Y_i) indicam, respectivamente, sua idade (variável X) e o tempo de sua passagem diante da prateleira (variável Y). Eis aqui tal diagrama de dispersão:

Os dados estão aqui espalhados sem que um esquema possa se destacar da nuvem dos pontos: conhecendo o valor X_i de um dos pontos, seria difícil prever o valor Y_i a ele correspondente sem se referir ao diagrama. É um exemplo de ausência de correlação entre as variáveis.

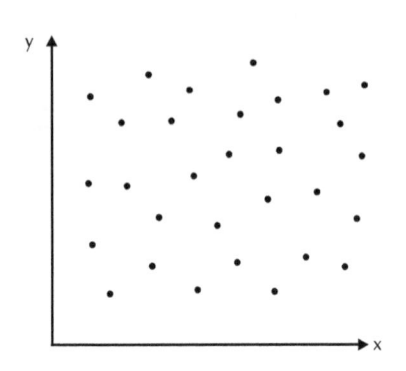

Por outro lado, poder-se-ia obter um diagrama diferente, como o abaixo. O exame da nuvem de pontos permite descobrir aqui um *pattern* traduzindo uma forma de associação entre as variáveis X e Y. Uma relação como a aqui representada é dita *curvilinear*, visto que a nuvem de pontos parece se organizar em torno de uma curva, aliás representada sobre a figura. Com tal curva, fica difícil, embora não impossível, quantificar a relação entre as variáveis.

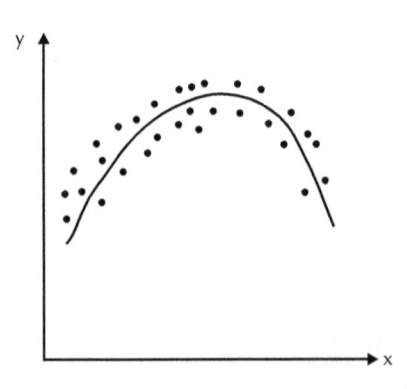

A tarefa torna-se mais fácil quando o diagrama toma uma das seguintes formas:

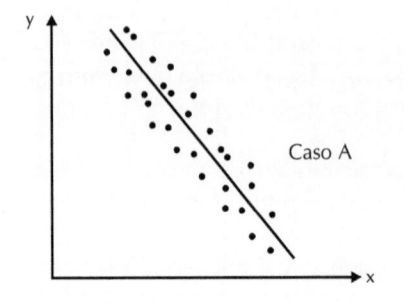

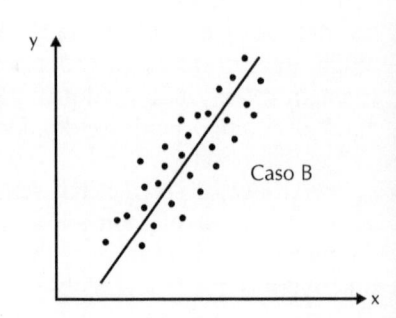

Caso A

Caso B

Nesses dois casos, os pontos organizam-se em torno de linhas retas: as relações são então denominadas *lineares* e as retas são chamadas de *retas de regressão*. No caso A, a inclinação da reta sendo positiva, falar-se-á de *correlação positiva* entre nossas variáveis, ao passo que em B será dita *negativa*. Reencontramos aqui termos introduzidos com as variáveis ordinais.

Notemos aqui que, em ambos os casos, conhecendo o valor X_i da variável X, não podemos determinar exatamente o valor Y_i correspondente, pois caso os pontos se situem aproximadamente ao longo da reta de regressão, raras vezes estarão exatamente acima. Por outro lado, podemos estimar o valor desse Y_i sabendo, por exemplo, que se $X_i < X_j$, então $Y_i < Y_j$.

Quanto mais os pontos se concentram na proximidade de uma reta, mais forte será a associação ou correlação entre as variáveis. Se, pelo contrário, os pontos se afastarem muito da reta, a correlação será mais fraca, algumas correlações podendo não ser constantes, mais fortes em um intervalo, mais fracas em um outro.

Força de uma associação estatística

A força (ou grau) da relação entre duas variáveis pode ser quantificada com a ajuda do que se chama de medidas de associação. Como essas medidas são numerosas, a escolha daquela a ser usada dependerá do grau de mensurabilidade das variáveis em questão e de algumas outras de suas características, como o número de modalidades ou valores que a elas estão associados. Abordaremos aqui as medidas mais utilizadas, lembrando que as demais encontram-se descritas nas obras especializadas.

As medidas de associação tomam habitualmente a forma de coeficientes, muitas vezes denominados coeficientes de associação ou de correlação.

Associação e causalidade

Como dissemos, a existência de uma associação estatística entre duas variáveis permite predizer as modalidades ou valores tomados por uma a partir do conhecimento dos tomados pela outra. Quanto mais forte for a associação, mais precisa será a previsão.

Em uma pesquisa com dados criados onde se tem uma variável independente e uma variável dependente, objetiva-se prever os valores tomados por esta última a partir dos tomados pela primeira. Deve-se, contudo, lembrar que a presença de uma associação estatística não prova em nada a existência de uma relação de causalidade entre as variáveis em questão: a associação pode apenas medir uma relação cuja existência só pode ser estabelecida através de uma análise teórica como foi explicado no quadro do capítulo 8, **As relações causais**.

As medidas de associação tomam habitualmente a forma de coeficientes muitas vezes denominados coeficientes de associação ou de correlação.

LAMBDA (λ) — O lambda é uma das medidas de associação mais simples. Aplica-se às variáveis nominais e mede a força da relação entre elas baseando-se no número de erros que poderiam ser cometidos prevendo-se a modalidade tomada pela outra. Consideremos o caso em que se tem a seguinte tabela de contingência para as variáveis sexo (X) e compra de um produto (Y).

TABELA 8
Sexo *versus* compra de um produto

Compra (Y)	Sexo (X)		Totais marginais de Y
	Masculino	Feminino	
Sim	253	356	609
Não	207	426	633
Totais marginais de X	460	782	1242

Imaginemos que se devesse adivinhar, para cada um dos clientes, se compraram ou não um produto, conhecendo-se as distribuições por sexo: dir-se-ia SIM para cada um dos homens, pois a maioria deles compraram, embora se fosse cometer, desse modo, 207 erros. Para as mulheres, escolher-se-ia preferentemente NÃO, enganando-se 356 vezes. Conhecendo, portanto, as distribuições condicionais por sexo, aceita-se um total de 207 + 356 = 563 erros. Por outro lado, caso se conhecesse apenas a distribuição marginal de Y, ou seja, os totais das linhas dando os números globais de SIM e de NÃO, tender-se-ia a responder sempre NÃO, pois 633 pessoas não compraram, mas iria se cometer assim 609 erros. O conhecimento das distribuições condicionais por sexo diminui, portanto, o número de erros de 609 - 563 = 46. Define-se o λ como a relação entre esse 46 e o número total de erros quando apenas a distribuição marginal de Y é conhecida:

$$\lambda = \frac{\text{Número de erros a menos conhecendo-se as distribuições condicionais de Y}}{\text{Número total de erros conhecendo-se a distribuição marginal de Y}} = \frac{46}{609} = 0{,}076$$

O λ varia de 0 a 1. Em 0, não há redução do número de erros provocada pelo conhecimento das distribuições condicionais; pelo contrário, com $\lambda = 1$, o conhecimento dessas distribuições permitiria prevê-lo com exatidão. O resultado de 0,076 obtido no exemplo mostra que se conhecendo as distribuições em função do sexo o ganho é baixo e que existe, portanto, somente uma fraca relação entre nossas variáveis. Em geral, quanto mais perto estiver o λ de 1, mais forte será a associação entre as variáveis.

GAMMA (G ou γ) – O gamma (G) é uma medida de associação que convém a tabelas de contingência 2x2, isto é, tabelas onde as variáveis são dicotômicas, como no caso da tabela 8. A fórmula dando o valor de G baseia-se nas somas e diferenças dos produtos dos efetivos localizados nas diagonais dessa tabela:

$$G = \frac{ad - bc}{ad + bc}$$

onde a, b, c e d são os efetivos das linhas e das colunas dispostas como na tabela abaixo, a qual, inspirando-se na tabela 8, ter-se-ia a variável X, "pertencer ao sexo masculino", e a variável Y, "compra de um produto".

	Variável X	
Variável Y	Sim	Não
Sim	a	b
Não	c	d

Desse modo, na tabela 8, o valor do coeficiente gama seria:

$$G = \frac{253 \times 426 - 356 \times 207}{253 \times 426 + 356 \times 207} = \frac{34086}{181470} = 0,188$$

Em tal tabela, existem casos em que as duas variáveis estão mais freqüentemente presentes ou ausentes ao mesmo tempo: ter-se-á então ad > bc e o G será positivo. No caso contrário, ter-se-ia ad < bc e o G seria negativo, mostrando que a ausência da variável X é mais comumente associada a uma presença de Y e vice-versa. Como se pode constatar, o G nos fornece uma indicação da direção da relação entre X e Y: positivo, permite concluir que X e Y variam juntos, ao passo que negativo indica que X e Y variam em sentido oposto um do outro. O G toma valores situados entre -1 e 1: quanto mais esses valores estiverem perto de 0, mais fraca será a associação entre X e Y. Por outro lado, valores aproximando-se de -1 ou de 1 traduzem uma associação forte.

Duas observações permitirão encerrar o assunto:

- os subprogramas dos *softwares* calculam o G quando solicitados. No subprograma CROSSTABS do SPSS, basta pedir STATISTICS 8;
- as obras especializadas fornecem fórmulas para o cálculo de G em tabelas maiores que 2x2.

QUI-QUADRADO (χ^2) E SEUS COEFICIENTES DERIVADOS — No capítulo 8, o qui-quadrado foi apresentado como um teste de hipótese, o que não o impede de servir para medidas de associação. Retomemos, por exemplo, a tabela 6a deste apêndice onde se considera os tipos de estabelecimentos e o caráter moderno ou antigo de sua organização. Já se concluiu haver uma relação entre essas variáveis: o qui-quadrado vai permitir associar um número a essa relação comparando-se a situação observada ao que se teria teoricamente obtido na ausência de qualquer relação. Com efeito, sem essa relação entre X e Y, as proporções teriam sido equivalentes aos 21/39 e aos 18/39 do efetivo de cada uma das colunas. Ter-se-ia, portanto, obtido as seguintes freqüências teóricas f_{te}, dadas entre parênteses, em relação a cada uma das freqüências observadas f_{ob} em campo.

TABELA 6c
Tipo de estabelecimento *versus* organização

	Tipo (X)		
Organização (Y)	Supermercado f_{ob} (f_{te})	Mercearia de bairro f_{ob} (f_{te})	Totais das linhas
Moderna	14 (10,77)	7 (10,23)	21
Antiga	6 (9,23)	12 (8,77)	18
Totais das colunas	20	19	39

Essas freqüências teóricas são dados para a fórmula:

$$f_{te} = \frac{\text{Total marginal da linha} \times \text{total marginal da coluna}}{\text{Efetivo total}}$$

A fim de obter nossa medida, iremos adicionar todos esses intervalos entre freqüência observada f_{ob} e freqüência teórica f_{te} elevando-os ao quadrado para que não se anulem. Por outro lado, essas diferenças têm uma importância relativa variável: uma diferença de freqüência de 5 é mínima, se a freqüência total é de 1000, mas se mostra mais importante se essa freqüência total é de 10. Nós iremos, portanto, considerar essa importância relativa dividindo os quadrados das diferenças pela freqüência teórica. De onde a fórmula

$$\chi^2 = \sum \frac{(f_{ob} - f_{te})^2}{f_{te}}$$

O cálculo é bastante pesado de ser efetuado, mas, como assinalamos, os *softwares* fazem o trabalho para nós. No exemplo considerado, trabalhando-se com o SPSS e o subprograma CROSSTABS, bastaria pedir STATISTICS 1 para obter o valor do χ^2, que é aqui de 4,31.

Para saber se a relação é verdadeiramente forte, deve-se transformar um pouco esse valor e calcular um coeficiente como o fi-quadrado (φ^2). Sabe-se, com efeito, que o χ^2 é diretamente proporcional ao número de dados recolhidos: dobrando-se os efetivos de cada uma das casas da tabela de contingência, as proporções entre as freqüências seriam conservadas mas o χ^2 dobraria. Para escapar dessa dependência, basta dividir o χ^2 pelo efetivo total n: $\varphi^2 = \chi^2/n$.

Essa medida sempre positiva estará perto de 0 quando a associação for fraca e será maior, se a associação for mais forte. Em nosso exemplo, $\varphi^2 = 4,31/39 = 0,11$, o que é, sobretudo, pequeno.

Uma outra medida de associação muito popular é o *coeficiente de contingência* C que também considera o χ^2 e o efetivo total n:

$$C = \sqrt{\frac{\chi^2}{\chi^2 + n}}$$

O C será sempre inferior a 1, sendo seu valor máximo determinado pelo número de modalidades das variáveis. Ainda aqui, um valor perto de zero indica uma associação fraca, como em nosso exemplo onde se tem C = 0,32 ...

O coeficiente V de Kramer é uma terceira medida, essa dada por:

$$V = \sqrt{\frac{\chi^2}{n(k-1)}}$$

onde k é o mínimo do número de linhas e do número de colunas da tabela e n, o efetivo total. Esse coeficiente é interpretado exatamente como o p, ao qual é, aliás, igual se, como em nosso exemplo, a tabela comportar 2 linhas e 2 colunas (k = 2).

CORRELAÇÃO LINEAR E RETA DE REGRESSÃO — Quando as variáveis são numéricas, a associação entre elas pode tomar a forma de uma correlação linear: obtém-se essa forma quando a nuvem dos pontos representando os dados situa-se sobre o que denominamos uma reta de regressão. Quanto mais perto estiverem os pontos da reta, mais forte será a correlação e melhores serão as estimativas que podem ser feitas dos valores de uma das variáveis a partir dos valores da outra. Resta determinar qual é a reta de regressão e calcular sua equação para, em seguida, avaliar o coeficiente de correlação que traduz a força da associação.

Determinar a reta de regressão é achar a que melhor se ajusta aos dados recolhidos: para realizar esse ajuste ótimo, os especialistas utilizam o que chamam de *a reta dos quadrados mínimos*, ou seja, a reta que minimiza a soma dos quadrados das distâncias verticais entre ela própria e cada ponto da nuvem dos dados. Sabendo que a equação de uma reta pode ser dada sob a forma y = a + bx, cálculos um pouco elaborados permitem determinar os valores de a e b:

$$a = \frac{\sum X_i^2 \sum Y_i - \sum X_i \sum X_i Y_i}{n \sum X_i^2 - (\sum X_i)^2}$$

$$b = \frac{n \sum X_i Y_i - \sum X_i \sum Y_i}{n \sum X_i^2 - (\sum X_i)^2}$$

O cálculo do valor de a é facilitado desde que se tenha o valor de b, visto que:

$$a = \overline{Y} - \overline{X}$$

Felizmente, retornaremos a isso mais adiante, os *softwares* estatísticos podem fornecer rapidamente esses valores de a e b.

COEFICIENTE r DE PEARSON — A reta de regressão constitui um modelo matemático da relação entre X e Y. Esse modelo não é perfeito, mas fornece uma boa estimativa da situação real, de onde a possibi-

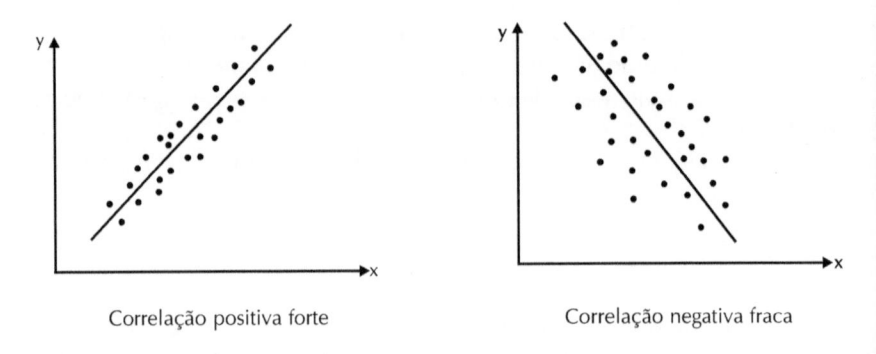

Correlação positiva forte   Correlação negativa fraca

lidade de utilizá-lo como instrumento de previsão. As previsões serão tanto mais precisas, como foi dito, quanto mais próximos da direita estiverem os pontos e quanto mais forte for a correlação entre as variáveis.

A força dessa correlação é medida por um *coeficiente de correlação* indicado por r e também denominado *coeficiente de correlação de Pearson*. Dado pela fórmula

$$r = \frac{n\sum X_i Y_i - \sum X_i \sum Y_i}{\sqrt{n\sum X_i^2 - (\sum X_i)^2} \times \sqrt{n\sum Y_i^2 - (\sum Y_i)^2}}$$

Felizmente (!), o computador pode aqui ajudar; os *softwares* estatísticos fornecem o valor do r, sabendo-se solicitá-lo. Assim, com o SPSS, encontra-se o subprograma PEARSON CORR: basta ativá-lo e acrescentar o nome das variáveis separadas pela preposição WITH para obter o valor desejado. Esse subprograma poderá também, graças aos comandos OPTIONS e STATISTICS, excluir alguns dados correspondendo a pontos verdadeiramente excêntricos, fora da "nuvem" dos outros dados, ou fornecer diversos valores úteis: médias, desvios padrões...

Acrescentemos que o coeficiente de Pearson é igualmente determinado de outros modos, como este apelando-se às variâncias S_X e S_Y de X e de Y:

$$r = \frac{b \times S_x}{S_y}$$

Esse coeficiente toma sempre um valor compreendido entre -1 e 1, o sinal correspondendo ao caráter negativo ou positivo da correlação e a força da relação sendo mais forte quando se aproxima de +1 ou de -1, ao passo que será tanto mais fraca quanto mais próxima estiver de 0.

Testes de hipótese

No capítulo 8, explicou-se que, quando uma associação estatística se destaca em uma amostra, a questão de sua generalização é levantada:

essa associação depende do acaso ou vale para o conjunto da população? A resposta é fornecida por um *teste de associação* ou *teste de hipótese*, com recurso a uma hipótese dita nula H_0. Pouco importa o teste escolhido, essa hipótese nula é sempre a mesma: ela afirma que, no nível da população, não existe associação estatística entre as variáveis. Opõe-se à hipótese H_1, que estipula a existência de tal associação. Para aceitar ou refutar a hipótese nula, um nível de significação que determinará uma zona de rejeição é fixado. Se o valor obtido do teste cair nessa zona de rejeição, H_0 será colocada de lado em proveito de H_1.

O teste de hipótese mais corriqueiramente utilizado é o χ^2, que aprendemos a calcular com a ajuda da fórmula:

$$\chi^2 = \sum \frac{(f_{ob} - f_{te})^2}{f_{te}}$$

No exemplo da tabela de contingência 6c, o valor do χ^2 era de 4,31. Feito esse cálculo, resta apenas determinar a regra de decisão. Essa depende, primeiramente, do número de casas que compõe a tabela de contingência: esse número intervém, pois influencia o valor do χ^2, que será tanto maior quanto mais casas existirem, e, portanto, valores a serem adicionados. Esse número de casas será considerado com a ajuda do que se denomina o *grau de liberdade* da tabela de contingência, grau de liberdade dado pela fórmula

DL = (número de linhas - 1) x (número de colunas - 1)

Desse modo, na tabela 6c

DL = (2-1) x (2-1) = 1 x 1 = 1

A regra de decisão também depende do *nível de significação* ou *nível de confiança* escolhido, traduzindo a probabilidade de erro do teste: assim, tomando um nível de 5% ou 0,05, aceita-se a possibilidade de se enganar 5 vezes em 100 decidindo sobre a presença ou a ausência de relação entre nossas variáveis.

Essa regra de decisão toma a forma de um número fornecido pela tabela do χ^2, tabela que se encontra em qualquer tratado de estatística: o número em questão corresponde, ao mesmo tempo, ao nível de confiança e ao grau de liberdade; em nosso exemplo, os valores dados pela tabela para um grau de liberdade 1 são de 2,706 para um nível de 10%, de 3,841 no nível de 5% e de 6,635 no nível de 1%. Tendo um χ^2 de 4,31, rejeitar-se-ia H_0 aos níveis de 10% ou 5%, mas dever-se-ia aceitá-lo a 1%.

O teste do χ^2 é, como dizíamos, o mais utilizado. Existem outros que também são úteis e que, embora distinguindo-se do χ^2 quanto a seu objeto e às condições de sua utilização, funcionam de modo análogo. O pesquisador interessado poderá encontrá-los nas obras especializadas.

A análise multivariada

O estudo das variáveis tomadas duas a duas não marca necessariamente o fim da análise estatística. Pode-se, por exemplo, querer observar simultaneamente três variáveis porque se desconfia que duas delas sofrem a influência da terceira. Por isso, os estatísticos elaboraram instrumentos que permitem explorar as relações existentes entre três ou mais variáveis. Fala-se, então, de análise *multi*variada. Não trataremos aqui disso, pois essa análise ultrapassa os limites deste apêndice; até mesmo porque existem excelentes obras onde os instrumentos necessários são apresentados. Acrescentemos simplesmente que as idéias por trás dessas análises multivariadas retomam o que foi exposto aqui e no capítulo 8.

QUADRO 1
Números aleatórios

14022	72210	88244	62844	83070	75265	11565	81484	09420	66127
32927	35909	91710	23510	85554	74719	24247	70731	82703	36335
78312	18629	98771	85256	90583	11136	05933	46467	86079	63157
63153	42968	15758	43500	62139	12995	90788	02415	45551	68371
34114	72870	96930	49969	16071	35210	23674	43211	85567	14349
90776	85873	69488	13706	25177	48126	76553	72364	58526	08994
86385	05629	41655	07814	63674	62637	65200	12108	46461	61106
11003	17296	82906	75547	51287	61925	48475	01543	50868	57737
91198	56497	64697	98361	30708	20702	08802	45137	66489	25294
77379	12139	10944	71238	07410	58547	59671	54646	83729	76867
85956	89851	58138	48536	41757	41863	56264	06341	85056	60233
06051	94575	33254	90277	38279	12067	46162	74309	34810	64913
00420	06141	34089	62436	02947	82007	42579	11965	28156	59160
28607	83015	64789	35455	36341	84646	67338	64885	36539	81668
18817	79528	76233	36750	26305	96048	92517	90786	28352	18025
82601	04176	09024	57626	30507	24666	32651	17594	70810	64585
15926	29484	14636	84677	56394	07793	85783	03984	64686	69273
32654	05969	80647	54342	86795	70128	55684	75332	54841	36133
06509	62763	63349	02859	26182	20068	79121	28863	90979	52610
85015	24063	50522	84646	74508	68474	00403	22418	62539	20388
38292	73080	55168	70010	41656	90986	17206	73900	77799	31434
00185	77236	49932	45037	05189	25280	44218	01617	20574	20264
78904	72876	16886	48914	94362	33571	13592	74302	95598	15834
13513	81371	95383	89958	05185	67103	31632	54656	49856	57111
56499	18055	28144	31628	35138	11655	07544	21729	66220	08049
33459	50863	85363	66437	94265	11462	33479	96908	90275	94616
10051	81065	19774	74918	12588	74206	61203	68372	97676	51985
65713	30623	70519	95804	82026	47888	43911	56612	07765	61412
38341	85264	08202	97686	69408	39817	39989	69304	01172	26202
69206	74923	13183	32654	05444	52405	32237	46571	13735	83415
55066	73633	69508	70521	80206	91908	89867	45097	24661	22416
37584	48325	47902	21003	19341	84954	65649	86683	72772	46704
21695	99998	66939	58039	05061	71934	55478	00576	66315	27137
15455	68034	87223	13717	29641	80114	32651	58546	61210	83111
56550	78141	24666	42732	93747	18935	31381	76070	16888	33316
28444	09070	93265	18923	25076	04810	82072	64277	99201	77077
92324	97328	39310	13205	19242	63057	29580	24544	49349	04795
29088	93556	80551	58628	46466	73080	55312	13904	81064	99355
21984	64483	42016	34598	75843	50143	80750	27227	43183	35719
53735	10856	73493	35210	74718	35205	72568	37318	17807	56498
15813	83819	83726	81699	04809	60899	89641	93440	13000	52200
79259	96928	86437	94271	24769	39549	49843	41145	54759	26314
22825	07625	26113	61821	70089	44727	73592	11985	72168	86796
00998	18282	08618	08595	68679	59988	94636	58155	57011	77072
78399	18833	67369	30393	06093	14175	92617	19755	37195	49627
43604	42046	93941	66325	17768	58748	20982	90872	26215	95597
54401	25897	64994	16540	56048	14534	79958	98664	28556	60286
56089	68986	38546	43795	30397	74841	34103	37052	71432	94762
53327	12394	98464	68064	07267	20576	26714	12517	91203	68474
71924	17613	11054	14483	22408	39101	42630	53344	93449	64104

QUADRO 2

Este quadro fornece os valores críticos $k\alpha$ de uma variável obedecendo a uma lei do χ^2 para os principais níveis de significação α e os diversos graus de liberdade d.

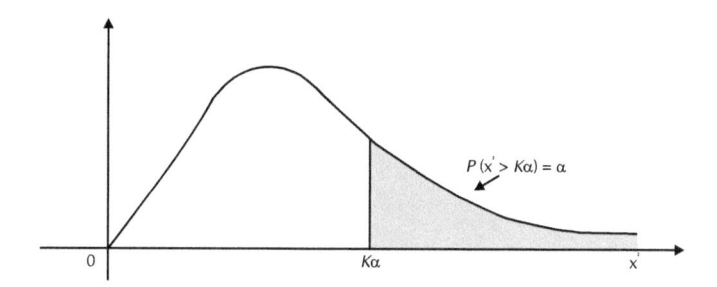

$P(x' > K\alpha) = \alpha$

Graus de liberdade (d)	$K_{0,100}$ 10%	$K_{0,050}$ 5%	$K_{0,025}$ 2,5%	$K_{0,010}$ 1%	$K_{0,005}$ 0,5%
1	2,71	3,84	5,02	6,64	7,88
2	4,61	5,99	7,38	9,21	10,60
3	6,25	7,82	9,35	11,35	12,84
4	7,78	9,49	11,14	13,28	14,86
5	9,24	11,07	12,83	15,09	16,75
6	10,65	12,59	14,45	16,81	18,55
7	12,02	14,07	16,01	18,48	20,28
8	13,36	15,51	17,54	20,09	21,96
9	14,68	16,92	19,02	21,67	23,59
10	15,99	18,31	20,48	23,21	25,19
11	17,28	19,68	21,92	24,73	26,76
12	18,55	21,03	23,34	26,22	28,30
13	19,81	22,36	24,74	27,69	29,82
14	21,06	23,69	26,12	29,14	31,32
15	22,31	25,00	27,49	30,58	32,80
16	23,54	26,30	28,85	32,00	34,27
17	24,77	27,59	30,19	33,41	35,72
18	25,99	28,87	31,53	34,81	37,16
19	27,20	30,14	32,85	36,19	38,58
20	28,41	31,41	34,17	37,57	40,00
21	29,62	32,67	35,48	38,93	41,40
22	30,81	33,92	36,78	40,29	42,80
23	32,01	35,17	38,08	41,64	44,18
24	33,20	36,42	39,36	42,98	45,56
25	34,38	37,65	40,65	44,31	46,93
26	35,36	38,39	41,92	45,64	48,29
27	36,74	40,11	43,19	46,96	49,65
28	37,92	41,34	44,46	48,28	50,99
29	39,09	42,56	45,72	49,59	52,34
30	40,26	43,77	46,98	50,89	53,67
40	51,81	55,76	59,34	63,69	66,77
50	63,17	67,50	71,42	76,15	79,49
60	74,40	79,08	83,30	88,38	91,95
70	85,53	90,53	95,02	100,42	104,22
80	96,58	101,88	106,63	112,33	116,32
90	107,56	113,14	118,14	124,12	128,30
100	118,50	124,34	129,56	135,81	140,17

Glossário

Abordagem antropológica *Estratégia de pesquisa com dados existentes* através da qual um pesquisador participa da vida de um grupo para observá-lo de seu interior. A técnica de coleta da informação privilegiada por essa abordagem é a *observação participante*.

Amostra acidental *Amostra não-probabilista* composta de elementos da população retidos unicamente em virtude de sua presença no momento em que se tinha necessidade.

Amostra aleatória simples *Amostra probabilista* formada por um sorteio no qual todos os elementos da população possuem igual chance de serem escolhidos.

Amostra de voluntários *Amostra não-probabilista* composta de elementos assegurada pela apresentação voluntária dos indivíduos.

Amostra não-probabilista Amostra composta a partir de intervenções intencionais do pesquisador; os elementos da população não possuem a mesma possibilidade de ser selecionados e suas chances de serem-no não são conhecidas, o que torna difícil, até mesmo impossível, a avaliação do caráter generalizável dos resultados obtidos.

Amostra por cotas *Amostra não-probabilista* cujos elementos são selecionados em números determinados (cotas) em função de características particulares, de modo a formar subgrupos refletindo a composição da população.

Amostra por estratos *Amostra probabilista* cujos elementos são escolhidos ao acaso no interior de estratos ou de subgrupos definidos por uma ou mais características particulares.

Amostra por grupos *Amostra probabilista* formada mais pela seleção ao acaso de indivíduos que participam de grupos existentes na população do que por indivíduos retirados do conjunto da população como um todo.

Amostra probabilista Amostra composta escolhendo-se, ao acaso, dentre os elementos da população, todos tendo uma chance real e conhecida de ser selecionados, o que permite ao pesquisador avaliar o caráter generalizável dos resultados obtidos.

Amostra Subconjunto dos elementos de uma população a partir do qual os dados são recolhidos. O procedimento pelo qual são escolhidos os elementos que compõem a amostra chama-se *amostragem*.

Amostra típica *Amostra não-probabilista* na qual são deliberadamente reunidos elementos considerados exemplares ou típicos da população ou de uma parte desta.

Amostragem Conjunto das operações para determinar uma amostra representativa de uma determinada população.

Banco de dados Conjunto estruturado de informações em um domínio do saber. Tem-se a ele acesso geralmente por computador.

Causalidade (princípio de) Em sua perspectiva elementar, princípio segundo o qual todo efeito procede de uma causa e toda causa, nas mesmas condições, produz o mesmo efeito. Em sua versão moderna, um efeito pode ter causas múltiplas (multicausalidade) e peso diferente, e prefere-se mais, aliás, falar em fatores do que em causas.

Codificação Operação que consiste em atribuir um código a cada um dos dados recolhidos e organizá-los por categorias, podendo, assim, fazer uma melhor análise.

Conceito Representação mental de um conjunto de realidades em função de suas características comuns essenciais. O conceito é uma categoria que estabelece um caso geral a partir de um conjunto de casos particulares afins, devido a suas características essenciais.

Correlação Medida da interdependência entre duas ou várias *variáveis* exprimida em forma de coeficiente.

Crítica externa Avaliação da origem e da autenticidade de um texto.

Crítica histórica Associadas ao nome de crítica histórica, a *crítica externa* e a *crítica interna* foram, por muito tempo, consideradas pelos historiadores positivistas como o próprio método da história.

Crítica interna Avaliação da credibilidade e do significado do texto.

Dedução Forma de raciocínio que parte de uma proposição geral para verificar seu valor por meio de dados particulares. Em pesquisa, essa proposição é, em geral, uma *hipótese*, e fala-se então em raciocínio *hipotético-dedutivo*.

Desvio É a diferença entre cada dado e a média dos dados.

Desvio médio *Medida de dispersão*. Média dos desvios, ou seja, a soma de todos os desvios considerados como positivos, divididos pelo número de dados.

Desvio padrão É a raiz quadrada da variância.

Desvio quartílico (ou Interquartílico) *Medida de dispersão*. Distância que separa os valores entre os quais se acha a metade central dos valores observados de uma variável.

Determinismo Teoria segundo a qual os comportamentos dos seres vivos e das coisas seriam determinados, ou seja, decididos previamente, pelas leis da natureza. A pesquisa científica consistiria em determinar essas leis.

Distribuição de uma variável Conjunto dos valores que podem tomar uma *variável*; cada um desses valores vendo-se associado à freqüência de suas aparições no conjunto dos dados.

Empírico Baseado na experiência. É, muitas vezes, um movimento pré-lógico do pensamento, da ordem da *intuição*.

Empirismo Conhecimento pelos sentidos, pela experiência sensível. Falar-se-á em pesquisa empírica quando a pesquisa apóia-se no exame sistemático do real ou o submete à experiência.

Enquete Estratégia de pesquisa com dados existentes visando, por diversos meios (*questionário, entrevista, observação*, exame de documentos, etc.), à compreensão de uma situação ou fenômeno.

Entrevista estruturada Série de perguntas feitas oralmente em uma ordem fixa, cada uma sendo acompanhada por um determinado conjunto de respostas dentre as quais o entrevistado deve escolher a que melhor corresponde à sua opinião.

Entrevista não-estruturada Entrevista na qual o entrevistador apóia-se em um ou vários temas e, talvez, em algumas questões iniciais previstas com antecedência, para improvisar suas perguntas em função de suas intenções e das respostas obtidas de seu interlocutor.

Entrevista parcialmente estruturada Entrevista cujos temas são especificados e as perguntas (abertas) preparadas previamente. Mas toda a liberdade é mantida, no que concerne à retomada de algumas questões, à ordem na qual as perguntas são feitas e ao acréscimo de outras improvisadas.

Entrevista semi-estruturada Série de perguntas abertas feitas oralmente em uma ordem prevista, mas na qual o entrevistador tem a possibilidade de acrescentar questões de esclarecimento.

Entrevista Técnica de coleta da informação pela qual o pesquisador recolhe oralmente o testemunho dos participantes.

Epistemologia Estudo da natureza e dos fundamentos do saber, particularmente de sua validade, de seus limites, de suas condições de produção.

Erro de tipo I Rejeição errada da *hipótese nula* julgando-se diferentes populações semelhantes.

Erro de tipo II Aceitação errada da *hipótese nula* julgando-se semelhantes populações diferentes.

Especular Criar um saber pelo exercício único do pensamento, sem outro objetivo, em geral, do que o próprio conhecimento.

Estratégia de pesquisa Procedimento global de verificação da hipótese, conjunto organizado das operações que permitem uma comprovação convincente dessa hipótese.

Estudo de caso Estratégia de *pesquisa com dados existentes* através da qual o pesquisador se concentra sobre um caso, geralmente escolhido por seu caráter considerado típico, a fim de investigá-lo com profundidade.

Estudo de correlação Estudo que consiste em comparar, com a ajuda de *testes estatísticos*, dois (ou vários) fatores entre si para estabelecer relações entre seus diversos valores.

Experimentação Procedimento central da *pesquisa com dados criados* pelo qual o pesquisador atua sobre um ou vários fatores ou *variáveis* da situação em estudo com o objetivo de observar e eventualmente medir as mudanças que daí resultam.

Extensão *medida de dispersão* Diferença entre os valores extremos recolhidos como dados.

Fidedignidade Qualidade de um instrumento que fornece os mesmos resultados independentemente do tempo e/ou do lugar de sua utilização.

Generalizar Em pesquisa, estender a situações afins conclusões obtidas em uma determinada situação.

Grupo experimental Em uma *pesquisa com dados criados*, conjunto das pessoas submetidas à intervenção controlada pelo pesquisador.

Grupo-testemunha Em uma *pesquisa com dados criados*, conjunto das pessoas não submetidas à intervenção, mas passando pelas mesmas avaliações que os membros do *grupo experimental*, a fim de fornecer um ponto de comparação.

Hipótese Explicação plausível, mas provisória, de um *problema de pesquisa*. Essa explicação deve ser verificada nos fatos.

Hipótese nula Hipótese que se opõe à hipótese de pesquisa e nega a existência de diferenças significativas entre os subgrupos da amostra e, portanto, entre as camadas da população que correspondem a esses subgrupos.

Hipotético-dedutivo Raciocínio que, tendo conduzido, por *indução*, a uma hipótese, parte desta para verificar seu valor por *dedução* junto aos dados particulares. É, por excelência, o raciocínio da pesquisa em ciências humanas.

História de vida *Estratégia de pesquisa* pela qual o pesquisador conduz uma testemunha a contar, de seu modo, sua vida ou um aspecto de sua vida.

Indicadores Sinais observáveis que servem para apreender um caráter ou um fenômeno que não se pode compreender de modo direto.

Indução Forma de raciocínio consistindo em tirar uma proposição geral do relacionamento de dados particulares. Em pesquisa, a hipótese resulta, em geral, dessa forma de raciocínio.

Interrogações iniciais Primeira percepção de que uma situação causa problema, que mereceria ser questionada, examinada de mais perto. Freqüentemente, um movimento pré-lógico do pensamento, de ordem da intuição.

Intuição Forma de conhecimento imediato que não recorre ao raciocínio. É, por excelência, o tipo do saber espontâneo.

Média *Medida de tendência central*. Soma do conjunto dos valores efetivamente tomados pela *variável* dividida pelo número de observações.

Mediana *Medida de tendência central*. Valor que separa em duas partes iguais o conjunto dos elementos da distribuição ordenada de uma *variável*.

Medida de dispersão Valor que caracteriza uma distribuição exprimindo sua dispersão. As principais medidas de dispersão são a *extensão*, o *desvio quartílico*, o *desvio médio*, a *variância* e a *variação típica*.

Medida de posição Valor indicando a posição relativa de um dado, situando-o em um intervalo. Fala-se em centil, decil, quintil ou quartil conforme o conjunto dos valores ordenados da distribuição seja, respectivamente, dividido em cem, dez, cinco ou quatro intervalos iguais.

Medida de tendência central Medida caracterizando uma distribuição por um valor central, em torno do qual os dados se encontram: ver *mediana, modo* e *média*.

Método Conjunto dos princípios e dos procedimentos aplicados pela mente para construir, de modo ordenado e seguro, saberes válidos.

Metodologia Estudo dos princípios e dos métodos de pesquisa.

Moda *Medida de tendência central*. Valor da *variável* que surge, mais freqüentemente, nas *observações*. Uma distribuição é dita bimodal ou multimodal, se dois ou vários valores chegam à igualdade na ponta das freqüências.

Objetivação Operação pela qual o pesquisador torna consciente, para ele e para os outros, as coordenadas de seu *problema* de pesquisa e a perspectiva na qual o aborda.

Objetividade Atitude intelectual que visa a considerar a realidade do objeto, controlando ao máximo, pela operação nomeada *objetivação*, as preconcepções do pesquisador.

Objeto O que é submetido ao estudo do pesquisador. Distingue-se o objeto da pesquisa do *sujeito* pesquisador. Para evitar ambigüidades, quando a pesquisa trata de seres humanos, deve-se nomeá-los pessoas, participantes, indivíduos, ao invés de sujeitos.

Observação participante Técnica de observação por meio da qual o pesquisador se integra a um grupo para estudá-lo de seu interior. Essa técnica está intimamente ligada à *abordagem antropológica*.

Observação Técnica de pesquisa pela qual o pesquisador examina sistematicamente, guiado por uma pergunta ou uma hipótese, um acontecimento, um fenômeno ou uma situação.

Pergunta de pesquisa Pergunta a qual o pesquisador traduz, operacionalmente, especificando-o, seu *problema* de pesquisa.

Pesquisa aplicada Pesquisa destinada a sanar uma falta nos saberes disponíveis com o objetivo de resolver um problema prático.

Pesquisa com dados criados (ou engendrados) Pesquisa fundamentada em dados recolhidos após uma intervenção deliberada do pesquisador, visando à provocação de uma mudança.

Pesquisa com dados existentes Pesquisa fundamentada em dados já presentes na situação de estudo e que o pesquisador faz surgir, sem tentar modificá-los, através de uma intervenção.

Pesquisa de opinião Estratégia de pesquisa com dados existentes que visa ao conhecimento da opinião de uma população sobre um determinado assunto, interrogando uma amostra, muitas vezes grande, dessa população. Uma pesquisa de opinião é dita "pontual" ou "instantânea", se a amostra é interrogada uma só vez; "de tendência", se amostras diferentes são interrogadas em momentos sucessivos, ou "por etapas", se a mesma amostra é questionada por várias vezes.

Pesquisa fundamental Pesquisa destinada a fazer crescer a soma dos saberes disponíveis pelo próprio valor desses saberes.

Positivismo Corrente de pensamento científico, surgida no século XIX, que estimava que a ciência consistia em extrair do real, através de observação sistemática, as leis que o determinam. Hoje, fala-se em positivismo para a atitude que apenas considera válida a pesquisa que se fundamenta em uma *verificação* empírica dos fatos.

Problema Existe problema em pesquisa quando uma falta é sentida ou observada nos saberes disponíveis e que a pesquisa poderia saná-la. Ponto de partida de toda pesquisa, a noção de problema é central na concepção moderna de ciência.

Problemática Conjunto dos saberes (factuais, conceituais, teóricos) e dos valores que influenciam nosso modo de abordar um *problema* de pesquisa e que formam seu quadro. (Ver *quadro de referência*.)

Quadro de referência Conjunto dos saberes e dos valores que influenciam nosso modo de ver as coisas. Alguns pesquisadores empregam "quadro de referência" em vez de *problemática*; outros utilizam "quadro teórico", "quadro conceitual", "quadro epistemológico", quando uma ou mais teorias, conceitos, uma questão epistemológica ocupam um determinado lugar em sua problemática e desejam sublinhá-la.

Quadro operacional Conjunto dos *indicadores* que estabelecem a relação entre os conceitos acionados pela *hipótese* e as *observações empíricas* necessárias à *verificação* dessa hipótese.

Questionário com respostas abertas Questionário no qual o entrevistado deve formular suas respostas, usando, para tanto, suas próprias palavras.

Questionário Técnica de coleta da informação através da qual o pesquisador recolhe o testemunho de participantes interrogando-os por escrito.

Questionário-padrão Questionário cujas perguntas são apresentadas em uma ordem fixa, cada uma sendo acompanhada por um conjunto determinado de respostas dentre as quais o entrevistado escolhe a que melhor lhe convém.

Refutação Princípio de refutação que consiste em estimar que um enunciado científico somente tem valor se pode ser refutado, ou seja, demonstrado falso.

Revisão da literatura Exame analítico e crítico dos estudos que se relacionam a uma determinada *questão de pesquisa*.

Sujeito O sujeito pesquisador em oposição ao *objeto* da pesquisa.

Técnica de pesquisa Procedimento empregado para recolher dados de pesquisa ou para analisá-los. Falar-se-á, conforme o caso, em técnica de coleta da informação (*teste*, *observação*, *entrevista*,...) ou técnica de análise.

Teoria Explicação geral de um conjunto de fenômenos, podendo ser aplicada, em princípio, a todos os fenômenos semelhantes.

Tesauro/thesaurus Lista de palavras escolhidas para analisar e classificar documentos.

Teste de associação *Teste estatístico* que mede, em forma de coeficiente, a intensidade de uma relação entre duas *variáveis*.

Teste de hipótese *Teste estatístico* que fornece a probabilidade de que as *observações* realizadas sobre uma amostra sejam generalizáveis ao conjunto da população.

Teste estatístico Procedimento de tratamento numérico dos dados para julgar a validade de uma *hipótese*.

Teste Instrumento de coleta de dados que implica em uma tarefa a ser cumprida por um participante cujas respostas são, em seguida, avaliadas em função de uma norma estabelecida estatisticamente, segundo as respostas de um conjunto de indivíduos.

Tradição Modo de transmissão oral, de uma geração a outra, de princípios e de saberes sem que estes tenham sido submetidos à verificação científica.

Transparência (princípio de) Princípio segundo o qual o pesquisador divulga tudo o que for necessário ser conhecido para que seu procedimento de pesquisa e seus resultados sejam julgados.

Validade Qualidade de um instrumento que fornece as informações para as quais foi construído.

Variação típica *Medida de dispersão*. Raiz quadrada da *variância*.

Variância *Medida de dispersão*. Soma dos quadrados dos desvios divididos pelo número de dados.

Variável Elemento ou fator que entra em jogo em uma pesquisa e que pode ter mais de um valor ou se encontrar em mais de um estado. Chama-se de "independente" a variável que, em uma relação de causalidade, está relacionada à causa e cujas variações influenciam os valores de uma outra variável ligada ao efeito e nomeada "variável dependente".

Verificação (da hipótese) Operação pela qual, uma vez enunciada uma *hipótese*, o pesquisador a confronta aos fatos reais para confirmá-la. Pode acontecer que o exame dos fatos conduza a uma modificação ou até a uma invalidação da hipótese.

Fonte das Ilustrações

PARTE I

Capítulo 1

20	À esquerda: *Ritual da Chuva* – Índios Maxakalis, Minas Gerais, 1993 (© Hilton Viotti)
24	*La Rubrique à Brac*, tomo 1. © Dargaud Éditeur Paris, de Gotlib
26	Museu Histórico Abílio Barreto – Belo Horizonte.
27	© 1940, 1968, *The New Yorker Magazine*.

Capítulo 2

34, 36, 39, 42	© Sidney Harris. Reproduzido com a permissão do autor.

Capítulo 3

61	© Sidney Harris. Reproduzido com a permissão do autor Jules Feiffer, *Jules. Feiffer's America from Eisenhower to Reagan*, © 1982, Jules Feiffer. Reproduzido com a permissão de Alfred A. Knopf Inc.
64	© Sidney Harris. Reproduzido com a permissão do autor.
66	Line Arsenault, *La vie qu'on mène*, Laval, Éditions Mille-Îles, 1994, p. 27.
69, 79	© Martha F. Campbell. Reproduzido com a permissão da autora.

PARTE II

Capítulo 4

87	Line Arsenault, *La vie qu'on mène*, Laval, Éditions Mille-Îles, 1994, p. 36.
88	© Sidney Harris. Reproduzido com a permissão do autor.
90	© Serge Gaboury. Première parution dans *Le Soleil*, 7 de junho de 1989. Reproduzido com a permissão do autor.
94, 100	*Mafalda's en va!*, vol. 11, © Éditions Glénat, de Quino. Em língua portuguesa,. encontrada na obra *Toda Mafalda*, publicada pela Livraria Martins Fontes.

Capítulo 5

107	© Sidney Harris. Reproduzido com a permissão do autor.
116	© Cork. Reproduzido com a permissão do autor.
117	Education Index, publicado pela The H.W. Wilson Company, Nova Iorque.
119	© Sidney Harris. Reproduzido com a permissão do autor.

PARTE III

Capítulo 6

135	© Sidney Harris. Reproduzido com a permissão do autor.
136	Chicago Blackhawk Hockey Team, Inc.
143	© Sidney Harris. Reproduzido com a permissão do autor.
150	© André-Philippe Côté. Reproduzido com a permissão do autor.
158	*Le monde de Mafalda*, vol. 5. © Éditions Glénat, de Quino. Em língua portuguesa, encontrado na obra *Toda Mafalda*, publicada pela Livraria Martins Fontes.
160	*Le petit frère de Mafalda*, vol. 6. © Éditions Glénat, de Quino. Em língua portuguesa, encontrado na obra *Toda Mafalda*, publicada pela Livraria Martins Fontes.

Capítulo 7

165	*Mafalda, À bas la liberté de presse*, vol. 1. Ó Éditions Glénat, de Quino. Em língua portuguesa, encontrado na obra *Toda Mafalda*, publicada pela Livraria Martins Fontes.
167	*Mafalda et ses amis*, vol. 8. © Éditions Glénat, de Quino. Em língua portuguesa encontrado na obra *Toda Mafalda*, publicada pela Livraria Martins Fontes.
169	Harley Schwadron. Reproduzido com a permissão do autor.
181	*cances de Maju*, vol. 9. © Éditions glénat, de Quino. Em língua ..., encontrado ... obra *Toda Mafalda*, publicada pela Livraria Martins
193	© Harley Schwadron. Reproduzido com a permissão do autor.

Capítulo 8

204	Yayo – Diego Herrera. Première parution dans *Le Devoir*, 22 de novembro de 1994. Reproduzido com a permissão do autor.
205	© Sidney Harris. Reproduzido com a permissão do autor.
207	Gail Machlis. Ó Chronicle Features Syndicate. Reproduzido com a permissão do autor.
215	*Retratos do Brasil*. São Paulo: Ed. Três/política, 1984, v. 3.

PARTE IV

233	*Palm Beach Post*. © 1995 Don Wright.

Capítulo 9

239, 240, 241, 245	© Sidney Harris. Reproduzido com a permissão do autor.

Capítulo 10

254	© John R. Shanks. Première parution dans *Phi Delta Kappan*, outubro de 1994. Reproduzido com a permissão do autor.
262	SILVESTRE, V. (Org.). *The revival of amazonian forest*. Proceedings of the International Conference. Onagadougou: Limited Africa University Press, [s.d.]. (A publicar.)